SV

Lutz Wingert

# Gemeinsinn und Moral

## Grundzüge einer intersubjektivistischen Moralkonzeption

Suhrkamp Verlag

Erste Auflage 1993

Satz: Satz- und Reprotechnik GmbH, Hemsbach
Druck: Druckhaus Beltz, Hemsbach
Printed in Germany

Die Deutsche Bibliothek – CIP-Einheitsaufnahme
*Wingert, Lutz:*
Gemeinsinn und Moral : Grundzüge einer
intersubjektivistischen Moralkonzeption / Lutz Wingert.
– 1. Aufl. – Frankfurt am Main : Suhrkamp, 1993
ISBN 3-518-58157-0

# Inhalt

*Für Karin*

Piece out our imperfections with your thoughts.

*Shakespeare, King Henry V*

# Vorwort

Man hat die universalistische Moral der europäischen Aufklärung mit einem Hotelzimmer verglichen, in dem eine gewisse Minimalausstattung zu erwarten ist, in dem sich aber niemand zu Hause fühlt.[1] Ich glaube nicht, daß der Vergleich paßt. Bei der Moral hört die Gemütlichkeit auf. Das lehrt uns gegenwärtig u.a. der Fall Rushdie. Wenn man schon um Vergleiche bemüht ist, dann gleicht die Moral eher einer Landstraße, auf der jeder geht, auf der keiner sich auszeichnet. Die universalistische Moral ist eine Moral, die ihrem Anspruch nach gleichen Respekt und gleiche Rücksicht gegenüber allem gebietet, was uns mit menschenähnlichem Antlitz begegnet. Als eine Schutzvorkehrung gehört sie zur Infrastruktur einer kommunikativen Lebensform, die uns als unvertretbar Einzelne in unseren elementaren intentionalen Lebensvollzügen auf andere bezogen sein läßt. Gleichwohl gibt sie nicht den Stoff ab, aus dem das gute Leben für den Einzelnen gemacht ist. Diese Behauptungen gehören zu einer intersubjektivistischen Moralkonzeption, und für sie versuche ich in dieser Arbeit Argumente zu liefern. – Aber nicht nur dafür. Der favorisierte Vergleich ist Hegel[2] entlehnt. Dieser hatte ihn auf das Vernünftige bezogen. Praktische Vernunft zeigt sich u. a. in der Fähigkeit, konventionelle Weisen des Handelns kritisch auf Distanz zu bringen und nach rechtfertigenden Gründen zu verlangen. Eine universalistische Moral ist ein Ermöglichungsgrund für diese Distanznahme. Sie bezieht ihre Überzeugungskraft gerade daraus, daß sie sich ihrerseits sensibel hält für die postkonventionelle Kritik an ihren Geltungsansprüchen. Ihr Universalismus ist ein dynamischer, kein essentialistischer Universalismus, der auf unumstößlichen Wesensaussagen gründet. Die Ausführung und Begründung dieser Behauptungen ist ein weiteres Argumentationsziel, auf das hin

1 Vgl. Michael Walzer, Interpretation and Social Criticism, in: *The Tanner Lectures on Human Values VIII* (1988), hg. v. S. McMurrin, Salt Lake City 1988, S. 13-15.

2 *Grundlinien der Philosophie des Rechts*, in: Hegel, *Werke in zwanzig Bänden*, Bd. 7, hg. v. E. Moldenhauer/K. M. Michel, Frankfurt am Main 1970, § 15, S. 67 (mündl. Zusatz).

ich in dieser Arbeit einige argumentative Schritte unternehme.

Das vorliegende Buch stellt die überarbeitete Fassung eines Textes dar, der im Wintersemester 1990/91 vom Fachbereich Philosophie der Johann Wolfgang Goethe-Universität in Frankfurt am Main als Dissertation angenommen wurde. Die Arbeit entstand im Rahmen einer interdisziplinären Forschungsgruppe, die einer Diskurstheorie der praktischen Vernunft gewidmet war.[3] Den Mitgliedern und Gästen der Arbeitsgruppe möchte ich für das anregende Diskussionsmilieu danken. Die Arbeitsgruppe wurde von Jürgen Habermas geleitet und von der Deutschen Forschungsgemeinschaft (DFG) im Rahmen ihres Leibniz-Programms gefördert. Der DFG habe ich für ihre finanzielle Unterstützung ebenso zu danken wie der Studienstiftung des Deutschen Volkes. Herr Werner Hasselbacher und Klaus Grün haben mir wertvolle technische Hilfe geleistet. Dafür möchte ich mich bei ihnen bedanken. Herrn Friedhelm Herborth vom Suhrkamp Verlag möchte ich für seine kompetente und entgegenkommende Betreuung des Manuskripts danken. Einigen Personen bin ich besonders zu Dank verpflichtet. Bernhard Peters hat mich mit seiner freundschaftlich gesonnenen Skepsis gegenüber der Leistungskraft der Diskursethik zu hoffentlich überzeugenderen Argumenten gezwungen. Klaus Günther bin ich nicht nur für eine ganze Reihe von Gesprächen, sondern auch für einen wertvollen konzeptuellen Rat dankbar. Axel Honneth hat mich mit dauerhaftem Zuspruch und sachlichem Interesse unterstützt. Besonders danken möchte ich meinem philosophischen Lehrer Jürgen Habermas, für seine stetige Förderung und seine normative Erwartung, daß ich auch meine eigenen philosophischen Gedanken ernst nehme. Thomas Schäfer, stets heiter widersprechender Partner in unzähligen, ungebührlichen Fachgesprächen, danke ich für mehr.

3 Vgl. Klaus Günther, *Der Sinn für Angemessenheit*, Frankfurt am Main 1988; Jürgen Habermas, *Faktizität und Geltung*, Frankfurt am Main 1992; Ingeborg Maus, *Zur Aufklärung der Demokratietheorie*, Frankfurt am Main 1992; Bernhard Peters, *Recht, Rationalität und Gesellschaft*, Frankfurt am Main 1991, und ders., *Zur Integration moderner Gesellschaften*, Frankfurt am Main 1993.

# Einleitung

Die konkurrierenden philosophischen Moraltheorien der Gegenwart konzentrieren sich auf die Aufgabe, die Frage zu beantworten, ob und wie weit sich unsere moralischen Urteile, also die Moralurteile philosophischer Laien begründen lassen. Man kann diese Aufgabe mit Kant eine Aufgabe der Philosophie ihrem »Weltbegriff« nach nennen, also gemäß einem Begriff von Philosophie und ihren Aufgaben, der »das betrifft, was jedermann notwendig interessiert«.[1] Im Fall der Moral hat diese Notwendigkeit ihren Grund in zwei Dingen zusammengenommen: daß wir einerseits zumindest als Erben einer selbstkritisch gewordenen Aufklärung wissen, daß die Güte der rechtfertigenden Gründe für unsere moralischen Forderungen trügen kann; *und* daß wir andererseits nach wie vor mit Gründen kategorisch die Einhaltung bestimmter moralischer Grundregeln des Umgangs miteinander verlangen und uns über deren Verletzung empören.

Wir stoßen in dieser fordernden Haltung und in jenem Wissen auf zwei von drei Konnotationen, die der Begriff des Gemeinsinns hat. Umgangssprachlich bezeichnet »Gemeinsinn« eine moralische Einstellung – die Orientierung auf das Gemeinwohl. Diese Einstellung spielt in unserer empörten Reaktion auf die Verletzung von moralischen Normen mit, die soziale Beziehungen so regeln, daß das Wohl aller in diesen Beziehungen involvierter Wesen gesichert wird. Fachsprachlich bedeutet das Wort »Gemeinsinn« bei Kant[2] die Fähigkeit, das eigene Urteil prü-

1 Kant, *Kritik der reinen Vernunft*, A 840/B 868, Anm., zitiert nach: *Kant. Werkausgabe in zwölf Bänden*, Band 4, hg. von W. Weischedel, Frankfurt am Main 1968.

2 *Kritik der Urteilskraft*, in: *Werkausgabe*, Band 10, a.a.O., § 40, S. 225; a. § 20. Zur Begriffsgeschichte vgl. H.-G. Gadamer, *Wahrheit und Methode*, 4. Auflage, Tübingen 1975, S. 16-27; J. D. Scheffer, *Sensus Communis: Vico, Rhetoric, and the Limits of Relativism*, Durham 1990. Zu Kant: M. Brumlik, *Gemeinsinn und Urteilskraft*, Diss. Frankfurt am Main 1977; Ch. Fricke, *Kants Theorie des reinen Geschmacksurteils*, Berlin 1990; O. O'Neill, Vindicating Reason, in: P. Guyer (Hg.), *The Cambridge Companion to Kant*, Cambridge 1992, insbes. S. 297ff. Zu Aristoteles vgl. Ch. Kahn, Sensation and Consciousness in Aristotle's Psychology, in:

fend an das mögliche Urteil anderer zu halten und sich so von subjektiven Beschränkungen zu befreien, die die epistemische Qualität dieses Urteils (z. B. wahr oder vernünftigerweise nicht zurückweisbar zu sein) schmälern. Diese Fähigkeit ist in dem Wissen um die Möglichkeit vorausgesetzt, daß die Güte unserer moralischen Urteilsgründe trügt. Denn unser fallibilistisches Moralbewußtsein resultiert aus der sedimentierten Erfahrung, daß moralische Urteile der Kritik anderer nicht standhalten. In einer weiteren dritten Dimension meint »Gemeinsinn« bedeutungstheoretisch so viel wie den intersubjektiv geteilten Sinn von symbolischen Äußerungen kommunizierender Lebewesen. Diese Bedeutung spielt insofern eine Rolle, als die von Moralnormen geregelten sozialen Beziehungen moralisch verletzbarer Lebewesen kommunikative Beziehungen sind.

Mit seinen drei genannten Konnotationen gehört der Begriff des Gemeinsinns ganz wesentlich zur Umgebung des Moralbegriffs. Die Aufklärung der Zusammenhänge zwischen den angeführten Bedeutungsdimensionen von »Gemeinsinn« geht deshalb Hand in Hand mit der Klärung des Begriffs und der Begründung von Moral, und das heißt mit der Beantwortung der Fragen: Womit hat es die Moral zu tun? Was heißt es, einen moralischen Standpunkt einzunehmen? Wie(weit) lassen sich die Urteile, die wir von diesem Standpunkt aus fällen, rechtfertigen? Um diese Fragen geht es in der vorliegenden Untersuchung.

Allerdings suggeriert die Rede von dem Gegenstand und dem Standpunkt *der* Moral eine Eindeutigkeit in dem Begriff und eine Einheitlichkeit in den Phänomenen der Moral, die weder von unseren alltäglichen Erfahrungen mit moralischen Problemen noch von dem gegenwärtigen Stand des philosophischen Nachdenkens über den Begriff und die Begründung von Moral gestützt werden. Die Bedeutung von »Moral« und »moralisch« ist vage. Es ist nicht ausgemacht, daß diese Wörter in einer Weise definiert werden können, die allen Aspekten dessen gerecht wird, was wir, die wir moralische Normen erfüllen und verletzen, die moralische Urteile fällen und die moralische Fragen stellen, mit diesen Wörtern meinen. Auch ist es zwei-

J. Barnes u. a. (Hg.), *Articles on Aristotle*. Vol. 4: *Psychology and Aesthetics*, London 1979, S. 1-31.

tens eine offene Frage, ob die Definition dieser Wörter ein allgemein geteiltes Verständnis der Bedeutung von »moralisch« und »Moral« erhellt, oder ob es nicht zum Gebrauch dieser Wörter gehört, daß die Kriterien ihrer korrekten Verwendung umstritten sind, ob also der Begriff der Moral zu den in ihrem Bedeutungsgehalt wesensmäßig umstrittenen Begriffen gehört.[3]

Diese Überlegung gemahnt zur Vorsicht, aber zu mehr auch nicht. Man kommt nicht darum herum, die Wörter »Moral« und »moralisch« zu gebrauchen und eine Bestimmung des Gegenstandes der Moral vorzunehmen. Man kann nur versuchen, sich dabei durch die Beschreibung möglichst vieler Phänomene abzusichern und so zu vermeiden, daß man das Argumentationsziel durch definitorische Gewaltstreiche präjudiziert. Dem dient die Phänomenologie des Moralischen im ersten Teil der Untersuchung (I). Diese Phänomenologie nimmt die Form einer aufklärenden Beschreibung von Äußerungsformen des Moralbewußtseins in Sprache, Gefühlen und Handeln an. Sie führt auf eine Abgrenzung moralischer Fragen von ethischen Fragen des guten Lebens.[4] Ethische Fragen des guten Lebens stellen sich jeweils mir als einem, der sein Leben zu leben hat. Moralische Fragen stellen sich uns, die wir zusammenleben müssen. Sie richten sich auf die Beurteilung sozialer Normen, die einen überpersönlichen, wenn auch keinen unpersönlichen Lebenszusammenhang regeln. Moralisch beurteilbare Normen sind von ihrer Regelungsfunktion her Regeln des sozialen Zusammenlebens und nicht Regeln der persönlichen Lebensführung (obgleich diese Regelungsgegenstand sein kann). Diese soziale Natur der Moral wird vom Begriff des Gemeinsinns vage umschrieben – den Begriff in der Bedeutung einer moralischen Perspektive der Gemeinwohlorientierung genommen. Allerdings ist hier schon eine materiale Bestimmung dieser Perspektive enthalten. Formaler betrachtet ist der Sachverhalt angespro-

3 Vgl. W. B. Gallie, Essentially Contested Concepts, in: *Proceedings of the Aristotelian Society* (1955/56), S. 167-198. Für Gallie zählt übrigens der Begriff der Moral nicht zu diesen Begriffen, vgl. ebd., S. 187. Im Anschluß an Gallie vgl. a. S. Hurley, Objectivity and Disagreement, in: T. Honderich (Hg.), *Morality and Objectivity*, London 1985, S. 54-97.

4 Zu dieser Unterscheidung vgl. mittlerweile auch J. Habermas, *Erläuterungen zur Diskursethik*, Frankfurt am Main 1991, S. 105 ff., S. 177 ff.

chen, daß das Korrelat oder der Gegenstand einer genuin moralischen Perspektive ein irreduzibel intersubjektives praktisches Verhältnis ist. »Irreduzibel intersubjektiv« heißt, daß die Frage danach, was der moralisch richtige Umgang unter uns ist, nicht reduziert werden kann auf die Frage, worin das für mich ethisch gute Verhalten besteht. Damit wird keineswegs ausgeschlossen, daß ich eigenverantwortlich moralische Fragen stelle und zu einem von der Allgemeinheit abweichenden Urteil komme. Man muß unterscheiden zwischen solchen praktischen Fragen, deren Beantwortung ich *je für mich* rechtfertigen können muß, und solchen praktischen Fragen, deren Beantwortung ich *auch vor mir* verantworten können muß. Moralische Fragen sind praktische Fragen der zweiten Art.

Diese kantianische Auffassung moralischer Fragen, mithin des Gegenstandes der Moral wird nicht erkauft durch eine einseitige Konzentration auf bestimmte Phänomene, die sich dem favorisierten Verständnis gut fügen. Man hat gegen diese Auffassung u. a. geltend gemacht, daß sie in der Analyse der Moralsprache das Augenmerk lediglich auf Wörter wie »sollen«, »dürfen«, »verboten« richtet und die plastischeren Elemente des moralischen Vokabulars (Wörter wie »Rassist«, »brutal« usw.) ignoriert. Aber die Grammatik dieser »thick ethical concepts«[5] untergräbt die vorgeschlagene Abgrenzung moralischer Fragen von ethischen Fragen des guten Lebens nicht, ganz im Gegenteil, wie wir noch sehen werden.

Ein anderes Bedenken verhält sich spiegelbildlich zu diesem Einwand. Die Abgrenzung moralischer von ethischen Fragen mag unproblematisch sein, sie ist letztlich aber auch trivial. Daß es die Moral mit unserem Verhalten gegenüber anderen, mit Rücksichtnahme, Altruismus, Fairneß usw. ihnen gegenüber zu tun hat und nicht mit je meinem Wohlsein und Egoismus, ist doch klar, jedenfalls für uns in unseren nacharistotelischen Zeiten. Dieser Eindruck der Trivialität verflüchtigt sich aber in Anbetracht der Konsequenzen für die Moralbegründung. Diese Konsequenzen werden deutlich, wenn man zweierlei beachtet: daß Begründungen moralischer Urteile auf die

5 Vgl. B. Williams, *Ethics and the Limits of Philosophy*, London 1985, S. 129, S. 140ff.; vgl. a. S. Scheffler, Morality through thick and thin, in: *The Philosophical Review* 96 (1987), S. 411-434.

(rationale) Lösung moralischer Probleme bezogen sind und daß moralische Probleme bestimmte Eigenschaften haben, die die fragliche Abgrenzung abstützen. Man sieht dann, daß moralische Verpflichtungsurteile nicht im Rekurs auf das Bedürfnis der Selbstachtung des moralisch Verpflichteten begründet werden können. Eine solche Begründung trägt nur der Eigenschaft moralischer Probleme Rechnung, persönliche (statt anonyme) Probleme zu sein, deren Lösung im Unterschied zu technischen Problemen nicht delegiert werden kann. Sie übergeht den öffentlichen, nicht-privaten Charakter moralischer Probleme, die sich uns stellen. »Wir« bezieht sich dabei auf diejenigen, die miteinander zusammenleben müssen, ohne ein ethisches Selbstverständnis miteinander zu teilen, kraft dessen es für die Selbstachtung eines jeden auf die Wertschätzung aller anderen ankäme.

Dieses Argument macht Gebrauch von einer These, die im zweiten Teil der Untersuchung ausgeführt wird, der der Explikation des moralischen Standpunktes gewidmet ist (II). Der Kreis potentieller Subjekte moralischer Ansprüche und korrespondierender moralischer Verpflichtungen ist nicht als eine Gemeinschaft derer zu beschreiben, die ein bestimmtes Selbstverständnis teilen. Die verbindende Gemeinsamkeit liegt vielmehr darin, daß diese Subjekte die Condition einer »kommunikativen Lebensform« (Habermas) teilen. Damit ist gemeint, daß sie als unvertretbar Einzelne in den intentionalen Vollzügen ihres Lebens auf ein responsives, komplementäres Verhalten anderer angewiesen sind. Diese Angewiesenheit läßt sie von anderen nicht bloß hinsichtlich kontingenter Erfolgsbedingungen, sondern in bezug auf die Bedeutung ihres intentionalen Verhaltens abhängig sein. Diese weitreichende Abhängigkeit setzt die Subjekte moralischer Ansprüche und entsprechender Verpflichtungen moralisch relevanten Verletzungen aus. Moralisch verletzbare Lebewesen sind Individuen, die die Condition einer kommunikativen Lebensform teilen. Diese Condition macht sie anfällig für zwei komplementäre Arten von moralischen Verletzungen. Einerseits können sie in ihrer Angewiesenheit auf ein responsives Verhalten anderer ignoriert werden; ihnen wird dann der Status eines Angehörigen verweigert. Andererseits können sie in ihrer unvertretbaren Einzelnheit mißachtet werden, der sie nicht in dem Status aufgehen läßt, einer oder eine unter anderen zu sein. Diesen Arten der moralischen Verletzung korrespondieren zwei Grundformen des Respekts, die als Hinsichten auf Dimensionen moralischer Verletzungen den Standpunkt der Moral ausmachen. In der einen Hinsicht wird das moralisch verletzbare Individuum respektiert als Einzelner, der unvertretbar sein Leben zu leben hat; in der anderen Hinsicht wird es als gleichberechtigter Angehöriger einer Gemeinschaft respektiert. Als eine Schutzvorkehrung gegen moralische Verletzungen hat die Moral des zweifachen Respekts ihren Grund in der kommunikativen Lebensform der Subjekte moralischer Ansprüche und entsprechender Verpflichtungen. Sie ist auf ein sinnvermitteltes Zusammenleben moralisch verletzbarer Individuen bezogen und verschwände auch nicht in einer Welt unbegrenzter Ressourcen und Sympathie. Es wäre zu eng, dieses Zusammenleben nur als einen Kooperationszusammenhang zu denken. Die möglichen moralischen Verletzungen, die in ihm seine Quelle haben, reichen tiefer als die Verweigerung der Kooperation beim Erwerb erstrebter Güter. Es ist dieser Grund der Moral, der den Begriff von Gemeinsinn als intersubjektiv geteilte Bedeutung intentionalen Verhaltens zu einem wesentlichen Bestandteil der Umgebung des Moralbegriffs macht.

Die Explikation des Begriffs vom moralischen Standpunkt anhand zweier verbundener Respektbegriffe zieht den Verdacht auf sich, nicht formal genug zu sein und so den Standpunkt einer inhaltlich bestimmten Moral mit dem Standpunkt *der* Moral gleichzusetzen. Ich glaube, man steht hier vor einer grundsätzlichen Schwierigkeit. Man kann nämlich bei dieser Explikation nicht vermeiden, sich von der Anschauung präsumtiv unstrittiger Fälle moralischer Verletzungen leiten zu lassen. Der Gefahr einer unzulässigen Generalisierung bestimmter Gesichtspunkte zu dem Standpunkt schlechthin kann nur auf zweierlei Weise begegnet werden. Zum einen dadurch, daß der solcherart explizierte Begriff des moralischen Standpunkts mit anderen Begriffen zusammenpaßt; zum anderen dadurch, daß dieser Begriff die Möglichkeit offen hält, durch Einsicht motivierte, statt bloß durch Konversion verursachte Übergänge von einem zum anderen inhaltlichen moralischen Standpunkt konzeptuell zu erfassen. (Und natürlich muß dieser Begriff einer Reform statt bloß eines Wandels[6] eine markierte Verwendung im Gegenstandsbereich einer philosophischen Moraltheorie haben.) Die Bestimmung des moralischen Standpunkts durch zwei Formen des Respekts wird diesem Erfordernis gerecht. Sie paßt zusammen mit einem ziemlich formalen Begriff moralischer Probleme, wie er im ersten Teil der Untersuchung gebildet wird. Auch ignoriert sie nicht das Faktum relativ disparater moralischer Gesichtspunkte. Darüber hinaus wahrt sie die Möglichkeit, rationale Revisionen zu erfassen. Das hat damit zu tun, daß die beiden Respektformen in ihrer Verschränkung eine Erfahrungsoffenheit der Moral sichern und einen Revisionsspielraum eröffnen. Das wird in dem Maße einsichtiger, in dem man erkennt, daß die Formen des Respekts als gleichberechtigter Angehöriger einer Gemeinschaft und als unvertretbar Einzelner in ihrer Verschränktheit zu den Ermöglichungsbedingungen einer bestimmten Form von Kommunikation gehören. Allerdings muß man diese These von moralischen Elementen in der Kommunikation vor dem naheliegenden Vorwurf bewahren, daß sie von einem unzulässigerweise normativ aufgeladenen Kommunikationsbegriff erschlichen wird.

Der Gewinn dieser These besteht darin, daß sie den Gedanken einer strukturell offenen moralischen Gemeinschaft plausibler macht. »Strukturell offen« heißt dabei, daß die Beziehungen zwischen kommunizierenden Subjekten so beschaffen sind, daß sie eine definitive Fixierung der Zugehörigkeitskriterien zur moralischen Gemeinschaft nur um den Preis der Mißachtung ihres moralischen Gehalts zulassen. Es ist dieser normative Gehalt kommunikativer Beziehungen, den Fremde, mit denen man gleichwohl in einem Kommunikationszusammenhang steht, in einer moralischen Kritik an der Binnenmoral einer bestimmten Gemeinschaft geltend machen können.

Es drängt sich die Frage auf, ob nicht der Gedanke einer gemeinschaftsübergreifenden Moral zirkulär ist und ob nicht auch eine Moral des uneingeschränkten zweifachen Respekts nur für die Mitglieder einer bestimmten partikularen Gemeinschaft zu

6 Vgl. a. H. Putnam, *Representation and Reality*, Cambridge, Mass. 1988, S. 134/Anm. 14.

Recht Geltung beansprucht.[7] Das ist eine der Fragen, die ich im dritten Analyseteil behandele, der auf eine Begründung moralischer Urteile zielt (III). Daß es hier nicht um eine Begründung der Moral geht, zeigt die Abschwächung der gestellten Begründungsaufgabe an. Ich setze als eine Prämisse der Begründung, auf die hin ich einen ersten Schritt unternehme, voraus, daß die Notwendigkeit moralischer Regelungen akzeptiert ist. Auf die Frage, warum der Einzelne überhaupt einen moralischen Standpunkt einnehmen soll, von dem aus besser oder schlechter begründete moralische Urteile gefällt werden, wird keine Antwort gegeben. Damit wird jedoch nicht der Umstand ignoriert, daß Moralurteile denjenigen, für den sie begründet sind, auch in einem noch anzugebenden Sinn motivieren, gemäß diesem Urteil zu handeln.

Unter der Voraussetzung der so abgeschwächten Begründungsaufgabe nimmt die Begründung moralischer Urteile, die vom Standpunkt einer Moral des uneingeschränkten zweifachen Respekts gefällt werden, die Form einer begründeten Zurückweisung relevanter Alternativen zu dieser Moral an. Der zu rechtfertigende Anspruch ist ein Anspruch auf eine relative epistemische Überlegenheit dieser Moral, d.h. ein Anspruch, daß es keine guten Gegengründe einer anderen Moral gibt, diese Moral zurückzuweisen.

Dieser Anspruch gründet sich darauf, daß der Moral des uneingeschränkten zweifachen Respekts ein selbstkritischer Zug eingebaut ist. Das zeigt sich an der Operationalisierung dieser Moral in der diskursförmigen moralischen Urteilsbildung. Der moralisch-praktische Diskurs hält die Urteilenden zu der Unterscheidung an zwischen tatsächlichen guten Gründen und dem bloßen Glauben, solche Gründe dafür zu haben, die Einhaltung bestimmter moralischer Normen zu verlangen. Mit dem Gebot dieser Unterscheidung ist nicht bloß gemeint, daß sich das Urteilssubjekt im Wissen um die eigene Fehlbarkeit für Kritik offenhalten muß. Dies mag in den Augen von Philoso-

7 Beispielsweise für die Liberalen im Sinne von Richard Rorty, vgl. dessen Postmodernist Bourgeois Liberalism (1983) und The Priority of Democracy to Philosophy (1988) sowie die Introduction: Antirepresentationalism, Ethnocentrism, and Liberalism, alle in: Rorty, *Objectivity, Relativism, and Truth*, Cambridge 1991.

phen und Philosophinnen eine ziemlich harmlose Idee sein. Der Diskurs ist ein Umgang mit Dissens in moralischen Begründungsfragen, der so geregelt ist, daß er zu dem Anspruch autorisiert, daß ein moralisches Urteil richtig ist; richtig in dem Sinn, daß die in diesem Urteil geltend gemachte moralische Verpflichtung legitim ist, daß also ihre Einhaltung nicht bloß erwartet werden kann, sondern erwartet werden darf. Dahinter steht der Gedanke, daß von der Einhaltung bestimmter Regeln in der Bildung eines moralischen Urteils übergegangen werden darf zu dem Anspruch, daß dieses Urteil richtig ist. Dieser Gedanke stützt sich auf die (ihrerseits zu verteidigende) diskursethische Grundidee, daß die diskursförmig erzielte Zustimmungsfähigkeit eines moralischen Urteils zu der Behauptung wenigstens autorisiert, daß dieses Urteil richtig ist. In dieser Autorisierungsbeziehung steckt auch der Zusammenhang zwischen der Moral und dem Gemeinsinn als der Fähigkeit, das eigene Urteil »gleichsam an die gesamte Menschenvernunft (...) zu halten«[8] und so von möglichen Illusionen über seine Gültigkeit zu befreien. Denn die Zustimmungsfähigkeit, die die angeführte Autorisierung impliziert, muß als das Resultat einer Entkräftung von Kritik gedacht werden.

Die Gretchenfrage ist natürlich, was denn als Entkräftung von Kritik gilt, und hier drängt sich der erwähnte Zirkelverdacht auf. In jeder Begründung moralischer Urteile sind Gütekriterien für Rechtfertigungsgründe enthalten, die auch den Maßstab für die Entkräftung von Kritik an solchen Begründungen und an den zugehörigen Urteilen abgeben. Es liegt deshalb nahe, anzunehmen, daß der Gedanke der relativen Überlegenheit einer Moral des zweifachen, uneingeschränkten Respekts, die in der epistemisch fruchtbaren Unterscheidung zwischen tatsächlichen und bloß scheinbaren guten moralischen Gründen gründen soll, zirkulär ist. Diese Überlegenheit ist nur relativ zu den schon vorausgesetzten Grundprinzipien dieser Moral, die die Gütekriterien für moralische Gründe liefern, und besteht deshalb nur für die, die diese Prinzipien bloß faktisch teilen.

Allerdings muß man hier zwischen bloßer Setzung und rechtfertigbarer Voraussetzung unterscheiden. Die Idee ist, daß die

8 Kant, *Kritik der Urteilskraft*, a.a.O., § 40, S. 225.

Grundformen des moralischen Respekts, den diese Moral gebietet, als eine unumgängliche Voraussetzung gerechtfertigt werden können für eine Kritik an den vermeintlichen Gütekriterien moralischer Gründe; und daß diese Kritik auch noch das Verständnis dieser Elementarformen des moralischen Respekts, wie es sich auf der Ebene von Normsätzen artikuliert, als unangemessen monieren kann. Das ist keine Letztbegründung. Denn diese Voraussetzung wird nicht im Rekurs auf die Erfahrung eines performativen Widerspruchs, sondern in Ansehung der Erfahrung des von ihr ermöglichten, wirksamen Einspruches gerechtfertigt.

# I.
# Zum Gegenstand der Moral

Nach dem Gegenstand der Moral fragen heißt danach fragen, was moralische Normen regeln, worüber in moralischen Urteilen geurteilt, wonach in moralischen Fragen gefragt wird. Eine Antwort lautet: Moralische Normen regeln ein soziales Zusammenleben, indem sie die Zusammenlebenden zu bestimmten Handlungsweisen und Unterlassungen von Handlungsweisen kategorisch und wechselseitig verpflichten. Moralische Urteile sind Gebote und sagen, was zu tun man verpflichtet ist. Moralisch fragen wir danach, welche Normen des sozialen Zusammenlebens gerecht sind, d.h. welche Normen in unparteilicher Weise die Zusammenlebenden zu bestimmten Verhaltensweisen verpflichten.

Diese Antwort gewinnt an Profil, wenn man sich vergegenwärtigt, was sie verneint. Ihr zufolge sind moralisch beurteilbare Normen soziale Normen für vergesellschaftete Lebewesen, deren Handlungen Folgen und Implikationen für andere haben und die der Anerkennung und des Schutzes durch andere bedürfen. Sie sind keine Maximen für selbstbewußte Lebewesen, die ein Leben zu leben haben, das gelingen oder mißlingen kann. Moralische Urteile sagen, was man tun oder lassen muß, und nicht, wie zu leben gut ist und, abgeleitet davon, was zu tun gut für mich ist. Der Gegenstand[1] moralischer Urteile sind primär Handlungen und nicht Personen bzw. der Charakter von Personen; diese Handlungen sind primär zu beschreiben als Handlungen, die Verpflichtungen erfüllen, und nicht als Handlungen, die Wertmaßstäben entsprechen. Moralische Urteile sind Verpflichtungs- und nicht Werturteile. Sie werden in Sollsätzen, nicht in Wertsätzen formuliert.

Die vorgestellte Auffassung vom Gegenstand der Moral ist eine enge Auffassung. Sie schränkt moralische Fragen auf praktische

1 Das Wort »Gegenstand« jetzt nicht in der vagen umgangssprachlichen Bedeutung von Thema oder Sujet, sondern in der Bedeutung von etwas genommen, auf das man mit singulären Termini Bezug nehmen und das man beschreiben kann, vgl. W. Künne, *Abstrakte Gegenstände*, Frankfurt am Main 1983, insbes. S. 40-43, 234ff.

Fragen der Gerechtigkeit ein und schließt beispielsweise praktische Fragen des guten Lebens von der moralischen Agenda aus. Ein solcher enger Begriff vom Gegenstand der Moral versteht sich nicht von selbst.

Ein Einwand könnte sein, daß in der skizzierten Auffassung kein neutraler Begriff von Moral verwendet wird. Der Ausdruck »moralisch« wurde nicht nur klassifikatorisch im Gegensatz zu »amoralisch«, sondern auch normativ im Gegensatz zu »unmoralisch« oder »moralisch falsch« gebraucht. Moralische Fragen werden als Fragen nach der Gerechtigkeit von Normen und abgeleitet davon als Fragen nach der Gerechtigkeit von Handlungen und ggf. von Personen hinsichtlich ihrer Gesinnung verstanden. Moralische im Unterschied zu unmoralischen Normen sind gerechte Normen. Dabei ist das Problem nicht so sehr, daß in der Gegenstandsbestimmung der Moral normative Begriffe vorkommen, d.h. Begriffe, deren Verwendungsregeln die Gültigkeit normativer Urteile voraussetzen. Das zu vermeiden würde auf eine Erneuerung der These von der normativen Neutralität der Metaethik hinauslaufen. Zu deren Verteidigung müßte man entweder zeigen, daß Feststellungen über einen Sprachgebrauch unabhängig von einem Verständnis der in diesem Sprachgebrauch eingewobenen Überzeugungen möglich sind, oder man müßte zeigen, daß dieses Verständnis keine Stellungnahme zu dem epistemischen Status dieser Überzeugungen einschließt. Problematischer ist vielmehr, ob die Gleichsetzung von »moralisch richtig« mit »gerecht« allen Aspekten gerecht wird, unter denen wir mit Gründen glauben, daß etwas moralisch richtig ist. Ist es z.B. sinnvoll, von einer grausamen Handlung, mit der das moralische Gebot der Nicht-Verletzung anderer mißachtet wird, zu sagen, sie sei eine ungerechte Handlung?[2]

Ein zweiter Einwand ist, daß der enge Begriff vom Gegenstand der Moral einer nicht unumstrittenen moralphilosophischen Tradition, nämlich der Kants, entlehnt wird. Nach Kant sind gültige moralische Urteile universell gültige, unbedingte Gebo-

2 Vgl. z.B. W. K. Frankena, *Analytische Ethik*, München 1972, S. 63; H. L. A. Hart, *Der Begriff des Rechts*, Frankfurt am Main 1973, S. 217f.

te.[3] Moralische Fragen sind solche praktischen Fragen, von denen wir als Vernunftwesen beanspruchen müssen, daß sie in einer für alle Vernunftwesen gültigen Weise beantwortet werden. Praktische Fragen nach dem, was gut je für mich ist, lassen sich aber nicht allgemeingültig beantworten. Es ist auch nicht sinnvoll, einen solchen Anspruch auf Allgemeingültigkeit zu erheben und bei ihrer Beantwortung davon zu abstrahieren, wer wir kontingenterweise sind und worum es uns im überlegten Handeln letztlich geht. Die Einschränkung des Bereichs moralisch-praktischer Fragen ergibt sich bei Kant also aus einer Begründungsforderung für moralische Urteile, die spezifisch mit den moralischen Urteilen vernünftiger Wesen verbunden ist und die Kant uns als Vernunftwesen zuschreibt. Nun gibt es aber begründete Zweifel nicht nur daran, ob sich eine so starke Begründungsforderung überhaupt einlösen läßt, sondern auch Zweifel daran, ob nicht moralische Urteile, wenn überhaupt, in einer Weise begründet werden, die moralische Fragen an Fragen des Typs »Was ist gut für uns?« angleicht. Damit wird aber auch eine Abgrenzung des Gegenstandsbereichs der Moral, die sich von dieser Begründungsforderung herleitet, zweifelhaft.

Ich werde im Folgenden versuchen, eine enge, in der Tradition Kants stehende Auffassung vom Gegenstand der Moral zu erläutern und zu rechtfertigen. In moralischen Fragen wird nach der Legitimität von Rechten und Pflichten gefragt, die Personen gegeneinander geltend machen. Solche Fragen kann man Gerechtigkeitsfragen nennen, wenn man bei Gerechtigkeitsfragen an Fragen des Typs »Was darf jeder vom anderen verlangen?« denkt. In Gerechtigkeitsfragen spielen die Gesichtspunkte der Reziprozität und der Symmetrie eine zentrale Rolle, so daß zu ihrer Beantwortung solche Operationen wie Standpunkttausch und die Universalisierung einer für moralisch richtig erachteten Handlung notwendig werden können.

Das Verständnis moralischer Fragen als Gerechtigkeitsfragen schränkt moralische Fragen also keineswegs auf Fragen der distributiven Gerechtigkeit ein, d.h. auf Fragen des Schemas »Wer bekommt zu Recht (von wem) was oder wieviel wovon?« Dieses Verständnis ist nicht dem Vorurteil geschuldet, daß morali-

3 *Grundlegung zur Metaphysik der Sitten* (*GMS*), in: *Werkausgabe*, Band 7, a.a.O., S. 13.

sche Fragen nur dann Aussicht auf begründbare Antworten haben, wenn sie auf Gerechtigkeitsfragen eingeschränkt werden. Der Punkt ist nicht, daß in ethischen Fragen des guten Lebens an die Stelle von Begründungen die blinde Dezision treten müßte; der Punkt ist, daß die Beschaffenheit moralischer Probleme eine andere Begründungsweise moralischer Urteile erforderlich macht als die Struktur ethischer Probleme.

Auch ist der enge Begriff vom Gegenstandsbereich der Moral nicht abhängig von der Orientierung an einem – soziologisch bezweifelbaren – liberalen Sozialmodell, in dem eigeninteressierte, vereinzelte Aktoren mit vorgängig fixierten Präferenzen die Wechselwirkungen ihrer Handlungen in einer gemeinsamen Welt kausaler Beziehungen durch die Einwilligung in Koordinationsregeln unter Kontrolle zu bringen versuchen.[4] Für dieses Modell wird oft das Faktum moderner Lebensverhältnisse angeführt, die von einem Pluralismus ethischer Wertorientierungen geprägt sind. Aber dieses Faktum konstatieren heißt noch nicht, es zu verstehen. Erklärungsbedürftig ist ja, warum trotz dieses Faktums die moderne soziale Welt nicht in eine Pluralität von Sinnprovinzen zerfällt, die nur noch in ein naturhaftes Verhältnis zueinander gesetzt werden. Der Schritt von diesem Faktum zu jenem Modell ist zumindest voreilig und braucht von einer philosophischen Moraltheorie nicht mitgemacht zu werden, die moralische Fragen als Gerechtigkeitsfragen versteht.

Jedenfalls gilt das für kommunikationstheoretisch ansetzende philosophische Moraltheorien wie die Diskursethik in den Varianten von K.-O. Apel und J. Habermas. Diese Theorien stützen ihren engen Moralbegriff auch darauf, daß die Moral ihren Sitz in der Infrastruktur solcher sozialer Beziehungen hat, die auch dann nicht zusammenbrechen, wenn die Individuen keine gemeinsame Auffassung vom ethisch Guten teilen, und zwar deshalb nicht, weil diese Beziehungen konstitutiv dafür sind, daß diese Individuen überhaupt noch vermittels geeigneter Interpretationen ihrer symbolischen Äußerungen interagieren

4 Zwei Beispiele für eine solche Fundierung eines engen Moralbegriffs sind: J. Raz, *The Morality of Freedom*, 2. Auflage, Oxford 1988, S. 213f., und J. L. Mackie, *Ethik. Auf der Suche nach dem Richtigen und dem Falschen*, Stuttgart 1981, S. 133ff.

und ein gemeinsames Verständnis davon haben können, daß sie in einem Dissens über die Regelung ihrer Beziehungen stehen.

Um nun das skizzierte Verständnis vom Gegenstand der Moral zu stützen, werde ich in einem ersten Schritt die deontologische Unterscheidung zwischen Moral und Ethik[5] im Anschluß an Kant sowie einige Probleme dieser Unterscheidung beschreiben. Die Eingrenzung moralischer Fragen auf Gerechtigkeitsfragen wird ja im Rahmen einer Unterscheidung von Moral und Ethik vorgenommen. Sie droht in dem Maße unplausibel zu werden, in dem die Unterscheidung zwischen Moral und Ethik problematisch wird. Die Probleme dieser Unterscheidung kulminieren u. a. in dem Zweifel, ob sie sich überhaupt auf der Ebene der Begründung moralischer Urteile aufrechterhalten läßt. Man kann in einem ersten Zug diesen Zweifel dadurch entkräften, daß man die unterschiedlichen Eigenschaften der Probleme, auf die Begründungsfragen in der Moral und in der Ethik jeweils bezogen sind, herausarbeitet. Die Idee ist also, die Grundform moralischer Fragen mit Hilfe einer Aufklärung der Natur moralischer Probleme zu bestimmen.

5 Hier ist ein Wort zur Terminologie vonnöten: Mit der angesprochenen Unterscheidung von Moral und Ethik ist nicht die Unterscheidung zwischen Ethik als einer Theorie und Moral als Gegenstand dieser Theorie gemeint. Diese Bedeutung von »Ethik« steckt z. B. in dem Ausdruck »Diskursethik«. Wenn im Text von der Unterscheidung zwischen Moral und Ethik gesprochen wird, ist Ethik als Lehre von einem individuellen Verhalten gemeint, das richtig ist relativ zu dem Bezugspunkt des guten individuellen Lebens, eben die Lehre vom guten Leben.

## 1. Ein Kantianischer Vorschlag

»(Die) Moral (ist) nicht eigentlich die Lehre, wie wir uns glücklich machen, sondern wie wir der Glückseligkeit würdig werden sollen.«[1] »Bei der Frage vom Prinzip der Moral kann also die Lehre vom höchsten Gut (...) ganz übergangen und beiseite gesetzt werden.«[2] In diesen Sätzen grenzt Kant die Moral gegenüber der antiken Ethik ab, wie sie von Aristoteles im Rahmen der Politik als philosophische Untersuchung in einer für die antike Philosophie disziplinbildenden Weise durchgeführt worden ist. Unter einer Ethik im antiken Sinn ist eine Lehre von der Art des Lebens zu verstehen, das zu führen für den Menschen das höchste Gut ist.[3]

Daß es das höchste Gut ist, heißt, daß es ein Leben ist, das für den Menschen nur um seiner selbst willen erstrebenswert ist, weil es das für ihn gute Leben ist. Das gute Leben (*eudaimonia*) umfaßt nach Aristoteles durchaus das gerechte Handeln, aber es erschöpft sich nicht darin.[4] Kants Absetzung der Moral von einer Ethik im antiken Sinn wird nicht von einer Kritik daran motiviert, daß das gerechte Handeln nur einen Bestandteil des guten Lebens ausmacht. Sie erstreckt sich auch auf die stoische Ethik, und von der sagt Kant, daß sie die Glückseligkeit als das Bewußtsein der Tugend versteht – Tugend verstanden als das Wissen, im Handeln zu beachten, was moralische Pflicht ist.[5]

Kants Unterscheidung der Moral von einer Ethik des guten Lebens richtet sich gegen die Begründungsfunktion des höchsten Guts, nicht gegen eine bestimmte Vorstellung vom höchsten Gut. In antiken Ethiken bleibt die praktische Vernunft auf

1 Kant, *Kritik der praktischen Vernunft* (*KpV*), in: *Werkausgabe*, Band 7, a.a.O., S. 261.

2 Kant, *Über den Gemeinspruch: Das mag in der Theorie richtig sein, taugt aber nicht für die Praxis*, in: *Werkausgabe*, Band 11, a.a.O., S. 133.

3 Vgl. E. Tugendhat, Antike und moderne Ethik (1980), wieder in: ders., *Probleme der Ethik*, Stuttgart 1984; K.-H. Ilting, *Naturrecht und Sittlichkeit*, Stuttgart 1983, S. 115-149.

4 *Nikomachische Ethik* (*NE*), übers. u. kommentiert v. F. Dirlmeier, 8. Auflage, Berlin 1983, 1099 a 20ff.

5 Kant, *KpV*, S. 239.

das höchste Gut ausgerichtet. In der syllogistischen Rede sind die Aussagen, die die oberste Prämisse bilden, Aussagen über das höchste Gut.[6] Die praktische Vernunft sagt dem überlegt Handelnden, was er tun soll, um das höchste Gut zu erreichen. Ihre Ratschläge beinhalten zwar nicht bloß die instrumentellen Handlungen der von Tugend geleiteten Gebrauchsweisen äußerer Güter wie z. B. Macht oder Reichtum, sie haben auch die für das gute Leben konstitutiven Handlungsweisen zum Inhalt. Aber jedes Handeln bleibt in seiner Vernünftigkeit an den Status gebunden, Mittel oder organischer Bestandteil des guten Lebens des Handelnden zu sein.

Für Kant können die Anratungen einer auf das höchste Gut ausgerichteten praktischen Vernunft keine Allgemeingültigkeit beanspruchen. »Denn die Allgemeinheit, mit der sie [die moralischen Gesetze, L. W.] für alle vernünftigen Wesen ohne Unterschied gelten sollen (...) fällt weg, wenn der Grund derselben von der besonderen Einrichtung der menschlichen Natur oder den zufälligen Umständen hergenommen wird, darin sie gesetzt ist.«[7] Es ist nicht ausgeschlossen, daß mein Handeln, das diese Ratschläge befolgt, falsch wäre, wenn ich ein anderer wäre, so daß ich mit allen anderen nur zufälligerweise in dem Urteil übereinstimme, daß mein Handeln eine für alle richtige Handlungsweise exemplifiziert. Das hat seinen Grund in einer Subjektivierung des Kriteriums des Guten bei Kant. Das höchste Gut zeigt sich dem sensiblen Willenssubjekt in der affektiven Erfahrung eines angenehmen Zustandes seiner Person.[8] Es kann deshalb nicht der Kritik an einem Handeln, das auf diese Erfahrung gegründet ist, zum unpersönlichen Maßstab dienen. Es mag sein, daß die verschiedenen Willenssubjekte in dem, was jedes einzelne von ihnen als das höchste Gut erfährt, übereinstimmen, so daß sie auch in dem Urteil, welche Handlungsweise für alle richtig ist, übereinstimmen können. Aber die Erklärung für ihre Übereinstimmung in diesem Urteil ergibt kein Plus an Rechtfertigung für die Überzeugung, daß alle in diesem Urteil übereinstimmen müssen. Der erklärende Grund für die Übereinstimmung im Urteil, beispielsweise eine gemeinsame, kultu-

6 Vgl. *NE*, VI 13, 1144 a 29-b 1.
7 Kant, *GMS*, S. 76; vgl. a. *KpV*, S. 182f.
8 Kant, *KpV*, S. 181.

rell geprägte Bedürfnisnatur, ist nicht zugleich ein Rechtfertigungsgrund für den Anspruch, daß diese Übereinstimmung notwendigerweise unter all denjenigen herrscht, für die ein Handeln gerechtfertigt oder ungerechtfertigt sein kann. Denn wir können uns denken, daß andere, die für ihr Handeln rechtfertigende Gründe beizubringen vermögen, eine andere Bedürfnisnatur haben, so daß sie unserem Urteil nicht zustimmen. Diese Abweichung im Urteil muß für uns kein Grund sein, an der Berechtigung unseres oder ihres Urteils zu zweifeln. Denn unsere Erfahrung des Guten ist im Unterschied zu unserer Erfahrung der Autonomie nicht mit dem Gedanken verknüpft, daß sie die Erfahrung eines jeden vernünftigen Wesens ist, das sich selbst richtig versteht.

Nun gibt es aber Urteile über Handlungen, für die wir den Anspruch auf notwendige Übereinstimmung mit allen erheben, für die ein Urteil über Handlungen gerechtfertigt oder ungerechtfertigt sein kann. Diese Urteile sind moralische Gebote. Die – reine – praktische Vernunft hat die Aufgabe zu begründen, unter welchen Bedingungen wir diesen Anspruch zu Recht erheben.[9] Eine praktische Vernunft, die in ihren Vorschriften auf eine als kontingent gewußte Erfahrung des Guten bezogen bleibt, versagt vor dieser Aufgabe. Sie vermag nicht zu begründen, welchen Vorschriften Allgemeingültigkeit, d. h. der Status von Gesetzen, zukommt. Es ist dieser Begründungsanspruch für moralische Urteile zusammen mit der Subjektivierung des Kriteriums für das Gute, der Kant die Moral von einer Ethik aristotelischer Provenienz abgrenzen läßt. Moral und Ethik, beide jeweils verstanden als Komplexe von Verhaltensvorschriften, unterscheiden sich durch den Anspruch auf Gültigkeit ihrer Vorschriften. Nur für moralische Verhaltensvorschriften kann der Anspruch erhoben werden, daß sie für alle gültig sein müssen, die für ihr Handeln Rechenschaft abgeben können. Gültige moralische Urteile sind allgemeingültige Handlungsaufforderungen. Die Verhaltensvorschriften der Moral sind nach Kant Gebote oder Gesetze, die sich jedes Willenssubjekt in Ansehung der Bedingungen vernünftiger Selbstbestimmung selber gibt. Demgegenüber sind die Verhaltensweisen, die eine Ethik im antiken Sinn anrät, für Kant Inhalt von

9 Kant, *GMS*, S. 13f.

Ratschlägen, an die sich der Einzelne in kluger Selbstbestimmung hält.[10]

Eine Moral besteht aus Geboten, eine Ethik aus Empfehlungen. Ethische Sollsätze, die Empfehlungen aussprechen, sind als Wertsätze reformulierbar. (Wertsätze sind Sätze der Form: »Es ist gut für A, x zu tun/y zu werden.« – »Du solltest die Arbeit abschließen!« – »Es ist gut für dich, die Arbeit abzuschließen.«) Moralische Sollsätze, die moralische Gebote ausdrücken, sind hingegen nicht in Wertsätze übersetzbar. Mit der Übersetzung des Satzes »Du sollst aufrichtig sein und die Wahrheit sagen« in den Satz: »Es ist gut für dich, aufrichtig zu sein und die Wahrheit zu sagen« ändert sich nicht bloß der Wortlaut, sondern auch die potentielle Begründungsaufgabe des Sprechers. Moralisch richtig können Handlungen sein, die Pflichten erfüllen; ethisch gut können Handlungen sein, die Empfehlungen beherzigen. Daß eine Handlungsweise moralisch richtig ist, heißt, daß sie die Erfüllung einer legitimen Pflicht ist. Daß eine Handlungsweise ethisch richtig ist, heißt, daß sie für den Aktor gut ist. Die Moral, verstanden als Lehre vom richtigen Verhalten, gibt die Bedingungen an, unter denen der Anspruch eingelöst wird, daß eine Handlungsweise richtig relativ zu einem Prinzip ist, das für alle Aktoren ohne Ansehung ihrer besonderen Person gültig ist, d. h. wann eine Pflicht allgemeingültig ist. Die Ethik, verstanden als eine Lehre vom richtigen Verhalten, gibt an, welche Güter für den Handelnden (nicht für den vom Handeln passiv Betroffenen) als die bestimmte Person, die er ist, erstrebenswert sind. Sie ist eine Güterethik. Wenn sie als oberstes Gut eine spezifische komplexe Aktivität auszeichnet, zu der bestimmte Verhaltensweisen gehören, dann ist sie eine Tugendethik; die Tugenden sind Dispositionen zu diesen Verhaltensweisen. Kant nennt die Moral auch »Ethik«, aber in charakteristischer Abweichung vom tradierten Sprachgebrauch versteht er unter dieser Ethik nicht eine praktische Lehre vom höchsten Gut, sondern eine Wissenschaft von den Gesetzen der Freiheit[11], die »eigentlich Moral heißen könnte«.[12] Seine Vernunftmoral ist keine Güterethik, sondern eine Pflichtethik oder eine deontologische Moraltheorie.

10 Ebd., S. 45 f.
11 Ebd., S. 11.
12 Ebd., S. 12.

Zeitgenössische deontologische Moraltheorien wie die von J. Rawls in *A Theory of Justice*, wie K.-O. Apels transzendentalpragmatische Kommunikationsethik oder wie die Diskursethik von J. Habermas schließen an Kant und seine Abgrenzung der Moral von der Ethik der Sache, wenn nicht dem Namen nach, zumindest in drei Hinsichten an:[13] 1. Moralische Urteile werden in Sollsätzen ausgesprochen, die Gebote oder Pflichten formulieren, deren Erfüllung nicht freigestellt ist. 2. Diese Gebote müssen für alle gültig sein. Mit »alle« sind alle Personen gemeint, die unter Bedingungen konfliktträchtiger Verteilung knapper Güter kooperieren müssen (Rawls), oder alle Personen, die argumentieren können (Apel), bzw. alle Personen, die in einer kommunikativen Lebensform involviert sind, die sie auf der Grundlage eines argumentativ überprüfbaren Einverständnisses reproduzieren müssen (Habermas).[14] 3. Um den Anspruch auf Allgemeingültigkeit moralischer Urteile zu erfüllen, genügt der Rekurs auf das Gute nicht.

Dieser Satz zeigt zugleich eine gewisse Distanz zu Kant an. Die angeführten Theorien sind in dem Sinn Pflichtethiken oder deontologische Moraltheorien, daß sie mit Kant die Begründungsaufgabe in der Beantwortung der Frage »Warum ist man kategorisch verpflichtet, x zu tun?« sehen und nicht in der Be-

13 J. Rawls, *A Theory of Justice*, Cambridge/Mass. 1972; J. Habermas, *Moralbewußtsein und kommunikatives Handeln*, Frankfurt am Main 1983; K.-O. Apel, Die transzendentalpragmatische Begründung der Kommunikationsethik und das Problem der höchsten Stufe einer Entwicklungslogik des moralischen Bewußtseins, in: ders., *Diskurs und Verantwortung*, Frankfurt am Main 1988; vgl. a. ders., Kant, Hegel und das aktuelle Problem der normativen Grundlagen von Moral und Recht, in: ders., *Diskurs und Verantwortung*, a. a. O., insbes. S. 93 ff. – Apels Reserve gegenüber der Beschreibung seiner Moraltheorie als deontologisch kann hier vernachlässigt werden, weil sie nur das Bedenken enthält, ob die Kantische Variante einer deontologischen Moraltheorie das Problem bewältigen kann, wie sich eine als gültig erkannte Moral zur Geltung bringen kann, vgl. Grenzen der Diskursethik?, in: *Zs. f. phil. Forschung* 40 (1986), S. 5 f.

14 Rawls, *Theory*, a. a. O., § 22, S. 126, 128; Apel, Das Apriori der Kommunikationsgemeinschaft und die Grundlagen der Ethik, in: ders., *Transformation der Philosophie*. Bd. 2, Frankfurt am Main 1973, S. 420-421; Habermas, Diskursethik – Notizen zu einem Begründungsprogramm, in: ders., *Moralbewußtsein*, a. a. O., S. 110.

antwortung der Frage »Warum ist es gut für mich, x zu tun?« Sie folgen Kants Pflichtethik aber nicht darin, daß sie auf der Begründungsebene von jedem Bezug auf das Gute abstrahieren.[15] So konzeptualisiert Rawls die Rechtfertigung der Grundsätze der Gerechtigkeit als eine Wahl unter bestimmten Bedingungen, die vom Streben nach Primärgütern wie Gewissensfreiheit, Freizügigkeit oder Selbstwertgefühl derjenigen motiviert wird, für die diese Grundsätze gültig sein sollen.[16] Und Habermas bestimmt legitime moralische Normen als Verkörperung eines »gemeinsamen Interesses aller möglicherweise [von der allgemeinen Normbefolgung, L. W.] Betroffenen«.[17] In der Beantwortung der moralischen Begründungsfrage sind evaluative Sätze über Primärgüter oder über Interessen auch derjenigen zugelassen, an die sich moralische Gesetze richten. Nur sind diese Sätze nicht konklusiv. In der Begründung müssen auch normative Sätze vorkommen, die z. B. das Prinzip der Unparteilichkeit in der Interessenberücksichtigung (Habermas) oder die Norm formulieren, daß die Primärgüter lebensformneutral sein müssen (Rawls).[18] Diese Sätze können aber – so die deontologische These – nicht wieder in evaluative Sätze über Güter übersetzt werden. Die Moral besteht nach deontologischer Auffassung aus Geboten, die nicht allein dadurch gerechtfertigt werden können, daß ihre Erfüllung in einem noch zu erläuternden Sinn gut für diejenigen ist, *an* die diese Gebote *gerichtet* werden. Deontologische Moraltheorien in der Tradition Kants unterscheiden die Moral von der Ethik, indem sie das moralisch Richtige vom Guten unterscheiden.

Die deontologische Unterscheidung der Moral von der Ethik

15 Kant macht zwar einen Unterschied zwischen der Abstraktion im Urteilen und der Entsagung von der Glückseligkeit im Handeln, vgl. z. B. *Gemeinspruch*, a. a. O., S. 131; aber das Folgeproblem ist, ob nicht die Abstraktion in Entsagung umschlägt. Der Lösung dieses Problems dient übrigens u. a. die Lehre von den Postulaten der reinen Vernunft, vgl. z. B. *KpV*, a. a. O., S. 238.

16 »But to establish these principles [of justice, L. W.] it is necessary to rely on some notion of goodness for we need assumptions about the partie's motives in the original position.« (Rawls, *Theory*, a. a. O., § 60, S. 396)

17 Habermas, Diskursethik, a. a. O., S. 75.

18 Habermas, Diskursethik, a. a. O., S. 75; Rawls, *Theory*, a. a. O., § 60, S. 396f.; ders., The Priority of the Right and Ideas of the Good, in: *Philosophy & Public Affairs* 17 (1988), S. 256f.

wirft Probleme auf, die mit der Unterscheidung zwischen dem moralisch Richtigen und dem Guten zusammenhängen. Um diese Probleme angeben zu können, muß man die verschiedenen Bedeutungen des Wortes »gut« in der These von der Differenzierung des moralisch Richtigen vom Guten erläutern.

Das Wort »gut« bedeutet im Zusammenhang mit dieser These erstens so viel wie »nützlich zu« und zweitens so viel wie »dem Wohl zuträglich«. Darüber hinaus hat es noch eine dritte Bedeutung, auf die sein attributiver Gebrauch verweist. Diese dritte Bedeutung ist für die deontologische Unterscheidung der Moral von der Ethik die wichtigste, weil das Wort »gut« in dieser Bedeutung am ehesten die Funktion des Guten in antiken Ethiken des guten Lebens beschreibt. Dennoch können die beiden anderen Bedeutungen nicht übergangen werden, weil sie einige grundbegriffliche Annahmen deontologischer Moraltheorien erschließen helfen. Diese Annahmen haben weniger etwas damit zu tun, daß deontologische Moraltheorien im angegebenen Sinn als Pflichtethiken zu klassifizieren sind, sondern damit, daß sie nicht-teleologische Moraltheorien sind.

Der Gedanke, der zur Abgrenzung des moralisch Richtigen vom Guten als dem Nützlichen oder als dem Wohl Zuträglichen motiviert, ist aus der Utilitarismuskritik bekannt. Für teleologische Moraltheorien wie z.B. den Utilitarismus ist ein moralisch richtiges Handeln ein Handeln, das einen Zustand produziert, der unabhängig von diesem Handeln und ohne Rekurs auf moralische Pflichten und korrespondierende moralische Rechte als erstrebenswert gerechtfertigt wird. Teleologische Moraltheorien schließen nicht aus, daß eine Handlung moralisch richtig ist, weil sie die moralische Pflicht erfüllt, bestimmte Rechte zu respektieren. Sie schließen vielmehr ein, daß diese Rechte als solche Ansprüche verstanden werden müssen, deren allgemeine Anerkennung und deren gesetzlicher Schutz einen wünschenswerten Effekt produziert. Demgemäß begreift J. St. Mill moralische Rechte als solche Ansprüche einer Person, deren Schutz durch die Gemeinschaft von allgemeinem Nutzen ist. »To have a right (...) is to have something which society ought to defend me in possession of. If the objector goes on to ask why it ought, I can give no other reason than general utility.«[19]

Demgegenüber kann für deontologische Moraltheorien eine Handlung bereits aus dem Grund moralisch falsch sein, daß sie von ihrem Autor überhaupt als ein instrumentelles Handeln aufgefaßt und in Begriffen der Zweckmäßigkeit gerechtfertigt wird. Denn es gibt Ansprüche, die zu respektieren moralisch geboten ist unabhängig davon, ob ihre Respektierung unmittelbar oder mittelbar dem Nutzen aller Einzelnen oder dem kollektiven Wohl zuträglich ist. So ist die Aufrichtigkeit gegenüber einer anderen Person aus deontologischer Sicht nicht deshalb moralisch richtig, weil sie zur Herstellung eines Zustandes beiträgt, in dem ein vertrauensvoller und damit für alle vorteilhafter Umgang miteinander möglich wird. Sie ist moralisch richtig, weil sie eine Form ist, in der der Anspruch einer Person respektiert wird, in ihrer Würde geachtet und nicht als Mittel für Ziele instrumentalisiert zu werden, deren Beförderung durch sie nicht ihrer freien Zustimmung entspringt. Die Anerkennung bestimmter politischer (Teilhabe-)Rechte wie z. B. das aktive und das passive Wahlrecht für Ausländer ist – ceteris paribus – nicht deshalb moralisch richtig, weil sie zu einem Zusammenleben von Angehörigen verschiedener Kulturen führt, das z. B. das Humboldtsche Ideal von einer sozialen Gemeinschaft verwirklicht, in der alle Talente der Menschheitsgattung zu ihrer Entfaltung kommen.[20] Sie ist ggf. moralisch richtig, weil sie zu einem Zusammenleben gehört, in dem gleiche Pflichten (z. B. eine Steuerpflicht) der Gesellschaftsmitglieder mit gleichen Rechten verbunden sind.

Ein Handeln, das ein moralisches Gebot erfüllt, ist nach deontologischer Auffassung kein Handeln von der Art eines instrumentellen Handelns, d. i. eines solchen teleologischen Handelns, dessen Ziel unabhängig von diesem Handeln als ein bestimmter Zustand identifiziert werden kann, der vom Han-

19 J. St. Mill, Utilitarianism, in: J. St. Mill, *Utilitarianism, On Liberty, and Considerations on Representative Government*, ed. H. B. Acton, Everyman's Library 1972, S. 50. – Vgl. auch die Konzeption moralischer Rechte von M. Scanlon, Rights, Goals and Fairness, in: St. Hampshire (Hg.), *Private and Public Morality*, Cambridge 1978, S. 103.

20 W. v. Humboldt, *Ideen zu einem Versuch, die Grenzen der Wirksamkeit des Staates zu bestimmen*, Stuttgart 1967, S. 22, 26f.

delnden mit Absicht herbeigeführt wird. Das heißt nicht, daß ein moralisch gebotenes Handeln keine Wirkungen hat, die zu seiner vollständigen Beschreibung gehören. Nur sind diese Wirkungen nicht als Effekte zu verstehen, die ein Aktor kausal erzeugt. Sie sind die Aktualisierung oder die Initiierung einer sozialen Beziehung, die ohne eine komplementäre Reaktion der Zustimmung desjenigen nicht zustande kommt, gegenüber dem der Handelnde eine Pflicht hat.[21] Der moralisch Handelnde steht in einer interaktiven Beziehung zu denjenigen, gegenüber denen er moralische Verpflichtungen hat, die auf Grund der Folgen oder Implikationen seines Handelns mißachtet werden können.

Die Abgrenzung des moralisch Richtigen vom Guten, das als konträrer Gegensatz sowohl zum Unzweckmäßigen als auch zum Schädlichen zu verstehen ist, genügt aber nicht, um die deontologische Unterscheidung zwischen Moral und Ethik hinreichend zu bestimmen.[22] Der Respekt bestimmter Rechte kann augenscheinlich auch unter Verwendung eines bestimmten Begriffs vom Guten nicht-utilitär gerechtfertigt werden. In einer solchen Rechtfertigung werden moralische Rechte und Pflichten als integraler Bestandteil eines vorzugswürdigen gesellschaftlichen Lebenszusammenhanges gedacht: Wir wollen nicht in einer sozialen Welt leben, in der diese Rechte keine Geltung haben. Dieser Unwille muß – kantisch gesprochen –

21 R. M. Hare hat diese Differenzierung im Begriff der Wirkung einer moralisch gebotenen Handlung nicht bedacht. Deshalb ließ ihn die Feststellung, daß jede Handlung, auch die Ausführung einer Pflicht, ihrem Begriff zugehörige beabsichtigte Wirkungen hat, am Sinn der Unterscheidung zwischen deontologischen und teleologischen Moraltheorien zweifeln. Vgl. *Freedom and Reason*, Oxford 1962; dt. *Freiheit und Vernunft*, Frankfurt am Main 1983, S. 144; ders., *The Language of Morals*, Oxford 1952, dt. *Die Sprache der Moral*, Frankfurt am Main 1983, S. 82.

22 Das zeigt sich schon daran, daß auch solche zeitgenössischen Philosophen und Philosophinnen, die an die aristotelische Ethik anknüpfen, die skizzierte deontologische Kritik an einer teleologischen oder besser: an einer konsequenzialistischen Bestimmung des moralisch Richtigen durchaus teilen, vgl. z.B. Ch. Taylor, The Diversity of Goods (1982), in: ders., *Philosophy and the Human Sciences. Philosophical Papers II*, Cambridge 1985; Ph. Foot, Utilitarianism and the Virtues (1985), in: S. Scheffler (Hg.), *Consequentialism and its Critics*, Oxford 1988; dies., Morality, Action and Outcome, in: Honderich (Hg.), *Morality and Objectivity*, a.a.O.

keine Willkür sein. Seine Äußerung kann auch die Äußerung einer Absicht zu einer bestimmten Handlungsweise sein, die mit einer selbstbezüglichen Einsicht des Handelnden verbunden ist, warum er so handeln soll. Diese Einsicht sagt ihm, daß er gar nicht wollen kann, anders als so zu handeln, daß er bestimmte Rechte anderer respektiert. Seine Einsicht schlägt die Brücke zwischen der Bewertung eines sozialen Zustandes als vorzugswürdig und der Aufforderung zu einem bestimmten Handeln. Der Maßstab der Bewertung ist zugleich der Maßstab für ein angemessenes Verständnis seiner selbst als Handelndem.

Wer einen solchen Maßstab das Gute nennt, prägt nicht eigensinnig neue Begriffe. Er befreit, so kann man den Gedanken zu einer Kritik an dem bisher erläuterten Verständnis des Guten fortspinnen, das ethisch Gute aus seinen empiristischen Schrumpfformen des bloß Nützlichen oder des dem Wohl Zuträglichen. Um zu sehen, was es heißen würde, ein moralisch richtiges Handeln als ein ethisch gutes Handeln zu definieren, muß man sich eine dritte Bedeutung des Wortes »gut« vergegenwärtigen.

Das Wort »gut« kann auch das gleiche wie »hervorragend« oder »vortrefflich« bedeuten und attributiv gebraucht werden. Wir gebrauchen es in dieser Bedeutung in der Rede über das Handeln von Rolleninhabern und Funktionsträgern. Ein guter Unterricht ist der Unterricht eines guten Lehrers. Aristoteles hat diesen Gebrauch auch in bezug auf den Menschen zugelassen, so daß es für ihn sinnvoll gewesen ist zu sagen, daß eine gute Handlung die Handlung eines guten oder tugendhaften Menschen ist: »Man bezeichnet (...) Handlungen als gerecht oder besonnen, wenn sie so sind, wie sie der gerechte oder besonnene Mensch vollbringen würde.«[23] Unter der Handlung eines guten Menschen ist nicht die Handlung eines wohlwollenden Menschen zu verstehen, sondern die hervorragende Ausübung derjenigen Tätigkeit, die dem Menschen als Menschen wesentlich ist. Die so ausgeübte Tätigkeit ist das gute Leben, das in wohlproportionierten tugendhaften Verhaltensweisen besteht. Das gute Leben ist die Aktualität dessen, was der Mensch seiner wesentlichen Möglichkeit nach ist, nämlich ein der Überlegung fähiges und überlegt strebendes Lebewesen. Da es ein Gut für

23 *NE* 1105 b 5; 1143 b 23.

den irdischen Menschen ist, fungiert es nicht als das Idealbild einer jenseitigen vollendeten Wirklichkeit, sondern als ein Telos. Das Telos ist aber nicht nur als das Worumwillen eines Strebens, sondern auch als das Wodurch dieses Strebens zu verstehen; es ist zugleich Prinzip (*Arche*) des Strebensprozesses. Das oberste Gut für den Menschen, das ein *teleion agathón* ist, ist darum auch in dem Sinn wirklich, daß es am Werke oder wirksam ist und den Menschen, der es erstrebt, werden läßt, was er wesensmäßig ist.[24]

Die Ausdehnung des attributiven Gebrauchs von »gut« bei Aristoteles ist mit einer metaphysisch begründeten Auffassung von einer spezifisch menschlichen Seinsweise verbunden. Aber darauf kommt es nicht an. Wichtig ist nur zu sehen, daß dieser Gebrauch verstehen läßt, worin das ethisch Gute besteht. Das ethisch Gute ist etwas, was denjenigen, der es zum Prinzip seines Handelns hat, in Übereinstimmung mit sich bringt, indem er sich als überlegt Handelnder an ihm orientiert. Die Übereinstimmung mit sich, deren Prinzip das ethisch Gute ist, muß nicht wie bei Aristoteles perfektionistisch als Vollendung eines Perfektiblen gedacht werden. Sie kann auch die Übereinstimmung einer einzelnen Person mit ihren persönlichen Maßstäben sein. Entsprechend muß ein ethisch gutes Handeln nicht die hervorragende Ausübung einer mir als Gattungswesen wesensmäßigen Tätigkeit sein. Es läßt sich auch als ein Handeln vorstellen, das mir als einer bestimmten Person wesentlich und für mich als Aktor, der diese Person sein will, wichtig ist, weil es mich in Einklang mit solchen Maßstäben bringt, mit denen ich mich identifiziere. Das moralisch richtige Handeln, verstanden als ein ethisch gutes Handeln, ist richtig relativ zu einem solchen Maßstab, den zu mißachten der Aktor nicht wollen kann, wenn er sich nur richtig versteht.

Gegen diese Definition des moralisch Richtigen in Begriffen des Guten führen die genannten deontologischen Moraltheorien das Faktum moderner Lebensverhältnisse an, in denen Personen in ihrem Selbstverständnis divergieren können. Eine mora-

24 Zum Zusammenhang zwischen Telos und Energeia vgl. J. Stallmach, *Dynamis und Energeia*, Meisenheim 1959, S. 163-168, 171-180, 185ff.; Vgl. a. H.-G. Gadamer, *Die Idee des Guten zwischen Plato und Aristoteles*, Heidelberg 1978, S. 102f., a. S. 89-92.

lisch richtige Lösung der interpersonalen Konflikte, die sich aus dieser Divergenz ergeben, kann daher nicht in Begriffen des Guten bestimmt werden. Man kann zwar dafür argumentieren, daß das Selbstverständnis einer Person nichts ist, was diese Person je für sich ausbildet und was sie besitzt, sondern etwas, was sie mit anderen Personen teilt. Ich kann mich nicht richtig verstehen, ohne uns richtig zu verstehen; ein Handeln gemäß einem gemeinsamen, d.i. einem allgemeinen und geteilten Selbstverständnis bringt den Aktor uno actu in Übereinstimmung mit sich und der Gemeinschaft derer, mit denen er dieses Selbstverständnis teilt. Aber die Bewohner einer modernen moralischen Welt sind nicht identisch mit den Mitgliedern eines Kollektivs, die ein gemeinsames Selbstverständnis teilen. Für sie bestehen moralische Gebote auch gegenüber denen, mit denen zusammenzuleben nicht zu ihrem guten Leben gehört. Der interne Zusammenhang zwischen *koinonia* und *philía*, dem zufolge die sozialen Beziehungen zwischen den Angehörigen einer Gemeinschaft auch als Freundschaftsbeziehungen zu denken sind[25], ist in der Moderne augenscheinlich aufgelöst.

Die deontologische Abgrenzung des moralisch Richtigen vom Guten besagt, daß eine Handlungsweise nicht schon dann moralisch richtig ist, wenn sie von allgemeinem Nutzen oder dem kollektiven Wohl zuträglich ist, oder wenn sie den Handelnden in Übereinstimmung mit einem Selbstverständnis bringt, das er mit anderen Mitgliedern eines Kollektivs teilt.

Mit dieser Abgrenzung sind bestimmte grundbegriffliche Annahmen verbunden. Der moralische Aktor, d.i. der Autor einer moralisch beurteilbaren Handlung, wird nicht als Produzent von Zuständen, sondern als Adressat von normativen Verhaltenserwartungen gedacht. Moralisch problematisch können Handlungen sein, insofern sie Handlungen sind mit Folgen oder Implikationen für andere, die normative Verhaltenserwartungen an ihren Autor richten. Normative im Unterschied zu prognostischen Verhaltenserwartungen sagen, was für ein Verhalten der Erwartende glaubt verlangen zu dürfen. Moralische Verhaltenserwartungen verweisen auf moralische Normen als rechtfertigende Gründe. Das, wovon man sagen kann, es sei

25 Vgl. *NE* 1159 b 25-35.

moralisch richtig oder falsch, ist primär eine Handlungsnorm, d.i. eine Norm, die sagt, was für eine Handlungsweise von einem Aktor erwartet werden darf. Eine moralisch richtige Handlung ist richtig relativ zu einer legitimen moralischen Norm. Eine von moralischen Normen geregelte soziale Beziehung ist keine Beziehung zwischen den Mitgliedern eines Kollektivs, das durch ein gemeinsames Selbstverständnis seiner Mitglieder charakterisiert wird.

## 2. Einwände

Die deontologische Unterscheidung zwischen Moral und Ethik ist namentlich in jüngerer Zeit von Autoren wie A. MacIntyre, M. Sandel, Ch. Taylor, M. Walzer, B. Williams und U. Wolf in verschiedenen Hinsichten problematisiert worden.[1] Zum einen scheint sie vermittels ihrer grundbegrifflichen Annahmen zu unplausiblen Konsequenzen zu führen (1). Zum anderen ist es zweifelhaft, ob sie sich auf der Ebene der Begründung moralischer Urteile wirklich durchhalten läßt, ob also moralische Begründungen nicht letztlich doch das moralisch Richtige in Begriffen des Guten definieren müssen (2). Ich will nun einige der Argumente, die diese Zweifel nähren, soweit vorstellen, daß die Fluchtlinie meiner nachfolgenden Argumentation gegen diese Zweifel erkennbar wird.

(1) Eine erste Konsequenz scheint die Eingrenzung der Moral auf den engen Bereich des persönlich verantwortbaren Handelns je einzelner Aktoren zu sein, die sich als fremde Privatpersonen gegenüberstehen und die gegeneinander moralische Rechte und Pflichten haben. Diese Konsequenz läßt sich an einem Beispiel verdeutlichen.

Eine politische Maßnahme wie die geschlechtsspezifische oder ethnozentrische Kontingentierung von Arbeits- und Ausbildungsplätzen in sozialen Schlüsselprofessionen (Ärzte, Juristen, Lehrer, Sozialarbeiter usw.) ist eine Form kollektiven instrumentellen Handelns. Man kann zu zeigen versuchen, daß ein solches Handeln moralisch zulässig ist, weil es keine moralischen Ansprüche wie z.B. das Recht eines jeden auf Respektierung seiner individuellen Person verletzt. Aber wie könnte im Rahmen einer deontologischen Moraltheorie die Unterstützung einer solchen Politik durch den Einzelnen als moralisch geboten

1 A. MacIntyre, *After Virtue. A Study in Moral Theory*, Notre Dame 1981; M. Sandel, *Liberalism and the Limits of Justice*, Cambridge/Mass. 1982; Ch. Taylor, Die Motive einer Verfahrensethik, in: W. Kuhlmann (Hg.), *Moralität und Sittlichkeit*, Frankfurt am Main 1986; ders., *The Sources of the Self: The Making of the Modern Identity*, Cambridge 1989; M. Walzer, Interpretation and Social Criticism, a.a.O.; B. Williams, *Ethics and the Limits of Philosophy*, a.a.O.; U. Wolf, *Das Problem des moralischen Sollens*, Berlin 1984.

gerechtfertigt werden?[2] Teleologische Argumente, die zeigen, daß ein solches kollektives Handeln bzw. seine Unterstützung durch den Einzelnen bestimmte Zustände (wie konfliktärmere soziale Verhältnisse, ein Klima des Vertrauens und der Toleranz) herbeiführt, und die zeigen, daß diese Zustände der kollektiven Wohlfahrt zuträglich sind, scheiden aus. Eine deontologische Begründung müßte anders ansetzen: Sie müßte dafür argumentieren, daß die Unterstützung dieses kollektiven Handelns eine Form ist, in der der Einzelne ein moralisches Recht anderer respektiert wie zum Beispiel das Recht eines jeden, als Gleicher ohne Ansehung von Rasse, Geschlecht, Religion oder Status behandelt zu werden. Die strukturelle Diskriminierung von Personen aufgrund ihrer Rasse etc. beim Zugang zu bestimmten Ressourcen, wie es Arbeits- und Ausbildungsplätze sind, führt zu einer ungerechten Verteilung dieser Resssourcen und verletzt dieses Recht. (Darüber hinaus werden mittelbar auch die Mitglieder bestimmter Klientengruppen von Ärzten, Juristen usw. in diesem Recht verletzt, was die erhöhte Aufmerksamkeit auf diese Professionen rechtfertigt.) Soweit die Skizze eines deontologischen Begründungsversuchs.

Nun ist aber klar, daß die gesellschaftlichen Mißstände, die durch ein bestimmtes kollektives Handeln beseitigt werden sollen, dem Einzelnen nicht individuell zurechenbar sind. Es ist deshalb sowohl irreführend als auch unberechtigt zu behaupten, wer solche Mißstände dulde, verletze seine moralische Pflicht zur universellen und gleichen Achtung einer jeden Person. Es liegt nahe, diesen Einwand damit zu parieren, daß man die fragliche Pflicht spezifiziert. Sie ist eine Pflicht nicht des Einzelnen als einer begrenzt handlungsmächtigen Person, sondern als eines Angehörigen einer handlungsfähigen Gemeinschaft. Das ganze Sprachspiel, in dem Ausdrücke wie »gesellschaftliche Mißstände dulden«, »strukturelle Diskriminierung«, »ungerechte Ressourcenverteilung« ihren Sinn erhalten, setzt ja be-

2 R. Dworkins Argumentation gegen kommunitaristische Kritiker einer deontologischen Moraltheorie wie z.B. M. Sandel geht an dieser Frage vorbei, vgl. Sandel, *Liberalism*, a.a.O., insbes. S. 140f.; R. Dworkin, Bakke's Case: Are Quotas Unfair?; ders., What Did Bakke Really Decide?, beide in: R. Dworkin, *A Matter of Principle*, Cambridge/Mass. 1985, S. 292-315; sowie A Reply by R. Dworkin, in: M. Cohen (Hg.), *R. Dworkin and Contemporary Jurisprudence*, London 1983, S. 291-294.

reits ein handlungsfähiges Kollektiv voraus, das sich soziale Verhältnisse zurechnet. Aber wie ist die Existenz eines solchen Kollektivs denkbar, ohne die von seinen Mitgliedern geteilte Überzeugung, daß eine Gemeinschaft erstrebenswert oder erhaltenswert ist, die ggf. in der institutionell verstetigten Form einer Sozialpolitik aktiv und organisiert am Wohl ihrer einzelnen Mitglieder Anteil nimmt? Wenn die Begründung für die Aufforderung an den Einzelnen, eine solche Politik zu unterstützen, auf den Angehörigenstatus des Einzelnen Bezug nimmt, dann stützt sie sich implizit auf einen vorgängigen Konsens über das Gute, wie er sich in dieser allgemeinen Überzeugung zeigt. Will man die deontologische Unterscheidung des moralisch Richtigen vom Guten aufrechterhalten, dann wird es schwierig, die Ausklammerung von solchen Pflichten aus dem Bereich moralischer Pflichten zu vermeiden, die sich aus dem Status des Verpflichteten als Angehörigem einer Gemeinschaft ergeben. Die deontologische Unterscheidung zwischen Moral und Ethik wirft das Problem auf, ob sie nicht einen Begriff vom moralischen Aktor zugrunde legt, der der Sozialität der Autoren moralisch beurteilbarer Handlungen zu wenig Rechnung trägt.

Spiegelbildlich zu diesem Problem ist das Problem, ob der deontologische Begriff von einem Handeln, das moralisch fragwürdig sein kann, nicht die Individualität moralischer Aktoren zu wenig berücksichtigt. Moralisch fragwürdig ist nach deontologischem Verständnis ein Handeln, wenn es Folgen oder Implikationen für andere hat, die augenscheinlich moralische Ansprüche dieser anderen berühren. Selbst wenn man den Bereich des Handelns, das moralisch richtig oder falsch sein kann, auf das intentionale Verhalten gegenüber anderen eingrenzt, erschöpft sich die moralische Frage nicht in der Frage, ob der einzelne Aktor sein Handeln gegenüber anderen Interaktionsteilnehmern vertreten kann. Denn auch nachdem wir, die wir in einer interaktiven Beziehung zueinander stehen, uns auf eine faire Regelung dieser Beziehung verständigt haben, kann jeder von uns sich mit Blick auf abwesende Dritte die Frage stellen: »Dürfen wir das?« Und diese Frage stellt sich der Fragende als ein Individuum, das sich aus seinen aktuellen Handlungszusammenhängen herausstellen kann und das unvertretbar in der Verantwortung seines Handelns vor sich ist.[3]

Die Gemeinsamkeit zwischen diesen beiden Problemen ist das Problem, ob deontologische Moraltheorien nicht für bestimmte Aspekte moralischer Handlungs- und Begründungssituationen begrifflich blind sind. Die Handlungssituation in diesen Theorien wird gedacht als die Interaktion zwischen Personen, die in ihren Überzeugungen über das ethisch Gute, mithin in ihren letzten Zielen nicht übereinstimmen und die gleichwohl in ihrem Handlungserfolg wechselseitig von komplementären Handlungen und Unterlassungen der anderen abhängen. Begründungspflichtig sind die moralischen Normen, die die normative Erwartung dieser Handlungen und Unterlassungen rechtfertigen. Vernachlässigt wird, daß Handlungen auch unter dem Aspekt moralisch problematisch sein können, daß sie Folgen oder Implikationen für die Integrität sozialer Beziehungen zwischen den Angehörigen einer Gemeinschaft haben (und nicht nur Folgen und Voraussetzungen in bezug auf andere Individuen). Begründungspflichtig sind dann die normativen Erwartungen, die andere als Angehörige an andere Angehörige stellen. Ebenso vernachlässigt wird der Umstand, daß Handlungen auch unter dem Aspekt moralisch problematisch sein können, daß der Handelnde ein Individuum ist, das nur selbsttätig in Übereinstimmung mit sich kommen kann, so daß es für ihn einen existentiellen Unterschied ausmacht, ob er oder irgendeiner in einer bestimmten Weise handeln soll.[4] Begründungspflichtig sind hier die normativen Erwartungen unter dem Aspekt der Folgen ihrer Erfüllung für seine persönliche Integrität.

(2) Die unter (1) genannten Argumente sind zumindest Argumente gegen den Anspruch, daß deontologische Moraltheorien für alle moralischen Handlungs- und Begründungssituationen gleichermaßen gute Theorien sind. Die deontologischen Moraltheoretiker könnten diesen Argumenten mit Selbstbescheidung begegnen. Schwerer wiegen Argumente, die den Anspruch de-

3 Vgl. z. B. U. Wolf, *Moralisches Sollen*, a. a. O., S. 51 f.; W. Schulz, *Grundprobleme der Ethik*, Pfullingen 1989, S. 46f., 250.

4 Auf dieser Linie liegen die Einwände von B. Williams, Persons, Character, and Morality, in: ders., *Moral Luck*, Cambridge 1981, z. B. S. 14.

ontologischer Moraltheorien kritisieren, überhaupt eine Trennungslinie zwischen dem moralisch Richtigen und dem ethisch Guten ziehen zu können. Denn dieser Anspruch kann nicht preisgegeben werden. Folgt man diesen Argumenten, dann scheint sich dieser Anspruch einem oberflächlichen Blick sowohl auf den Inhalt als auch auf die Form moralischer Begründungen zu verdanken.

Im Blick auf den Inhalt ist die vorgetragene Argumentation gegen eine Bestimmung des moralisch Richtigen in Begriffen des ethisch Guten unvollständig. Sie unterstellt, daß interpersonale Konflikte auf Grund divergierender Selbstverständnisse nicht einseitig zugunsten eines dieser Selbstverständnisse aufgelöst werden dürfen. Was fehlt, ist eine Begründung für dieses Verbot. Tatsächlich nimmt die Argumentation den Grundsatz in Anspruch, daß jede Person ihr individuelles Leben autonom und eigensinnig gestalten darf. Dieser Grundsatz ist für uns ein ethisches Gut, weil seine Mißachtung unser Selbstverständnis als freie autonome Lebewesen mißachtet. Das Kriterium für die moralische Richtigkeit der Lösung interpersonaler Konflikte ist also mitnichten indifferent gegenüber dem ethisch Guten.[5] In der deontologischen Abgrenzung der Moral von der Ethik wird fälschlich die normative Forderung, daß die Lösung interpersonaler Konflikte in der Begründung neutral gegenüber dem individuellen Selbstverständnis der Beteiligten sein soll, als eine metaethische These von der Unterscheidung des ethisch Guten und des moralisch Richtigen ausgegeben.

Ebenso wie im Blick auf den Inhalt verliert diese Unterscheidung auch im Blick auf die Form der Begründung moralischer Urteile an Trennschärfe. Moralische Begründungen müssen denjenigen, der die Legitimität eines moralischen Gebots bestreitet, davon überzeugen können, daß auch er nicht wollen kann, die gebotene Handlungsweise zu unterlassen. Dieses Nicht-Können bildet den Nullpunkt, an dem das verpflichtende moralische Sollen mit dem begründeten Wollen zusammentrifft. Der Begründung eines moralischen Gebots in der zweiten Person Singular entspricht eine praktische Überlegung in der ersten Person Singular. Diese Überlegung terminiert in dem Vorsatz zu einer Handlung,

5 Das ist das Argument namentlich von Ch. Taylor, vgl. *Sources of the Self*, a.a.O., S. 81-90.

die zu der Art von Handlungen derjenigen Person gehören, die der Überlegende sein will. Moralische Handlungsgebote oder Normen, die für eine Person zu Recht Gültigkeit beanspruchen, sind psychologisch gesprochen von dieser Person zu Bestandteilen ihrer Persönlichkeit verinnerlicht worden. In der Begründung moralischer Normen muß gezeigt werden, daß diese Normen ebenso wie das ethisch Gute als Prinzip der Übereinstimmung des Aktors mit sich fungieren.

Nun ist das ethisch Gute nichts, was in einem *acte gratuit* gesetzt wird. Sofern es die artikulierte Form von persönlichen Grundsätzen oder Maximen annimmt, entspringen diese ethischen Grundsätze keinem Beschluß. Sie sind vielmehr das Ergebnis der Interpretation einer individuellen Lebenspraxis am Leitfaden der Frage: »Wer in Wahrheit bin ich bei all dem, was ich tue?«

Ebensowenig wie ethische Grundsätze sind moralische Normen Gegenstand eines Beschlusses. Sie sind das Ergebnis der Interpretation einer überindividuellen moralischen Alltagspraxis. Diese Praxis setzt sich aus moralischen Urteilen, Gefühlen und Handlungsweisen zusammen und wird von jenen immer schon gegebenen, allgemein verbreiteten Überzeugungen geleitet, die seit Rawls Intuitionen genannt werden.[6] Daß moralische Normen Interpretationen von praktisch wirksamen moralischen Intuitionen sind, schließt den Dissens über ihre Legitimität nicht aus. Auch muß der Streit nicht auf die Angemessenheit einer Auslegung dieser Intuitionen beschränkt bleiben. Die Interpretation moralischer Intuitionen kann revisionär sein, d.h. bestimmte Intuitionen zurückweisen, weil diese Intuitionen in ihrem Gewichtungsverhältnis untereinander ungeordnete, z.T. einander entgegengesetzte und wenig artikulierte Überzeugungen sind. Man kann natürlich versuchen, auf den Rekurs und den Sukkurs von Intuitionen in moralischen Begründungen zu verzichten. Aber dann muß man auch auf diejenige Gemeinsamkeit verzichten, die eine Übereinstimmung im moralischen Urteil zu mehr macht als zu einem Einverständnis über einen modus vivendi unter Personen, »who

6 Vgl. Rawls, *Theory of Justice*, a.a.O., z.B. S. 104. Dieser Begriff von Intuitionen muß von dem Begriff der Intuition als einem evidenten moralischen Wahrnehmungsurteil unterschieden werden.

merely have a shared requirement to live not a requirement to share a life«.[7] Die kritische Haltung gegenüber moralischen Intuitionen besteht nicht in ihrer Ignoranz, sondern in einer Prüfung des Anspruchs, daß diese Intuitionen uns sagen, was nicht verletzt werden kann, ohne daß wir verletzt werden.
Die Begründung moralischer Urteile auf dem Weg einer kritischen Prüfung dieses Anspruchs nimmt die Form eines kollektiven Selbstverständigungsprozesses an. Sie orientiert sich an einer sokratischen Idee des Guten. Für Sokrates ist das ethisch Gute als das Worumwillen menschlichen Strebens nicht nur ein charakteristischer Zug des Menschen. Es ist auch mit dem Anspruch verbunden, von demjenigen, der es erstrebt, gewußt zu werden. Deshalb ist nach Sokrates die Idee des Guten »die formale Idee allen Sichselbstverstehens«.[8] Eine Begründung für praktische Sätze, die mit einem besseren Selbstverständnis derer, für die sie eine Begründung ist, verknüpft ist, orientiert sich an einer so verstandenen Idee des Guten. Weil Begründungen moralischer Urteile die einzelne Person davon überzeugen müssen, daß sie nicht wollen kann, anders als in der moralisch gebotenen Weise zu handeln, und weil sie sich auf eine kritische Interpretation allgemeiner moralischer Intuitionen stützen müssen, streift die Differenzierung zwischen Moral und Ethik auch auf der Ebene der Begründungsweise den Status einer kategorialen Trennung ab.
Die angeführten Argumente gegen eine deontologische Unterscheidung zwischen Moral und Ethik lassen sich in zwei Sorten von Einwänden resümieren: Erstens hat die Unterscheidung eine einseitige Charakterisierung der moralischen Handlungs- und Begründungssituation zur Folge. Die Begründungssituation wird auf den Fall zugeschnitten, in dem es um die Rechtfertigung solcher moralischen Gebote geht, die die Handlungsspielräume individueller, selbstgenügsamer Aktoren auszeichnen. Die Moral, die dabei herauskommen kann, ist allenfalls eine »Moral unter Fremden«.[9] Zweitens kann die in dieser Begründungssituation zu erbringende Begründungsleistung nicht

7 Williams, *Ethics and the Limits*, a.a.O., S. 103.

8 H.-G. Gadamer, *Platos dialektische Ethik*, Neudruck der Auflage von 1931, Hamburg 1983, S. 43.

9 M. Walzer, Interpretation and Social Criticism, a.a.O., S. 15.

ohne Inanspruchnahme eines Begriffs vom ethisch Guten erbracht werden. Auf der Ebene der Begründung ihrer Minimalmoral müssen sich die Fremden als Angehörige einer Gemeinschaft wiedererkennen können, die eine Idee vom ethisch Guten teilen.

Ich glaube, daß diese Einwände nicht sogleich zur Preisgabe, aber immerhin zur Präzisierung der deontologischen Unterscheidung zwischen Moral und Ethik zwingen. Ich will nun abschließend die Richtung angeben, die ich einschlagen werde, um zu einer solchen Präzisierung zu kommen. Ich werde dabei an die Diskursethik oder besser: an die Diskurstheorie der Moral anschließen, wie sie von J. Habermas vorgelegt wurde. Auf der Grundlage eines pragmatistischen Konzepts von Begründung setzt Habermas den Begriff der moralischen Begründung oder Argumentation in Beziehung zu einem Begriff moralischer Probleme: Moralische Probleme sind Störungen eines Einverständnisses über die Legitimität von Moralnormen, die die Interaktion derer leiten, für die sie moralische Probleme sind. Moralische Argumentationen haben die Aufgabe, ein solches Einverständnis wiederherzustellen.[10] Man kann also die deontologische Unterscheidung zwischen Moral und Ethik durch eine genauere Beschreibung der jeweiligen Begründungssituation präzisieren, wie sie durch moralische bzw. ethische Probleme bestimmt wird. Der Unterscheidung zwischen Moral und Ethik durch die Abgrenzung des moralisch Richtigen vom ethisch Guten korrespondiert ein Unterschied in der Natur der Probleme, auf die die Begründungen für ein ethisch gutes bzw. für ein moralisch richtiges Handeln bezogen sind.

Ethische Probleme sind Störungen eines Selbstverhältnisses, in dem derjenige steht, der nach dem für ihn ethisch guten Handeln fragen kann. Sie werden als Ungewißheit darüber erlebt, welches Handeln die selbstgestellten Ansprüche an sich erfüllt oder was die Ansprüche sind, deren Erfüllung den Handelnden in Übereinstimmung mit sich bringt. Moralische Probleme sind keine Störungen eines Selbstverhältnisses, und sei dieses Verhältnis noch so sehr durch die Beziehung zu einem anderen vermittelt. Sie sind Belastungen eines irreduzibel intersubjektiven Verhältnisses, in dem die Teilnehmer einer von moralischen

10 Vgl. Habermas, Diskursethik, a.a.O., S. 77.

Normen regulierten Interaktion zueinander stehen. Moralische Normen sind in Hinsicht auf ihre Adressaten generalisierte Verpflichtungen (statt Empfehlungen) zu Handlungsweisen (statt zu Handlungen) oder zu Unterlassungen von Handlungsweisen, deren Erfüllung die Adressaten glauben, reziprok voneinander verlangen zu dürfen. Moralische Probleme werden erlebt als Konflikte über die Legitimität wechselseitig erhobener Ansprüche, ein bestimmtes Verhalten des anderen unter Berufung auf eine Moralnorm erwarten zu dürfen.

Habermas beschreibt moralische Konflikte auch als Interessenkonflikte.[11] Aber diese Beschreibung führt nur dann zu dem unplausiblen Gedanken, die Lösung eines moralischen Konflikts bestünde in einem Interessenkompromiß, wenn man einen empiristischen Begriff von Interesse zugrunde legt, der Interessen an Präferenzen ohne normative Vorbehalte angleicht.[12] Moralische Konflikte sind Konflikte zwischen Interessen, die präsumtiv durch moralische Ansprüche gedeckt sind. Auch darf die despektierlich klingende Rede von Interessen nicht zu Fehlschlüssen über den Inhalt von Interessen verleiten. Darauf hat schon Hegel hingewiesen: »(Das) Moment der Einzelheit muß in der Ausführung auch der objektivsten Zwecke seine Befriedigung erhalten; ich als dieses Individuum will und soll in der Ausführung des Zwecks nicht zugrundegehen. Dies ist mein Interesse. Dasselbe darf mit der Selbstsucht nicht verwechselt werden.«[13] Darüber hinaus kann die Rede von Interessen die sprachliche Form eines Perspektivenwechsels sein, der mir zugemutet wird. Was für mich höchste Ideale und tiefste Überzeugungen sind, kann sich anderen als mein Interesse darstellen.[14] Die Beschreibung moralischer Konflikte als Interes-

11 Vgl. z.B. ebd., S. 118; vgl. a. schon Habermas, Moralentwicklung und Ich-Identität (1974), in: ders., *Zur Rekonstruktion des Historischen Materialismus*, 2. Auflage, Frankfurt am Main 1976, S. 82.

12 Einen solchen Interessenbegriff findet man z.B. bei J. Bentham: »A thing is said to promote the interest, or to be for the interest of an individual, when it tends to add the sum total of his pleasures.« (*An Introduction to the Principles of Morals and Legislation*, in: *The Works of J. Bentham*, Bd. I, ed. J. Bowring, New York 1962, ch. I, p. 2.)

13 *Enzyklopädie der philosophischen Wissenschaften im Grundrisse (1830)*, in: *Hegel. Werke in zwanzig Bänden*, ed. E. Moldenhauer/K. M. Michel, Bd. 10, Frankfurt am Main 1970, S. 298 (mündlicher Zusatz).

14 Hier bin ich einem Gespräch mit Thomas McCarthy verpflichtet.

senkonflikte dient – neben dem Motiv, die Moral zu einer irdischen Angelegenheit zu machen – dazu, den intersubjektiven Charakter moralischer Probleme zu akzentuieren. Wer die Lösung moralischer Probleme unmittelbar in einem als ethisch gut begründeten Handeln sucht, verfehlt diesen Zug moralischer Probleme. Denn ethische Begründungen rechtfertigen ein Handeln als Funktion der Integrität eines sich zu sich verhaltenden Aktors. Wer moralische von ethischen Problemen nicht unterscheidet, verabsolutiert in der Begründung der Lösung die Perspektive der ersten Person Singular.

Die Idee ist also, gegen die Einziehung des Unterschiedes zwischen dem moralisch Richtigen und dem ethisch Guten, d.h. gegen Einwände der zweiten Sorte die von moralischen Problemen vorgegebenen Anforderungen an moralische Begründungen geltend zu machen. Die Natur moralischer Probleme erlegt moralischen Begründungen Restriktionen auf, die einen unmittelbaren Rückgriff auf das ethisch Gute in der Begründung moralischer Verpflichtungen blockieren. Damit ist nicht schon die Möglichkeit ausgeschlossen, daß moralische Probleme erst mittelbar eine Lösung finden, nachdem sie in ethische Fragen übersetzt worden sind. In diesem Fall gründet die gegenseitige Anerkennung der moralischen Akteure als Wesen mit Rechten und Pflichten auf identitätsstiftenden Gemeinsamkeiten dieser Akteure, so daß sich selbst verletzt, wer die Rechte anderer verletzt. Allerdings muß dann der Ethiker im Gegenzug zeigen, daß bei der Übersetzung moralischer Probleme in ethische Fragen nichts verletzt wird, was zu schützen Aufgabe der Moral ist.

Die naturalistische Rede von der Natur moralischer Probleme soll nicht suggerieren, daß man moralischen Problemen theorielos ansehen kann, daß sie moralischer Natur sind. Sie markiert den schwächeren Anspruch, daß die diskursethische Bestimmung von moralischen Problemen als Konflikte über die Legitimität von moralischen Interaktionsnormen nicht erst unter spezifisch diskursethischen Prämissen an Überzeugungskraft gewinnt. Diese Auffassung verdankt sich nicht der Festsetzung, moralische Normen als Normen zu verstehen, die Interaktionen regeln, in denen die Interessen individueller einzelner Aktoren kollidieren können. Das hätte zur Folge, daß

Vorschriften über die persönliche Lebensführung bloß auf Grund einer Nominaldefinition des Moralischen keine moralischen Vorschriften sein können.[15] Ebensowenig geht sie von der Prämisse aus, daß ethische Fragen private Fragen sind, um daraus zu schließen, daß sie nicht den Status moralischer Fragen erhalten können, weil moralische Fragen öffentliche Fragen sind.[16]

Das diskursethische Verständnis von moralischen Problemen und Fragen braucht sich nicht auf unausgewiesene Annahmen zu stützen. Es kann vielmehr zu seiner Rechtfertigung an die Beschreibung einer moralisch geregelten Alltagspraxis und der sie begleitenden Gefühle anschließen. Und diese Beschreibung muß nicht schon an dem alltäglichen Fall eines interpersonalen, moralisch wahrgenommenen Interessenkonflikts ausgerichtet werden. Eine solche Beschreibung nimmt die Form einer Phänomenologie des Moralbewußtseins an. Sie schwächt zugleich das Bedenken, das in Einwänden der ersten Art gegen die deontologische Unterscheidung von Moral und Ethik geäußert wurde, nämlich daß der Begriffsapparat einer deontologisch ansetzenden philosophischen Moraltheorie nur geeignet ist, einen kleinen Teil der moralischen Phänomene begrifflich zu fixieren und somit bestenfalls eine Theorie für einen Teilbereich der Moral liefern kann.

So macht die aufklärende Beschreibung des Moralbewußtseins eines einzelnen Aktors deutlich, daß die Handelnden an den von Moralnormen geregelten Interaktionen als Individuen teilnehmen, d.h. als Personen, die sich nicht durch Rollendistanz dem Zwang entziehen können, ihr moralnormenkonformes Handeln vor sich verantwortbar zu machen. Die Ausklammerung der Individualität eines Handelnden, dessen Tun und Lassen

15 Diesen Einwand erhebt E. Tugendhat, Drei Vorlesungen über Probleme der Ethik, in: ders., *Probleme der Ethik*, a.a.O., S. 122; vgl. a. U. Wolf, Brauchen wir eine ökologische Ethik?, in: *Prokla* 69 (1987), S. 152.

16 Dieses Argument findet sich bei S. Benhabib, The Generalized and the Concrete Other. The Kohlberg-Gilligan Controversy in Moral Theory, in: E. F. Kittay/D. Meyers (Hg.), *Women and Moral Theory*, Totowa 1987, S. 160; vgl. a. dies., Autonomy, Modernity and Community. Communitarianism and Critical Social Theory in Dialogue, in: A. Honneth et al. (Hg.), *Zwischenbetrachtungen. Festschrift Habermas*, Frankfurt am Main 1989, S. 381f.

moralisch beurteilt werden kann, muß keineswegs die Konsequenz einer deontologischen Unterscheidung zwischen Moral und Ethik sein. Ebensowenig müssen der Angehörigenstatus eines einzelnen Aktors, mithin die an diesen Status gebundenen moralischen Pflichten und Ansprüche unberücksichtigt bleiben. Man kann mit den Mitteln einer Phänomenologie des individuellen Moralbewußtseins durchaus zeigen, daß ein Aktor mit einem solchen Bewußtsein auch als Angehöriger einer über moralische Normen integrierten Gemeinschaft begriffen werden muß. Als Angehöriger teilt er mit anderen Anghörigen verbindende Gemeinsamkeiten. Nur müssen diese Gemeinsamkeiten nicht so geartet sein, daß sie den Stoff bilden, aus dem das gute Leben für jeden Einzelnen gemacht ist. Das moralisch geregelte interaktive Verhältnis zwischen Aktoren, die als Individuen und als Angehörige begriffen werden müssen, ist nicht notwendig die Binnenstruktur eines handlungsfähigen Kollektivs. Aber daraus folgt nicht, daß die Individuen als Angehörige keine Ansprüche und Pflichten gegeneinander haben, die nur von Mitgliedern einer handlungsfähigen Rechtsgemeinschaft in Form eines kollektiven, zielorientierten Handelns respektiert werden können. So kann man beispielsweise die *moralisch* begründbaren subjektiven Rechte einer natürlichen Rechtsperson als eine institutionalisierte Form konzeptualisieren, in der die Brücke geschlagen wird zwischen einer im historischem Raum und in historischer Zeit lokalisierbaren, konkreten Rechtsgemeinschaft und einer subjektlosen universellen moralischen Gemeinschaft, der die Rechtsperson als moralische Person angehört.

Es sind also zwei Thesen, für die ich in den folgenden Abschnitten in Ansehung der Probleme einer deontologischen Unterscheidung zwischen Moral und Ethik argumentieren werde: Erstens: Die diskursethische Auffassung von moralischen Problemen als irreduzibel intersubjektive Konflikte über die Berechtigung gegenseitig erhobener Ansprüche und Verpflichtungen ist nicht das Resultat einer stipulativen Definition, in der der Bereich des Moralischen künstlich eingeschränkt wird. Und zweitens: Die Natur moralischer Probleme verhindert eine unmittelbar in Begriffen des ethisch Guten gerechtfertigte Lösung.

# 3. Phänomenologie des Moralbewußtseins

## a) Aufgabe und Methode

Eine Phänomenologie des Moralbewußtseins soll keine Liste der unbezweifelbaren moralischen Überzeugungen aufstellen, so daß die Sätze, in denen diese Überzeugungen ausgesprochen werden, wie Axiome als Grundsätze für zu beweisende Lehrsätze fungieren können. Sie hat nicht die Aufgabe einer Axiomatik.[1] Ihre Aufgabe ist die Bildung eines Begriffs von moralischen Problemen und eines Begriffs von moralischen Fragen, die nicht erst im Rahmen einer bestimmten philosophischen Moraltheorie plausibel sind. Diese Begriffe sollen das Verständnis derer von moralischen Problemen und Fragen explizieren, denen sich moralische Probleme aufdrängen und die sich moralischen Fragen stellen können. Ein solches Verständnis muß jedem unterstellt werden, der moralische Urteile fällt und der mit seinen Urteilen den Anspruch verbindet, daß sich in ihnen ein Wissen darüber artikuliert, was moralisch richtig und falsch ist. Denn mit diesem Wissensanspruch verpflichtet sich der Urteilende implizit zu einem Begründungsversuch, mit dem er auf einen ernstgenommenen Zweifel an seinem Urteil reagiert. Und wer Überzeugungen hat und Zweifel hegt, dem stellt sich ein Problem.[2] Ohne eine Kenntnis der Eigenschaften moralischer Probleme und ohne die Fähigkeit, mit Hilfe bestimmter moralischer Fragen den Überlegungsprozeß zur Lösung eines Konflikts moralisch relevanter Überzeugungen einzuleiten, könnte der Urteilende einen Begründungsversuch gar nicht unterneh-

1 Vgl. H. Scholz, Die Axiomatik der Alten (1930), wieder in: ders., *Mathesis universalis. Abhandlungen zur Philosophie als strenger Wissenschaft*, 2. Auflage, Basel/Stuttgart 1969, S. 27-44, insbes. S. 29-33.

2 Aristoteles, *Topik* 104 b 13-14, zitiert nach: *Aristotle in Twenty-Three Volumes*, II, ed. E. S. Forster, Cambridge, Mass.: The Loeb Classical Library 1960, S. 299. Ganz ähnlich Mead: »A problem can be most generally described as the checking or inhibition of some more or less habitual form of conduct, way of thinking, or feeling... We find ourselves tending to act or think or feel with reference to a situation in ways that are so opposed that they inhibit one another« (G. H. Mead, *The Philosophy of the Act*, ed. Ch. W. Morris, 7. Auflage, Chicago 1972, S. 82).

men. Sein Wissensanspruch verlöre jeden Sinn. Ein Verständnis dessen, was moralische Probleme und Fragen auszeichnet, gehört zu der Art von Wissen, von dem Menon gegen Sokrates gerichtet sagt, daß der Unwissende ohne es überhaupt nicht nach dem suchen könnte, was er wissen will.[3] Als ein Theorieelement betrachtet, kommt einer Phänomenologie des Moralbewußtseins, die an dieses Verständnis explizierend anknüpft, die Funktion einer Propädeutik zu. Sie soll über die Begründungsaufgabe einer philosophischen Moraltheorie so orientieren, daß eine solche Theorie nicht schon im Ansatz die Möglichkeit ausschließt, daß ihre Begründungen bzw. Begründungsverfahren aus der Sicht der alltäglich moralisch Urteilenden selber Begründungen sind bzw. ermöglichen.
Was rechtfertigt nun die Erwartung, daß eine Phänomenologie des Moralbewußtseins die ihr gestellte Aufgabe erfüllen kann? Ich gebrauche das Wort »Phänomenologie« nicht als Name für eine spezifische philosophische Methode, die E. Husserl inauguriert hat.[4] Es steht hier lediglich für die aufklärende Beschreibung von Phänomenen. Unter einem Moralbewußtsein soll nur soviel wie ein Überzeugtsein verstanden werden, das das intentionale sprachliche und nicht-sprachliche Verhalten desjenigen orientiert, der moralische Überzeugungen hat. Wer moralische Überzeugungen hat, spricht eine moralische Sprache, hegt moralische Gefühle und handelt in moralischer Einstellung. Das Fällen moralischer Urteile, die Äußerung moralischer Gefühle sowie Handlungen, die von ihrem Autor für moralisch richtig gehalten werden, sind Erscheinungsformen eines Moralbewußtseins. Der Ausdruck »Phänomenologie des Moralbewußtseins« ist also in einer anspruchslosen Bedeutung zu nehmen. Er bezeichnet die aufklärende Beschreibung bestimmter Erscheinungsformen des Moralbewußtseins. Daß die Erscheinungs- oder Äußerungsformen bestimmte erklärungsbedürftige Züge tragen, macht sie

3 Platon, *Menon*, 80 d, in: Platon, *Sämtliche Werke*, Bd. 2, übers. v. F. Schleiermacher, Reinbek 1957.

4 Vgl. zur Abgrenzung der Phänomenologie in einem weiten Sinn von Husserls Phänomenologie E. Tugendhat, Description as a Method of Philosophy, in: W. Mays/S. C. Brown (Hg.), *Linguistic Analysis and Phenomenology*, London 1972, S. 257f.

zu moralischen Phänomenen. Im Zuge ihrer Aufklärung stößt man auf Bestimmungen, die denjenigen charakterisieren, der ein moralisches Bewußtsein hat. Diese Bestimmungen führen dann auf einen Begriff von moralischen Problemen. Probleme sind ja immer Probleme *für* jemanden. Sie erschüttern Überzeugungen. Deshalb kann man moralische Probleme in Begriffen desjenigen beschreiben, der moralische Überzeugungen hat, die durch diese Probleme in Frage gestellt werden. Um nun zu sehen, warum eine Phänomenologie des Moralbewußtseins die Bildung eines relativ theorieneutralen Begriffs von moralischen Problemen ermöglicht, muß man genauer angeben, was unter der aufklärenden Beschreibung eines Phänomens zu verstehen ist.

Phänomene sind Sachverhalte, deren Existenz ebenso unstrittig wie deren Möglichkeit erklärungsbedürftig zu sein scheint. Wie können sich Planeten periodisch retrograd für einen Beobachter auf der Erde bewegen, wenn das Naturgesetz gilt, daß Himmelskörper sich gleichförmig auf Kreisbahnen bewegen?[5] Wie ist ein freier Wille möglich, wenn alles Handeln determiniert ist?

Phänomene erzeugen Unklarheit darüber, welchen epistemischen Status wir unseren Überzeugungen einräumen sollen. Ist es evident, daß sich Himmelskörper gleichförmig auf Kreisbahnen bewegen? Steht die Überzeugung, daß wir aus freiem Willen handeln können, tatsächlich im Widerspruch zu der Überzeugung, daß unser Handeln determiniert ist? Eine phänomenologische Beschreibung kann dazu beitragen, einem Phänomen die Rätselhaftigkeit zu nehmen, weil sie keine bloße Wiedergabe der bekannten und rätselhaften Fakten, sondern eine Charakteristik ist. Beispiele einer Charakteristik sind ein Kalkül, eine Karikatur, eine Querschnittzeichnung. Als eine Charakteristik hebt sie bestimmte Züge eines Phänomens hervor, um nach den Begriffen fragen zu können, die in der Behauptung des erklärungsbedürftigen Sachverhalts gebraucht werden oder deren Gebrauch von dieser Behauptung impliziert wird. »Was wir Beschreibungen nennen, sind Instrumente für

5 Vgl. E. Dijksterhuis, *Die Mechanisierung des Weltbildes*, Berlin 1956, S. 63-68.

besondere Verwendungen«, sagt Wittgenstein,[6] nämlich Instrumente für die Aufklärung von Unklarheiten und Ungereimtheiten im Verständnis der Begriffe, die wir in den Aussagen über ein Phänomen verwenden oder verwenden müssen. Die erklärende Kraft einer phänomenologischen Beschreibung reicht so weit, wie die Erklärungsbedürftigkeit eines Phänomens solchen Unklarheiten geschuldet ist.

Allerdings erschöpft sich die Rolle einer Phänomenologie nicht darin, das Material für eine logische Analyse von Begriffsbeziehungen zusammenzutragen. Was eine Beschreibung zu einer phänomenologischen Beschreibung macht, ist nicht schon ihr Gegenstand, sondern die Bewährungspflicht, die einer möglichst kohärenten Beschreibung dieses Gegenstandes auferlegt wird. Die Begriffe, die in dieser Beschreibung gebraucht werden, müssen sich dadurch bewähren, daß mit Hilfe ihres Gebrauchs weitere Aspekte eines Phänomens oder andere mit diesem Phänomen zusammenhängende Phänomene, d.h. ein ganzer Phänomenkomplex verständlich werden. Es genügt nicht, daß wir uns mit Hilfe bestimmter, vielleicht nur ad hoc eingeführter Begriffe denken können, wie sich vormals rätselhafte Dinge verhalten. Der Gebrauch dieser Begriffe muß auch dazu beitragen, unser Wissen über diese Dinge zu vertiefen. Es ist diese Bewährungspflicht, die die Erwartung rechtfertigt, daß eine Phänomenologie des moralischen Bewußtseins zu einem Begriff von moralischen Problemen sowie zu einem Begriff moralischer Fragen führt, die nicht schon auf die Bedürfnisse einer ganz bestimmten philosophischen Moraltheorie zugeschnitten sind.

Allerdings garantiert auch eine solche Phänomenologie dieses Ergebnis nicht. Phänomene sind keine schlechthin theorieunabhängigen Gegebenheiten. So spricht man bereits im Kontext einer Kantischen Tradition der Moralphilosophie, wenn man vom »Phänomen der sittlichen Einsicht« redet.[7] Unter diesem

6 L. Wittgenstein, *Philosophische Untersuchungen*, in: ders., *Schriften I*, Frankfurt am Main 1960, § 291.

7 D. Henrich, Der Begriff der sittlichen Einsicht und Kants Lehre vom Faktum der Vernunft (1960), wieder in: G. Prauss (Hg.), *Kant*, Köln 1973, S. 231; vgl. a. Henrich, Ethik der Autonomie, in: ders., *Selbstverhältnisse*, Stuttgart 1982, S. 28-35.

Phänomen ist der Sachverhalt zu verstehen, daß moralische Einsichten uns ohne andere Motive zum Handeln gemäß dieser Einsicht bewegen können. Ein solcher Sachverhalt erscheint erst vor dem Hintergrund einer Moraltheorie wie der von Kant als erklärungsbedürftig, in der moralische Einsichten nicht als Einsichten in das, was gut für den Handelnden ist, gedacht werden. Aber nicht nur der Umstand, daß jede Feststellung eines Phänomens in einer Sprache getroffen wird, die bestimmte, anfechtbare Überzeugungen über den festgestellten Sachverhalt enthält, schmälert den Neutralitätsanspruch einer Phänomenologie des Moralbewußtseins. Darüber hinaus kann die Auswahl der zu untersuchenden Phänomene einseitig ausfallen. Und man kann zu starke Schlüsse aus einer solchen Untersuchung ziehen, weil man das Phänomen fälschlicherweise für den paradigmatischen Fall einer Klasse von Phänomenen hält. Der Anspruch einer philosophischen Moraltheorie, die sich in der Bildung bestimmter Begriffe von einer Phänomenologie des Moralbewußtseins leiten läßt, kann deshalb nur gradualistischer Art sein. Er besteht darin, daß die Moraltheorie weniger starke Voraussetzungen als konkurrierende Theorien zuläßt, die sich nicht auf eine Phänomenologie des Moralbewußtseins stützen.

Um das Bild von der beabsichtigten Vorgehensweise in kräftigeren Farben als bisher auszumalen, möchte ich jetzt angeben, welche Phänomene Gegenstand einer aufklärenden phänomenologischen Beschreibung sein sollen.

Ein erstes Phänomen hat etwas mit der Sprache zu tun, in der sich moralische Überzeugungen äußern. Zu unserem moralischen Vokabular gehören auch sogenannte moralische Wertausdrücke wie z. B. »entwürdigend«, »erpresserisch«, »rücksichtsvoll«, »hilfsbereit«. Wir schreiben mit Hilfe dieser Ausdrücke Taten, Handlungsmotiven oder Personen bestimmte Eigenschaften zu. Und wir vollziehen eine stellungnehmende Reaktion der Ablehnung oder der Zustimmung zu den so beschriebenen Taten, Motiven und Personen, indem wir Sätze mit diesen Ausdrücken äußern. In bestimmten Fällen fühlen wir uns zu einer solchen Reaktion nicht bloß berechtigt, sondern geradezu genötigt. Und wir rechtfertigen dieses Gefühl auch unter Hinweis auf die Eigenschaften, die wir den Objekten unserer

Reaktion mit Hilfe moralischer Wertausdrücke zusprechen. Dieser rechtfertigende Bezug auf den Gegenstand einer stellungnehmenden Reaktion macht das moralische Sprechen, das diese Ausdrücke verwendet, zu einem erklärungsbedürftigen Phänomen. Denn die zugeschriebenen Eigenschaften kommen den Gegenständen nur unter einer Beschreibung zu, deren normativer Gesichtspunkt von den moralischen Überzeugungen des Beschreibenden gebildet werden. Die Schwierigkeit ist, zu erklären, wie der Hinweis auf diese Eigenschaften überhaupt ohne naturalistischen Fehlschluß in eine Rechtfertigung des Zwangs zu einer stellungnehmenden Reaktion eingehen kann, die diese Überzeugungen ausdrückt.

Ein zweites zu behandelndes Phänomen wird von einer der Formen angezeigt, in denen sich diese Reaktion vollziehen kann. Moralische Überzeugungen äußern sich oft in Form moralischer Gefühle. Moralische Gefühle können dem Gefühlssubjekt eine Welt moralisch geregelter sozialer Beziehungen erschließen. Wer sich über eine Tat moralisch entrüsten kann, ist auch fähig zu sehen, daß sich ein anderer durch diese Tat verletzt fühlt. In dieser erschließenden Leistung scheinen moralische Gefühle sinnlichen Wahrnehmungen zu gleichen. Gegen eine solche Analogiebildung unter dem Aspekt der welterschließenden Funktion spricht, daß moralische Gefühle, wenn überhaupt, dann zu einer Art von inneren Wahrnehmungen affektiver Zustände des Gefühlssubjekts zu zählen sind. Wie kann ein moralisches Gefühl denjenigen, der es hat, nicht nur etwas über sich, sondern auch etwas über eine moralische Welt erfahren lassen?

Aber nicht nur moralische Gefühle und der Gebrauch eines bestimmten moralischen Vokabulars sind Äußerungsformen eines Moralbewußtseins, die rätselhafte Züge tragen. Auch der Zusammenhang zwischen einem moralischen Urteil und einem Handeln in moralischer Einstellung wirft bestimmte Probleme auf. Ein erklärungsbedürftiger Aspekt dieses Zusammenhangs wurde schon erwähnt, als vom Phänomen der sittlichen Einsicht die Rede war. Wie können die Gründe für ein moralisches Urteil zugleich Motive für ein Handeln sein, wenn diese Gründe keine Erkenntnisgründe dafür sind, was der Urteilende als Handelnder in Wahrheit erstrebt, sondern Erkenntnisgründe dafür, was der Urteilende tun soll? Diese Frage betrifft das Verhältnis zwischen Urteil und Handeln unter dem Aspekt der Beziehung zwischen Sollen und Wollen. Ein anderer aufklärungsbedürftiger Aspekt dieses Verhältnisses ist die Beziehung zwischen Sollen und Können. Diese Beziehung wird gewöhnlich durch die Formel »Sollen impliziert Können« bestimmt. Nun fühlen wir uns oft auch in solchen Fällen moralisch zu einem bestimmten Verhalten verpflichtet, in denen kontingente, von uns nicht verantwortbare Umstände uns an der Erfüllung unserer Verpflichtung hindern. Deshalb reagieren wir mit Bedauern auf solche Umstände und manchmal sogar mit Vorwürfen, wenn ein solches Bedauern ausbleibt. Dieser Zug unserer moralischen Praxis scheint aber sinnlos zu sein, wenn wir den Grundsatz »Sollen impliziert Können« beachten.

Die angeführten Phänomene werden verständlich, wenn man Annahmen über den legitimen Gebrauch bestimmter Begriffe überprüft, wenn man auf begriffliche Zusammenhänge achtet und wenn man bestimmte Aspekte der Phänomene in anderen Begriffen beschreibt.

So wird der beschriebene Gebrauch moralischer Wertausdrücke unproblematisch, wenn man den Begriff eines Urteilenden preisgibt, der in beobachtender Einstellung auf der Grundlage seiner persönlichen Überzeugungen bestimmte Handlungen, Motive, Personen beschreibt und der in expressiver Einstellung auf die Objekte seiner Beschreibung reagiert. Der eigentümliche moralische Zwang zu einer Reaktion erklärt sich daraus, daß dieses Objekt etwas ausdrückt, was seinerseits die Bedeutung mitbestimmt, die das (sprachliche) Verhalten des Urteilenden hat. Das sprachliche Handeln auch eines vermeintlich solitären Sprechers muß als Element einer Interaktion begriffen werden, in der dieser Sprecher normative Erwartungen an andere geltend macht.

Daß moralische Gefühle nicht nur etwas über das Gefühlssubjekt, sondern auch über eine Welt, der dieses Subjekt angehört, erschließen können, wird verständlich, wenn man darauf achtet, daß verschiedene moralische Gefühle vermittelt über ihren kognitiven Gehalt miteinander korrespondieren. Moralische Gefühle bilden ein Netz. Die Knotenpunkte dieses Netzes sind Rechtfertigungsgründe, die die verschiedenen Gefühlssubjekte

– präsumtiv wenigstens – teilen und die zum kognitiven Gehalt eines moralischen Gefühls gehören. Fragt das Gefühlssubjekt nach der Berechtigung seines Gefühls, dann fragt es auch nach der Berechtigung der seinem Gefühl korrespondierenden Gefühle. Seine Antwort kann deshalb eine moralische Überzeugung erschließen, die es mit anderen Gefühlssubjekten teilt.

Wie moralische Einsichten zumindest eine schwache motivierende Kraft zum Handeln entfalten können, wird einer Erklärung zugänglich, wenn man eine Annahme über denjenigen zuläßt, der einsieht, daß er in einer bestimmten, moralisch gebotenen Weise handeln soll. Die Annahme ist, daß dieser seine Einsicht auch in dem Wissen darum erwirbt, daß er ein unvertretbar Einzelner ist, der sein Leben zu leben hat und der auch mit seinen moralisch gerechtfertigten Handlungen leben können muß. Mit dieser Annahme wird der Begriff des unvertretbar Einzelnen als eine Bestimmung des moralisch Urteilenden eingeführt. Für die Berechtigung, diesen Begriff einzuführen, spricht ein anderer Aspekt der erklärungsbedürftigen Beziehung zwischen dem moralischen Sollen und dem Wollen. Die Bereitschaft, seinen Willen zur Erfüllung eines moralischen Gebots zu bekunden, gehört zu den pragmatischen Voraussetzungen für einen Sprecher, der aufrichtig ein an ihn gerichtetes moralisches Gebot anerkennt. Mit dem Anspruch, zu wissen, wozu er moralisch verpflichtet ist, verbindet sich der Anspruch, zu wissen, daß er wollen kann, so zu handeln, wie er handeln soll.

Schließlich verschwinden die Irritationen, die der Grundsatz »Sollen impliziert Können« auslöst, wenn man die Annahme korrigiert, der Begriff des individuellen Autors, der handelnd in die Welt eingreift, passe auf den Aktor einer moralischen Handlung. Zu dem Können eines moralischen Aktors gehört auch, daß dieser auf sein Handeln eine zustimmende Reaktion anderer Aktoren erwarten darf. Es gibt ein soziales Moment in dem vom moralischen Sollen implizierten Können, das den Aktor als einen Angehörigen qualifiziert, der Subjekt und Adressat normativer Erwartungen ist. Vor dem Hintergrund dieser Bedeutungskomponente des Wortes »Können« in der Formel »Sollen impliziert Können« muß die Reaktion des Bedauerns auch in dem Grenzfall nicht witzlos sein, in dem der Bedauernde sich die Nichterfüllung seiner moralischen Verpflichtung nicht verantwortlich zurechnen muß.

### *b) Äußerungsformen des Moralbewußtseins*

#### (1) SPRACHE

Das moralische Vokabular unserer natürlichen Sprache ist vielfältig. Es enthält nicht nur Wörter wie »sollen«, »gut« oder »falsch«, sondern auch Ausdrücke wie »erpresserisch«, »fair«, »korrupt«, »integer«, »Würde«, »Gerechtigkeit«, »Rassist«. Entsprechend können nicht nur Sollsätze oder Sätze im Imperativmodus moralische Urteile sein. Auch Sätze wie »Diese Arbeit ist entwürdigend«, »Sie hat eine edelmütige Gesinnung bewiesen«, »Das war eine brutale Tat« sind moralische Urteile.

Philosophischen Moraltheorien in der Tradition Kants ist immer wieder der Vorwurf gemacht worden, die Vielfalt der moralischen Sprache durch die Fixierung auf den Gebrauch einiger weniger, als deontische Operatoren gebrauchte Wörter wie »sollen«, »dürfen«, »geboten« übersehen zu haben.[8] Diese einseitige Aufmerksamkeit droht den Blick auf die direkten Anlässe dafür zu verstellen, daß man den möglichen Stellenwert eines Begriffs des ethisch Guten für das Verständnis unserer sprachlichen moralischen Urteilspraxis prüft. Namentlich Ch. Taylor[9] hat auf diese mögliche Konsequenz aufmerksam gemacht. Untersucht man jene plastischeren Elemente unseres moralischen Vokabulars wie die sogenannten moralischen Wertausdrücke[10], dann stößt man auf ein Engagiertsein des Ur-

8 Zum Beispiel I. Murdoch, *The Sovereignty of Good*, London 1970, gegen Kant; an sie anschließend R. Rorty, Freud und die moralische Reflexion, in: ders., *Solidarität oder Objektivität? Drei philosophische Essays*, Stuttgart 1988, S. 58f.; ferner B. Williams, *Ethics and the Limits*, a.a.O., S. 127-131, gegen R. M. Hare; E. Tugendhat, Drei Vorlesungen über Probleme der Ethik, in: ders., *Probleme*, a.a.O., S. 63, gegen Habermas.

9 *Sources of the Self*, a.a.O., passim, z.B.: S. 3-8, 80-83, 529/Anm. 19.

10 Das Wort »Wertausdruck« findet sich z.B. bei R. M. Hare. Wenn ich recht sehe, hat es sich in der Bedeutung, die Hare ihm gibt, in der philosophischen Diskussion eingebürgert. Ein Wertausdruck (»evaluative term«) ist

teilenden in der sozialen Welt der Taten, Motive, Charakterzüge, die er mit Hilfe dieser Ausdrücke aus einer moralischen Sicht beschreibt. Dieses Engagiertsein zu erklären heißt erklären, was es ist, das den Urteilenden uno actu der Erkenntnis, daß ein bestimmtes moralisches Prädikat auf einen Gegenstand zutrifft, in Formen der Bewunderung, der Billigung oder der Entrüstung auf diesen Gegenstand reagieren läßt. Es ist zumindest nicht abwegig zu versuchen, diesen engen Zusammenhang zwischen Erkennen und Zum-Handeln-bewegt-Werden im Rückgriff auf einen Begriff vom ethisch Guten als einem Maßstab zu erklären, der denjenigen, der sich im Urteilen und Handeln an ihm orientiert, in Übereinstimmung mit sich selbst bringt.

Um in der Untersuchung der sprachlichen Äußerungsformen eines individuellen Moralbewußtseins nicht schon sehenden Auges einseitig anzusetzen, möchte ich von dem angedeuteten Fall ausgehen, in dem ein einzelner Sprecher scheinbar nur für sich mit Hilfe moralischer Wertausdrücke über etwas (Gesten, Handlungen, Tätigkeiten, Motive, Charakterzüge) urteilt. Untersucht man die Merkmale, die der Gebrauch dieser Ausdrücke aufweist, dann stößt man auf die gleiche Konstellation wie in dem Fall, in dem ein Sprecher durch die Äußerung eines Sollsatzes an einen Hörer eine Aufforderung zum Handeln oder zum Unterlassen richtet, deren Erfüllung er glaubt, aus moralischen Gründen erwarten zu dürfen. In beiden Fällen muß man auf normative Erwartungen rekurrieren, die ein Sprecher gegenüber einem möglicherweise nur virtuell angesprochenen Hörer geltend macht, um den Sollsatz bzw. den Satz mit einem prädikativ gebrauchten moralischen Wertausdruck vollständig zu analysieren. Diese normativen Erwartungen sind nur auf der Ebene der Äußerung dieser Sätze zugänglich. Deshalb muß man im Zuge einer Untersuchung von moralischen Urteilen in der

für Hare ein sprachlicher Ausdruck mit einer deskriptiven und einer präskriptiven Bedeutungskomponente, vgl. Hare, *Freiheit und Vernunft*, a.a.O., S. 42f. – Hares Analyse des Verhältnisses dieser beiden Komponenten ist allerdings nicht unumstritten, vgl. z.B. Ph. Foot, Moral Arguments, in: dies., *Virtues and Vices*, Oxford 1978; P. Geach, Good and Evil, in: *Analysis* 17 (1956), S. 37f.; J. McDowell, Non-Cognitivism and Rule-Following, in: S. Holtzmann/M.C. Leich (Hg.), *Wittgenstein: to Follow a Rule*, London 1981, S. 141-162; S. Lovibond, *Realism and Imagination in Ethics*, Oxford 1983, S. 14ff., 154ff.

grammatischen Form von Aussagesätzen mit moralischen Prädikaten von der Satzebene zur Äußerungsebene übergehen.[11]

Der Gebrauch moralischer Wertausdrücke weist wenigstens drei Merkmale auf. Das erste Merkmal ist der deskriptive Gebrauch solcher Ausdrücke. Indem man einen Satz mit einem moralischen Wertausdruck an der Prädikatstelle äußert, sagt man von einem Gegenstand eine bestimmte Eigenschaft aus. Die so zugeschriebene Eigenschaft ist in einem bestimmten Sinn relativ. Sie kann einem Gegenstand der Aussage nur zukommen relativ zu einem Maßstab oder einem Verhaltensgrundsatz, der einen normativen Gesichtspunkt liefert, unter dem der Gegenstand beschrieben wird. Ein solcher Gesichtspunkt kann z.B. von einem moralischen Grundsatz gebildet werden, der einen schonenden Umgang mit leidensfähigen Wesen fordert. Es ist sinnlos anzunehmen, die Aussage, daß diese Handlung eine brutale Tat ist, könne wahr sein, wenn der Begriff eines urteilenden Subjekts keine Verwendung finden kann, für das ein solcher Grundsatz den normativen Gesichtspunkt zur Beschreibung von Handlungen abgibt. Brutale Handlungen kann es nur in einer Welt geben, in der es Wesen gibt, für die der moralische Grundsatz der Schonung Geltung beanspruchen kann. Der normative Gesichtspunkt organisiert die Beschreibung des Gegenstandes, indem er Kriterien dafür liefert, welche Sachverhalte relevant für die Formulierung und Überprüfung der Aussage sind, daß ein bestimmtes moralisches Prädikat auf einen Gegenstand zutrifft. Würde man den normativen Gesichtspunkt nicht kennen, dann wüßte man gar nicht, worauf man bei der Beschreibung eines Gegenstandes mit einem moralischen Wertausdruck achten muß. Man wäre beispielsweise nicht davor gefeit, die Äußerung eines Richters: »Das war eine brutale Attacke« als die Äußerung eines Sportreporters: »Das war ein beherzter Einsatz« mißzuverstehen.

11 Man kann darum die nachfolgende Überlegung auch als ein Argument für die These prüfen, für die J. Habermas in einem größeren Zusammenhang argumentiert: »Wie im Fall der Bedeutung von assertorischen Sätzen läßt sich auch für expressive und normative Sätze zeigen, daß eine semantisch ansetzende Analyse über sich selbst hinaustreibt.« (*Theorie des kommunikativen Handelns*, Bd. I, Frankfurt am Main 1981, S. 426.)

Das Verständnis eines deskriptiv gebrauchten moralischen Wertausdrucks erfordert deshalb die Kenntnis eines entsprechenden moralischen Grundsatzes. Und es schließt ein Wissen davon ein, wie derjenige, der von der Legitimität eines solchen Grundsatzes überzeugt ist und der eine Beschreibung im Lichte dieses Grundsatzes für angebracht und zutreffend hält, den so beschriebenen Gegenstand beurteilt. Denn was den Gebrauch eines moralischen Wertausdrucks von der Verwendung eines Klassifikationsausdrucks unterscheidet, ist gerade diese Beurteilung, die in einer Reaktion der Billigung oder Mißbilligung auf den Gegenstand einer Beschreibung mit diesem Wertausdruck besteht.[12] Diese Reaktion gibt sich oft in moralischen Gefühlen wie Bewunderung, Hochachtung, Entrüstung oder Abscheu einen Ausdruck. Ihr kognitiver Gehalt ist ein moralisches Urteil, z.B. das Urteil, daß diese entwürdigende Arbeit keinem Menschen zugemutet werden darf. Die Reaktion der Billigung oder Mißbilligung ist eine normative Reaktion. Wer einen Aussagesatz mit einem prädikativ gebrauchten moralischen Wertausdruck äußert, tut also mehrere Dinge zugleich. Er behauptet, daß das moralische Prädikat auf einen Gegenstand zutrifft, und er verlangt als Reaktion in Ansehung dieses Gegenstandes, daß etwas getan oder unterlassen werden soll, nämlich daß ein von ihm für legitim gehaltenes moralisches Gebot beachtet werden soll. Dieser normative Gebrauch ist ein zweites Merkmal der Verwendung moralischer Wertausdrücke.

Ein drittes Merkmal hat etwas mit der Beziehung zwischen der normativen und der deskriptiven Komponente im Gebrauch moralischer Wertausdrücke zu tun. Die Eigenschaften, die mit diesen Ausdrücken von Gegenständen ausgesagt werden, sind zwar relativ zu einem urteilenden Subjekt, aber nur relativ zu einem Subjekt, für das ein bestimmter normativer Gesichtspunkt der Beschreibung Geltung beanspruchen darf, nicht relativ zu einem Subjekt, für das der Gesichtspunkt faktisch Geltung hat. Die Eigenschaften, die wir mit Ausdrücken wie

12 Vgl. Paul Taylor, *Normative Discourse*, Englewood Cliffs 1961, S. 17f. Taylor ist allerdings nicht ganz klar in der gleich zu erörternden Frage, ob ein rein deskriptiver, z.B. ein klassifikatorischer Gebrauch von moralischen Wertausdrücken ein sinnvoller Gebrauch sein kann, vgl. z.B. S. 18, 54-57.

»beschämend«, »rücksichtslos«, »solidarisch« usw. von Handlungsweisen und ihren Autoren aussagen, sind nicht identisch mit dem Faktum, Gegenstand oder Objekt einer Reaktion zu sein. (So wie die Eigenschaft eines Gegenstandes, ein natürliches Haltezeichen zu sein, nichts anderes ist als die Eigenschaft, daß auf ihn regelmäßig mit Anhalten von denjenigen reagiert wird, für die er ein natürliches Zeichen ist.) Das Wort »brutal« bedeutet nicht dasselbe wie der Ausdruck »erfüllt jemanden mit Abscheu«. Denn zu der normativen Reaktion der Billigung oder Mißbilligung, die sich in einem solchen Gefühl Ausdruck geben kann, gehört der Gedanke, daß sie eine berechtigte Reaktion ist, und zwar auch deshalb, weil ihr Objekt Eigenschaften hat, die es verabscheuungswürdig, bewundernswert usw. machen.[13] Der normative Gebrauch eines moralischen Wertausdrucks steht zu seinem deskriptiven Gebrauch auch in einer Rechtfertigungsbeziehung. Das ist ein drittes Merkmal der Grammatik dieser Ausdrücke.

Dieses Merkmal bereitet eine aufschlußreiche Schwierigkeit. Der rechtfertigende Hinweis auf bestimmte Eigenschaften des Objekts einer normativen Reaktion bleibt unproblematisch, solange man darunter die elliptisch formulierte Behauptung versteht, daß dieses Objekt bestimmte relevante Eigenschaften hat, auf Grund derer es in den Anwendungsbereich eines moralischen Grundsatzes oder einer Moralnorm fällt. Allerdings sagen wir bisweilen auch, daß eine Tat, eine Handlungsweise, ein Motiv unter einer Beschreibung mit einem bestimmten moralischen Wertausdruck unseren moralischen Protest herausfordert, verlangt oder erzwingt. In diesem Fall scheint eine starke Rechtfertigungsbeziehung zwischen der normativen und der deskriptiven Komponente moralischer Wertausdrücke zu bestehen: Wir halten unsere normative Reaktion auf den Gegenstand einer moralisch gehaltvollen Beschreibung auf Grund der Wahrheit dieser Beschreibung für unausweichlich. Diese Beschreibung ist aber standpunktrelativ. Die ausgesagten Eigenschaften sind relativ zu einem normativen Gesichtspunkt, der sowohl dem deskriptiven als auch dem normativen Gebrauch moralischer Wertausdrücke zugrunde liegt. Die Frage ist also, ob man daraus

13 Vgl. D. Wiggins, A Sensible Subjectivism?, in: ders., *Needs, Values, Truth*, Oxford 1987, S. 188.

den Schluß ziehen muß, daß die Rechtfertigung einer normativen Reaktion als unausweichlich unter Hinweis auf bestimmte Eigenschaften des Objekts dieser Reaktion nicht schlicht unsinnig ist.

Bei D. Hume und R. M. Hare finden sich Argumente, die eine positive Antwort auf diese Frage zu erzwingen scheinen. Danach resultiert der Versuch, das Gefühl eines Zwangs zu einer normativen Reaktion mit Bezug auf bestimmte Fakten zu rechtfertigen, auf einem Mißverständnis. Das Mißverständnis betrifft das Verhältnis zwischen der deskriptiven und der normativen Komponente in der Verwendung moralischer Wertausdrücke. Es besteht darin zu glauben, daß die Beschreibung eines Gegenstandes durch einen moralischen Wertausdruck unter einem normativen Gesichtspunkt erfolgen muß. Wenn man einen prädikativ gebrauchten moralischen Wertausdruck ersetzt durch einen rein deskriptiv gebrauchten Ausdruck, dann kann man die deskriptive Komponente von jeder Annahme einer logischen Beziehung zur normativen Komponente freihalten.[14] Man sieht dann auch, daß es nicht die Regeln für eine korrekte Verwendung dieser Ausdrücke sind, die festlegen, daß man sowohl eine Behauptung aufstellt als auch zur Einhaltung eines moralischen Gebots auffordert, indem man einen Satz mit einem moralischen Wertausdruck äußert. Es ist nur faktisch so, daß wir mehrere Dinge zugleich tun, indem wir einen solchen Satz äußern.

Das Mißverständnis entsteht durch eine Verwechslung – das ist das Argument Humescher Provenienz: Man verwechselt eine psychologische mit einer logischen Beziehung. Die psychologische Beziehung ist die Assoziation des Verständnisses, wie ein moralischer Wertausdruck prädikativ gebraucht wird, mit der Kenntnis einer normativen Verwendung dieses Ausdrucks. Diese stabile psychologische Beziehung wird mit einer logischen Beziehung zwischen dem Begriff eines Gegenstandes, auf den ein bestimmtes moralisches Prädikat zutrifft, und dem Begriff von einer normativen Reaktion auf diesen Gegenstand verwechselt. Gewöhnlich wird der Anblick einer brutalen Handlung von einer Reaktion der moralischen Mißbilligung

14 Vgl. Hare, *Freiheit und Vernunft*, a.a.O., S. 209-212.

begleitet, die sich im Gefühl der Abscheu äußert. Das kann zu der irrigen Vorstellung führen, man müßte wissen, daß eine brutale Handlung für verabscheuungswürdig gehalten wird, um verstehen zu können, was eine brutale Handlung ist. Die falsche These, wer die Beschreibung nicht bloß verstehe, sondern auch als wahr akzeptiere, der müsse auch die normative Reaktion für richtig halten, ist dann nur noch ein konsequenter, zweiter Schritt.

Diese psychologisch erklärbare These wird von einem epistemologischen Vorurteil genährt, auf das unter anderen Hare aufmerksam gemacht hat.[15] Dieses Vorurteil läßt nur solche Sachverhalte als Kandidaten für rechtfertigende Gründe zu, die man sich als unabhängig von ihrer Feststellung existierend denken muß; nur Tatsachen können Rechtfertigungen liefern. Hält man daran fest, daß ein moralisches Urteil richtig oder falsch sein kann, und hängt man diesem Vorurteil an, dann wird es schwierig, die Suche nach Fakten zu vermeiden, die ein moralisches Urteil rechtfertigen. Die Verwendung moralischer Wertausdrücke weist nur so lange einen rätselhaften Zug auf, solange man von diesem Vorurteil nicht abrückt. Erst dieses Vorurteil verleitet dazu, in der Beziehung zwischen der deskriptiven und der normativen Komponente moralischer Wertausdrücke mehr als ein Nebeneinander verschiedener Verwendungszwecke ein und desselben sprachlichen Ausdrucks zu sehen, das sich in unserer Sprachpraxis eingeschliffen hat.[16]

Diese Erklärung schießt über ihr Ziel hinaus. Sie macht zwar zu Recht auf eine unbegründete Prämisse über den Begriff des Rechtfertigungsgrundes aufmerksam und läßt so die Hartnäkkigkeit verständlich werden, mit der insbesondere in der angelsächsischen Philosophie seit den Tagen von Hume und G. E. Moore die Grammatik moralischer Wertausdrücke im Blick auf die Möglichkeit diskutiert wird, einen Begriff von der Objek-

15 Hare, Ontology in Ethics, in: T. Honderich (Hg.), *Morality and Objectivity*, a.a.O., S. 48f.; vgl. a. St. Toulmin, *The Place of Reason in Ethics*, 8. Aufl., Cambridge 1970, S. 42-45, 82-85.

16 Vgl. Hare, *Die Sprache der Moral*, a.a.O., S. 130-161, 185ff.; ders., Descriptivism (1963), in: ders., *Essays in Moral Concepts*, London 1972, S. 70-75; ders., *Moral Thinking*, Oxford 1981, S. 71-75.

tivität moralischer Urteile zu gewinnen.[17] Aber sie hält zu Unrecht einen rein deskriptiven und einen rein normativen Gebrauch moralischer Wertausdrücke für einen sinnvollen, wenngleich unüblichen Gebrauch.

Die Möglichkeit eines rein deskriptiven Gebrauchs besagt, daß es eine Beschreibung geben kann, die äquivalent zu der mit einem moralischen Wertausdruck gegebenen Beschreibung ist und deren Verständnis keine Kenntnis eines normativen Gesichtspunktes verlangt. Zu den Äquivalenzbedingungen gehört nun, daß der Gegenstand unter einer normativ neutralisierten Beschreibung immer noch sinnvollerweise, d. h. ohne die Folge eines Kategorienfehlers Objekt einer normativen Reaktion sein kann. Diese Bedingung ist nur unter der Voraussetzung erfüllt, daß die Eigenschaften des Objekts unwichtig sind für die Sinnhaftigkeit einer normativen Reaktion. Das ist jedoch eine unhaltbare Voraussetzung.

Ein rein normativer Gebrauch eines moralischen Wertausdrucks, dem keine, in Eigenschaften des Objekts residierenden Restriktionen auferlegt sind, ist nicht möglich. Anders gesagt, es ist falsch zu glauben, man müßte nichts von diesem Objekt wissen, um einen solchen sprachlichen Ausdruck kompetent zur Äußerung einer normativen Reaktion gebrauchen zu können. Denn zu dem Wissen, wie ein sprachlicher Ausdruck korrekt gebraucht wird, gehört die Fähigkeit, einen Sprecher zu korrigieren. Dieses Wissen schließt ein Wissen darüber ein, welches sprachliche und nicht-sprachliche Verhalten eines Sprechers mit einem korrekten Gebrauch eines sprachlichen Ausdrucks unvereinbar ist. Angenommen, ich höre A sagen: »B ist ein gemeiner Lump« und sehe kurz darauf, wie B von A warmherzig begrüßt wird. Unter diesen Umständen habe ich gewöhnlich Anlaß, mich über das ungereimte Verhalten von A zu wundern. Nun erscheint A's Verhalten nicht schon inkonsistent, weil A gegenüber ein und derselben Person B sowohl seine Wertschätzung als auch seine Verachtung äußert. Das Ver-

17 Vgl. neben den in Anmerkung 10 genannten Autoren die Beiträge von Blackburn, McDowell, Wiggins und Williams in: Honderich (Hg.), *Morality and Objectivity*, a. a. O., sowie die Arbeiten von M. Platts, *Ways of Meaning*, London 1979, S. 246ff.; Moral Reality and the End of Desire, in: ders. (Hg.), *Reference, Truth, and Reality*, London 1980, S. 69-82.

halten von A scheint zumindest widersprüchlich zu sein, weil A in ein und derselben Hinsicht auf die Person B, die bestimmte, in dieser Hinsicht relevante Eigenschaften hat, sowohl mit Wertschätzung als auch mit Verachtung reagiert. Um zu verstehen, daß A wenigstens augenscheinlich den moralischen Wertausdruck »gemeiner Lump« inkompetent (normativ) gebraucht, muß man die relevanten Eigenschaften kennen, die mit diesem Ausdruck in deskriptiver Verwendung ausgesagt werden. Zu den Bedingungen für das Wissen, daß der normative Gebrauch eines solchen Ausdrucks fehlerhaft ist, gehört das Verstehen seines deskriptiven Gebrauchs. Weil das Verständnis der normativen Bedeutungskomponente nicht unabhängig ist vom Verständnis der deskriptiven Bedeutungskomponente, ist ein kompetenter, rein normativer Gebrauch moralischer Wertausdrücke nicht möglich. Das heißt aber auch, daß eine notwendige Bedingung für die Äquivalenz einer normativ neutralisierten Beschreibung nicht erfüllt ist. Deshalb läßt sich auch umgekehrt kein rein deskriptiver Gebrauch solcher Ausdrücke denken. Der deskriptive und der normative Gebrauch sind zwei zusammengehörige Momente einer korrekten Verwendung.

Man kann jetzt verstehen, warum es durchaus sinnvoll ist, unter Hinweis darauf, daß ein bestimmtes moralisches Prädikat auf einen Gegenstand zutrifft, eine normative Reaktion als unausweichlich zu rechtfertigen. Diese Unausweichlichkeit ist eine notwendige Folge der korrekten Verwendung eines moralischen Wertausdrucks. Es ist ausgeschlossen, daß man eine Beschreibung mit einem solchen Ausdruck für wahr hält und sich zugleich einer moralischen Beurteilung des Gegenstandes unter dieser Beschreibung enthält. In dem Gefühl des Zugzwangs zu einer normativen Reaktion, das der Beschreibende verspürt, artikuliert sich ein Wissen von den Restriktionen für das eigene Verhalten, die von anderen kompetenten Sprachbenutzern kritisch gegen ihn geltend gemacht werden können.

Eine Theorie wie die von R. M. Hare, die das deskriptive und das normative Moment im Gebrauch moralischer Wertausdrücke zu zwei selbständigen Komponenten isoliert, nimmt diesem Gefühl seinen kognitiven Gehalt. Dadurch droht sie blind zu werden für die Dimension der zweiten Person in der Grammatik dieser sprachlichen Ausdrücke, auf die die Restriktionen für das sprachliche und nicht-sprachliche Verhalten eines Sprechers verweisen, zu dessen Vokabular moralische Wertausdrücke gehören. Allerdings fühlt sich dieser Sprecher nicht bloß aus grammatischen Gründen zu einer normativen Reaktion genötigt. Er hält sich nicht nur aus der Sicht eines kompetenten anderen Sprachbenutzers für kritisierbar, sondern auch aus der Perspektive derer, mit denen er den normativen Gesichtspunkt seiner Beschreibung teilt.

Wer eine Handlung als brutale Tat wahrnimmt, weiß, daß die Unterlassung einer mißbilligenden, empörten Reaktion als stillschweigende Duldung oder offene Zustimmung gelten kann. Der Gegenstand der Beschreibung beschränkt die möglichen Bedeutungen, die ein auf ihn bezogenes Verhalten des Beschreibenden anzunehmen vermag. Er kann diese Beschränkung auferlegen, insofern er nicht bloß ein in Raum und Zeit identifizierbares Objekt, sondern auch eine symbolische Äußerung ist. Als eine symbolische Äußerung drückt der Gegenstand eine Stellungnahme zu eben demjenigen moralischen Grundsatz aus, die den normativen Gesichtspunkt für seine Beschreibung abgibt. Die normative Reaktion des Beschreibenden ist eine bekräftigende, zustimmende, billigende, mißbilligende, tadelnde, protestierende Antwort auf diese Stellungnahme. Wer einen moralischen Wertausdruck gebraucht, nimmt nicht bloß die Einstellung eines beschreibenden Beobachters, sondern auch die Einstellung eines Stellung nehmenden Aktors ein. Das Korrelat dieser Einstellung streift den Status eines stummen Objekts der Beschreibung ab, dem Eigenschaften zu- oder abgesprochen werden können. Es ist in dieser Einstellung ein »expressives Objekt«[18], das die Stellungnahme eines anderen Aktors zu einer normativen Erwartung des moralisch Urteilenden zu verstehen gibt.

Diese normative Erwartung besteht darin, daß ein Aktor denjenigen moralischen Grundsatz einhält, der dem Urteilenden den normativen Gesichtspunkt für seine Beschreibung liefert und den dieser für anerkennungswürdig hält. Eine brutale Tat bekundet die Ablehnung des moralischen Grundsatzes, daß jede Person schonend mit leidensfähigen Wesen umgehen soll.

18 Ch. Taylor, Action as Expression, in: C. Diamond/J. Teichman (Hg.), *Intention and Intentionality*, Brighton 1979, S. 77.

Die Konstellation, in der ein Einzelner über einen Gegenstand moralisch urteilt, entpuppt sich als eine Interaktion zwischen einem Aktor, dessen Handlungen, Tätigkeiten, Motive Gegenstand einer moralisch gehaltvollen Beschreibung sind, und demjenigen, der diese Beschreibung gibt. Das sprachliche Handeln des Beschreibenden, das in der Aufforderung an einen bestimmten Gegenüber oder an unbestimmt viele besteht, ein für ihn anerkennungswürdiges moralisches Gebot zu befolgen, ist Element einer Interaktion.

Eine Handlung ist Element einer Interaktion, wenn sie ihrem Begriff nach auf eine andere Handlung oder allgemeiner, auf eine andere symbolische Äußerung, bezogen ist, wie z.B. das Antworten auf ein Fragen, das Kaufen auf ein Verkaufen, die Entschuldigung auf ein Verzeihen bezogen sind. Wie diese Beispiele für Akte, die Interaktionselemente sind, zeigen, muß die Bezogenheit einer Handlung auf eine andere Handlung nicht gebunden sein an die absichtsvolle, handlungsmotivierende Orientierung ihres Autors an einer anderen Handlung. Sie kann auch schon dann gegeben sein, wenn man dem Autor ein Wissen zuschreiben darf, daß die Handlung, auf die sein Handeln bezogen wird, eine Handlung bestimmter Art ist. Unter Umständen kann auch ein Schweigen eine Antwort bedeuten. Diese Umstände verweisen auf einen normativen Kontext von Grundsätzen, Regeln und Konventionen, die für die Interpretation eines sprachlichen und nicht-sprachlichen Handelns relevant werden können. Es gibt Handlungen mit »eingebauter Interaktionalität«[19], die sich einem normativen Kontext verdankt, in dem sich ihre Autoren bewegen.

Das trifft auf den hier interessierenden Fall eines Sprechers zu, der einen moralischen Wertausdruck gebraucht und der seine normative Reaktion unter Hinweis auf die Wahrheit seiner Beschreibung für moralisch zwingend hält. In diesem Hinweis spricht sich sein Wissen aus, daß unabhängig von einer intendierten Orientierung sein Folgeverhalten auf die normative Stellungnahme eines anderen bezogen werden kann, die vom Gegenstand seiner Beschreibung ausgedrückt wird. Der Sprecher weiß, daß seinem Verhalten in der Folge seiner Beschrei-

19 Dieser Ausdruck findet sich bei M. Schwab, *Redehandeln*, Königstein/Ts. 1980, S. 103.

bung eine Bedeutung beigelegt werden kann, in der es mit seinen moralischen Überzeugungen unvereinbar ist. Die Unausweichlichkeit einer normativen Reaktion ist eine Konsequenz aus dem Willen des Reagierenden, sich im Einklang mit seinen moralischen Überzeugungen zu verhalten *und* aus der Tatsache, daß das Unterlassen einer normativen Reaktion die Bedeutung eines Verhaltens (z. B. einer Billigung) annehmen kann, das mit diesen Überzeugungen unvereinbar ist. Die Zwangsläufigkeit einer normativen Reaktion resultiert also nicht bloß aus den Erfordernissen eines kompetenten Gebrauchs, den ein Sprecher von moralischen Wertausdrücken macht. Sie gründet auch nicht nur in einem Bedürfnis, die eigenen moralischen Ansichten von der Welt vor aller Welt kundzugeben. Sie ergibt sich auch daraus, daß das sprachliche und nicht-sprachliche Handeln eines Sprechers Element einer Interaktion wird, sobald dieser die symbolischen Äußerungen anderer als Stellungnahmen zu den eigenen normativen Erwartungen identifiziert hat. Der rätselhafte Zug am Gebrauch moralischer Wertausdrücke wird verständlich, wenn man auch das sprachliche Handeln desjenigen, der moralische Wertausdrücke verwendet, als Element einer Interaktion begreift. Wie derjenige, der an einer Interaktion teilnimmt, indem er eine moralische Sprache spricht, charakterisiert werden muß, wird klar, wenn man einem bislang vernachlässigten Aspekt mehr Beachtung schenkt. Die normative Reaktion, die zum Gebrauch moralischer Wertaudrücke gehört, drückt sich oft in moralischen Gefühlen aus.

### (2) GEFÜHLE

Moralische Gefühle sind oft in Analogie zu sinnlichen Wahrnehmungen verstanden worden.[20] Man hat als eine ihrer Voraussetzungen einen moralischen Sinn angenommen, so wie z. B.

20 Insbesondere in der schottischen Moralphilosophie bei Shaftesbury und F. Hutcheson, vgl. F. Hutcheson, *An Essay on the Nature and Conduct of the Passions and Affections, with Illustrations upon the Moral Sense*, in: *Collected Works of Francis Hutcheson*, Facsimile Editions prepared by B. Fabian, Vol. II, reprographischer Nachdruck der Ausgabe London 1728 Hildesheim 1971, insbes. S. 233ff.; dt. Teilübersetzung unter dem Titel

taktile Wahrnehmungen einen Tastsinn voraussetzen. Und man hat ihnen eine erschließende Funktion zugesprochen. Ebenso wie wir durch eine taktile Wahrnehmung eine Oberfläche als rauh erfahren können, kann uns ein moralisches Schuldgefühl erfahren lassen, daß wir etwas im moralischen Sinn falsch gemacht haben. Sinnliche Wahrnehmungen können dem Wahrnehmenden eine physikalische Welt erschließen. Moralische Gefühle können dem Fühlenden eine moralische Welt sozialer Beziehungen erschließen, die bestehen und fortbestehen u.a. auf Grund gemeinsamer moralischer Überzeugungen derer, die in diesen Beziehungen zueinander stehen. Diese erschließende Leistung moralischer Gefühle wurde durch den Umstand ermöglicht gesehen, daß wir uns unter bestimmten Umständen gewisser moralischer Gefühle nicht erwehren können. Moralische Gefühle können uns, so scheint es, gerade auf Grund dessen, daß uns vermittelst ihrer eine moralische Realität affiziert, beispielsweise erkennen lassen, daß eine Handlung moralisch unrechtmäßig ist.

Nun wirft aber gerade diese Affektivität eine Schwierigkeit auf. Sie ist nicht bloß passivisch als eine Empfänglichkeit des Gefühlssubjekts für bestimmte Empfindungen, sondern auch aktivisch als kultivierbare Empfindsamkeit für die eigenen Empfindungen aufzufassen. Hume spricht vom moralischen Gefühl (»sentiment«) als einem »active feeling«.[21] In Gefühlen oder Affekten ist ein Selbstbezug eingebaut[22], der es schwierig macht, zu verstehen, wie ein Gefühl demjenigen, der es hat, nicht nur

*Erläuterungen zum moralischen Sinn*, übers. und hg. von J. Buhl, Stuttgart 1984, S. 28ff. Zur Kritik vgl. aber schon A. Smith, *Theorie der ethischen Gefühle*, übers. und hg. von W. Eckstein, 2. Auflage, Hamburg 1977, siebenter Teil, 3. Abs., 3. Kap., S. 536-543. Vgl. a. J. Sprute, Der Begriff des Moral Sense bei Shaftesbury und Hutcheson, *Kant-Studien* 71 (1980), S. 221-237; D. Henrich, Hutcheson und Kant, *Kant-Studien* 49 (1957/58), S. 57ff.; W. Schrader, *Ethik und Anthropologie in der Englischen Aufklärung. Der Wandel der moral-sense-Theorie von Shaftesbury bis Hume*, Hamburg 1984.

21 *Enquiries Concerning the Human Understanding and Concerning the Principles of Morals*, ed. L. A. Selby-Bigge, third edition with text revised and notes by P. H. Nidditch, Oxford 1975, Appendix I, S. 290.

22 Vgl. E. Tugendhat, *Selbstbewußtsein und Selbstbestimmung*, Frankfurt am Main 1979, S. 237f.; a. H. Fink-Eitel, Affekte. Versuch einer philosophischen Bestandsaufnahme, in: *Zs. f. phil. Forschung* 40 (1986), S. 530f.

etwas über sich erschließen kann. Daß man mit einem Schuldgefühl auf eine eigene Handlung reagiert, von der man glaubt, sie habe nachteilige Folgen für andere, kann einen erkennen lassen, daß man diese Handlung für moralisch unrechtmäßig hält. Aber wie kann ein solches Gefühl demjenigen, der es hat, mehr sagen als daß er es ist, der seine Handlung für unrechtmäßig hält? Ein solches Mehr müßte es geben, wenn man für moralische Gefühle einen unpersönlichen Zug für charakteristisch hält, den P. F. Strawson am moralischen Gefühl der Entrüstung erläutert:[23] Die moralische Entrüstung, die eine Person A verspürt, ist im Unterschied zu Zorn oder Wut ein Gefühl, für das die Vertretbarkeit von A durch andere wesentlich ist. A entrüstet sich aus einem Grund, der zumindest präsumtiv auch ein Grund für andere ist, sich zu entrüsten. Der rechtfertigende Grund für dieses Gefühl ist eine moralische Norm oder ein Grundsatz, den A mit anderen teilt, so daß A von diesen anderen Zustimmung auf seine Gefühlsreaktion erwarten darf. Moralische Gefühle müßten auf intersubjektiv geteilte moralische Überzeugungen führen können, wenn man behauptet, daß sie eine moralische Welt erschließen können. Durch die Art und Weise, in der sie etwas in Erfahrung bringen, nämlich durch ein affektives Betroffensein, ist es augenscheinlich ausgeschlossen, daß sie mehr als etwas über das Gefühlssubjekt erkennen lassen.[24]

Um zu sehen, warum der Schein trügt, muß man genauer auf das kognitive Moment moralischer Gefühle achten. Dann wird auch klarer, was mit der Unpersönlichkeit moralischer Gefühle sinnvollerweise gemeint sein kann. Strawsons Erläuterung dieser Unpersönlichkeit in Begriffen der Vertretbarkeit des Gefühlssubjekts befriedigt ja nicht. Sie ist zu sehr auf ihren Beispielsfall zugeschnitten. Es gibt durchaus moralische Gefühle wie z.B. ein Gefühl moralischer Schuld, für die die Unvertretbarkeit des Gefühlssubjekts wesentlich ist.

Moralische Gefühle (Entrüstung, Gewissensbisse, Kränkung, Mitleid, Achtung usw.) unterscheiden sich wesentlich von kör-

23 Freedom and Resentment (1962), wieder in ders., *Freedom and Resentment and Other Essays*, London 1974, S. 13-17. Im Anschluß an Strawson a. J. Habermas, *Diskursethik*, a.a.O., S. 58f.

24 So z.B. A. Kenny, *Action, Emotion, and Will*, London 1963, S. 56.

perlichen Empfindungen (z.B. Magendrücken, Kopfschmerzen, Hunger) durch ihren Objektbezug.[25] Man entrüstet sich *über* eine Handlung, man empfindet Achtung *vor* und Mitleid *mit* jemandem. Moralische Gefühle teilen diese Objektbezogenheit mit außermoralischen Gefühlen wie Eifersucht, Platzangst, Stolz. In ihr liegt das kognitive Moment von Gefühlen begründet. Allerdings darf man bei dieser Objektbezogenheit nicht an konkrete, in Raum und Zeit identifizierbare Gegenstände denken. Man entrüstet sich über eine Person nicht so, wie man über eine Schwelle stolpert; man empört sich über sie als jemanden, von dem man überzeugt ist, er habe mit seinem Handeln eine moralische Verpflichtung verletzt. Die Objekte, mit denen Gefühle wesentlich in Verbindung stehen, sind propositionale Gegenstände, für die nominalisierte Sätze und nicht konkrete singuläre Termini (Eigennamen, Personalpronomen) stehen.[26] Dennoch ist es ganz in Ordnung zu sagen, daß Gefühle sich auf konkrete, in Raum und Zeit situierte Entitäten richten können. Wir regen uns ja über Personen und ihr Verhalten, nicht über Propositionen auf. Nur muß man beachten, daß diese Entitäten, auf die sich unsere Gefühle richten, etwas sind, worüber mit Sätzen Aussagen gemacht werden, die das Gefühlssubjekt für wahr hält.

Diese Überzeugungen bilden das kognitive Moment von Gefühlen. Sie sind ein Moment und kein zufälliges Ingrediens, weil sie nicht »salva affectione«[27] geändert werden können. Es ist

25 Ebd., S. 60. An Kenny anschließend Ch. Taylor, Erklärung des Handelns, in: ders., *Erklärung und Interpretation in der Wissenschaft vom Menschen*, Frankfurt am Main 1975, S. 97ff., sowie E. Tugendhat, *Selbstbewußtsein und Selbstbestimmung*, a.a.O., S. 200-206. Den Anknüpfungspunkt für diese kognitivistische Auffassung von Gefühlen bildet das zweite Buch der aristotelischen Rhetorik.

26 Vgl. E. Tugendhat, *Vorlesungen zur Einführung in die sprachanalytische Philosophie*, Frankfurt am Main 1976, S. 98. – Der Begriff des propositionalen Gegenstandes ist nicht unproblematisch. Auf die mit ihm verbundenen Probleme kann ich nicht eingehen. Eine Schwierigkeit ist die Möglichkeit von Identifikationskriterien für propositionale Gegenstände. Vgl. zu dieser Schwierigkeit die Überlegungen von Tugendhat, *Vorlesungen*, a.a.O., S. 499ff., sowie Künne, *Abstrakte Gegenstände*, a.a.O., S. 245-253, 273-290.

27 A. O. Rorty, Explaining Emotions, in: dies. (Hg.), *Explaining Emotions*, Berkeley 1980, S. 167.

nicht möglich, daß ich aufhöre, der Meinung zu sein, daß mir von diesem Hund eine Gefahr droht, ohne auch aufzuhören, mich vor diesem Hund zu fürchten. Daraus folgt natürlich nicht, daß ich mich nicht mehr fürchte, wenn ich eingesehen habe, daß ich keinen Grund für meine Meinung habe. Die wesentliche Verbundenheit von Gefühlen mit Objekten besagt, daß Überzeugungen ein – kognitives – Moment von Gefühlen bilden. Auf Grund dieses kognitiven Moments ist es möglich, daß Gefühle durch die Revision von Überzeugungen verändert werden und daß man von einem Gefühl ergriffen wird, nachdem man zu einer bestimmten Überzeugung gekommen ist. Ebenso ist es aus diesem Grund sinnvoll, daß man für seine Gefühle Gründe angibt und nach Gründen gefragt wird, die nicht nur erklären, warum, sondern rechtfertigen, daß man diese Gefühle hat. Gefühle sind der Begründung fähig.[28] Moralische Gefühle gehören zu denjenigen Gefühlen, die von Haus aus für rechtfertigungsfähig gehalten werden. Ihr kognitiver Gehalt ist so beschaffen, daß das Gefühlssubjekt mit seinem Gefühl zugleich den Anspruch gegenüber anderen erhebt, daß es berechtigt ist. Das wird an solchen moralischen Gefühlen wie dem Gefühl der Kränkung oder Entrüstung deutlich, bei denen die Beziehung zu anderen Subjekten moralischer Gefühle offenkundig ist.

Mit dem Gefühl der Kränkung reagieren wir auf andere, von denen wir glauben, daß sie in einer bestimmten, ihnen zurechenbaren Weise gehandelt haben und daß sie uns mit ihrem Handeln ein Unrecht zufügen. Wir glauben darüber hinaus, daß sie allen Grund haben, ihr Verhalten zu bereuen. Denn wir glauben, daß sie eine normative Erwartung verletzt haben, die wir an sie richten. Deshalb kann das Gefühl der Kränkung nicht in eine bedauernde Klage, sondern in eine entrüstete Anklage umschlagen, daß der andere nicht einmal mit einem Anflug von Reue auf sein kränkendes Verhalten reagiert. Unsere Überzeugung, daß sein Reuegefühl angebracht ist, ist aber nichts anderes als die Überzeugung, daß unser Gefühl der Kränkung berech-

28 Man kann daher moralische Gefühle durch die Art ihrer Begründung spezifizieren. Rawls schlägt diesen Weg zur Spezifikation moralischer Gefühle ein, vgl. *Theory*, a.a.O., § 73, S. 481f.; vgl. a. W. P. Alston, Moral Attitudes and Moral Judgements, in: *Noûs* 2 (1968), insbes. S. 11-15.

tigt ist. In einem moralischen Gefühl residiert ein Anspruch des Gefühlssubjekts, daß sein Gefühl berechtigt ist, weil zum kognitiven Gehalt moralischer Gefühle normative Erwartungen gehören und weil normative Erwartungen ihrem Begriff nach auf rechtfertigende Gründe verweisen.[29]

Denn eine normative Erwartung unterscheidet sich von einer Prognose dadurch, daß der Erwartende nicht nur annimmt, daß etwas getan (oder unterlassen) wird. Sie unterscheidet sich von einem Wunsch mit Satisfaktionsanspruch aber ohne Anspruchshintergrund dadurch, daß der Erwartende nicht hofft oder bloß will, daß etwas getan wird, sondern daß er überzeugt davon ist, verlangen zu dürfen, daß seine Erwartung erfüllt wird. Diese Überzeugung unterscheidet eine normative Erwartung auch von einem bloß machtgestützten Befehl. Die absichtliche oder absichtsvolle Nicht-Erfüllung einer normativen Erwartung gilt darum nicht als Unterlassung, eine Absicht oder einen Wunsch zu realisieren, oder als Widerlegung einer Prognose, sondern als Zurückweisung einer vom Erwartenden für legitim erachteten Handlungsaufforderung. Eine normative Erwartung ist eine Erwartung, daß etwas getan (oder unterlassen) wird, von der derjenige, der diese Erwartung hegt, überzeugt ist, daß die Aufforderung, diese Erwartung zu erfüllen, berechtigt ist. Sie ist eine moralische Erwartung, wenn für den Anspruch auf Erfüllung der Erwartung moralische Gründe geltend gemacht werden können. Moralische Gefühle sind Formen eines affektiven Bewußtseins von erfüllten oder verletzten, moralisch begründeten, normativen Erwartungen. Zu ihrem kognitiven Gehalt gehören sowohl Überzeugungen, die zur Identifikation der Gefühle angeführt werden, als auch Überzeugungen, die die Gefühle, mithin die jeweiligen identifizierenden Überzeugungen, rechtfertigen sollen.[30]

29 Ich folge in der Erläuterung des Begriffs der normativen Erwartungen J. Habermas, *Theorie des kommunikativen Handelns*, Bd. I, a. a. O., S. 127; ders., Intention, Konvention und sprachliches Handeln (1976), in: ders., *Vorstudien und Ergänzungen zur Theorie des kommunikativen Handelns*, Frankfurt am Main 1984, S. 327f.

30 Die Unterscheidung von identifizierenden und erklärenden bzw. rechtfertigenden Überzeugungen im Zusammenhang mit einer philosophischen Theorie von Gefühlen findet sich bei Gabriele Taylor, *Pride, Shame, and Guilt*, Oxford 1985, S. 2ff.

Die erste Sorte wird von Überzeugungen darüber gebildet, daß eine normative Erwartung verletzt oder erfüllt worden ist; zu der zweiten Sorte gehören Überzeugungen, daß der mit normativen Erwartungen verbundene Rechtfertigungsanspruch erfüllt ist. Beide Arten von Überzeugungen gehören in einem moralischen Gefühl zusammen. Darum verflüchtigt sich ein moralisches Gefühl mit dem Übergang zu einer Einstellung, in der man sich überhaupt nicht mehr auf die Prüfung der präsumtiv rechtfertigenden Überzeugungen des Gefühlssubjekts einläßt. In dieser Einstellung verändern sich moralische Gefühle wie Entrüstung zu Ärger, Kränkung zu Ressentiment, Mitleid zu sentimentalem Erbarmen, Gewissensbisse zu Unwohlsein. Für moralische Gefühle gilt auch nicht, was oben in bezug auf das Gefühl der Furcht gesagt wurde. Man kann nicht weiterhin z. B. moralische Entrüstung empfinden, wenn man zu der Einsicht gelangt ist, die Entrüstung sei ungerechtfertigt. Das schließt nicht aus, daß ein bestimmter Erregungszustand und leibhaftige Expressionen fortbestehen, die physiologische und kinästhetische Merkmale sowohl für das Gefühl der Entrüstung als auch für Wut oder Zorn sind.

Vor dem Hintergrund der Differenzierung zwischen identifizierenden und rechtfertigenden Überzeugungen in der kognitiven Komponente moralischer Gefühle wird verständlich, warum ein moralisches Gefühl auch etwas von einer moralischen Welt erschließen kann. Der mit dem Gefühl verbundene Anspruch läßt das Gefühlssubjekt implizit nach einem rechtfertigenden Grund für dieses Gefühl fragen. Die Antwort auf diese Frage kann die Berechtigung der Gefühle auch anderer Personen einsichtig machen. Das Gefühlssubjekt erkennt dann, daß es die moralische Überzeugung, die für es sein Gefühl rechtfertigt, mit anderen teilt. Eine intersubjektiv geteilte moralische Überzeugung, die zum kognitiven Gehalt eines moralischen Gefühls gehört, macht dieses Gefühl zu einem unpersönlichen Gefühl.

Ein moralisches Gefühl ist nicht in dem Sinn unpersönlich, daß es demjenigen, der es hat, äußerlich ist. Moralische Gefühle sind nicht episodisch, sondern charakteristisch für diejenigen, die sie haben. Ihre Unpersönlichkeit besteht auch nicht darin, daß es für die Legitimität eines moralischen Gefühls unwichtig ist, wer, d.h. welche unter diesen Personen dieses Gefühl hat. Ein moralisches Gefühl ist ein unpersönliches Gefühl in dem Sinn, daß die rechtfertigenden Gründe über die Person und ihr Gefühl in der Weise hinausweisen, daß sie zugleich rechtfertigende Gründe für andere Personen sind, bestimmte korrespondierende Gefühle zu haben. Unpersönliche moralische Gefühle sind genaugenommen *über*persönliche Gefühle. Die anschauliche Rede von einem »Netz moralischer Gefühle«[31] findet in der als Überpersönlichkeit begriffenen Unpersönlichkeit ihren begrifflichen Halt. Umgekehrt erhellt sie, warum es zulässig ist, von einer moralischen Welt oder einer Welt moralisch geregelter sozialer Beziehungen zu sprechen, die durch ein moralisches Gefühl erschlossen werden kann.

Denn mit seiner Einsicht in den rechtfertigenden Gefühlsgrund kann das Gefühlssubjekt mehr erkennen, als daß andere unter ähnlichen Umständen Grund zu den gleichen Gefühlen hätten. Es kann auch erkennen, daß es zu anderen Gefühlssubjekten in einer von moralischen Erwartungen geregelten sozialen Beziehung steht. Denn sein Erkenntnisgrund setzt das eigene Gefühl in eine Korrespondenzbeziehung zu den Gefühlen anderer. So ist das moralische Gefühl der Entrüstung aus Gründen gerechtfertigt, die auch das Schuldgefühl desjenigen rechtfertigen, über den man sich zu Recht entrüstet. Dadurch unterscheidet es sich von der Wut oder dem Ärger. Mein moralisches Gefühl einer Schuld impliziert meine Überzeugung, daß ich einen moralischen Anspruch der anderen gegen mich nicht erfüllt habe, und die Überzeugung, daß dieser Anspruch berechtigt ist. Diese Überzeugung rechtfertigt auch das moralische Gefühl der Kränkung, das der andere hat. Dieses Gefühl kann nicht nur mit dessen Empörung, sondern auch mit der Entrüstung eines Dritten über mich einhergehen. Dadurch unterscheidet sich das moralische Gefühl der Kränkung von außer-moralischen Gefühlen des Beleidigtseins wie z.B. dem Ressentiment. Dieser Dritte ist unbeteiligt in dem Sinn, daß er weder derjenige ist, der einen moralischen Anspruch verletzt hat, noch derjenige, dessen moralischer Anspruch verletzt worden ist. Er heißt ein Dritter, weil er kein Alter Ego oder Secundus, sondern ein Alius ist. Die rechtfertigenden Gründe für das moralische Gefühl der

31 Habermas, *Diskursethik*, a.a.O., S. 57.

Kränkung sind zugleich Gründe für die Entrüstung eines unbeteiligten Dritten über die Verletzung eines moralischen Anspruchs von Alter gegen Ego.
Ebenso wie das moralische Gefühl der Kränkung unterscheidet sich das Gefühl des Mitleids als ein moralisches Gefühl von anderen Gefühlen der Anteilnahme wie z.B. dem Erbarmen dadurch, daß seine rechtfertigenden Gründe zugleich Gründe für Entrüstung sind. Das moralische Gefühl des Mitleids hat nicht bloß eine Überzeugung des Mitleidenden darüber zum kognitiven Gehalt, was der Leidende nicht wünscht und nicht wollen kann. Zu seinem kognitiven Moment gehört auch die Überzeugung, daß der Leidende einen moralischen Anspruch hat, in der Hinsicht, in der er leidet, nicht leiden zu müssen. Es ist die vom Leidenden als Kränkung erlebte Mißachtung seines moralischen Anspruchs, die sein Leiden von einem Unwohlsein unterscheidet, für das man ein Mitgefühl wie das Bedauern oder das Erbarmen empfinden kann. Darum kann man sich auch von einem außermoralischen Gefühl der Anteilnahme moralisch gekränkt fühlen. Man erkennt dann, daß dieses Mitgefühl nicht mit der Einsicht in die Berechtigung eines mißachteten moralischen Anspruchs verbunden wird. Es handelt sich dann um ein Mitgefühl, das zur Klage, nicht aber zu einer diesen Anspruch einklagenden Entrüstung motiviert.
Der Rechtfertigungsgrund eines überpersönlichen moralischen Gefühls läßt dieses Gefühl für denjenigen, der es hat, mit anderen für ihn berechtigten Gefühlen korrespondieren. Diese Korrespondenzbeziehung setzt das einzelne Gefühlssubjekt zu anderen in Bezug, gegenüber denen es eine normative Erwartung geltend macht oder von denen eine solche Erwartung an es gerichtet wird. Wir stoßen hier wieder auf die Interaktionskonstellation, von der im vorhergehenden Abschnitt über die Sprache als eine Äußerungsform des individuellen Moralbewußtseins die Rede gewesen ist. Am Ende dieses Abschnitts wurde angekündigt, daß die Analyse moralischer Gefühle zu einer ersten Beschreibung desjenigen verhelfen kann, der in einem interaktiven Verhältnis zu anderen steht, indem er zu ihnen in einer moralischen Sprache spricht und gegenüber ihnen moralische Gefühle äußert. Eine solche vorläufige Charakterisierung ist jetzt möglich.

Jedes korrespondierende moralische Gefühl charakterisiert sein Subjekt in unterschiedlicher Weise. Im moralischen Gefühl der Schuld erkennt man sich z. B. als Autor einer Handlung, die den eigenen moralischen Überzeugungen widerstreitet. Man hat etwas getan, was man nicht vor sich verantworten kann. Wer moralische Schuld empfinden kann, fordert von sich eine moralisch selbstverantwortliche Handlungsweise. Als einer, der sein Verhalten vor sich verantworten können will, ist man in der Prüfung dieses Verhaltens unvertretbar. Ein moralisches Schuldgefühl kann ein moralisches Gefühl der Scham auslösen.[32] Man erkennt sich dann als jemand, den man verachtet, weil man etwas getan hat, was man nach eigener Überzeugung nicht hätte tun dürfen. Ein moralisches Schamgefühl setzt voraus, daß man sich dem Anspruch unterstellt, jemand zu sein, den man auch im Licht seiner moralischen Überzeugung achten kann. In der Erfüllung dieses Anspruchs ist man unvertretbar. Wer moralische Schuld und Scham empfinden kann, ist bestimmt als ein unvertretbar Einzelner.

Die moralischen Gefühle der Kränkung und des Mitleids sind Gefühle eines Angehörigen. Als Angehöriger steht Ego in einer normativen Beziehung. (Das wird schon an den normativen Konnotationen der Begriffe deutlich, mit denen man Beziehungen zwischen Angehörigen: Geschwistern, Genossen, Kollegen beschreibt – z. B. als geschwisterliche, genossenschaftliche, kollegiale Beziehung.) »Angehöriger« ist ein Wort, das eine symmetrische Relation bezeichnet. Eine normative Beziehung zwischen Ego und Alter als Angehörige besteht, wenn Ego und Alter gegenseitig normative Erwartungen haben. Angehörige weisen Gemeinsamkeiten auf, die sie u. a. darin verbinden, Subjekt und Adressat normativer Erwartungen zu sein. Wer moralisches Mitleid empfindet, versteht sich als Angehöriger. Er ist davon überzeugt, daß der Leidende Mitleid verdient; dieser darf erwarten, daß Andere nicht wollen, daß er (in bestimmter Hinsicht) leidet. Die Bekundung moralischen Mitleids ist immer auch eine Bekräftigung, daß diese normative Erwartung berechtigt ist. Sie bezeugt, daß man sich als einer versteht, an den sich

32 Die Behauptung, daß das Gefühl moralischer Scham in einem Schuldgefühl gründet (und nicht umgekehrt), ist nicht trivial. Zu ihrer Begründung vgl. unten S. 154.

eine solche normative Erwartung richten darf. Ebenso wie derjenige, der moralisches Mitleid fühlt, begreift sich der moralisch Gekränkte als ein Angehöriger. Deshalb kann diese Gefühlsreaktion auch durch eine als Mißachtung erlebte Ignoranz des Angehörigenstatus, sei es des Gekränkten, sei es des Kränkenden, ausgelöst werden. Man fühlt sich dann gekränkt, weil man sich als einen Fremden behandelt sieht, der bestenfalls Wünsche, Hoffnungen und prognostische Erwartungen, aber keine schon anerkannten moralischen Ansprüche gegen das kränkende Gegenüber hat.

Schließlich qualifiziert ein moralisches Gefühl der Entrüstung das Gefühlssubjekt als einen Repräsentanten einer Gemeinschaft. Wer sich moralisch entrüstet, tut das nicht bloß im Namen oder anstelle eines moralisch Verletzten oder Gekränkten. Mit moralischer Entrüstung wird auf die Verletzung von etwas Allgemeinem in etwas Einzelnem reagiert. Man will einer moralischen Überzeugung Nachachtung verschaffen, die das einzelne Gefühlssubjekt mit unbestimmt vielen zu teilen beansprucht. Deshalb ist es ersetzbar durch Dritte. Und deshalb darf es von Dritten eine zustimmende Reaktion auf seine Gefühlsäußerung erwarten. Man empört sich moralisch nicht stellvertretend für eine Menge oder eine Gesamtheit, sondern für eine Gemeinschaft. Diejenigen, die von der Berechtigung einer moralischen Empörung überzeugt sind, bilden eine Gemeinschaft, weil ihre gemeinsame moralische Überzeugung sie nicht nur faktisch übereinstimmend das Verhalten Dritter beurteilen läßt, sondern sie auch in ihrer Interaktion untereinander orientiert. Das moralische Gefühl der Entrüstung ist das Gefühl des Repräsentanten einer Gemeinschaft. Gerade deshalb kann eine solche Gefühlsreaktion als Anmaßung eines Einzelnen kritisiert werden. Die Begriffe des unvertretbar Einzelnen, des Angehörigen und des Repräsentanten einer Gemeinschaft charakterisieren das Subjekt jeweils eines der untersuchten korrespondierenden Gefühle. Sie beschreiben Perspektiven, die aufeinander verweisen.

Diese Perspektiven werden nicht nur auf der Ebene der Rechtfertigung moralischer Gefühle, sondern auch auf der Ebene des Handelns eingenommen. Das wird deutlich, wenn man die Beschreibung eines individuellen Moralbewußtseins vervollständigt. Zu einer Vervollständigung wird man schon gezwungen, wenn man eine Überintellektualisierung der Untersuchung moralischer Gefühle vermeiden möchte. Gefühle weisen ja nicht nur eine kognitive, sondern auch eine volitive Komponente auf. Sie disponieren zu Handlungsweisen, und sei es zu Handlungsweisen, die die Form beherrschter knapper Gesten annehmen. Wer moralische Überzeugungen hat, fällt nicht nur moralische Urteile, die zum kognitiven Gehalt moralischer Gefühlsreaktionen gehören. Er oder sie handelt zumindest gelegentlich auch in einer Weise, die mit seinen bzw. ihren moralischen Überzeugungen in Einklang zu stehen beansprucht.

## (3) HANDELN

Dieser Zusammenhang zwischen dem moralischen Urteil und dem moralischen Handeln soll nicht in Hinsicht auf das Problem der moralischen Motivation untersucht werden. Unter diesem Problem ist die Schwierigkeit zu verstehen, die Frage zu beantworten: »Warum soll ich moralisch sein?« Diese zugespitzte Motivationsfrage ist nicht zu verwechseln mit der Frage: »Warum soll ich einem moralischen Gebot Folge leisten?« So fragt einer, der sich mit einer moralischen Handlungsaufforderung konfrontiert sieht, von deren Berechtigung er nicht überzeugt ist. Sie ist beantwortet, wenn man über moralische Gründe verfügt, die einen einsehen lassen, warum diese Aufforderung legitim ist. Solange man keine Antwort auf diese Frage hat, ist man nicht dazu motiviert, in der geforderten Weise zu handeln; man hat keine moralische Motivation, weil man keine moralische Einsicht, d.h. keine überzeugenden Gründe dafür hat, daß man einem moralischen Gebot Folge leisten soll.

Demgegenüber problematisiert die Frage »Warum soll ich moralisch sein?« eine Voraussetzung, die in die vorstehende Frage eingeht, nämlich, daß man überhaupt nach rechtfertigenden moralischen Gründen für das eigene Handeln fragt. Das Problem der moralischen Motivation besteht darin, eine Antwort auf die Frage zu finden, warum man das eigene Handeln unter einem moralischen Gesichtspunkt hinsichtlich seiner praktischen Richtigkeit beurteilen soll. Dieser Frage soll hier nicht nachgegangen werden. Denn sie verlangt eine Antwort auf die Frage, warum man sich überhaupt auf einen Standpunkt in der Urteilsbildung stellen soll, unter dem man moralische Einsichten erwerben kann. Demgegenüber gehe ich hier im Rahmen einer Phänomenologie des Moralbewußtseins davon aus, daß ein Aktor moralische Einsichten hat bzw. moralische Urteile fällt.

Eine andere Frage ist allerdings mit dieser Voraussetzung noch keineswegs suspendiert: Wie können moralische Einsichten denjenigen, der sie hat, zum Handeln motivieren? Mit dieser kleineren Motivationsfrage ist die Erklärung eines Zusammenhangs zwischen moralischem Urteil und moralischem Handeln angesprochen. Dieser Zusammenhang ist ein Grund-Folge-Zusammenhang zwischen der moralischen Einsicht, daß man die Handlung h tun soll, und dem Willen, h zu tun. Man kann versuchen, eine solche Beziehung in Abrede zu stellen. Aber dann müßte man im Gegenzug zeigen, wie noch etwas anderes erklärt werden kann, nämlich daß es ausgeschlossen ist, daß ich einerseits aufrichtig mit Gründen meine Zustimmung äußere, daß ich h tun soll, und daß ich andererseits nicht willens bin, h zu tun. Die Möglichkeit, daß die Gründe, die mit einer Einsicht verbunden sind, die Gründe für das Wollen sind, besteht der Annahme zufolge jedenfalls nicht.

Allerdings ist die motivierende Kraft moralischer Einsichten erst dann ein erklärungsbedürftiges Phänomen, wenn man einen bestimmten Begriff der moralischen Einsicht zugrunde legt. Versteht man moralische Einsichten wie in antiken Ethiken des guten Lebens als Einsichten über sich selbst, dann besteht das Problem nicht. Die Gründe, die mit der Einsicht verknüpft sind, werden dann u. a. von Aussagen darüber gebildet, worumwillen der Handelnde letztlich überlegt agiert, und von Aussagen darüber, daß und wie sich das gebotene Handeln in dieses Wollen einfügt. Diesen Aussagen kommt der Status rechtfertigender Gründe zu, weil sie dem Handelnden einsichtig machen, warum er so handeln will, wie er handeln soll. Sie erwerben diesen Status ineins damit, daß sie motivierende Kraft erlangen. Denn sie sind nur als das Wollen aufklärende Gründe rechtfertigende Gründe; sie sind, insofern sie Gründe sind, Motive.

Motive bilden eine Klasse von rechtfertigenden Handlungsgründen, bei denen sich die Frage erübrigt, ob der Grund, der das Handeln aus der Sicht seines Autors wenigstens zum Zeitpunkt des Handelns rechtfertigt, auch der tatsächliche Handlungsgrund (gewesen) ist.[33] Motive sagen mir, warum ich etwas (tun) will oder wollte. Sie sind Gründe für ein Wollen. Sie fungieren deshalb in Handlungserklärungen als Gründe, die eine Handlung so erklären, daß verständlich wird, warum der Handelnde so handeln wollte, wie er handelte.[34] Bei dieser Erklärung der motivierenden Kraft moralischer Einsichten stellt sich nicht das Problem, die Möglichkeit zu erklären, daß einer tut, was er tun soll, weil er eingesehen hat, daß er es tun soll. Daß er eine solche Einsicht hat, besagt ja, daß er Motive hat, in der gebotenen Weise zu handeln. Es kann sich jedoch die Frage nach den Kompetenzen und charakterlichen Dispositionen und der Erfahrung stellen, die einer aufweisen muß, um zu einer solchen Einsicht gelangen zu können. Aristoteles beispielsweise beantwortet diese Frage so, daß er den jungen Menschen für ungeeignet hält, die in der Nikomachischen Ethik vorgetragenen Einsichten verständig aufzunehmen.[35] Und es kann eine Erklärung nötig werden, wie es möglich ist, daß der Einsichtige nicht tut, was er tun soll. Das Problem ist dann, zu erklären, wie Willensschwäche möglich ist.

Daß moralische Einsichten überhaupt eine motivierende Kraft besitzen, wie schwach auch immer sie sein mag, wird demgegenüber erst zu einem erklärungsbedürftigen Sachverhalt, wenn man eine moralische Einsicht nicht mehr als eine selbstbezügliche Einsicht eines Handelnden in Ansehung seines ureigensten überlegten Strebens, sondern als eine Erkenntnis in das, was alle tun sollen, konzeptualisiert. Die Aussagen darüber, wie man handeln soll, gewinnen nicht erst rechtfertigende Kraft, wenn sie als Motive erkannt werden. Die Gründe für ein moralisches Sollen werden von der Bedingung abgelöst, Gründe für ein Wol-

33 Vgl. R. S. Peters, *The Concept of Motivation*, London 1958, S. 28; vgl. a. R. Bittner, *Moralisches Gebot oder Autonomie*, Freiburg/München 1983, S. 21.

34 Vgl. A. R. White, The Language of Motives, in: *Mind* 67 (1958), S. 258-263; E. Anscombe, *Intention*, 2. Aufl., Oxford 1963, S. 16-23; A. Kenny, *Action, Emotion*, a.a.O., S. 84-100.

35 *NE* 1095 a 1f.; vgl. a. *NE* 1140 b 17ff.

len zu sein. Eine Abstraktion im Sinne einer solchen Ablösung kann auf diejenigen, an die sich eine moralische Handlungsaufforderung richtet, demotivierend wirken. Es ist diese Abstraktion, die die motivierende Kraft moralischer Einsichten erklärungsbedürftig macht. Plakativ und darum etwas lax formuliert: Das Phänomen der moralischen Einsicht ist nicht Willensschwäche, sondern Willensstärke. Kant hat, wenngleich unter den Voraussetzungen seines eigenen philosophischen Systems, eine Erklärung dieses Phänomens den »Stein der Weisen« genannt.[36] Damit ist das Gewicht der Argumentationslast hinreichend markiert und vor Überhebung gewarnt.

Daß moralische Einsichten motivierende Kraft besitzen, besagt, daß sie den Einsichtigen willens machen, in der moralisch gebotenen Weise zu handeln. Der Satz »Ich bin willens, x zu tun« ist äquivalent mit dem Satz »Ich tue x, wenn es mir möglich ist, x zu tun«. Zu der Möglichkeit, x zu tun, gehört, daß ich die Gelegenheit habe, x zu tun, und daß ich fähig bin, x zu tun, wobei[37] diese Fähigkeiten von der Art sind, daß ich sie ausüben oder auch nicht ausüben kann. An dieser Wahlmöglichkeit zeigt sich eine Stelle, an der Gründe für einen Willen, etwas zu tun, relevant werden können: Man wird willens, etwas zu tun, weil man die Wahl der Unterlassung nicht verantworten kann. »Mir ist es nicht möglich, x zu unterlassen« bedeutet dann so viel wie »Ich kann nicht wollen, daß ich x unterlasse«; ich müßte ein anderer werden, um wollen zu können, daß ich x unterlasse. Nicht nur die Fähigkeiten eines Aktors, sondern auch die Möglichkeit, daß der Aktor vor sich für sein Handeln Rechenschaft abgibt, zählt zu den subjektrelativen oder aktorbezüglichen Bedingungen für ein Tunkönnen. Die Erkenntnis, daß diese Mög-

36 »Wenn ich durch den Verstand urtheile, daß die Handlung sittlich gut sey, so fehlet noch sehr viel, daß ich diese Handlung thue, von der ich so geurtheilet habe. (...) Das kann und wird auch niemand einsehen, daß der Verstand eine bewegende Kraft haben sollte, urtheilen kann der Verstand zwar freylich, allein diesem Urtheile Kraft zu geben, daß es eine Triebfeder, den Willen zur Ausübung einer Handlung zu bewegen, werde, dieses einzusehen ist der Stein des Wesen.« (Vorlesungsnachschrift *Moral Mrongovius* in: *Akademie-Ausgabe*, Bd. XXVII, 4. Abt. Vorlesungen. Vierter Band. Zweite Hälfte. Zweiter Teil, Berlin 1979, S. 1428.)

37 Vgl. U. Wolf, *Möglichkeit und Notwendigkeit bei Aristoteles und heute*, München 1979, S. 343-358.

lichkeit nicht besteht, ist dann motivierend für ein bestimmtes Handeln, vorausgesetzt, der Handelnde will verantwortlich handeln.

Damit zeichnet sich ein Ansatz ab, die motivierende Kraft moralischer Einsichten zu verstehen. Mit einer solchen Einsicht ist die Überzeugung des Einsichtigen verbunden, daß er keine guten Gegengründe dafür hat, anders als in der gebotenen Weise zu handeln. Aber nicht nur das. Die moralische Einsicht impliziert auch die Überzeugung, daß der eigene Wille zur Rechenschaftsgabe verletzt werden würde, wenn man wider seine bessere Einsicht handeln würde. Die moralische Einsicht gewinnt unter der Bedingung eines solchen Willens eine motivierende Kraft. (Diese Kraft kann Grade aufweisen.)

Bei diesem Erklärungsansatz hängt nun viel daran, wie die Formulierung »keine guten Gegengründe haben« zu verstehen ist. Es drängt sich der Verdacht auf, daß mit ihr genau derjenige Abstraktionsschritt von den Motivlagen eines Adressaten moralischer Gebote rückgängig gemacht wird, der für das aufzuklärende Phänomen verantwortlich ist. Dieser Schritt verlangt, daß außermoralische Überlegungen, in denen bestimmte Eigeninteressen zum Zug kommen, ausgeklammert werden. Wäre das Ergebnis einer moralischen Überlegung mit keinen Zumutungen an den Überlegenden verbunden, und hätte es nur dessen wohlverstandenes Eigeninteresse zum Gegenstand, dann wäre die motivierende Kraft einer moralischen Einsicht ziemlich trivial.

An dieser Stelle kommt es aber auf Genauigkeit besonders an. Der genannte Abstraktionsschritt darf nicht mißverstanden werden. Er kann nicht darin bestehen, daß der moralisch Einsichtige im Zuge seiner moralischen Überlegung sich in einen Anonymos verwandelt, der nicht weiß, daß er es ist, der ein zur Prüfung anstehendes moralisches Gebot befolgen soll. Denn dieses Wissen gehört zu den pragmatischen Voraussetzungen in bezug auf einen Sprecher, der aufrichtig seine Anerkennung eines an ihn gerichteten moralischen Gebots äußert. Mit der Äußerung seiner Zustimmung geht er gegenüber anderen die Verpflichtung ein, das Gebot zu erfüllen. Ist seine Äußerung aufrichtig, dann ist er auch willens, diese Verpflichtung zu erfüllen. Es ist, wie schon gesagt, ausgeschlossen, daß er aufrichtig seine Zustimmung dazu bekundet, daß er h tun soll und daß er zugleich eine Erklärung seines Willens, h zu tun, ablehnt. Zu den Geltungsbedingungen seiner Äußerung als einer Willenserklärung gehört aber auch, daß er Gründe angeben kann, wenn diejenigen, gegenüber denen er seinen Willen erklärt, ihn fragen, warum er glaubt, daß er h tun werde.[38] Andernfalls könnte man eine Willenserklärung nicht von der Äußerung eines selbstbezüglichen Wunsches unterscheiden. Damit seine Äußerung als eine Willenserklärung gilt, muß sich der Sprecher auch davon überzeugt haben, daß es ihm möglich ist, in der gebotenen Weise zu handeln. Das ist der Punkt, an dem die Bereitschaft, gegenüber anderen Rechenschaft zu geben, die Rechenschaftsgabe vor sich einschließt. Die potentiellen Gegengründe, die in einer moralischen Überlegung nicht ausgeklammert, sondern entkräftet werden müssen, sind Gründe, die aus der Dimension der unvertretbaren Einzelnheit des Adressaten moralischer Gebote erwachsen können. Man kann diese Gründe etwas genauer angeben, wenn man klärt, was es mit dieser Dimension unvertretbarer Einzelnheit auf sich hat. Die Aufklärung dieser Dimension wird etwas aufwendig ausfallen. Aber das rechtfertigt sich auch damit, daß die Dimension der unvertretbaren Einzelnheit ein konstitutives Moment eines Aktors als Person ist; und der Personenbegriff gehört ja zu den moraltheoretischen Grundbegriffen.

Man kann Personen in einer gegenstandstheoretischen Perspektive nur unzulänglich charakterisieren. Aus dieser Sicht sind Personen beispielsweise als raumzeitlich lokalisierbare Gegenstände begriffen worden, auf die wir sprachlich mit konkreten singulären Termini Bezug nehmen und von denen wir sowohl körperliche Eigenschaften als auch Bewußtseinszustände aussagen müssen, wenn wir über sie wahrheitsfähige Aussagen machen wollen.[39] Personen gehören aber nicht bloß

38 Vgl. Habermas, *Theorie des kommunikativen Handelns*, Bd. I, a.a.O., S. 397-416, 433f.

39 Die skizzierte Auffassung ist die Auffassung von P. F. Strawson, vgl. dessen *Individuals*, London 1959, S. 100-105. Strawson beansprucht allerdings nicht, daß sein Personenkonzept alle Aspekte des Personseins erschöpfend erfaßt, vgl. *Skepticism and Naturalism*, New York 1985, S. 54. Freilich muß man prüfen, ob sich aus der Berücksichtigung anderer

zu den Dingen, *über* die wir sprechen können, sondern zu den Lebewesen, *zu* denen wir sprechen und die wir u. a. nach den Gründen für ihre Handlungen fragen können. Für Personen ist es u. a. charakteristisch, daß sie eine bestimmte Art von Aktoren sind.[40]

Eine Person ist ein Aktor, der zu seinem Handeln in ein reflektiertes Verhältnis treten kann. Eine Person kann Interpretin ihrer Handlung sein und fragen, was ihre Handlung exemplifiziert und durch welche Motive diejenige charakterisiert werden muß, die so handelt. Sie kann eine Kritikerin ihrer Handlungen sein, die diese Handlungen nicht bloß als unzweckmäßig im Licht ihrer Motive kritisiert, sondern die auch ihre Motive kritisieren kann, sei es als Gründe, die das Handeln vor Anderen nur erklären, nicht aber rechtfertigen können, sei es als Motive eines Aktors, der sie nicht sein will. Weil Personen Aktoren sind, die in einem reflektierten Verhältnis zu ihrem Handeln stehen können, hat ihr Handeln Bedeutung in dem zweifachen umgangssprachlichen Sinn des Ausdrucks »Bedeutung haben«. Die Handlungen von Personen können erstens Bedeutung haben, so wie Wörter, Sätze, Texte Bedeutung haben. Insbesondere können sie mit Begriffen beschrieben werden, zu deren Verwendungsregeln Wertmaßstäbe und Normen gehören, die derjenige akzeptiert haben muß, für den die Beschreibung in diesen Begriffen wahr ist. Die Handlungen von Personen können – auch für sie selber – beschämend, galant, mutig, kunstfertig etc. sein. Da die Handlungsprädikate normativ gehaltvolle Begriffe sein können, können die Handlungen von Personen zweitens eine Bedeutung in dem Sinn haben, in dem eine Aussage Gewicht hat oder eine Begebenheit von Bedeutung ist. Sie geben ihrem Autor (und anderen Personen) dann zu verstehen,

Aspekte des Personseins bestimmte Restriktionen für die Art und Weise ergeben, wie man sprachlich auf Personen Bezug nehmen kann.

40 Zum Folgenden vgl. v. a. Ch. Taylor, Responsibility for the Self (1976), wieder in: G. Watson (Hg.), *Free Will*, Oxford 1982; ders., The Person, in: M. Carrithers u. a. (Hg.), *The Category of the Person*, Cambridge 1985; und ders., The Concept of a Person, in: ders., *Human Agency and Language. Philosophical Papers I*, Cambridge 1985; sowie E. Tugendhat, *Selbstbewußtsein und Selbstbestimmung*, a. a. O., passim (insbes. ab der 8. Vorlesung) und U. Wolf, Was es heißt, sein Leben zu leben, in: *Philosophische Rundschau* 3/4 (1986), S. 223-246.

ob und ggf. in welchem Maß er einem Anspruch gerecht wird, den er an sein Handeln stellt.

Das Personsein eines Aktors ist also eine Weise, in der der Aktor sich zu seinem Handeln verhält – nämlich relativ zu bestimmten Wertmaßstäben und Normen interpretierend, kritisierend und überlegt wählend, so daß seine Handlungen für ihn eine bestimmte Bedeutung haben. Eine bestimmte Person sein wollen heißt deshalb nicht bloß, so und so handeln zu wollen, sondern *so* handeln zu wollen, *daß* man zu sich als Autor dieser Handlung in einem Verhältnis der Bejahung stehen kann. Die Kriterien für diese Bejahung werden von Wertmaßstäben und Normen geliefert, mit denen sich die Person identifiziert, was eine façon de parler dafür ist, daß sie bejahen kann, daß sie es ist, die diesen Maßstäben und Normen gemäß handelt. Das, wovor eine Person ihr Handeln rechtfertigt, wenn sie es vor sich rechtfertigt, ist die Person, die bestimmte Ansprüche in ihrem Handeln erfüllt. Daß ein Aktor die Person ist, die er sein will, ist an die Erfüllung von Ansprüchen geknüpft, die er nicht nur selber stellt, sondern die er auch selbsttätig einlösen muß. Als einer, der etwas nur ist, indem er etwas tut, ist der Aktor in seinem Tun unvertretbar. In der Rechenschaft vor sich nimmt der Aktor, der Person ist, die Perspektive eines unvertretbar Einzelnen ein. Der Begriff des unvertretbar Einzelnen soll nun in einem ersten Anlauf so weit geklärt werden, daß diese Perspektive und ihr Korrelat genauer bestimmt werden können.

Unvertretbar kann man beispielsweise sein im Aussprechen einer Entschuldigung, im Erwerb einer körperlichen Geschicklichkeit, in der Äußerung eines Erlebnissatzes. Unvertretbar sein heißt nicht einzigartig oder unverwechselbar sein. Diesen Unterschied muß man gerade dann beachten, wenn man die Individualität eines Subjekts von der Individualität eines Einzeldings abgrenzen will.[41] Andere können ebenfalls Entschuldigungen aussprechen, ein inkorporiertes Wissen erwerben, Erlebnissätze äußern. Unvertretbarkeit hat Einzigartigkeit auch nicht zur notwendigen Folge. Mit dem Ausdruck »ist der ein-

41 Der Unterschied wird nicht immer beachtet, vgl. z.B. M. Frank, *Die Unhintergehbarkeit von Individualität*, Frankfurt am Main 1986, S. 15-17. – Bei der Bestimmung dieses Unterschiedes haben mir Nachfragen von Karin Wördemann geholfen.

zige« sagt man keine Eigenschaft (etwa die Eigenschaft der Einzigartigkeit) aus. Der Ausdruck »ist der einzige« ist ein Quantorenausdruck und kein Prädikatausdruck. Ebensowenig setzt Unvertretbarkeit Einzigartigkeit voraus. Man kann beispielsweise unvertretbar sein in der Ausübung seines Stimmrechts, weil dieses Recht konstitutiv für den eigenen Status als Rechtsperson ist, so daß man seine Ausübung nicht mit Rechtsfolgen an einen Dritten übertragen kann.[42] Gleichwohl qualifiziert einen der Status, Rechtsperson zu sein, nicht zu einem, der sich von allen anderen qualitativ unterscheidet. Man muß wenigstens zwei Fälle von Unvertretbarkeit unterscheiden.

Im ersten Fall ist die Unvertretbarkeit in der Ausführung einer Handlung, in der Ausübung einer Tätigkeit, im Vollzug einer symbolischen Äußerung die Folge eines Attributs desjenigen, der unvertretbar ist. Man ist Lehrer, und der Lehrer kann vom Richter im Unterrichten nicht vertreten werden; man ist Präsident, und der Präsident kann von niemandem in der Begnadigung des Verurteilten vertreten werden. Es ist in diesem Fall nicht möglich, daß man vertreten wird von anderen, die dieses Attribut nicht aufweisen. Und es ist möglich, daß eine prädikative Bestimmung nur von einem Einzigen zutreffend ausgesagt wird. Der Unvertretbare ist hier als ein von anderen qualitativ Unterschiedener, d.i. als Besonderer unvertretbar. Die anderen gleichen dem Unvertretbaren nicht in der Hinsicht, die relevant ist dafür, daß eine bestimmte Äußerung vollzogen, eine Tätigkeit ausgeübt, eine Handlung ausgeführt wird. Als Handelnder ist er unter dem Produktaspekt des Handelns unvertretbar. Der Grund für seine Unvertretbarkeit als Autor einer Handlung ist, daß es entweder zufälligerweise keinen gibt, der ihm in der relevanten Hinsicht gleicht, oder daß es auf Grund der Bedeutung des Handlungsprädikats keinen geben kann, der ihm gleicht. Die Unvertretbarkeit wurzelt in den Bedingungen für die Autorenschaft einer Handlung (einer Tätig-

42 Kant bedient sich eines solchen Arguments in seiner Kritik an der Konzeptualisierung der Legitimität staatlicher Herrschaft nach dem Modell eines Unterwerfungsvertrages zwischen Staatsbürger und Souverän: »Durch einen Vertrag kann sich niemand zu einer solchen Abhängigkeit verbinden, dadurch er aufhört, Person zu sein.« (*Metaphysik der Sitten*, ed. K. Vorländer, Hamburg 1966, S. 157.)

keit, einer Äußerung). Sie nimmt hier einen gänzlich unexistentiellen Sinn an. Andere können nicht für mich handeln, weil sie nicht als der prädikativ so und so Bestimmte handeln können, als der man handeln muß, um eine bestimmte Handlung zustande zu bringen, und als der ich – ggf. als einziger – handeln kann.

Im zweiten Fall ist die Unvertretbarkeit nicht die Folge dessen, *daß* man etwas ist, sondern die Folge dessen, *wie* man etwas ist. Man ist eine Rechtsperson, u.a. indem man bestimmte, eben unveräußerbare Rechte ausübt; man ist Angehöriger, u.a. indem man bestimmte Verpflichtungen erfüllt, und sei es die Verpflichtung, sich für die Mißachtung einer eigenen Verpflichtung zu entschuldigen. In diesem Fall kann ich vom anderen nicht vertreten werden, weil ich etwas bin, was ich nur sein kann, indem ich selber das tue, worin ich unvertretbar bin, und nicht, weil ich etwas bin, was Andere nicht sind. Der Unvertretbarkeit durch Andere korrespondiert zumindest die Unfähigkeit, unmittelbar sich von Anderen vertreten zu lassen. Rousseau hat diesen Fall von Unvertretbarkeit vor Augen, wenn er die Unvertretbarkeit des *Citoyen* an der Teilnahme der Willensbildung des Souveräns mit der Unveräußerbarkeit der Freiheit des *Homme* verbindet.[43] Dieser Zusammenhang zwischen Unvertretbarkeit und Unverfügbarkeit dessen, worin man unvertretbar ist, liegt auch dem Gedanken zugrunde, daß das Verhältnis einer natürlichen Rechtsperson zu bestimmten subjektiven öffentlichen Rechten kein Eigentumsverhältnis ist.[44] Man müßte sich erst ändern in der Hinsicht, in der man unvertretbar ist, um sich vertreten lassen zu können. Und die Möglichkeit einer solchen Änderung kann an Grenzen stoßen. Im zweiten Fall von Unvertretbarkeit ist der Unvertretbare nicht als Besonderer, sondern als Einzelner unvertretbar.

Diese Gegenüberstellung sagt allerdings so lange nicht viel aus, wie die Bedeutung, in der hier von einem Einzelnen die Rede ist,

43 Vgl. *Du Contrat Social ou Principes du Droit Politiques*. L. III/ch. XV, XVI; L. I/ch. IV, in: Rousseau. *Œuvres Complètes*, Vol. III, ed. B. Gagnebin/M. Raymond, Paris 1964, S. 429 sowie S. 432 und S. 356.

44 Dieser Gedanke findet sich z.B. bei G. Jellinek, *System der subjektiven öffentlichen Rechte*, 2. Neudruck der 2. Aufl. von 1919 Aalen, 1979, S. 56f., S. 81ff.

ungeklärt bleibt. Der Unvertretbare ist Einzelner im Sinn eines in Raum und Zeit lokalisierbaren Individuums. Denn er ist unvertretbar als Aktor, der in Raum und Zeit situierte, singuläre Akte ausführt. Im ersten Fall kann derjenige, der unvertretbar ist, auch ein Autor singulärer Akte sein. Aber unvertretbar ist er nicht als Autor singulärer Akte, sondern als Autor einer Akt-Kategorie oder sog. generischer Akte. In der Hinsicht, in der er unvertretbar ist, ist er kein Einzelner. Das zeigt sich auch daran, daß auf ihn etwas zutrifft, was für den Unvertretbaren im zweiten Fall nicht gilt: Er ist sowohl etwas, *von* dem man etwas aussagen kann, als auch etwas, *das* von etwas ausgesagt werden kann. Man kann von dem Lehrer, der ein im Unterrichten Unvertretbarer ist, sinnvollerweise sagen, daß er ein Beamter ist, und man kann sinnvollerweise »ist ein Lehrer« von Sokrates aussagen. Das heißt, man kann im ersten Fall auf den Unvertretbaren mit einer Beschreibung identifizierend Bezug nehmen; für diesen kann ein prädikativer Ausdruck in der grammatischen Subjektstellung des beschreibenden Satzes stehen. Der Unvertretbare ist im ersten Fall nicht als Einzelner oder Individuum aufzufassen, weil der Begriff eines Prädikates den Begriff einer Reihe von unterscheidbaren individuellen Gegenständen enthält, auf die das Prädikat zutreffen kann.[45] Im zweiten Fall von Unvertretbarkeit ist der Unvertretbare – ontologisch gesprochen – ein in Raum und Zeit lokalisierbares Individuum und – grammatisch gesprochen – etwas, was nur an der Stelle des Subjekts und nicht auch an der Stelle des Prädikats in einem Aussagesatz stehen kann.

Diese Bedeutung, in der von einem als unvertretbar Einzelnen die Rede ist, erschöpft aber den Sinn dieser Rede noch nicht. Sie gibt insbesondere noch keine Auskunft über die Beziehung zwischen dem Adjektiv »unvertretbar« und dem Substantiv »Einzelner«. Eine weitere Bedeutung des Wortes »Einzelner«, die diese Beziehung erhellt, erschließt sich, wenn man beachtet, daß ein als Einzelner unvertretbarer Aktor nicht in Hinsicht auf das Produkt, sondern in bezug auf den Prozeß seines Handelns

45 Ich stütze mich hier auf Strawson, *Individuals*, a.a.O. passim, z.B. S. 99; ders., The Asymmetry of Subjects and Predicates, in: ders., *Logico-Linguistic Papers*, London 1971, S. 96-115; vgl. a. G. Evans, *The Varieties of Reference*, Oxford 1982, S. 103, 209.

unvertretbar ist. Unter dem Prozeßaspekt betrachtet, ist jedes Handeln ein Sichzusichverhalten. Die Unvertretbarkeit eines Aktors als einem Einzelnen hat etwas damit zu tun, daß er sich in seinem Handeln zu sich verhält.

Dieses Sichzusichverhalten ist von dem basalen Selbstbezug eines Aktors qua intentional Handelndem zu unterscheiden, obgleich es diesen Selbstbezug voraussetzt. Dieser basale Selbstbezug ist die Folge davon, daß jedes intentionale Handeln unter dem Anspruch seines Autors steht, das intendierte Handeln zu sein.[46] Jeder Aktor bezieht sich im Vollzug intentionalen Handelns auf seine Körperbewegungen, kognitiven Operationen und, bei komplexen Akten wie z. B. Tätigkeiten, auf seine subsidiären Akte, mit denen er eine Handlung ausführt bzw. eine Tätigkeit ausübt. Körperbewegungen, kognitive Operationen (wie die Bildung von Symbolketten) und subsidiäre Akte sind Aufgabenelemente intentionalen Handelns. Der Handlungsvollzug muß als Antwort des Aktors auf seine Frage verstanden werden, ob die Handlung, die er zustande zu bringen beabsichtigt, zustande kommt, indem er *diese* Körperbewegungen, Operationen und subsidiäre Akte vollzieht.[47] In die erfolgsorientierte, kontrollierende Bezugnahme auf die Elemente seines Handlungsvollzugs ist auch eine Bezugnahme auf sich eingebaut. Ich muß wissen, daß ich es bin, der sich hier schnellen Schritts auf diese Person dort zubewegt, der den englischen Satz »Attention please« formt und äußert, und daß ich es bin, den diese Person da, die sich rücklings an jene morsche Holzbrüstung lehnt, jetzt auf sich zukommen sieht und den sie eine (eher irreführende) Aufforderung rufen hört (woraufhin

46 Vgl. St. Hampshire, *Thought and Action*, New York 1960, passim, z. B. S. 96 ff., 205 f. Diese These wird natürlich nicht bloß von Hampshire verfochten. Sie hängt eng mit den Begriffen der Intention und der Intentionalität zusammen und wird auch von Husserl vertreten. Husserl versucht sie mit Hilfe einer Konzeption der Intention als einer ausweisbaren, bewährungsfähigen, weil auf Erfüllung (Intuition) angelegten Setzung zu begründen; vgl. dazu E. Tugendhat, *Der Wahrheitsbegriff bei Husserl und Heidegger*, Berlin 1970, S. 26-106; J. Habermas, Vorlesungen zu einer sprachtheoretischen Grundlegung der Soziologie, in: ders., *Vorstudien*, a. a. O., S. 39-49.

47 Vgl. Habermas, Handlungen, Operationen, körperliche Bewegungen, in: ders., *Vorstudien*, a. a. O., S. 290-298; J. Searle, *Intentionality*, Cambridge 1983, ch. 3, 4.

sie vielleicht ausweichend zurückschreckt). Ich muß all das wissen, wenn meine Körperbewegungen etc. so vollzogen werden sollen, daß ich eine Handlung, z.B. jemanden vor einer akuten Gefahr bewahren, zustande bringe. Dieses Wissen manifestiert sich u.a. auch in einem kompetenten Gebrauch indexikalischer Ausdrücke wie »dieser da«, »dort«, »jetzt«, »hier«, »ich«. (Deshalb hat man diese Ausdrücke, deren kompetenter Gebrauch für einen erfolgreichen Handlungsvollzug wesentlich sind, »essential indexicals« genannt.[48]) Dabei ist derjenige, auf den mit dem indexikalischen Ausdruck »ich« Bezug genommen wird, in relevanter Hinsicht nur als Urheber dieser Körperbewegungen, Operationen und subsidiären Akte charakterisiert.

Demgegenüber ist in dem hier interessierenden Fall eines höherstufigen Sichzusichverhaltens derjenige, auf den ich mit dem Wort »ich« identifizierend Bezug nehme, als Autor einer Handlung charakterisiert. Der Aktor, der sich in seinem Handeln zu sich verhält, fragt dann nicht bloß, ob die von ihm intendierte Handlung gelingt. Er fragt darüber hinaus, wer er ist, indem er eine Handlung zustande bringt, eine Tätigkeit ausübt oder eine Praxis initiiert. Diese Frage ist eine elliptische Form von Fragen nach den Fertigkeiten, Charakterzügen, Maximen und allgemeiner nach den ethischen Wertorientierungen und den moralischen Überzeugungen, die sich in seinem Handeln äußern. Da sie im Rahmen einer praktischen Überlegung gestellt wird, richtet sie sich auf eine auszuführende Handlung.

Ihre Beantwortung soll zu einem Handeln verhelfen, das den Handelnden in Übereinstimmung mit sich stehen läßt. Der Aktor, der mit sich übereinstimmt, erfüllt als Autor einer bestimmten Handlung einen Anspruch, den er gegen sich geltend macht. Er beansprucht von sich, bestimmte Fertigkeiten und Charakterzüge zu haben bzw. nach der Erfüllung bestimmter Wertmaßstäbe zu streben und gewisse Maximen und Moralnormen einzuhalten. Und er erfüllt diesen Anspruch, indem er in einer Weise handelt, die diese Fertigkeiten und Charakterzüge ausdrückt bzw. diese Maximen und Normen zur Geltung bringt und seine Ideale artikuliert. Die Unvertretbarkeit eines Aktors

48 Vgl. J. Perry, The Problem of the Essential Indexical, in: *Noûs* 13 (1979), S. 3-21, insbes. S. 18.

mit diesem Anspruch ist die Unmöglichkeit, daß er in Übereinstimmung mit sich steht und nicht selber in einer bestimmten Weise handelt. Sie hat ihren Grund darin, daß eine Übereinstimmung mit sich ohne ein praktisch wirksames Sichzusichverhalten nicht möglich ist. Eine Übereinstimmung mit sich ist ja keine äußerlich feststellbare Identität zwischen zwei selbständigen Gliedern, sondern eine Erfüllungsrelation. Sie kommt nur zustande, wenn der Aktor den Anspruch, in Wahrheit ein so und so bestimmter zu sein, gegen sich als Autor singulärer Akte geltend macht. Dieses Geltendmachen vollzieht sich in der Konfrontation des intendierten Handelns mit den Bedingungen, unter denen der Aktor bejahen kann, daß er es ist, der dieses Handeln intendiert. Es ist das kritische, dem naiven Handlungsvollzug aufsitzende Sichzusichverhalten, in dem der Aktor als ein Einzelner unvertretbar ist.

»Einzelner« bedeutet hier die Existenzweise der Einzelnheit. Einzelner in dieser Bedeutung ist das, was in der Weise existiert, daß es selbsttätig ist, was es in Wahrheit ist. Diese Selbsttätigkeit ist das Erfüllen oder Verfehlen eines Sollens oder von Ansprüchen, in dessen Begriffen sich der einzelne wesensmäßig versteht. Was ein unvertretbar Einzelner in der Weise der Selbsttätigkeit ist, sind Attribute, die man ihm zutreffend nur dann beilegen kann, wenn man weiß, daß dieses Sollen erfüllt wird. Insofern ein Einzelner in der Weise einer Selbsttätigkeit existiert, für die das praktisch wirksame Sichzusichverhalten ein charakteristischer Zug ist, besteht eine interne Beziehung zwischen der Unvertretbarkeit und der Existenzweise der Einzelnheit: Wer unvertretbar Einzelner ist, der ist nicht unvertretbar und Einzelner, sondern unvertretbar Einzelner. Das Wort »unvertretbar« in dem Ausdruck »unvertretbar Einzelner« ist ein Adjektiv nicht in prädikativer, sondern in attributiver Stellung.[49]

Soweit die Erläuterung des Begriffs vom unvertretbar Einzelnen. Sie erlaubt, die Art von Gründen anzugeben, aus denen ein Aktor sein Handeln in Ansehung seiner Einzelnheit rechtfertigen kann. Es sind ja solche Handlungsgründe, von denen ich behauptet habe, daß sie in einer moralischen Überlegung nicht

49 Vgl. S. C. Wheeler III, Attributives and their Modifiers, in: *Noûs* 6 (1972), S. 310-334; P. Geach, *Good and Evil*, a.a.O.

einfach ignoriert, sondern als potentielle Gegengründe ernst genommen werden müssen.

Man kann die Selbsttätigkeit eines unvertretbar Einzelnen auch »Selbstverwirklichung« nennen, wenn man darunter einen Prozeß intentionalen Handelns versteht, in dem etwas es selbst wird, also das wird, was es bejahen kann zu sein, weil es das ist, was es in Wahrheit oder eben in Wirklichkeit für es ist. Für einen unvertretbar Einzelnen kann das eigene Handeln so wichtig werden, daß er fragt, ob er es vor sich rechtfertigen kann, weil es die Bedingungen seiner Selbstverwirklichung in diesem ganz formalen existentiellen Sinn berühren kann. Die in der subjektiven Perspektive eines unvertretbar Einzelnen zur Prüfung gestellten Handlungsgründe sind potentielle Gründe der solcherart verstandenen Selbstverwirklichung.

In dieser Perspektive kann der Einzelne sein Handeln vor sich rechtfertigen, wenn er Gründe der Selbstverwirklichung für sein Handeln hat, oder wenn er *keine* Gründe dieser Art dafür hat, eine bestimmte Handlung zu unterlassen. Im ersten Fall einer Rechtfertigung vor sich ist er der Überzeugung, daß er in Übereinstimmung mit sich kommt, indem er so und so handelt. Sein Handeln ist als eine Funktion seiner Selbstverwirklichung gerechtfertigt. Im zweiten Fall ist der unvertretbar Einzelne davon überzeugt, daß er nicht in Widerstreit mit sich gerät, wenn er etwas Bestimmtes tut. Auch in diesem Fall wird der naturalen Egozentrik eines Aktors, die sich seiner Einzelnheit verdankt, Rechnung getragen, wenn auch in einem schwächeren Maß als im ersten Fall.

Wenn man das beachtet, dann sieht man, daß der Ansatz zur Erklärung des Phänomens der moralischen Einsicht mit keiner zu glatten Vermittlung zwischen der Unparteilichkeit der moralischen Urteilsbildung und der Einzelnheit der Adressaten eines moralischen Urteils erkauft wird. Das moralisch gebotene Handeln wird nicht als eine *Funktion* der Selbstverwirklichung reformuliert. Unterstellt wird nur der Wille zur Rechenschaftsgabe für das eigene Handeln, der als Eigenverantwortlichkeit die reflektierte Form des Wissens von der eigenen Unvertretbarkeit ist. Diese Unterstellung ist unproblematisch. Der Wille zur Rechenschaft tritt nicht zu den moralischen Handlungsgründen als zusätzlicher Grund hinzu, so daß die Gründe hinreichen für die Bereitschaft zum Handeln. Er läßt den Handelnden nicht einsehen, sondern überhaupt fragen, warum er in einer bestimmten Weise handeln soll. Er gehört zu den Voraussetzungen für die Möglichkeit einer moralischen Einsicht. Die moralische Einsicht macht nun den Einsichtigen willens, in der moralisch gebotenen Weise zu handeln, weil ihre Gründe zugleich erkennen lassen, daß er den eigenen Willen zur Rechenschaftsgabe verletzen würde, wenn er seiner Einsicht nicht folgen würde. Die Gründe tun das, weil sie zugleich Gründe für die Überzeugung sind, daß man keine guten praktischen Gegengründe intersubjektiver Art hat; und diese Überzeugung, so können wir jetzt hinzufügen, besagt, daß man in Ansehung der Tatsache, unvertretbar Einzelner zu sein, zumindest wollen *kann*, das moralisch Gebotene zu tun.

Die auf den vorangegangenen Seiten unternommene Untersuchung des Zusammenhangs zwischen moralischem Urteilen und Handeln ist aber noch nicht ganz abgeschlossen. Denn neben dem motivationalen Zusammenhang besteht noch ein anderer Zusammenhang, der von dem Grundsatz »Sollen impliziert Können« angezeigt wird. Der Aktor, der tut, was zu tun ihm moralisch geboten gilt, ist zwar bestimmt als ein unvertretbar Einzelner, der sein Handeln vor sich verantworten kann. Er ist aber nicht als ein vereinzelter, isolierter Aktor zu verstehen, der mit seinem Handeln in die Welt interveniert. Klärt man den von dem Grundsatz »Sollen impliziert Können« angezeigten Zusammenhang auf, dann stößt man auf zwei weitere Bestimmungen des Aktors. Der Aktor ist als einer, für den es möglich ist zu tun, was er tun soll, Angehöriger einer normativ integrierten Gemeinschaft. Und er ist als einer, für den es durch ihn selber möglich ist zu tun, was er tun soll, bestimmt als ein Aktor, der aus der Perspektive eines Repräsentanten dieser Gemeinschaft handelt.

Das Motiv für den Grundsatz »Sollen impliziert Können« leuchtet ein: Man darf niemand für das moralisch verantwortlich machen, was zu tun bzw. zu unterlassen nicht in seiner Macht stand. Allerdings ist die Formulierung dieses Grundsatzes mit Schwierigkeiten behaftet. Der Grundsatz scheint den Schluß zu erzwingen, daß aus der Unerfüllbarkeit einer moralischen Verpflichtung folgt, daß freigestellt ist zu tun oder zu unterlassen, was Inhalt der Verpflichtung ist. Man kann diese Konsequenz vermeiden, indem man das Wort »impliziert« nicht im Sinn einer wahrheitsfunktionalen Implikation, sondern in der Bedeutung einer sinnkritischen Präsupposition versteht. Daraus, daß es A nicht möglich ist, eine vermeintliche Verpflichtung zu erfüllen, folgt dann nicht, daß diese Verpflichtung zu Unrecht besteht, sondern daß es sinnlos ist, überhaupt von einer Verpflichtung, bestehe sie nun zu Recht oder zu Unrecht, zu reden. Eine solche Lesart scheint zu der Auffassung zu zwingen, daß moralische Verpflichtungen stets Prima-facie-Verpflichtungen sind. Diese Konsequenz ergibt sich dann nicht, wenn man das präsupponierte Können als die Möglichkeit zu einer Handlungsweise oder zu einem generischen Akt spezifiziert.[50] Daß es A möglich ist, etwas zu tun, was er für moralisch richtig hält, schließt aus, daß A unter keinen Umständen eine in Raum und Zeit lokalisierte Handlung ausführen kann, die als ein Beispiel der für A moralisch gebotenen Handlungsweise gilt. Es ist aber nicht ausgeschlossen, daß es Umstände gibt, unter denen A nicht wie geboten handeln kann. Diese Umstände sind zufällige Umstände, die nicht in eine vollständige Beschreibung der gebotenen Handlungsweise gehören.[51] Deshalb können solche Umstände zur Entschuldigung von A angeführt werden, vorausgesetzt, sie sind A nicht verantwortlich zurechenbar. Das moralische Sollen präsupponiert für denjenigen, an den es sich richtet, die Möglichkeit zu einem generischen Akt. Gleichwohl bleibt auch noch nach dieser Präzisierung der Formel »(Moralisches) Sollen impliziert Können« eine Schwierigkeit. Diese Schwierigkeit ist dafür aufschlußreich, was die Möglichkeit zu einem generischen Akt zur Bedingung hat.

Wir reagieren bisweilen auch dann mit Bedauern, wenn es uns aus Umständen, die wir nicht verantworten müssen, unmöglich gewesen ist zu tun, wozu wir uns mit Gründen moralisch verpflichtet fühlen. Es scheint auch in solchen Fällen so etwas wie restitutive moralische Pflichten geben zu können; das Bedauern oder im tragischen Fall eines moralischen Dilemmas eine Reak-

50 Vgl. G. H. von Wright, *Norm and Action*, London 1963, S. 48-51, S. 111.

51 Vgl. A. White, *Modal Thinking*, Oxford 1975, S. 155f.

tion kollektiver Trauer können zu solchen Pflichten gehören. Das Bedauern hat dann den Status eines regulativen Sprechaktes, es übernimmt die Funktion einer Bitte um Entschuldigung. Das wird schon daran ersichtlich, daß wir uns in bestimmten Situationen für berechtigt halten können, demjenigen Vorwürfe zu machen, der ein solches Bedauern nicht äußert. Aber dieser ganze Zug unserer alltäglichen moralischen Praxis muß sinnlos erscheinen, wenn man den Grundsatz »Sollen impliziert Können« beachtet. Um Entschuldigung bitten kann man sinnvollerweise nur in dem Glauben, man habe eine Verpflichtung gegenüber einem Anderen verletzt. Und eine Verpflichtung verletzen kann man nur unter der Bedingung, daß man sie auch erfüllen kann. Das ist aber ex hypothesi nicht der Fall. Wir verstehen uns falsch, wenn wir unser Bedauern nicht als einen expressiven Sprechakt verstanden wissen wollen, mit dem eine emotionale Reaktion auf eine Tatsache ausgedrückt wird. Das Bedauern ist von der Art des Bedauerns oder der Wehmut, die uns vielleicht bei der Erinnerung an den vergangenen Sommer ergreift.[52]

Man muß aber nicht so weit gehen und den beschriebenen Aspekt einer moralischen Alltagspraxis umdeuten, um an dem Grundsatz »Sollen impliziert Können« festzuhalten. Es genügt, sich von der Vorstellung eines Aktors zu befreien, der souverän Zustände in der Welt herbeiführt oder aufrechterhält. Daß diese Vorstellung irreführend ist, zeigt sich daran, daß sie nicht dem gesamten Bedeutungsgehalt des Wortes »Können« in dem fraglichen Grundsatz gerecht wird. Unter diesem Können sind erworbene und angeborene Fähigkeiten eines Aktors zu verstehen, bestimmte, für das Zustandekommen einer Handlung erforderliche Körperbewegungen und kognitive Operationen auszuführen. Aber nicht nur. Zu dem Können, das von einem moralischen Sollen impliziert wird, gehört auch eine berechtigte normative Erwartung des Aktors, die etwas anderes ist als eine unverfügbare Gelegenheit oder Randbedingung für den erfolgreichen Gebrauch von Fähigkeiten und Fertigkeiten. In der Reihe von Aussagen über einen Aktor A, der tun kann, was er in

52 Daß es überhaupt vernünftig ist, etwas zu bedauern, bezweifelt R. Bittner, Is it Reasonable to Regret Things We Did?, in: *Journal of Philosophy* 89 (1992), S. 262-273.

seinen Augen moralisch tun soll, steht auch die Aussage, daß A von anderen eine zustimmende Reaktion auf sein Handeln erwarten darf.

Diese Zustimmung ist keine Zustimmung wie die, die auch ein Aktor erwarten können muß, der beansprucht, eine Maxime seiner privaten Lebensführung zu erfüllen, indem er einen bestimmten singulären Akt ausführt. In diesem Fall sind die zustimmenden Anderen kompetente Beurteiler seines Handelns. Ihre aufrichtig geäußerte Zustimmung erlegt ihnen selber nur die Beschränkung auf, daß sie nicht das kontradiktorische Gegenteil ihres Urteils über sein Handeln ihrem eigenen Handeln zugrunde legen, wenn sie handeln. Sie impliziert nicht, daß sie in einer bestimmten Weise handeln sollen. Demgegenüber muß A eine zustimmende Reaktion von Anderen nicht bloß als kompetente Betrachter, sondern als Aktoren erwarten dürfen. In der Akteursrolle akzeptieren Andere ein Urteil über das Handeln von A, wenn der Grund, aus dem dieses Urteil für sie akzeptabel ist, zugleich ein Grund für ein Handeln von ihrer Seite ist.

Zu den Könnensbedingungen für ein moralisches Sollen gehört auch ein soziales Können. Darunter ist zu verstehen, daß A eine zustimmende Reaktion von anderen qua Aktoren erwarten darf. Dieses soziale Moment tritt deutlicher an der Struktur des negativen Falles hervor, in dem A aus von ihm verantwortbaren Gründen nicht so handelt, wie er selber aus moralischen Gründen glaubt handeln zu müssen.

In einem minder schweren Fall wird A zumindest mit der Bitte um Entschuldigung reagieren. Worauf es in unserem Zusammenhang bei diesem Normalfall eines moralisch ungerechtfertigten Handelns ankommt, ist, daß das Substitut des moralischen Handelns, also die Bitte um Entschuldigung, offenkundig auf ein komplementäres Handeln eines Gegenübers angelegt ist. Die illokutionäre Rolle der Äußerung einer solchen Bitte ist die Aufrechterhaltung einer Beziehung zwischen dem Sprecher und dem Hörer, die dadurch charakterisiert ist, daß für den Sprecher und den Hörer ein bestimmter Anspruch des Hörers besteht, dem eine Verpflichtung des Sprechers korrespondiert. Eine solche Beziehung kann nicht einseitig von einem Aktor, sondern nur von beiden Seiten gemeinsam aufrechterhalten oder geknüpft werden. Erst mit der Annahme der Bitte um Entschuldigung wird die (Sprech)Handlung des Sprechers zu einer Interaktion vervollständigt, in der sich die normativ geregelte Beziehung zwischen dem Sprecher und dem Hörer aktualisiert. Diese Beziehung besteht fort, indem die Bitte um Entschuldigung vorgetragen *und* angenommen wird. Die komplementäre Reaktion des Hörers als dem Angesprochenen ist wohlgemerkt die Annahme der Bitte, die ihn als Aktor bindet. Sie besteht nicht in dem Urteil, daß der Sprecher tatsächlich eine Bitte äußert. Das ist die Reaktion eines unbeteiligten Zuhörers, der die Äußerung des Sprechers versteht, indem er sie kompetent interpretiert. Diese Reaktion ist natürlich in der Reaktion des angesprochenen Hörers enthalten, aber eben nur enthalten.[53] Wenn die Bitte um Entschuldigung ihren Witz nicht verlieren soll, dann muß der Sprecher die komplementäre Reaktion des Hörers erwarten können; Sprecher und Hörer müssen einen intersubjektiv geteilten *Handlungs*grund haben. Dieser gemeinsame Handlungsgrund wird von einem normativen Kontext ermöglicht, den Sprecher und Hörer teilen. Der Kontext besteht aus all dem, was der Sprecher zur Rechtfertigung seiner Erwartung vortragen kann, daß der Hörer auf Grund seiner Äußerung in einer bestimmten Weise handeln soll.

Was für den untersuchten Fall einer Bitte um Entschuldigung in Reaktion auf eine moralisch falsche Handlung gilt, trifft auch dann zu, wenn ein einzelner Aktor seiner moralischen Überzeugung gemäß handelt. Man könnte einwenden, dieser Fall werde unzulässigerweise zu einem paradigmatischen Fall stilisiert, so daß die gezogene Schlußfolgerung aus seiner Untersuchung eine unhaltbare Verallgemeinerung ist. Aber dieser Einwand ist in Anbetracht seiner Konsequenzen nicht stichhal-

53 Man übersieht das leicht, wenn man die Äußerung des Sprechers ungenau als die Äußerung einer Entschuldigung statt einer Bitte um Entschuldigung beschreibt. Unter dieser fehlerhaften Beschreibung wird es in der Tat schwer zu sehen, warum zur Verwirklichung des illokutionären Zwecks einer Entschuldigung auf der Hörerseite mehr vonnöten ist als das Verstehen einer Äußerung. Die folgende Überlegung stützt sich wesentlich auf die sprechakttheoretische Analyse von Habermas, vgl. *Theorie des kommunikativen Handelns*, Bd. I, a.a.O., S. 388-438; ders., Handlungen, Sprechakte, sprachlich vermittelte Interaktionen und Lebenswelt, in: ders., a.a.O., *Nachmetaphysisches Denken*, S. 63ff.

tig. Wer ihn vorbringt, müßte erklären, warum überhaupt so eine Reaktion wie die Bitte um Entschuldigung in dem Sinn ein Substitut für ein moralisch richtiges Handeln sein kann, daß sie eine Verletzung dessen heilt, was von diesem Handeln geschützt werden soll. Oder er wäre zu einer Art von moralischem Solipsismus[54] gezwungen. Danach wäre der Fall möglich, in dem sich der Autor einer Handlung einen moralischen Vorwurf macht, den ihm kein anderer machen darf. Und die Überzeugung des Einzelnen, moralisch richtig zu handeln, schlösse nicht notwendig den Gedanken ein, daß diejenigen, die ihm in dieser Überzeugung aufrichtig beipflichten, sich mit ihrem Urteil zur gleichen Handlungsweise in vergleichbaren Situationen verpflichten.

Das Können, von dem in dem Grundsatz »Sollen impliziert Können« die Rede ist, schließt ein Können ein, das Wittgenstein im Sinn hat, wenn er fragt: »Warum kann meine rechte Hand meiner linken kein Geld schenken?«[55] Ich kann nur dann etwas schenken, wenn ich aufgrund meiner Handlungsweise die im Begriff eines Aktes der Eigentumsübertragung enthaltenen praktischen Folgen erwarten darf. Die zu einer moralisch richtigen Handlung komplementäre Handlung ist eine praktische Folge von der Art dieser Folgen. Sie ist die Folge eines Grundes, der ein geteilter rechtfertigender Handlungsgrund für zwei Aktoren ist und der einem normativen Kontext entlehnt ist.

Zu den Könnensbedingungen für das moralische Handeln eines einzelnen Aktors A gehört auch, daß A eine Interaktion mit B erwarten darf, die von seinem Handeln initiiert wird, wie sehr dieses Zusammenhandeln räumlich und zeitlich auseinandergezogen sein mag und in welchen symbolischen Formen auch immer es sich vollzieht. Das hat eine Konsequenz für das Verständnis der Handlungssituation, auf die der Begriff von einem individuellen Aktor sinnvolle Anwendung findet, der seiner moralischen Überzeugung praktisch Folge leistet: Diese Situation ist auch als eine Situation zu verstehen, in der verschiedene Aktoren einen normativen Kontext teilen. Der Begriff eines moralisch orientierten Aktors und einer moralischen Welt sind Komplementärbegriffe. Der Aktor ist Angehöriger einer Ge-

54 Strawson, *Freedom and Resentment*, a.a.O., S. 15.
55 *Philosophische Untersuchungen*, a.a.O., § 268 (S. 120).

meinschaft, wie symbolisch auch immer die praktischen Beziehungen zwischen ihren Mitgliedern sein mögen.

Vor dem Hintergrund dieser Konstellation, auf die das soziale Moment in dem von einem moralischen Sollen implizierten Können verweist, wird nun auch verständlich, warum eine Reaktion des Bedauerns auch in dem Grenzfall nicht witzlos sein muß, in dem ein Aktor sich die Nichterfüllung seiner moralischen Verpflichtung nicht verantwortlich zurechnen muß. Mit seiner Äußerung eines Bedauerns nimmt er seine Beziehung zum Hörer unter einem moralischen Aspekt wahr: Er als Aktor steht zum Hörer in keiner normativ neutralisierten, bloß kausalen Beziehung, in der ein bestimmter moralischer Anspruch des Hörers gegen ihn deplaziert ist. Wie eine Entschuldigung auch, bekräftigt das Bedauern dann die Berechtigung einer unerfüllten normativen Erwartung eines anderen. Diese Funktion (oder illokutionäre Rolle) des Bedauerns zeigt sich plastisch an der Reaktion in einem moralischen Dilemma, also in einer Handlungssituation, in der jede mögliche Handlung und Unterlassung unter eine Beschreibung gebracht werden kann, unter der diese Handlung moralisch falsch ist. Als Handelnde haben wir das Gefühl, bedauern zu müssen, was sich nicht vermeiden ließ (und nicht begrüßen zu dürfen, was erreicht werden konnte).

Die herausgestellte soziale Dimension der Könnensbedingung für ein Handeln aus moralischer Überzeugung macht aber nicht nur die Angemessenheit bestimmter Handlungsweisen erkennbar, die an die Stelle eines aktuell unmöglichen moralischen Handelns treten. Es wird auch klarer, wie der Einzelne zu bestimmen ist, der seiner moralischen Überzeugung gemäß handelt.

Der Aktor, der tun kann, was er in seinen Augen moralisch tun soll, teilt mit demjenigen, dessen komplementäre Handlung er erwarten darf, bestimmte Handlungsgründe. Er und dieser andere sind Angehörige. Denn für Angehörige ist es charakteristisch, daß sie verbindende Gemeinsamkeiten haben. Diese Gemeinsamkeiten werden gebildet von den Bedeutungen sprachlicher und nicht-sprachlicher symbolischer Gebilde und deren tradierter Auslegung, von den grammatischen (syntaktischen, semantischen, pragmatischen) Regeln einer Sprache, von

Gepflogenheiten und Technologien, von Werten, Rechtsnormen und Moralprinzipien. Sie sind verbindende Gemeinsamkeiten, weil sie diejenigen, die diese Gemeinsamkeiten teilen, in einem Raum gemeinsamer Erfahrungen situieren, zu koordinierten Handlungen und Tätigkeiten assoziieren, zu Subjekten und Adressaten von normativen Erwartungen sowie von Kritik und Anerkennung machen. Weil diese Gemeinsamkeiten verbindende Gemeinsamkeiten sind, sind diejenigen, die diese Gemeinsamkeiten haben, nicht Elemente einer Menge oder Klasse oder Population, sondern Angehörige einer Gemeinschaft.

Die Beziehungen von Angehörigen untereinander erschöpfen sich nicht in der Identität ihrer Zugehörigkeitsbeziehung zu einer Gemeinschaft. Eine Gemeinschaft wird sowohl von bestimmten Gemeinsamkeiten als auch von den aktuellen Kommunikationen ihrer Angehörigen gebildet, zu denen diese Gemeinsamkeiten verbinden. Eine Sprachgemeinschaft beispielsweise ist ebensosehr durch ihre Sprachregeln und die lexikalischen Bedeutungen ihrer sprachlichen Ausdrücke wie durch die von diesen Regeln und Bedeutungen ermöglichten sprachlichen und sprachlich vermittelten Interaktionen ihrer Angehörigen charakterisiert. Und eine Rechtsgemeinschaft wird nicht nur von einem Kanon sanktionsbewehrter Rechtsregeln, sondern ebensosehr von den Interaktionen der Rechtssubjekte gebildet, die auch die rechtsfortbildende Auslegung dieser Regeln anstoßen. Deshalb weist eine Gemeinschaft im Unterschied zu einer Population oder einer Menge eine triadische Struktur auf. Zu den Rollen der aufeinander bezogenen Interaktoren, z. B. Sprecher und Hörer, die sich über etwas verständigen, oder Vertragspartner, die etwas vereinbaren, tritt der aktuell nicht engagierte, als Aktor unbeteiligte Dritte in der Rolle eines Interpreten der Gemeinsamkeiten, z. B. der sprachlichen Ausdrücke oder der Rechtsregeln, hinzu, vermittelst derer die aktuellen Interaktionen zustande kommen. Ihre verbindenden Gemeinsamkeiten lassen Angehörige aufeinander, und zwar füreinander, bezogen sein. Angehörige verhalten sich füreinander im Gegensatz zu Fremden nicht bloß seltsam, sondern falsch, nicht nur verständnislos, sondern rücksichtslos, nicht nur regelmäßig, sondern regelgemäß. Sie halten sich und diejenigen, die sie für ihre Angehörigen halten, in ihrem intentionalen Verhalten durch andere Angehörige für kritisierbar.

Der individuelle Aktor, der tun kann, was er in seinen Augen tun soll, ist also bestimmt als ein Angehöriger. Diese Bestimmung läßt zweierlei verständlich werden. Erstens wird klar, warum die normative Erwartbarkeit des komplementären Handelns eines anderen eine *soziale* Könnensbedingung ist. Sie ist eine Handlungsbedingung, die den einzelnen Aktor zu einem sozialisierten Einzelnen oder eben zum Angehörigen einer Gemeinschaft qualifiziert. Zweitens wird verständlicher, warum eine solche Bedingung den Einzelnen nicht als Aktor entmächtigt und nicht von der willkürlichen Reaktion eines anderen abhängig macht. Als ein Angehöriger darf Ego unter bestimmten Bedingungen die komplementäre Reaktion von Alter erwarten. Im einfachsten Fall ist Ego zu dieser Erwartung unter der Bedingung berechtigt, daß er in moralnormenkonformer Einstellung handelt. Seine Bitte um Entschuldigung gilt dann als Bekräftigung eines verletzten moralischen Anspruchs, mithin als Entschuldigung, auch wenn sie vom Gegenüber aus schlechten Gründen nicht angenommen wird. Ego kontrolliert in diesem Fall sein Handeln aus der Perspektive eines Repräsentanten der Gemeinschaft, der Ego und Alter angehören und deren Angehörige bestimmte übereinstimmend anerkannte Moralnormen zu ihren verbindenden Gemeinsamkeiten zählen. Mit dieser Perspektive eines Repräsentanten hängt übrigens auch der Fall des sog. supererogatorischen Verhaltens zusammen. Supererogatorisch nennen wir ein Verhalten, das uns mit moralischer Bewunderung erfüllt im Wissen darum, daß wir es von demjenigen, dem unsere Bewunderung gilt, moralisch nicht verlangen dürfen. Dieser handelt dann als Repräsentant einer moralischen Gemeinschaft, der wir uns zugehörig fühlen. Er tut als Einzelner, was eigentlich nur von uns allen zusammen verlangt werden darf.

Abschließend sei noch ein naheliegender Einwand erörtert, der sich angesichts der Qualifikation des moralischen Aktors als eines Angehörigen einer Gemeinschaft aufdrängt. Der Fall des normenkonformen Handelns ist, so habe ich gesagt, der einfachste Fall, in dem ein Einzelner die soziale Könnensbedingung für ein Handeln, das er für moralisch richtig hält, erfüllen kann. Ist das aber nicht auch nur der einzige Fall? Das Problem ist, ob der Einzelne auch dann in einer Weise handeln kann, die seiner persönlichen moralischen Überzeugung entspricht, wenn diese Überzeugung nicht im Einklang mit geltenden Moralnormen steht. Das herausgestellte soziale Moment in dem Grundsatz »Sollen impliziert Können« hat, so könnte man einwenden, anscheinend zur Konsequenz, daß die Handlungsmächtigkeit des Einzelnen nur um den Preis seines moralischen Konformismus gewahrt werden kann. Ein einsames, nur seinem eigenen Gewissen verpflichtetes Handeln scheint konzeptuell ausgeschlossen zu sein. Das wäre – zumindest im Rahmen einer Phänomenologie des Moralischen – ziemlich unsinnig. Ich möchte diesen Einwand abschließend so weit erörtern, daß ein Mißverständnis schon bei der Einführung des Begriffs des Repräsentanten einer Gemeinschaft zur Beschreibung einer bestimmten Aktoreinstellung vermieden wird.

Die Konsequenz aus der sozialen Qualifikation eines individuellen moralischen Aktors ist nicht notwendig moralischer Konformismus. Diese Qualifikation impliziert nur, daß der Einzelne, der einer abweichenden moralischen Überzeugung Folge leisten will, sein Handeln in der Einstellung eines Repräsentanten einer zukünftigen, von ihm handelnd antizipierten Gemeinschaft rechtfertigen können muß. Das heißt, der individuelle Aktor muß zeigen können, warum sein Handeln aus der Sicht einer moralisch besseren Gemeinschaft, nicht seines besseren Selbst richtig ist. Die Einnahme der Repräsentantenperspektive qualifiziert den moralischen Nonkonformisten zu einer Art Moralreformer, der seinen abweichenden Standpunkt, wie Mead sagt, »ausfechten«[56] muß: »The point (...) is that this new individual appears as the representative of a new social order. He does not appear simply as a particular individual; he con-

56 *Mind, Self, and Society from the Standpoint of a Social Behaviorist*, ed. Ch. W. Morris, Chicago 1934, S. 193. Mead spricht zwar vom Ausfechten (»fighting out«) im Zusammenhang mit der Selbstbehauptung eines Individuums, das sich nicht mehr in vorgefertigten Rollen versteht, aber in diesem Bestreben ist das Individuum qualifiziert »with reference to a form of society or social order« (ebd., S. 217); vgl. ebd., S. 216-221, S. 167-169. Das Übersetzungswort »ausfechten« stammt von E. Tugendhat, *Selbstbewußtsein*, a.a.O., S. 279.

ceives of himself as belonging to another social order which ought to take the place of the old one. He is a member of a new, a higher order.«[57] Der moralische Nonkonformist muß begründen können, daß sein Handeln zusammen mit dem darauf bezogenen Handeln anderer ein Zusammenhandeln initiiert oder vorwegnimmt, das aus der Sicht auch der anderen als moralisch richtig gilt. Und diese Sicht darf nicht bloß die Sicht von seinen Anderen sein, also die Sicht der von ihm nur vorgestellten idealen Anderen. Er muß gegenüber den realen, ihm gegenüber und entgegenstehenden Anderen wenigstens dafür argumentieren können, warum sie diese Sicht einnehmen sollen.

Man kann die soziale Könnensbedingung auch so reformulieren: Das Handeln-Können ist von einer zustimmenden Reaktion anderer qua Aktoren abhängig, die nicht als das Ergebnis einer Dezision oder einer Überredung dieser anderen gedacht werden kann, bestimmte moralische Rechtfertigungskriterien für ein Handeln zu adaptieren. Die Betonung eines sozialen Moments bei den Bedingungen individuellen moralischen Handelns hat nicht notwendig zur Folge, daß der Einzelne in seiner moralischen Autonomie entmächtigt wird. Sie erlegt ihm keinen moralischen Konformismus auf. Sie bürdet dem individuellen Aktor vielmehr die Last auf, in dem Maße, in dem er sein Handeln nicht mehr an vorgängig konsentierten verbindenden moralischen Gemeinsamkeiten oder Üblichkeiten ausrichtet, die Begründungspflichten gegenüber anderen in eigener Anstrengung und Regie zu erfüllen. Damit zeichnet sich die Möglichkeit einer dynamisierten Beziehung zwischen einem moralischen Sollen und einem Handeln-Können ab, d.h. daß ein gültiges moralisches Sollen kein geltendes Sollen sein muß, sondern nur ein Sollen, das sich zur Geltung bringen kann. In einer solchen dynamisierten Beziehung würde die Komplementarität der Begriffe eines moralischen Aktors und einer moralischen Welt nicht in einem einseitigen Abhängigkeitsverhältnis des ersten vom letzten aufgelöst werden.

Mit diesen hier nur tentativen Bemerkungen ist in gewisser Weise der Bogen zum Ausgangspunkt der Phänomenologie des Moralbewußtseins geschlagen worden. Ich bin ausgegangen von einem individuellen Moralbewußtsein, das sich in einer

57 Mead, Fragment of Ethics, in: ders., *Mind, Self*, a.a.O., S. 386.

Sprache, in Gefühlen und in Handlungen äußert. Die aufklärende Beschreibung dieser Äußerungsformen führte auf Elemente einer moralischen Welt: auf Restriktionen für die moralische Bedeutung des nicht-sprachlichen Folgeverhaltens eines Sprechers einer moralischen Sprache; auf moralisch integrierte, interpersonale Beziehungen, die sich dem Einzelnen erschließen, wenn er die Legitimität seiner moralischen Gefühlsreaktionen prüft; auf Ermöglichungsbedingungen für das eigene Handeln, deren Erfüllung an gemeinsame Handlungsgründe verschiedener Aktoren gebunden ist, die Angehörige einer Gemeinschaft sind. Man kann deshalb die Untersuchung der Äußerungsformen eines individuellen Moralbewußtseins auch als Aufdeckung von dessen Situiertsein in einer moralischen Welt auffassen, ohne daß damit die Möglichkeit konzeptuell ausgeschlossen wird, daß sich diese Welt auf individuelle Initiative hin verändert. Jetzt geht es aber erst einmal darum, auf der Grundlage der durchgeführten Beschreibung einen Begriff von den moralischen Problemen zu gewinnen, die zu dieser Initiative Anlaß geben können.

## 4. Das moralisch Richtige und das ethisch Gute und ihre Bezugsprobleme

Die vorgetragene Phänomenologie des Moralbewußtseins genügt sich nicht selbst. Sie dient einem weiterreichenden Zweck. Sie soll solche Anforderungen an die Begründung moralischer Urteile ermitteln helfen, die sich den Merkmalen moralischer Begründungssituationen entnehmen lassen. Situationen, die die Suche nach begründeten Moralurteilen motivieren, sind moralisch problematische Situationen. Von moralischen Begründungen wird gefordert, daß sie zur Lösung moralischer Probleme führen. Man kann daher bestimmte Anforderungen an moralische Begründungen mit Hilfe eines Begriffs von moralischen Problemen angeben. Moralische Fragen übersetzen diese Anforderungen in Gesichtspunkte, die in dem Überlegungs- und Begründungsprozeß, der in einem begründeten Moralurteil terminiert, beachtet werden müssen. Eine Phänomenologie des Moralbewußtseins kann zur Identifikation dieser Anforderungen beitragen, weil moralische Probleme praktische Probleme für Aktoren mit einem Moralbewußtsein sind; moralische Probleme werden ja als Verunsicherungen dieses Bewußtseins erlebt. Man vermag einen Begriff von moralischen Problemen auf der Grundlage derjenigen Begriffe zu bilden, in denen ein solches Moralbewußtsein beschrieben werden muß.

Der phänomenologische Untersuchungsgang wurde zusammenfassend als ein fortschreitendes Situieren eines individuellen Moralbewußtseins in eine moralische Welt beschrieben. Man kann dieses Situiertsein eines individuellen Aktors mit einem Moralbewußtsein genauer beschreiben, wenn man auf die Begriffe achtet, die sich als zentral für die Beschreibung dieses Bewußtseins erwiesen haben. Diese Begriffe waren der Begriff von einer Handlung als einem Interaktionselement, von einem Aktor als einem Angehörigen, der mit anderen Aktoren Gemeinsamkeiten aufweist, die ihn mit diesen zu einer sinnhaften und moralisch beurteilbaren Interaktion verbinden; schließlich der Begriff des Repräsentanten einer über Moralnormen integrierten Gemeinschaft, der die Interagierenden angehören, und der Begriff des Aktors als eines unvertretbar Einzelnen. Fügt man diese Begriffe zusammen, so ergibt sich der komplexe Begriff eines von moralischen Normen regulierten Interaktionszusammenhangs. Moralische Probleme können sich demjenigen stellen, der moralische Überzeugungen hat und der in einen solchen Interaktionszusammenhang involviert ist. Ihre Eigenschaften lassen sich in den Grundzügen anhand der Eigenschaften dieses Interaktionszusammenhangs herausarbeiten.

Allerdings darf man sich diesen Zusammenhang nicht bloß als einen rollenförmigen Handlungszusammenhang denken. Rollen sind mehr oder weniger konsistente und kohärente Komplexe von Verhaltenserwartungen, die sich an Aktoren in Positionen richten, wobei diese Positionen (nicht nur, aber auch) funktional durch die Bedingungen für, über wechselnde Orte, Zeitpunkte und Individuen hinweg, stabile Handlungszusammenhänge bestimmt werden. Ein individueller Aktor ist in der Ausübung einer Rolle wesensmäßig vertretbar, weil er als Inhaber einer Position ein Typus (ein Lehrer, ein Patient, ein Experte) ist. Überdies kann das Wissen eines Rollenträgers von seiner Auswechselbarkeit zu den Fähigkeiten gehören, um die Rolle gut, d. h. mit einer Distanz auszuführen, die die Erfüllung weiterer, andersgearteter Verhaltenserwartungen ermöglicht. Derjenige, für den das eigene Handeln ein Rollenhandeln bedeutet, ist, wie J. Piaget sagt, nur mit einer Seite seiner Person engagiert.[1] Das trifft auf den Aktor qua unvertretbar einzelne Person nicht zu. Für ihn bekommen seine Handlungen eine existentielle Bedeutung, weil sie die Einlösbarkeit des Anspruches berühren, was er in Wahrheit ist. Denn unvertretbar Einzelner ist, wer in der Weise existiert, daß er das, was er in Wahrheit ist, selbsttätig ist; dabei ist im Fall eines unvertretbar Einzelnen, der Person ist, diese Selbsttätigkeit nicht bloß als Leben zu denken, sondern als das Erfüllen oder Verfehlen selbstgestellter Ansprüche darüber, wer man in Wahrheit ist. Der Selbsttätigkeit unvertretbar einzelner Personen ist deshalb das Moment des kritischen Sichzusichverhaltens eingesetzt; es besteht in der praktisch wirksamen Prüfung des eigenen Verhaltens unter dem Gesichtspunkt der Einlösung eines existen-

1 J. Piaget, Les Relations entre la Morale et le Droit (1944); wieder in: ders., *Études Sociologiques*, 3. Auflage, Genf 1977, S. 193.

tiellen Wahrheitsanspruches. Die Handlungen eines unvertretbar Einzelnen affizieren diesen existentiell in dem, was in Wahrheit zu sein er zu Recht beanspruchen kann. Reserviert man das Wort »Individuum« für in diesem Sinn unvertretbar einzelne Lebewesen, dann kann man sagen, daß die Autoren wesensmäßig interaktiver Handlungen, die unvertretbar Einzelne sind, als Individuen interagieren.

Daß sie als Individuen in einem von Moralnormen geregelten Interaktionszusammenhang involviert sind, erklärt auch, warum das moralische Urteil im Fall der Mißachtung dieser Normen die ganze Person des Aktors trifft. Es wird nicht nur dessen Handlung als moralisch falsch beurteilt, sondern er selber wird als moralisch schlecht beurteilt, insbesondere im Fall einer massiven oder einer wiederholten Normverletzung. Das Urteil drückt die Verachtung durch den Urteilenden, d.h. die Verweigerung der Achtung als Person überhaupt aus. Was geachtet wird, wenn eine Person als Person geachtet wird, ist eben das, was für ihr Person-Sein wesentlich ist, nämlich sich kritisch zu sich zu verhalten. Die personenspezifische Fähigkeit zur Selbstkritik schließt die Bereitschaft ein, den Einspruch anderer zuzulassen und seinerseits zu prüfen. Diese Bereitschaft verweigert derjenige, der eine moralische Norm verletzt, in den Augen derer, die diese Norm für anerkennungswürdig halten und die ihm ihre Achtung als Person verweigern. Er hätte wissen müssen, daß er ihren Einspruch gegen sein Handeln nicht wird entkräften können. Indem er eine Moralnorm mißachtet, verhält er sich nicht nur nicht so, wie eine Person sich zu *sich* verhält, er situiert sich auch gegenüber *ihnen* anders. Sein eigenes Urteil über sein Handeln ist für ihn nicht mehr mit der Erwartung verbunden, daß andere ihm beipflichten können müssen. Er denkt es nicht mehr als das Ergebnis einer wechselseitig bestätigbaren Entkräftung von Kritik. Es reißt das soziale Band normativer Erwartungen, das ihn auf Augenhöhe mit anderen in einer sozialen Beziehung hält, zu der das Moment wechselseitiger Kritisierbarkeit gehört. Das ist der Grund, warum diese Reaktion mit der Überzeugung verbunden ist, daß sich der Betreffende mit seinem Handeln selber aus der Gemeinschaft ausschließt. Um auf den Ausgangspunkt zurückzukommen: Man muß einen Interaktionszusammenhang, der von

Moralnormen geregelt wird und in dem die Beteiligten als unvertretbar einzelne Personen engagiert sind, von einem rollenförmigen Handlungszusammenhang unterscheiden; er ist zwar ein überpersönlicher, nicht aber ein unpersönlicher Interaktionszusammenhang.

### *a) Die Eigenschaften moralischer Probleme*

Der Begriff eines von moralischen Normen geregelten, nichtrollenförmigen Interaktionszusammenhanges ist ein Komplementärbegriff zu dem Begriff eines individuellen Moralbewußtseins. Das hat die Untersuchung des Zusammenhanges zwischen einem Moralbewußtsein und einer sinnvermittelten Interaktion im vorhergehenden Abschnitt erbracht. Es geht jetzt darum, dieses Ergebnis für die Beantwortung der Frage auszuwerten, was die Eigenschaften moralischer Probleme sind.

Eine Dimension moralischer Probleme ergibt sich daraus, daß die Aktoren als Individuen im oben angegebenen Sinn, also als unvertretbar Einzelne interagieren. Ihre Handlungen können für sie eine besondere Wichtigkeit annehmen. Dieses persönliche Gewicht ergibt sich aus dem Status ihrer Handlungen, Elemente einer Selbsttätigkeit zu sein, in der sich die Existenz unvertretbar einzelner Personen vollzieht. Probleme für unvertretbar einzelne Personen sind persönliche Probleme. Für sie ist das Faktum konstitutiv, daß nicht irgendeiner, sondern ich es bin, der handeln muß. Dieses Faktum ist der Grund dafür, daß die Lösung persönlicher Probleme nicht delegiert werden kann. Es ist darüber hinaus die Quelle von aktorrelativen Handlungsgründen.[2] Aktorrelativ sind Handlungsgründe je für einen Ak-

2 Die Unterscheidung zwischen aktorrelativen und -neutralen Handlungsgründen ist angestoßen worden von Th. Nagel, *The View from Nowhere*, Oxford 1986, S. 153-154; vgl. a. ders., The Fragmentation of Value, in: ders., *Mortal Questions*, Cambridge 1980, S. 132-134. Allerdings deckt sich meine Erläuterung dieser Unterscheidung nicht ganz mit der Nagels. Eine Lesart dieser Unterscheidung, die die Objektivität von aktorneutralen Gründen intersubjektivistisch reformuliert und freihält von dem Gedanken, daß es an sich existierende Werte sind, die diese Gründe liefern, gibt Ch. Korsgaard, The Reason We Share, in: E. F. Paul u.a. (Hg.),

tor, mit denen dieser im Unterschied zu aktorneutralen Handlungsgründen nicht den Anspruch erheben muß, daß sie auch für andere qua potentielle Aktoren gute Gründe sind. Daraus folgt natürlich nicht, daß derjenige, dessen Handlungsgründe sie sind, eine privilegierte Instanz in der Beurteilung der Güte dieser Gründe ist. Solche aktorrelativen Handlungsgründe ergeben sich in Ansehung dessen, was mir mit meiner persönlichen Geschichte möglich ist, in Ansehung meiner Lebensziele und meines normativen Selbstverständnisses, meiner persönlichen Beziehungen und Bindungen. Hier kommen dann auch qualitative Unterschiede zum Tragen zwischen mir und Dritten, auch wenn diese sich von mir nicht darin unterscheiden, ihr Leben leben zu müssen.

Weil nun die Aktoren, deren Handlungen moralisch problematisch sein können, als unvertretbar einzelne Personen bestimmt sind, weisen moralische Probleme eine persönliche Dimension auf. Diese Dimension zeigt sich schon daran, daß moralische Probleme als Gewissenskonflikte erlebt werden. Moralische Probleme sind persönliche Probleme. Aber das heißt nicht, daß sie private Probleme sind, die nur eine Lösung je für mich verlangen. Moralische Probleme weisen auch eine intersubjektive Dimension auf. Diese Dimension ergibt sich daraus, daß das Handeln desjenigen, dem sich moralische Probleme stellen können, wesensmäßig Element einer Interaktion ist. Es impliziert seiner Bedeutung nach das komplementäre Handeln oder Unterlassen eines anderen. Der Aktor muß die zumindest implizite Zustimmung eines Ko-Aktors zu seinem intentionalen Handlungsvollzug erwarten dürfen, um in der intendierten Weise handeln zu können. In bezug auf diese an andere gerichtete normative Erwartung ist sein Handeln für andere problematisierbar. Man kann diese intersubjektiven Problemdimensionen differenzierter bestimmen, wenn man sich klarmacht, in welchem Sinn hier von anderen die Rede ist.

Der andere kann zum einen der konkrete Andere oder Gegenüber sein, und er kann zum anderen irgendein Anderer unter Anderen sein. Der Unterschied ist allerdings weder ein numerischer Unterschied noch ein Unterschied in der deskriptiven

*Altruism*, Cambridge 1993. – Für den Hinweis auf diesen Aufsatz danke ich Raymond Geuss.

Spezifizierung, d.i. ein Unterschied in bezug auf die Beantwortung der Frage »Was für einer ist der andere?« Insofern sind die Ausdrücke »konkreter Anderer« und »dieser Gegenüber« etwas ungeschickt gewählt. Ich gebrauche sie dennoch, weil unter ihrem Titel in der Literatur die wichtige Frage verhandelt wird, ob nicht schon die Art der Problemexposition in deontologischen Moraltheorien und insbesondere in der Diskursethik die Einzelnheit und die Besonderheit der Adressaten moralischer Urteile ausblendet.[3] Mit den Ausdrücken »konkreter Anderer« und »dieser Gegenüber« soll der andere gemeint sein als einer, der sich – ebenso wie ich – als unvertretbar einzelne Person verstehend, kritisierend und bejahend oder verneinend zu sich verhält und auf den ich Bezug nehme, indem ich mich meinerseits verstehend, kritisierend und zustimmend oder ablehnend auf das beziehe, was er versteht, kritisiert, akzeptiert oder ablehnt. Demgegenüber ist mit dem anderen als einem unter anderen oder einem Dritten (einem alius) der andere als einer gemeint, der mit weiteren anderen Gemeinsamkeiten aufweist, die in einer Beschreibung von ihm angegeben werden können. Der Unterschied, auf den es hier ankommt, ist ein Unterschied in der Art der Bezugnahme. Auf den konkreten Anderen wird stellungnehmend Bezug genommen, während auf den anderen als Dritten beschreibend Bezug genommen wird.

Dieser Unterschied ist nicht essentialistisch mißzuverstehen. Der andere kann sowohl ein konkreter Anderer als auch ein Dritter sein. Die Unterscheidung dieser zwei Bestimmungen dient nur dazu, verschiedene Sorten von Gründen in den Blick zu bekommen, aus denen Egos normative Erwartung eines komplementären Handelns von Alter ego anerkannt oder ver-

3 Vgl. z.B. S. Benhabib, *The Generalized and the Concrete Other*, a.a.O. Man könnte sich viel Konfusion in dieser Debatte ersparen, wenn man beachtete, daß der Ausdruck »generalized other« bei Mead synonym gebraucht wird mit »organized other« (vgl. z.B. Mead, *The Philosophy of the Present*, Chicago 1980, S. 87). Dann würde man nämlich sehen, daß bei Mead der generalisierte Andere erst einmal nichts mit dem Gegensatz ›Typus versus Individuum‹ zu tun hat. Der organisierte Andere ist eine Perspektive, die eine Interaktionsbeziehung zum Korrelat hat, deren Elemente organisiert werden müssen. Erst insofern diese Interaktion über Zeiten, Räume und Personen hinweg stabil ist, wird auf die beteiligten Aktoren in generellen Termini Bezug genommen.

worfen werden kann. Die Handlungsgründe eines anderen als einem Dritten sind solche Gründe, bei denen es für ihn keinen Unterschied ausmacht, wer handeln muß. Sie sind nicht nur für ihn als Aktor Gründe, sondern auch für diejenigen, mit denen er bestimmte Gemeinsamkeiten aufweist. Für den konkreten Anderen hingegen spielt die Frage, wer es ist, der handeln muß, durchaus eine Rolle. Sein überlegtes Handeln vollzieht sich in Ansehung seiner unvertretbar einzelnen Person. Das schließt übrigens nicht aus, daß zu seinen Handlungsgründen persönliche Bindungen oder die Sorge um die Wahrung bestimmter sozialer Beziehungen gehören. Eine unvertretbar einzelne Person ist keine vereinzelte Person. Ihre Gründe für oder gegen ein bestimmtes Handeln rücken ihr potentielles Handeln in einen persönlichen Kontext, und der wird ebensosehr von der eigenen Biographie, von bestimmten Überzeugungen und Projekten wie von persönlichen Beziehungen und Bindungen gebildet. Diese Gründe müssen keine Gründe für Dritte qua Aktoren sein, ganz einfach deshalb nicht, weil diese andere Biographien, Überzeugungen, Projekte usw. haben können. Hier kommen mit Blick auf den konkreten Anderen qualitative Unterschiede ins Spiel, aber erst unter der Voraussetzung einer nicht seinerseits als qualitativ zu verstehenden Unterscheidung zwischen dem konkreten Anderen und dem anderen als einem Dritten.

Nun treffen beide angeführten Bestimmungen auf den anderen zu, an den sich die normativen Erwartungen eines zu Egos Handeln komplementären Handelns oder Unterlassens richtet. Die Konsequenz ist, daß entsprechend diesen beiden Bestimmungen in der intersubjektiven Dimension moralischer Probleme zwei Komponenten unterschieden werden müssen.

Die eine Komponente ist eine lokale Komponente. Sie ergibt sich daraus, daß nicht nur ich, sondern auch der mir hier jetzt gegenüberstehende potentielle Ko-Aktor als Individuum, d.i. als unvertretbar einzelne Person interagiert. Der lokale intersubjektive Problemaspekt ist deshalb das Pendant zum persönlichen Aspekt moralischer Probleme. Unter ihm kann mein Handeln moralisch problematisch sein, weil es ein komplementäres Handeln oder Unterlassen des anderen verlangt, das dieser in Ansehung seiner Person nicht ausführen kann, ohne in Widerstreit zu dem zu geraten, als den er sich bejahen kann. Daß Egos Handeln unter dem lokalen intersubjektiven Aspekt moralisch unproblematisch ist, heißt deshalb auch, daß es für den Ko-Aktor als konkretem Anderen keine guten aktorrelativen Gründe gegen die Ausführung des singulären Aktes gibt, den Ego ihm zuzumuten beabsichtigt. Das genügt allerdings noch nicht. Mein Handeln kann auch unter einem über-lokalen intersubjektiven Problemaspekt moralisch fragwürdig sein.

Diese über-lokale Komponente ergibt sich daraus, daß die Interaktionsteilnehmer zwar als Individuen handeln, daß aber ihr Interaktionszusammenhang ein überpersönlicher, von Normen geregelter Handlungszusammenhang ist. Alter ego ist deshalb auch als einer unter anderen bestimmt. Die normativen Erwartungen, die sich an ihn richten und die er an mich richtet, sind nicht nur meine und nicht nur seine Erwartungen. Ihre Berechtigung für uns gründet nicht bloß in persönlichen Bindungen zwischen uns. Unser aktuelles Zusammenhandeln läßt sich darum in bezug zu generalisierten normativen Erwartungen setzen, die nicht bloß du an mich (und ich an dich), sondern unbestimmt viele an mich (und vice versa) richten. Selbst wenn unser Zusammenhandeln für uns unproblematisch ist, kann es Folgen für nicht beteiligte, aber betroffene Dritte haben, die im Lichte dieser Erwartungen problematisch erscheinen.

Die intersubjektive Dimension eines moralisch problematisierbaren Handelns weist deshalb auch ein überlokales Moment auf: Dieses Handeln ist auch als initiatorischer Akt einer Interaktion problematisierbar, von der erwartet wird, daß sie eine Interaktionsweise exemplifiziert, in der *man* und nicht nur wir – du und ich – miteinander umgehen. In Hinsicht auf diese über-lokale Komponente muß Egos Handeln für den anderen als irgendeinen anderen unter anderen akzeptabel, und das heißt, aus Gründen zustimmungsfähig sein, die aktorneutrale Handlungsgründe sind. Auf dieses über-lokale Moment moralischer Probleme beziehen sich beispielsweise die sog. Dammbruchargumente (»slippery slope arguments«): Die Art und Weise, wie z.B. in einem konkreten Fall diese Ärzte und Krankenpflegerinnen und jene Angehörigen (zusammen) handeln und diesen Schwerkranken behandeln, kann eine moralische Einstellung gegenüber den Beziehungen zwischen

Kranken und Gesunden überhaupt inaugurieren, die diese typisierten Beziehungen (im Guten oder im Schlechten) umgestaltet.[4]

Handlungen, so können wir die bisherigen Überlegungen zusammenfassen, sind in einer persönlichen, in einer lokalen und in einer über-lokalen intersubjektiven Hinsicht moralisch problematisierbar. Ein moralisches Problem ist ein persönliches und kein anonymes, ein öffentliches und kein privates sowie ein über-lokales und nicht bloß ein lokales Problem. Um ein Beispiel zu geben: C. Gilligan[5] berichtet von einer Rechtsanwältin, die feststellte, daß der Anwalt der Gegenseite ein wichtiges Dokument übersehen hatte, das dessen Mandanten recht gab. Die Anwältin sah sich vor das moralische Problem gestellt, ob sie den Anwalt von diesem Dokument in Kenntnis setzen sollte oder nicht. Der persönliche Aspekt des Problems liegt darin, daß die Anwältin selber entscheiden und sich fragen muß, welche Entscheidung sie verantworten kann, und zwar auch als jemand, der ein bestimmtes (u. a. professionelles) Selbstverständnis hat. Sie hat vielleicht ihren Beruf aus einem ausgeprägten Gerechtigkeitsempfinden heraus ergriffen und verabscheut die Einstellung in Kollegenkreisen, daß es kein Unrecht, sondern nur schlechte Anwälte gibt. Wenn sie nicht auf das Dokument hinweist, dann läuft sie Gefahr, selber eine solche Einstellung anzunehmen und ihren persönlichen Grundsätzen und damit sich selbst untreu zu werden.

Was ich die lokale Komponente der intersubjektiven Dimension moralischer Probleme genannt habe, läßt sich an der denkbaren Reaktion des Klienten der Anwältin ablesen, der sie darauf hinweist, daß die Entscheidung nicht ihre Privatangelegenheit ist: Sie könne wohl mit ihrem guten Gewissen gut leben, er aber

4 Diese Sorte von Argumenten kommt gegenwärtig besonders oft in medizinethischen Debatten vor. Das liegt auch daran, daß unser Verhalten in jedem Einzelfall von z. B. Sterbehilfe oder medizinischen Eingriffen als ein Verhalten angesehen wird, das in exemplarischer Weise die von moralischen Normen geregelten sozialen Beziehungen zwischen Kranken und Gesunden, Schwachen und Starken, Alten und Jungen reproduziert oder modifiziert. – Zur Struktur von »slippery slope arguments« vgl. D. N. Walton, *Informal Logic*, Cambridge 1989, S. 263 ff.

5 *Die andere Stimme. Lebenskonflikte und Moral der Frau*, München 1984, S. 167.

nicht mit dem verlorenen Prozeß. (Um des Argumentes willen sei angenommen, es handele sich um einen eher harmlosen zivilrechtlichen Fall, sagen wir aus dem Mietrecht, und die Anwältin vertrete die Mieterseite.) Für ihn, ihren Mandanten, ist die Anwältin seine Anwältin, und das heißt, daß er es ist, der ihre Entscheidungen in seiner Sache mittragen können muß. Gibt sie der Gegenseite die entscheidende Information, dann hat das für ihn Folgen, die sie ihm nicht zumuten darf. Ob sich diese Überlegung in mente abspielt, bevor die Anwältin ihren Klienten informiert, ist erst einmal unerheblich. Aber es zeigt sich schon in der Überzeugung der Anwältin, ihren Mandanten von dem Problem unterrichten zu müssen, ein Wissen von dem nicht-privaten Charakter des Problems. Die über-lokale Komponente dieses öffentlichen oder intersubjektiven Problems liegt nun darin, daß die Anwältin nicht nur ihre Interaktionsgeschichte und ihre Beziehung zu einem Mandanten mit Name und Gesicht bedenken muß. Das Zusammenhandeln von ihr und ihrem Klienten läßt sich als Fall einer Interaktionsweise zwischen Anwälten und Klienten auf das Rechtssystem als ein Handlungssystem beziehen, das sich über unzählige, von bestimmten Normen geregelte Interaktionen auch zwischen Anwälten und Mandanten reproduzieren muß. Die Normen, die diese Reproduktion garantieren sollen, nehmen u. a. die Gestalt von Professionsnormen an; in sie finden Verpflichtungen eines jeden Anwalts gegenüber der Rechtsgemeinschaft insgesamt Eingang. Unter dem über-lokalen Problemaspekt muß sich die Anwältin z. B. fragen, ob die Art und Weise, in der sie und ihr Mandant zusammenhandeln, nicht das Vertrauen aller Mitglieder der Rechtsgemeinschaft, daß in ihrem Rechtssystem nach bestem Wissen und Gewissen Recht gesprochen wird, erschüttert. Diese Überlegung mag ein Argument gegen die Entscheidung sein, auf das fragliche Dokument nicht hinzuweisen. In der gleichen Perspektive kann dagegen das Argument geltend gemacht werden, daß die Beziehungen zwischen irgendeinem Anwalt und irgendeinem Mandanten von bestimmten anwaltlichen Pflichten gegenüber dem Mandanten gekennzeichnet sind und daß diese Pflichten z. T. von richterlichen Pflichten abweichen. Im Rahmen einer Rechtsordnung, die moralisch legitime Grenzen für das legitime Interessehandeln ihrer Mitglieder zieht, ist es die Pflicht eines jeden Anwalts gegenüber seinem Mandanten, das Beste für ihn herauszuholen. Der Anwalt ist zwar verpflichtet, sich von richterlicher Seite dazu anhalten zu lassen, daß dabei die Integrität einer solchen Rechtsordnung gewahrt bleibt, aber er muß nicht in seine Rolle die Rolle des Richters integrieren.

Das relative Gewicht der Argumente in unserem Beispielsfall braucht uns hier nicht weiter zu interessieren. Der Fall soll nur illustrieren, daß alle drei genannten Eigenschaften moralischer Probleme zusammengehören: Der persönliche, der lokale intersubjektive und der über-lokale intersubjektive Aspekt sind unselbständige Momente gleichen Rechts ein und desselben Begründungsproblems. Was damit behauptet wird, wird klarer, wenn man sich vergegenwärtigt, was damit ausgeschlossen wird: Weder lassen sich jedem Aspekt getrennte Moralbereiche zuordnen (1), noch korrespondieren diese Aspekte eindeutig den Problemklassen der *Begründung* moralischer Normen, der angemessenen *Anwendung* moralischer Normen sowie der *Motivation*, begründete und adäquat angewandte Moralnormen auch tatsächlich zu befolgen (2), noch läßt sich einer dieser Aspekte auf einen der anderen zurückführen (3).

(1) Eine Zuordnung der verschiedenen Aspekte zu getrennten Moralbereichen könnte so aussehen, daß unter dem persönlichen Aspekt Probleme einer individuellen Moral sichtbar werden, die die individuelle Lebensführung betreffen. Unter dem lokalen intersubjektiven Aspekt würden Probleme »im Nahhorizont«[6] ins Blickfeld rücken, die sich relativ zu einer Lokalmoral der persönlichen Beziehungen des Einzelnen zu seinem Nächsten (zu den ihm Schutzbefohlenen, zur Familie, zu den Freunden) stellen. Unter dem über-lokalen intersubjektiven Problemaspekt schließlich würden Probleme einer politischen Moral thematisiert werden, die wie z.B. Kooperations- und Verteilungsprobleme auf Beziehungen zwischen Personen gemünzt sind, die füreinander anonyme Andere sind und die sich z.T. als Mitglieder lokaler Gemeinschaften gegenüberstehen.

6 W. Schulz, *Philosophie in der veränderten Welt*, 2. Auflage, Pfullingen 1974, S. 791; ausführlicher ders., *Grundprobleme der Ethik*, a.a.O., S. 320ff.

Diese Zuordnung ist aber aus einer Reihe von Gründen nicht sehr plausibel: Erstens ist es unklar, was eine individuelle Moral sein soll. Versteht man darunter den Inbegriff solcher Grundsätze für eine Lebensführung, die eine Person je für sich hat, ohne daß sie eine Verbindlichkeit ihrer Grundsätze für Dritte reklamiert, dann ist eine individuelle Moral eine private Moral. Der Begriff einer privaten Moral ist aber unsinnig, wenn meine Beschreibung der Implikationen eines individuellen Moralbewußtseins nur halbwegs zutrifft. Damit wird nicht ausgeschlossen, daß die Lebensführung eines jeden Einzelnen in verbindlicher Weise normiert werden kann (z. B. in Form von Normen wie dem Suizid-Verbot oder dem Gebot der Kultivierung der eigenen Talente). Aber die Funktion dieser Normierung ist es, ein bestimmtes Verhalten des Einzelnen gegenüber anderen zu gewährleisten, das ein bestimmtes Verhalten zu sich impliziert. – Zweitens lassen sich die Probleme unter dem sog. lokalen intersubjektiven Problemaspekt nicht durchgängig auf Beziehungen zu anderen beziehen, zu denen man persönliche Beziehungen und Bindungen unterhält. – Drittens, und das ist hier am wichtigsten, bestehen zwischen verschiedenen Moralbereichen, wenn es sie denn gibt, keine natürlichen Grenzen. Daß z. B. das religiöse Bekenntnis eine Sache der privaten, individuellen Lebensführung ist, schließt die Überzeugung ein, daß ein legislatives Prinzip wie »cuius regio, eius religio« moralisch unannehmbar ist. Moralische Kontroversen können sich auch daran entzünden, ob z. B. eine bestimmte Handlungsweise nur als Element eines unpersönlichen Interaktionszusammenhanges betrachtet werden darf, oder ob sie auch als Bestandteil eines eigenverantwortlich geführten individuellen Lebens beurteilt werden muß. Die Moralisierung von aggregierten Markteffekten als Folge verantwortungsloser Konsumentenentscheidungen ist ein Beispiel. Dieser mögliche Ausgangspunkt moralischer Kontroversen zeigt schon, daß die Grenzen zwischen verschiedenen Moralbereichen ihrerseits von moralischen Überzeugungen imprägniert sind. Selbst wenn man nach ihrem Normierungsgegenstand unterscheidbare Moralbereiche annimmt, muß es eine basale Moral geben, nach der die verschiedenen Bereiche zueinander ins Verhältnis gesetzt werden und die Kriterien dafür liefert, welcher Aspekt in der moralischen

Begründung in Führung gehen soll. Zumindest in bezug auf diese basale Moral lassen sich die genannten Aspekte moralischer Probleme nicht getrennten Klassen von Begründungsproblemen zuordnen. Ein moralisches Problem mag in einer Problemdimension aufbrechen, aber an den Bedingungen für eine Lösung zeigt sich, daß es sich allen anderen Problemdimensionen mitteilt.

(2) Die vorgetragenen Argumente wenden sich dagegen, die verschiedenen Aspekte moralischer Probleme als Aspekte verschiedenartiger Begründungsprobleme gesonderten Moralbereichen zuzuordnen. Sie begründen aber keine Kritik an einer Auffassung, nach der Probleme der Begründung genereller moralischer Urteile allein unter dem sog. über-lokalen intersubjektiven Aspekt thematisiert werden, während unter den persönlichen Aspekt nur Probleme der moralischen Motivation und unter den lokalen intersubjektiven Aspekt nur moralische Anwendungsprobleme fallen.

Für diese Auffassung spricht, daß die Bildung eines begründeten moralischen Urteils etwas mit der Einnahme eines unparteilichen Standpunktes zu tun hat, von dem aus ich mich (und dich) frage, was man tun muß, und von dem aus Unterschiede zwischen meiner Person und anderen nicht ins Gewicht fallen. Der Unterschied, ob irgendeiner oder ob ich einem begründeten Moralurteil gemäß handeln soll, spielt – so könnte man diese Auffassung ausführen – erst auf der Ebene des Handelns, nicht schon auf der Ebene des Urteilens eine Rolle. Er ist der Ursprung des Problems der moralischen Motivation, also des Problems, warum ich der moralischen Einsicht, daß man x tun soll, praktisch Folge leisten soll, indem ich x tue. In Ansehung dieses Unterschieds kommen außermoralische Handlungsgründe ins Spiel, die vielleicht nur für mich als Aktor gute Handlungsgründe sind und die gegen moralische Gründe stehen, so daß sich das Problem stellt, wie wichtig es mir ist, das moralisch Richtige zu tun.

Bleibt der lokale intersubjektive Aspekt eines moralischen Problems. Dafür, daß man an ihm als einem eigenen Aspekt eines moralischen Begründungsproblems festhält, scheint die Erfahrung zu sprechen, daß man sich in seinem Handeln an einer anerkennungswürdigen Moralnorm orientiert und dieses Handeln gleichwohl in Ansehung des konkreten Gegenübers für moralisch fragwürdig hält. Aber diese Erfahrung läßt sich auch als Konfrontation mit einem Problem der Anwendung einer anerkennungswürdigen Moralnorm in einer konkreten Handlungssituation verstehen. Man kann diese Konfrontation – Klaus Günther hat es getan – als den Ausgangspunkt einer Überlegung analysieren, in der nach den moralisch relevanten Merkmalen einer Handlungssituation gefragt wird, deren Berücksichtigung von einer situationsangemessenen Anwendung einer anerkennungswürdigen Moralnorm verlangt wird.[7] Die Beachtung aller moralisch relevanten Situationsmerkmale kann nicht durch die rigorose Befolgung einer Moralnorm garantiert werden. Wie alle Handlungsnormen sind auch moralische Normen fallimprägniert. Sie haben ein Handeln in typischen Situationen und mit typischen Folgen für typisierte Andere zum Normierungsgegenstand. Aus diesem imperfekten Zug einer Norm erklärt sich die Möglichkeit, daß Norm und Situation nicht zusammenpassen. Diese Diskrepanz wird als Gegensatz zwischen der erwartbaren Zustimmung Dritter zu meinem Handeln als Exempel einer normenkonformen Handlungsweise einerseits und dem berechtigten Einspruch dieses konkreten Anderen gegen meine singuläre Handlung in dieser Situation andererseits erfahren. Sie kann durch eine situationsangemessene Anwendung einer anerkennungswürdigen Moralnorm beseitigt werden. In einer solchen Anwendung streift der andere die Konturen eines Typus ab und gerät als konkreter Anderer in den Blick.

Soweit diese Auffassung von den verschiedenen moralischen Problemaspekten als Aspekte verschiedener Problemgattungen. Sie enthält zwar wichtige Gedanken, aber auch ungesicherte Annahmen, die sich gegen sie kehren. Schlägt man den persönlichen Aspekt eines moralischen Problems vollständig dem Problem der moralischen Motivation zu, dann steht man vor der folgenden Alternative: Entweder man nimmt einen Begriff der moralischen Einsicht an, der einen Gegensatz zwischen dem moralisch Richtigen und dem Eigeninteresse des Einsichtigen,

7 Vgl. K. Günther, *Der Sinn für Angemessenheit*, Frankfurt am Main 1988; ders., Ein normativer Begriff der Kohärenz, in: *Rechtstheorie* 20 (1989), S. 163-190.

kantisch gesprochen: zwischen Pflicht und Neigung, ausschließt, an dem der Einsichtige, der seiner Einsicht folgt, zugrunde gehen kann; oder man läßt die Erfahrung des stummen, unglücklich machenden Opfers, zu dem die Orientierung an einer Moral den Handelnden zwingt, nicht einmal als zwingenden Anlaß für den Zweifel an der Gültigkeit dieser Moral zu. Jede Moralauffassung, die die Lebbarkeit einer Moral zu deren Gültigkeitsbedingungen rechnet, wird das erste Glied der Alternative wählen müssen. Die Konsequenz des mit dieser Entscheidung vorausgesetzten Begriffs der moralischen Einsicht ist eine Restitution des persönlichen Problemaspekts als einer Dimension eines Begründungsproblems.

Ein analoges Argument, das mit der Konsequenz einer stillschweigenden Annahme operiert, läßt sich in bezug auf die vorgeschlagene eindeutige Zuordnung der lokalen Komponente in der intersubjektiven Problemdimension geltend machen. Der Anspruch ist, daß in der Anwendungsdimension der konkrete Andere in den Blick kommt. Nun liegt der Unterschied zwischen dem konkreten Anderen und dem anderem als einem Dritten nicht im Grad ihrer deskriptiven Spezifizierung. Er kann deshalb auch nicht bloß mit einem Übergang von der Begründungs- in die Anwendungsdimension überbrückt werden, bei dem die Begriffe von den Handlungsweisen und deren Autoren in den begründeten Moralnormen durch eine situationsangemessene Anwendung dieser Normen spezifiziert werden. Es ist deshalb zumindest ungenau, zu sagen, der Anspruch, den konkreten Anderen in den Blick zu bekommen, werde durch eine situationsangemessene Anwendung gültiger Moralnormen erfüllt. Es muß sich um Moralnormen handeln, die auf den konkreten Anderen zugeschnitten sind. Ohne solche Normen könnte es in den Anwendungsdimensionen überhaupt keine Merkmale der Handlungssituation geben, die in Hinsicht auf den konkreten Anderen moralisch relevant sind. Will man die Unterscheidung zwischen der Begründung und Anwendung von Normen nicht wieder einziehen, müssen die begründeten Normen ihre determinierende Kraft in der Anwendungssituation bewahren, und das heißt, sie müssen den Fundus an Relevanzkriterien für Situationsmerkmale bilden. Um den konkreten Anderen in den Blick zu bekommen, muß man ihn bereits in der Begründungsdimension im Blick haben. Und diesem Erfordernis wird nicht schon auf Grund der Annahme Rechnung getragen, daß es in der Begründung moralischer Urteile um die Begründung von normativen Erwartungen der Rücksichtnahme auf andere geht. Denn diese Annahme sagt noch gar nichts darüber aus, wie der andere als Gegenstand originär moralischer Rücksichtnahme bestimmt ist, ob nur als Mitglied einer Gemeinschaft und damit als *einer* unter anderen oder auch als unvertretbar Einzelner. Will man den konkreten Anderen in der Anwendung gültiger Moralnormen erfassen, dann muß man Moralnormen voraussetzen können, relativ zu denen mein Handeln in seinen Folgen und Implikationen für die unvertretbar einzelne Person meines Gegenübers problematisch sein kann. Mit dieser Voraussetzung gibt man aber auch zu, daß der sog. lokale intersubjektive Aspekt moralischer Probleme eine Dimension eines Begründungsproblems ist.

(3) Wenn nun die verschiedenen Aspekte eines moralischen Problems Momente eines Begründungsproblems sind, dann stellt sich die Frage nach dem Verhältnis dieser Momente. Was berechtigt dazu, sie als Momente gleichen Rechts aufzufassen?

So wie ich diese Momente eingeführt habe, lassen sie sich als Gesichtspunkte eines fortlaufend entrelativierten praktischen Rechtfertigungsprozesses denken: Unter dem persönlichen Aspekt kommt die ganze Person mit ihren höherstufigen Orientierungen in den Blick, und ihr Handeln wird nicht mehr bloß auf Hindernisse und Gelegenheiten des Handlungserfolges bezogen. Unter dem lokalen-öffentlichen Aspekt wird die Perspektive so erweitert, daß mein Handeln nicht mehr bloß relativ zu dem, was ich für mich rechtfertigen kann, sondern auch relativ zu dem, was ich gegenüber dem konkreten Anderen als Betroffenem vertreten kann, problematisiert wird. Schließlich wird unter dem über-lokalen öffentlichen Aspekt nicht mehr nur gefragt, was ich für mich und vor dir, sondern was wir – du und ich in dieser Situation – gegenüber Dritten, d.i. gegenüber irgendeinem anderen unter anderen potentiellen Betroffenen, verantworten können. Mit dieser Frage soll sichergestellt werden, daß unsere – meine und deine – Handlungsgründe auch die

Gründe von irgendwelchen anderen sein können und somit ihre Gütekriterien nicht bloß von uns geteilt werden. Erst mit diesem letzten Entrelativierungsschritt erreicht der praktische Rechtfertigungsprozeß die Stufe einer moralisch-praktischen Begründungsanstrengung – so scheint es zumindest, wenn man an dem Gedanken festhält, daß moralische Begründungen von einem wie auch immer qualifizierten Standpunkt der Unparteilichkeit erfolgen. (An diesem Vorgriff auf den Begriff des moralischen Standpunkts, der erst im zweiten Teil dieser Untersuchung expliziert werden wird, sehen wir, wie die Begriffe des Gegenstandes und des Standpunkts der Moral sich wechselseitig interpretieren.)

Man könnte nun sagen, daß auf dieser genuin moralischen Stufe der Begründungsanstrengung keineswegs das außer acht bleiben muß, was unter den beiden ersten Aspekten in den Blick kommt. Diese Aspekte können in jenen integriert werden. In die Antwort auf die Frage nach den berechtigten moralischen normativen Erwartungen wird dann auch die Einhaltung typischer Zumutbarkeitsgrenzen für jeden, der moralisch verpflichtet ist und handeln muß, und die Beachtung typischer Integritätserfordernisse besonderer sozialer Beziehungen und Bindungen Eingang finden, in denen dieser und jener Aktor zueinander oder zu anderen steht. Es ist ja nicht so, daß von einem unparteilichen Standpunkt aus Unterschiede, z. B. der Unterschied, ob ich oder ob irgendeiner handeln muß, belanglos werden müssen. Unparteilichkeit kann auch dadurch gewahrt werden, daß kein Unterschied darin gemacht wird, in bezug auf wen Unterschiede zählen. Jeder würde dann zwar nicht immer gleich, aber stets als Gleicher behandelt werden.[8]

Dieser Vorschlag einer Integration – oder wenn man will: einer Aufhebung – ist geeignet, unmißverständlicher anzugeben, in welchem Sinn der persönliche und der lokale intersubjektive Problemaspekt gleichberechtigte, irreduzible Dimensionen eines moralischen Begründungsproblems sind. Der springende Punkt ist der: Man muß voraussetzen, daß die typischen Zu-

8 Dieser Unterschied und seine Konsequenzen für ein richtiges Verständnis des Rechts auf Gleichheit werden analysiert von R. Dworkin, *Bürgerrechte ernstgenommen*, Frankfurt am Main 1984, insbes. S. 370f.

mutbarkeitsgrenzen für den Einzelnen und die typischen Integritätserfordernisse für besondere lokale Beziehungen und Bindungen tatsächlich die Zumutbarkeitsgrenzen auch für mich und meinen konkreten Gegenüber sind. Eben diese Voraussetzung kann bestritten werden. Für die Möglichkeit eines solchen Einspruchs muß man sich aber gerade im Rahmen des skizzierten Integrationsvorschlags offenhalten. Anderenfalls würde man dem erklärten Bemühen nicht gerecht werden, jeden auch in Hinsicht dessen, daß er unvertretbar Einzelner ist und in besonderen sozialen Beziehungen steht, als »Gleichen ohne Angleichung« (Ute Gerhard) zu behandeln.

Anlässe, sich der fraglichen Voraussetzung zuzuwenden und ihre Berechtigung zu überprüfen, sind Erfahrungen wie z. B. der augenscheinlich unglücklich machende Verzicht des moralisch verpflichteten Aktors, wie die Konfrontation mit dem Ressentiment des konkreten Gegenübers, in dem der Konflikt trotz Wahrung dessen, was man vermeintlich voneinander erwarten darf, schwelt, oder Erfahrungen wie die Entdeckung allgemein gewußter Tabuisierungen eines faktisch moralwidrigen Handelns gegen eine Moral, die nicht mehr ins Leben eingreift. Die angeführten Erfahrungen sollen nicht als Demonstrationen der Ungültigkeit moralischer Normen mißverstanden werden – was als unzumutbares Opfer erscheint, kann anmaßender Privilegierung der eigenen Person geschuldet sein, im Ressentiment können sich als unausweisbar gewußte normative Erwartungen abkapseln, und tabuisierte Mißverhältnisse zwischen der sozialen Realität und sozialen Normen setzen nicht schon durch ihre Existenz die Gültigkeit dieser Normen außer Kraft. Die genannten Beispiele sollen nur in Erinnerung rufen, daß die Plastizität realer Aktoren und ihrer sozialen Beziehungen Grenzen hat, und zwar moralisch begründete Grenzen, die eben unter dem zugänglich werden, was ich hier die persönlichen und lokal-öffentlichen Aspekte moralischer Probleme genannt habe. Weil diese Aspekte moralische Aspekte sind, kann die Zumutung an den Einzelnen, sich als einen unter anderen wahrzunehmen und sich von lokalen Bindungen zu distanzieren, unter diesen Aspekten z. B. als Verweigerung von Solidarität mit ihm als unvertretbar Einzelnem oder als Respektlosigkeit gegenüber identitätsbildenden lokalen Konventionen bzw. Sitten überhaupt moralisch kritisiert werden.[9]

Unter diesen beiden Aspekten wird ein Vermittlungszwang sichtbar. Die Aktor- und Handlungsbegriffe in moralischen Normen müssen mögliche Aktoren und Handlungsweisen beschreiben, und zwar nicht bloß trivialerweise denkbare Aktoren, sondern wirkliche Aktoren, die sich als solche Aktoren verstehen können. Ohne die Anschauung des Könnens dessen, was man moralisch tun soll, bleiben diese Begriffe leer. Das ist mehr als bloß eine rhetorische Anleihe bei Kant. Selbst die spröde autonome Gesetzesethik Kants verschanzt sich nicht hinter dem platonischen Gedanken, daß ein moralisch guter Mensch nicht leiden könne[10], sondern anerkennt den Vermittlungszwang zwischen dem moralischen Sollen und dem faktischen Können als ein Problem für die Gültigkeit moralischer Gesetze. Kants Postulatenlehre hat ja auch die Aufgabe zu verhindern, daß die Abstraktion vom natürlichen Zweck der Glückseligkeit auf der Begründungsebene nicht zur Entsagung von diesem Zweck auf der Ebene des Handelns zwingt: »Denn der Glückseligkeit bedürftig, ihrer auch würdig, dennoch derselben aber nicht teilhaftig zu sein, kann mit dem vollkommenen Wollen eines vernünftigen Wesens... gar nicht zusammen bestehen.«[11] Das moralische Sollen, das sich nicht nur an Ego und Alter richtet und auch nicht nur für Ego und Alter Gültigkeit beansprucht, muß sich gleichwohl mit dem, was Alter und Ego in Ansehung ihrer unvertretbaren Einzelnheit und in

9 Vgl. a. St. Hampshire, Morality and Convention, in: ders., *Morality and Conflict*, Cambridge/Mass. 1983, S. 137. Hampshire gibt aber nur eine funktionalistische Begründung für die moralisch rechtfertigbare Erwartung, die Umgangsformen, Gebräuche und Riten einer lokalen Gemeinschaft zu respektieren (vgl. z.B. S. 137).

10 »Doch auch ihr dürft... zuversichtlich sein und diese eine Tatsache für wahr halten, daß einem guten Menschen kein Übel widerfahren kann, weder im Leben noch nach dem Tode, und daß seine Angelegenheiten den Göttern nicht gleichgültig sind.« Platon, Apologie des Sokrates, in: Platon, *Apologie des Sokrates*, *Kriton*, übers. von M. Fuhrmann, Stuttgart 1987, 41 c-d; vgl. a. Platon, *Politeia*, in: Platon, *Sämtliche Werke*, Bd. 3, in der Übers. von F. Schleiermacher, hg. von W. F. Otto u. a., Reinbek 1958, 613a-613b.

11 *KpV*, S. 238.

Ansehung ihrer lokalen Beziehungen möglich ist, vermitteln können.

Daß das persönliche und das lokale intersubjektive Moment moralischer Probleme zwar unselbständige, aber auch irreduzible Momente sind, heißt nur, daß die Bewältigung dieses Vermittlungszwanges selber in den Rang eines moralischen Gültigkeitskriteriums erhoben wird; eine gültige Moral muß sich zur Geltung bringen können. Die Haltung der schönen Seele[12], die fühllos gegen diesen Vermittlungszwang ist, wird so mit moralischen Argumenten kritisierbar. Die Bewältigung des Vermittlungszwangs zwischen einem moralischen Sollen und dem Können unvertretbar einzelner Personen wird nicht mehr zu den Problemen der Durchsetzung gültiger moralischer Normen gegen eine widerspenstige Realität abgeschoben, die zu keiner Überprüfung des Geltungsanspruches für diese Normen zwingt. Es kann Erfahrungen des Unvermögens geben, die zwingende Anlässe für eine solche Überprüfung bilden.

Mit dem persönlichen und dem lokalen-intersubjektiven Aspekt moralischer Begründungsprobleme wird also kein Prärogativ des Faktischen gegenüber dem Normativen, oder des Besonderen gegenüber dem Allgemeinen eingeführt, sondern ein indexikalischer Zug an über-lokalen Geltungsansprüchen freigelegt: Gültige moralische Normen müssen geltend gemacht werden können von mir gegen dich (und umgekehrt) hier und jetzt, indem sie als Rechtfertigungsgrund für das singuläre moralische Urteil angeführt werden, daß du (oder ich) diesen singulären Akt in dieser Situation ausführen sollst. Daß es dem konkreten Gegenüber oder mir in Ansehung seiner oder meiner

12 Unter dem Titel »Schöne Seele« analysiert Hegel eine soziale Beziehung, in der der ungelöste Vermittlungszwang zwischen moralischem Sollen und Können in einem Verhältnis der Ungleichheit erstarrt ist zwischen dem nur moralisch Urteilenden einerseits und dem sich über seine wahren Motive täuschenden, ertappten Handelnden andererseits (vgl. Hegel, *Phänomenologie des Geistes*, in: Hegel, *Werke in zwanzig Bänden*, hg. von E. Moldenhauer und K. M. Michel, Frankfurt am Main 1970, Bd. 3, S. 482-493). In der Haltung der »wirklichkeitslosen schönen Seele« (ebd., S. 491) erhebt sich der bloß moralisch Urteilende über den Handelnden und täuscht sich dadurch seinerseits, nämlich darüber, daß auch er der Vermittlung zwischen dem tatsächlich motivierten Handeln und dem moralisch richtigen Handeln nicht enthoben ist.

Person oder in Ansehung unserer sozialen Beziehung nicht möglich ist (im Lutherischen Sinn des Nicht-Könnens), diesem singulären Urteil zu folgen, ist ein Index im Sinne von Peirce[13], d.i. ein Zeichen, das uns aufmerken läßt und uns zu etwas zwingt – hier dazu, die Gültigkeit der fraglichen Norm zu überprüfen. Es heißt ein Index, weil es die Aufmerksamkeit auf das, wie Peirce sagt, Subjekt einer Aussage hinlenkt, auf das mit einem indexikalischen Ausdruck als dem grammatischen Subjektausdruck Bezug genommen wird.[14]

Die Aufmerksamkeit, auf die ein Index einwirkt, gilt also Individuen. Der indexikalische Zug an Geltungsansprüchen, die für Moralnormen erhoben werden, läßt sich deshalb auch als Anspruch reformulieren, daß die Adressaten dieser Normen nicht bloß ideale, sondern reale, im sozialen Raum und in historischer Zeit situierte Aktoren sind. Habermas hat von dem »Janusgesicht« gesprochen, das der Geltungsanspruch z.B. für eine Behauptung oder für eine Moralnorm zeigt:[15] Einerseits wird beansprucht, daß die Behauptung bzw. die Norm nicht nur für uns in einem bestimmten Kontext, der von unseren tradierten Wahrheitskriterien und moralischen Überzeugungen und unseren Handlungsbedingungen gebildet wird, wahr bzw. richtig ist; andererseits sind wir es, die diesen Anspruch hier und jetzt erheben, und zwar als solche, die in einem solchen Kontext situiert sind – und das auch unter bestimmten Bedingungen wissen können. Habermas hat die indexikalische Seite von Geltungsansprüchen als Grund dafür im Blick, daß diese Ansprüche fallibel sind. Allerdings darf man das nicht so verstehen, daß der indexikalische Zug von Geltungsansprüchen – hier von Ansprüchen für die Anerkennungswürdigkeit von Moralnormen – nur etwas diesen Ansprüchen äußerlich Imponiertes ist. Daß das ein Mißverständnis ist, sollten die Argumente gezeigt haben, die diesen indexikalischen Zug als Konsequenz zweier irreduzibler Momente von moralischen Begründungsproblemen aus-

13 Ch. S. Peirce, Über die Einheit hypothetischer und kategorischer Propositionen, in: ders., *Semiotische Schriften I*, Frankfurt am Main 1986, S. 244.

14 Ebd., S. 246f.

15 Vgl. *Der philosophische Diskurs der Moderne*, Frankfurt am Main 1985, S. 375f.

weisen. Restituiert man die indexikalische Dimension von Geltungsansprüchen für Moralnormen als eine Gültigkeitsdimension, dann wird auch die Intuition plausibel, daß eine gültige Moral (als Inbegriff anerkennungswürdiger Moralnormen) zwar keine faktische Geltung haben muß, daß sie aber sich zur Geltung bringen können muß. Das ist übrigens – von der Seite der Moral, nicht des Rechts betrachtet – der Ausgangspunkt für Habermas' rechtsphilosophische These, daß eine universalistische Vernunftmoral Recht werden muß, um rechtens zu sein.[16]

### *b) Die Unterschiede zwischen moralischen und ethischen Problemen*

Nachdem die allgemeinen Eigenschaften moralischer Probleme ermittelt worden sind, können wir nun daran gehen, die Unterschiede zwischen moralischen und ethischen Problemen herauszustellen. Ich hatte die Unterschiede in der vagen Behauptung thetisch zusammengefaßt, daß ethische Probleme die Integrität eines praktischen Selbstverhältnisses stören, wohingegen moralische Probleme ein irreduzibel intersubjektives Verhältnis belasten. Diese Behauptung kann nun präzisiert und begründet werden. Dazu muß man sich noch einmal vergegenwärtigen, warum sich ethische Probleme für jemanden als einen stellen, der in einem praktischen Selbstverhältnis existiert.

Ethische Probleme werden als Ungewißheit darüber erlebt, was ethisch gut ist. Der Punkt ist nun der, daß ein begrifflicher Zusammenhang besteht zwischen demjenigen, für den etwas ethisch gut sein kann, und seiner Bestimmung, in einem praktischen Selbstverhältnis zu existieren. Dieser Zusammenhang wird schon von dem Ausdruck »das gute Leben« angezeigt, der als ein klinischer Ausdruck genommen das Wohl-Sein eines Lebewesens bezeichnet. Denn dasjenige, für das etwas als »gut« im konträren Gegensatz zu »schädlich« oder »ungesund« genannt werden kann, ist etwas, das lebendig ist oder das ein Leben

16 Vgl. Habermas, *Faktizität und Geltung*, Frankfurt am Main 1992.

führt.[17] Und das Leben ist – zumindest im Falle solcher Lebewesen, von denen man sagen kann, daß sie ihr Leben führen – ein praktisches Selbstverhältnis. Lebewesen sind Wesen, die in der Weise einer Selbsttätigkeit sind, was sie wesentlich sind. Ihr Leben ist nicht in einem äußerlichen Vergleich, sondern von sich aus auf Maßstäbe (oder wie man vielleicht vor nicht allzu langer Zeit gesagt hätte: auf Sollwerte[18]) bezogen, die sagen, worin ihr Wohl-Sein besteht. Es ist ein graduelles Erfüllen oder Nicht-Erfüllen dieser Maßstäbe. Das gute Leben und das schlechte Leben sind darum nicht bloß verschiedene Leben, sondern als Leben verschieden, und sie können so verschieden sein, daß das schlechte Leben gar kein Leben mehr ist (in der Bedeutung der umgangssprachlichen Wendung »Das ist doch kein Leben!«). Daß ein Lebewesen sein Leben führt, heißt zumindest, daß es sich selber in seinen Lebensäußerungen an den Maßstäben für sein Wohl-Sein ausrichtet, indem es darüber urteilt, daß etwas gut oder schädlich bzw. ungesund für es ist. Es steht in einem praktischen Selbstverhältnis. Dessen Glieder werden einerseits davon gebildet, daß das Lebewesen sich in bestimmten Zuständen befindet, bestimmte Zustände erstrebt, Akte ausführt und Tätigkeiten ausübt, und andererseits davon, daß es bestimmte Maßstäbe für sein Wohl-Sein hat. Sie werden in ein Verhältnis zueinander gesetzt, indem jene Zustände, Akte usw. als Erfüllung oder Verfehlen dieser Maßstäbe beurteilt werden, und sie werden in ein praktisches Verhältnis gesetzt, indem diese Urteile Einfluß darauf nehmen, was gefühlt, gewünscht, erstrebt, getan wird. Indem das Lebewesen die Maßstäbe seines Wohl-Seins selbständig in Form der Beurteilung seines Wollens und Handelns praktisch wirksam anwendet, verhält es sich zu sich, und das heißt dazu, daß es in der Weise einer Selbsttätigkeit ist, was es wesentlich ist. Deshalb handelt es sich um ein praktisches Selbstverhältnis.

Nun muß man Personen, wenn man den mit variierenden historischen Referenzen versehenen Argumenten namentlich von

17 Vgl. a. G. H. von Wright, *The Varieties of Goodness*, London 1963, S. 50f.

18 So z. B. C. F. von Weizsäcker, Modelle des Gesunden und Kranken, Guten und Bösen, Wahren und Falschen, in: ders., *Die Einheit der Natur* (1971), München 1974, z. B. S. 323.

Ch. Taylor und E. Tugendhat folgt[19], als solche Lebewesen begreifen, deren (Über)Leben gebunden ist an die (Aussicht auf) Erfüllung ihrer selbst gestellten Ansprüche davon, wer sie in Wahrheit sind; das Person-Sein ist wesentlich mit einem veritativen Sein verbunden. Das Wohl-Sein eines Lebewesens, das eine Person ist, bemißt sich deshalb auch danach, ob seine selbstbezüglichen Ansprüche erfüllt werden. Für Lebewesen, die Personen sind, stellt sich in ihren intentionalen Lebensäußerungen eine Person dar. »Wir verhalten uns gegenüber dem Leben, dem eigenen so gut als dem fremden, verstehend«, sagt Dilthey.[20] Wünsche, Gefühle, Urteile, Handlungen und Tätigkeiten sind nicht nur episodisch. Sie sind auch charakteristisch. Sie werden nicht bloß von einer Person ausgesagt, sie sagen auch etwas über die Person aus, und zwar nicht nur, daß diese Person bestimmte Bedürfnisse und Dispositionen hat, sondern auch, daß sie bejaht, jemand mit denjenigen Maximen, persönlichen Überzeugungen[21] und Charakterzügen zu sein, die sich in ihren Wünschen, Urteilen usw. ausdrücken oder zur Geltung bringen. Die Wahrheit einer solchen Aussage über eine Person kann von dieser bestritten werden. Daß die selbstgestellten Ansprüche einer Person darüber, wer sie in Wahrheit ist, erfüllt werden, besagt nichts anderes, als daß die betreffende Person die Zuschreibung eines bestimmten voluntativen (im Unterschied zu einem strikt konstativen) Selbstverständnisses bekräftigen kann und nicht verneinen muß, indem sie antwortet: »Das bin in Wahrheit nicht ich.«

Hier zeigt sich ein höherstufiges praktisches Selbstverhältnis. Indem eine Person sich fragt, wer sie ist, indem sie so und so fühlt, urteilt, handelt, und ob sie bejahen kann, diese Person zu sein, verhält sie sich zu sich, und das heißt jetzt: sie verhält sich dazu, daß sie bekräftigen können muß, die Person zu sein, die

19 Vgl. die oben S. 89, Anm. 40 aufgeführte Literatur.

20 W. Dilthey, *Der Aufbau der geschichtlichen Welt in den Geisteswissenschaften*, Frankfurt am Main 1981, S. 242.

21 Unter persönlichen Überzeugungen sollen hier solche Überzeugungen verstanden werden, für deren *Revision* man Gründe haben muß, und zwar solche, die man ineins mit seinem Selbstverständnis akzeptiert. Sie unterscheiden sich z.B. von Arbeitshypothesen, für deren Aufrechterhaltung man Gründe haben muß. Vgl. a. G. Harman, *Change in View*, Princeton 1986, S. 46f. und S. 38-40.

ihr bewußtes Verhalten darstellt. Es handelt sich um ein höherstufiges praktisches Sichzusichverhalten, weil nicht nur geprüft wird, ob das eigene bewußte Verhalten bestimmte persönliche Lebensregeln und Überzeugungen sowie Charakterzüge manifestiert oder zur Geltung bringt. Es werden auch, und zwar umgekehrt im Ausgang von einer Auslegung dieses Verhaltens, die in diesem Verhalten zur Geltung gebrachten oder ausgedrückten Maximen, Überzeugungen usw. ihrerseits in Frage gestellt. Als praktische Frage, deren Beantwortung handlungsleitend ist, terminiert diese Infragestellung ihrem Sinn nach in einer Selbstbejahung der fragenden Person.

Nun gehört es zum Begriff des ethisch Guten, daß es von demjenigen, für den es das Gute ist, gewußt wird als Antwort auf die eigene Frage nach dem Guten. Jedenfalls ist das der schon angeführte sokratische Gedanke, daß das ethisch Gute die Idee allen Sich-selbst-Verstehens ist. Folgt man diesem Gedanken, wie ich das hier tue, dann wird der begriffliche Zusammenhang zwischen dem ethisch Guten und einem praktischen Sichzusichverhalten klarer: »Ethos« bedeutete ja ursprünglich die nicht frei gewählte, unverfügbare spezifische Lebensart eines Lebewesens.[22] Was ethisch gut ist, ist also gut relativ zu der eigentümlichen Lebens- oder besser: Existenzweise desjenigen, für den es gut ist. Akzeptiert man den eingeführten Personenbegriff, dann ist es Lebewesen, die Personen sind, eigentümlich, sich in der Form der angeführten praktischen Frage zu sich zu verhalten. Demnach wird das, was für eine Person gut ist, von ihr gewußt als die Antwort auf ihre Frage, wer sie in Wahrheit ist, d.i. als wen sie sich bekräftigend bejahen kann. Ethisch gut kann etwas für jemand sein, der fähig ist, diese Frage zu stellen, und das heißt, der sich kritisch zu sich verhalten kann. Damit ist allerdings noch nichts über die Eigenschaften dessen, was ethisch gut ist, gesagt, außer daß es die Antwort auf eine bestimmte Frage ist. Aristoteles hat das ethisch Gute als die Aktualität dessen bestimmt, was der Mensch seiner wesentlichen und im Unterschied zu Pflanzen und Tieren spezifischen Möglichkeit nach ist, nämlich ein der Überlegung fähiges und überlegt strebendes Lebewesen zu sein. Eudaimonia ist kein (Ge-

22 Vgl. K. H. Ilting, *Naturrecht und Sittlichkeit*, a.a.O., S. 120.

fühls-)Zustand (z. B. der Lust), sondern der Inbegriff der das ganze Leben eines guten Menschen ausmachenden Tätigkeiten[23]; die Tugenden sind integrale Bestandteile von und nicht bloße Mittel für die *Eudaimonia*. Als *teleion agathón* ist die Eudaimonia aber kein jenseitiges Ziel, sondern in dem Sinn am Werk, daß es den Menschen, der sich an ihm überlegt orientiert, zu dem macht, was er wesensmäßig ist.

Das aristotelische Konzept des ethisch Guten bleibt informativ, auch wenn man von seiner inhaltlichen Spezifizierung durch Aristoteles absieht. Das ethisch Gute läßt sich auch formaler denken als dasjenige, was so am Werke ist, daß es denjenigen, für den es das ethisch Gute ist, in eine Übereinstimmung mit sich bringt, die sich in dessen bekräftigender Selbstbejahung bekundet. Die Nominalisierung (»das ethisch Gute«) ist dabei nur eine façon de parler. Gemeint ist, daß bestimmte Maßstäbe für das, was es wert ist, von einer bestimmten Person gewünscht, getan, angestrebt, geschätzt oder wichtig genommen zu werden, ethisch gut sind; und das heißt soviel, daß es relativ zu dem Wohl-Sein dieser Person gut ist, sich an diesen Wertmaßstäben zu orientieren, weil sie sich als die Person mit diesen Wünschen, Bestrebungen usw. bejahen kann. So gefaßt ist das, was ethisch gut ist, holistisch, kritisch, artikulationsbedürftig und handlungsbezogen.

Es ist *holistisch* oder inklusiv und nicht dominant in einer Abfolge von Gütern, weil es der Grund einer Selbstbejahung ist, die eine affektive Grundlage des Weiterlebens einer Person bildet.[24] Es ist *kritisch*, weil es demjenigen, für den es das ethisch Gute ist, nicht nur sagt, was die Person, als die er sich bejahen

23 »(Das) oberste den Menschen erreichbare Gut stellt sich dar als ein Tätigsein der Seele im Sinn ihrer wesenhaften Tüchtigkeit« (*NE* 1098 a 16-18); vgl. J. L. Ackrill, Aristotle on Eudaimonia (1974), wieder in: A. O. Rorty (Hg.), *Essays on Aristotle's Ethics*, Berkeley 1980, insbes. S. 24; J. L. Austin, Agathón und Eudaimonia in der ›Ethik‹ des Aristoteles, in: ders., *Gesammelte philosophische Aufsätze*, Stuttgart 1986, S. 28-31; W. F. R. Hardie, The Final Good for Man, in: ders., *Aristotle's Ethical Theory*, 2. Auflage, Oxford 1980, S. 21.

24 Vgl. Tugendhat, *Selbstbewußtsein und Selbstbestimmung*, a. a. O., S. 178. Für die Auffassung, daß auch nach Aristoteles das ethisch Gute einen inklusiven Status hat, vgl. *NE* 1098 b 16ff. Diese These ist freilich nicht unumstritten, vgl. aber zu ihrer Stützung die in Anm. 23 angeführten Arbeiten von Ackrill und Hardie.

kann, empfindet und wünscht, tut und erstrebt, bewundert und verurteilt. Es kann ihn auch dazu anhalten, seine Maßstäbe für das, was er für wünschenswert, erstrebens- und lobenswert hält, zu überprüfen. Kierkegaard beispielsweise identifiziert sogar das ethisch Gute mit einer solchen Prüfung. Er bestimmt es als das Sich-offenbar-Sein eines einzelnen Menschen und meint damit die beständige, selbständige ernsthafte Prüfung dieses Menschen, ob er in einem Irrtum darüber verfangen ist, als wen er sich bejahen kann.[25] In dieser Selbstprüfung gelangt der einzelne zu einer Selbstbejahung, die nur noch negativ als Abwesenheit eines inneren Widerstreits zu verstehen ist, den Kierkegaard als Verzweiflung bestimmt.[26]

Kierkegaards sehr formale Konzeptualisierung des ethisch Guten erinnert daran, daß man die begriffliche Unterscheidung zwischen moralischen und ethischen Problemen, mithin zwischen dem moralisch Richtigen und dem ethisch Guten nicht vorschnell mit einem höheren Grad an inhaltlicher Bestimmtheit des ethisch Guten in Verbindung bringen sollte. Auch eine Ethik des guten Lebens kann formal sein.[27] Das ethisch Gute ist nicht einfach ein Wertmaßstab unter anderen Wertmaßstäben. Die Orientierung an ihm führt dazu, daß die betreffende Person sich nicht bloß in einer Hinsicht, sondern schlechthin bejahen kann. Auf Grund seines holistischen Charakters eröffnet das ethisch Gute die Möglichkeit zu einer Kritik derjenigen Wertmaßstäbe, an denen sich eine Person faktisch orientiert. Was an

25 Vgl. S. Kierkegaard, *Die Krankheit zum Tode*: »Aber diese Rechthaberei der Wahrheit (im, wie Kierkegaard sagt, guten Sinn des Worts »Wahrheit«, L. W.) achtet man freilich nicht, so wie es auch weit entfernt davon ist, daß die Menschen im allgemeinen das Verhältnis zum Wahren, dies, daß man sich zum Wahren verhält, für das höchste Gut ansehen (...).« (In: Kierkegaard, *Werkausgabe*, Bd. I, hg. v. E. Hirsch/H. Gerdes, Düsseldorf/Köln 1971, S. 428.) Vgl. a. Kierkegaard, *Entweder – Oder*, hg. v. W. Diem/W. Rest, München 1975, S. 901, wo Kierkegaard den Unterschied zwischen einer ethischen und einer ästhetischen Lebenshaltung damit erläutert, daß »es eines Menschen Pflicht (ist), offenbar zu werden.«

26 Vgl. M. Theunissen, Kierkegaard's Negativistic Method, in: J. H. Smith (Hg.), *Kierkegaard's Truth: The Disclosure of the Self* (= *Psychiatry and the Humanities*, Vol. 5), New Haven/London 1981, S. 400.

27 Das wird nicht immer beachtet. Vgl. aber M. Seel, *Eine Ästhetik der Natur*, Frankfurt am Main 1991, S. 354.

diesen Maßstäben kritisiert werden kann, ist die Nichterfüllung des Anspruchs, daß die Orientierung an ihnen zu Gefühlen, Wünschen, Handlungen und Urteilen führt, in deren Begriffen sich die betreffende Person bejahend verstehen kann. Indem eine Person sich am ethisch Guten orientiert, kann sie diesen Anspruch geltend machen und dessen Nichterfüllung daran ablesen, daß sie selber bedauert und dagegen Einspruch erhebt, sich in einer bestimmten Weise verhalten zu haben. Die Erfahrung ihrer Unzufriedenheit mit sich, ihres Einspruchs, aber auch ihrer Inkonsequenz gegen sich, kann sie erkennen lassen, daß sie bestimmten Wertmaßstäben ein zu hohes Gewicht gegenüber anderen beigemessen hat, daß sie sich an Maßstäben orientiert, deren Erfüllung sie permanent überfordert oder daß sie einen Maßstab adaptiert hat, ohne sich klar zu sein, wohin die Ausrichtung an ihm sie führen würde. Im Zusammenhang mit dieser Erkenntnis kann man von einem besseren oder vertieften Selbstverständnis der Person sprechen. Zum einen weiß die Person mehr von sich; sie gelangt zu Einsichten darüber, wie sie dazu gekommen ist, sich an bestimmten Wertmaßstäben zu orientieren, was ihre Möglichkeiten sind, welche ihrer Überzeugungen relativ stark vor Revisionen geschützt sind und welche nicht. Zum anderen hat sie ein klareres Verständnis davon, was in ihren Augen für sie wirklich wert ist, gewünscht, angestrebt, geschätzt und wichtig genommen zu werden.

Das ethisch Gute erfüllt seine Funktion einer kritischen Instanz gegenüber den Wertmaßstäben einer Person auf dem Weg einer Vertiefung des Selbstverständnisses dieser Person. Das hängt mit der *Artikulationsbedürftigkeit* des ethisch Guten zusammen. Artikulationsbedürftig kann etwas (z. B. ein Gedanke, ein Bedürfnis) sein, was auf einen Ausdruck (z. B. einen Satz, auf ein Gefühl) angewiesen ist und was gleichwohl von einem bestimmten Ausdruck so verschieden ist, daß es verschiedene und unterschiedlich angemessene Ausdrücke für es gibt. Artikuliert im Unterschied zu unartikuliert oder undifferenziert kann ein Ausdruck sein, und er ist es, wenn er unterscheiden läßt, wofür er ein Ausdruck im Unterschied zu einem anderen Ausdruck ist. (So ist eine Abfolge arabischer Schriftzeichen für mich als einen durchschnittlich gebildeten Europäer ein nicht einmal syntaktisch artikulierter Ausdruck für einen Satz, weil sie mir nicht sagt, welche Wörter Verben, Pronomen, Substantive usw. sind.)

Nun darf man sich die Orientierung am ethisch Guten nicht in Analogie zur sinnlichen Orientierung an einem markanten Fixpunkt denken. Was ethisch gut für mich ist, liegt nicht offen zutage. Das ethisch Gute ist in dem Sinn artikulationsbedürftig, daß das, was ethisch gut ist, eines Ausdrucks in einem bewußten Verhalten bedarf, um als ethisch gut identifiziert werden zu können. Es ist nicht so, daß eine einzelne Person immer schon weiß, was gut für sie ist, und dann diesem Wissen gemäß das wünscht, anstrebt, schätzt, was wirklich wünschenswert, erstrebens- und schätzenswert für sie ist. Was sie weiß, wenn sie überhaupt über einen Begriff des ethisch Guten verfügt, ist der Anspruch, den die Wertmaßstäbe erfüllen müssen, die ihren tatsächlichen Wünschen, Handlungen, Urteilen zugrunde liegen, wenn es gut für sie sein soll, sich an diesen Maßstäben zu orientieren. Dieser Anspruch wird aber nicht auf die Weise geltend gemacht, daß die für die Person faktisch geltenden Maßstäbe an einem als ethisch gut gewußten Metamaßstab überprüft werden. Das ethisch Gute fungiert als eine kritische Instanz, indem es denjenigen, der von ihm einen Begriff hat und sich an ihm orientiert, fragen läßt, warum er das, was er faktisch wünscht, anstrebt und schätzt, für wünschens*wert* usw. hält und ob er seinen Gründen wirklich rechtfertigende Kraft beimessen kann.

Die Antwort darauf wird nicht in Ansehung eines obersten klar umrissenen Maßstabes, sondern vermittelst der Reaktionen der Unzufriedenheit, der Genugtuung, des Widerstrebens und Widerspruchs gegeben. Diese oft gefühlsförmigen Reaktionen interpretieren das maßstabsorientierte Verhalten einer Person als Darstellung ihrer Person, indem Gefühle, Wünsche, Handlungen, Urteile auf Charakterzüge, Maximen und Überzeugungen bezogen werden, die sich in ihnen manifestieren bzw. zur Geltung bringen. Sie drücken Stellungnahmen der Person dazu aus, daß sie es ist, die sich in ihrem Verhalten darstellt, und lassen – präsumtiv – die Person etwas über sich erkennen. Was für eine Person ethisch gut ist, ist das Ergebnis eines Zusammen- und Widerspiels zwischen einem an Wertmaßstäben ausgerichteten Verhalten und diesen stellungnehmenden Reaktionen, das das

Selbstverständnis dieser Person vertieft. Das ethisch Gute ist ein Anspruch, der ineins damit identifiziert wird, daß er in Form der Kritik und der Bekräftigung eines wertmaßstabsorientierten Verhaltens zur Geltung gebracht wird. Es findet seinen artikulierten Ausdruck in einem bewußten Verhalten, das sich aus den Gefühlen, Wünschen, Handlungen und Urteilen einer Person zusammensetzt und von dem diese Person bejahen kann, daß sie es ist, die sich in dieser Weise verhält.

Worin die Artikulationsbedürftigkeit des ethisch Guten gründet, ist eine schwierige Frage, die zu beantworten ich außerstande bin. Zu ihrer Beantwortung müßte man begründen, daß, und erklären, warum Personen sich zu sich interpretierend verhalten, warum also sie kein intuitives und infallibles Verständnis davon haben, wer sie sind und als wen sie sich bejahen können. Wichtiger für das hier verfolgte Argumentationsziel sind aber zwei andere, mit der Artikulationsbedürftigkeit des ethisch Guten zusammenhängende Aspekte.

Erstens ist es eine Konsequenz aus dieser Artikulationsbedürftigkeit, daß Exempeln bestimmter Art eine zentrale Rolle für die Begründung des Urteils, daß etwas ethisch gut für eine Person ist, zukommt. Was ethisch gut ist, wird gezeigt – von einem bewußten Verhalten einer Person, die sich im Modus der Selbstkritik an ihm orientiert. Dieses bewußte Verhalten ist ein Ausdruck oder ein Exempel für das ethisch Gute, aber »Exempel« meint hier mehr als nur einen Anwendungsfall, sondern ein Exemplar, das das, wovon es ein Exemplar ist, so vorzeigt oder, wie N. Goodman sagt, »exemplifiziert«[28], daß das, was ethisch gut ist, identifiziert wird.

Zweitens macht der Umstand, daß das ethisch Gute eines Ausdrucks in einem bewußten Verhalten bedarf, auf seinen *Handlungsbezug* aufmerksam: Die Gründe dafür, daß etwas ethisch gut ist, sind zugleich Gründe für die überlegte Wahl eines bestimmten Verhaltens. Es besteht hier ein Zusammenhang zwi-

28 »Exemplifikation« ist bei N. Goodman der Name für eine symbolische Beziehung, in der ein Symbol – im buchstäblichen oder im metaphorischen Sinn des prädikativen Seins – das ist, was es symbolisiert; beispielsweise exemplifiziert »kurz« kurze Wörter; vgl. N. Goodman, *Languages of Art*, 2. Auflage, Indianapolis 1976, S. 52ff., S. 85; ders., *Weisen der Welterzeugung*, Frankfurt am Main 1984, S. 45-50, 79-87.

schen Evaluation und Handeln (im Sinn eines bewußten, auf überlegte Wahl begründeten Verhaltens).

Eine Evaluation ist eine Beurteilung, die eine Wertung rechtfertigt oder kritisiert.[29] Sie beurteilt, ob und in welchem Grad etwas (ein natürlicher Gegenstand, ein Artefakt, ein Zustand, eine Handlung oder Tätigkeit, eine Person, ein Regelwerk) bestimmte Wertmaßstäbe erfüllt, die es schätzenswert, vorzugswürdig, bewahrens- oder erstrebenswert sein lassen. Wenn Evaluationen in Sätzen mit dem Wort »gut« ausgesprochen werden, dann wird »gut« als attributives Adjektiv (»x ist ein guter Freund«) oder als adverbiales Adjektiv (»x geht es gut«) gebraucht. Im Unterschied zu Klassifikationen sind Evaluationen solche Beurteilungen, die intern[30] als Rechtfertigungen für Wertungen mit Wertungen verknüpft sind. Wertungen bestehen in sog. Pro- und Con-Einstellungen wie empfehlen und abraten, (gering)schätzen, wertvoll finden, verabscheuen, (un)wichtig nehmen, umsorgen. Sie dürfen nicht mit Werten oder Wertmaßstäben und mit Gütern verwechselt werden. Werte sind Rechtfertigungs- und Erklärungsgründe für Wertungen. So ist Gesundheit ein Wert, der rechtfertigt, warum man eine sportliche Betätigung empfiehlt oder für wichtig nimmt. »Wert« und »Wertmaßstab« kann man synonym gebrauchen. Daß ein Wert der Grund für eine Wertung sein kann, liegt daran, daß er als ein Maßstab fungieren kann, der angibt, was auf dasjenige, was gewertet wird, zutreffen muß, um positiv oder negativ gewertet werden zu können. Güter schließlich sind Werte, die solche Pro- und Con-Einstellungen begründen, die sich in zielgerichtetem Handeln ausdrücken. Güter (z. B. Gesundheit) sind Wertmaßstäbe, deren Erfülltsein nicht nur geschätzt oder sogar bewundert wird, sondern für deren Erfüllung zu sorgen wichtig oder erstrebenswert ist.

Allerdings besteht nicht immer ein Zusammenhang zwischen Handlungen und einer Evaluation, also dem Urteil, daß ein

29 Vgl. für das Folgende Paul Taylor, *Normative Discourse*, a. a. O., passim, z. B. S. 14-21; W. K. Frankena, Art. ›Value and Valuation‹, in: *The Encyclopedia of Philosophy*, hg. von H. G. Edwards, Bd. 7, New York/London 1967, S. 229-232; U. Wolf, *Moralisches Sollen*, a. a. O., S. 149-163.

30 »Intern« meint hier, daß der kompetente, aufrichtige und vorbehaltlose Gebrauch eines Wertmaßstabes in Form eines evaluativen Urteils für den so Urteilenden eine Pro- oder Con-Einstellung rechtfertigt.

Wertmaßstab erfüllt oder unerfüllt ist. Ich kann beispielsweise einen Wein als exzellent beurteilen, ohne daß mir diese Beurteilung über das Schätzen hinaus auch einen Grund dafür gibt, diesen Wein zu wählen, ganz einfach deshalb nicht, weil es mir unwichtig sein kann, daß ich mich in meinen Konsumentenentscheidungen an dem zugrunde gelegten Wertmaßstab orientiere, und d. h. letztlich, weil es mir unwichtig sein kann, ein Gourmet zu sein oder zu werden.

Anders verhält es sich im Fall des ethisch Guten, von dem auch Aristoteles sagt, daß es das ist, was denjenigen, für den es das Gute ist, zu einem Streben (*orexis*) nach ihm bewegt.[31] Was hier beurteilt wird, sind Wertmaßstäbe dafür, was eine Person wünscht, anstrebt, schätzt. Diese Maßstäbe werden daraufhin beurteilt, ob und wie sehr sie den für das Wohl-Sein von Personen konstitutiven Anspruch erfüllen, daß sich die Person, die sich an ihnen ausrichtet, bejahen kann. Die Evaluation, daß bestimmte Maßstäbe diesen Anspruch erfüllen, begründet, warum ich es wichtig nehmen muß, mich an diesen Maßstäben zu orientieren. Und dieses Wichtig- oder Ernstnehmen heißt, es wichtig zu nehmen, derjenige zu sein bzw. zu werden, der das wünscht, anstrebt usw., was diese Maßstäbe als wünschenswert etc. auszeichnen.

Nach diesen Erläuterungen zu den Eigenschaften des ethisch Guten, holistisch, kritisch, artikulationsbedürftig und handlungsbezogen zu sein, können jetzt zusammen mit der Angabe der Eigenschaften moralischer Probleme die Unterschiede dieser Probleme zu ethischen Problemen benannt werden. Diese Unterschiede kann man unter den Aspekten ordnen, was ethisch bzw. moralisch problematisch sein kann und in welchem Kontext; für wen sich ein ethisches bzw. ein moralisches Problem stellt und wie es erlebt wird; was die Begründungsaufgabe ist, die zur Bewältigung des jeweiligen Problems gelöst werden muß; und was die Vermutung für sich haben darf, die Lösung eines moralischen bzw. ethischen Problems zu sein.

Wer sich fragt, was für ihn ethisch gut ist, kann sein bewußtes Verhalten als unvereinbar mit seinen eigenen Wertmaßstäben oder als Konsequenz einer falschen Gewichtung dieser Maß-

31 Aristoteles, *Über die Seele*, übers. von W. Theiler, 7. Auflage, Berlin 1986, 426a-430a, 413b 13ff.

stäbe oder als Folge der Orientierung an Maßstäben kritisieren, die für ihn nicht ethisch gut sind. Entsprechend ist das, was ethisch problematisch und der Kritik ausgesetzt sein kann, ein Wunsch, eine Handlung oder Handlungsweise, ein Urteil, und zwar als etwas, das einen Charakterzug ausdrückt oder persönliche Grundsätze oder Überzeugungen zur Geltung bringt, wobei diese Charakterzüge, Maximen und persönlichen Überzeugungen ihren Entstehungs- und Rechtfertigungsgrund in den Maßstäben der Person für das haben, was für sie wünschenswert, erstrebens- und lobenswert ist.

Im einzelnen kann das ethische Problem darin bestehen, daß ich nicht weiß, was mein Verhalten in bezug auf meine Person bedeuten würde, wenn ich mich so und so verhalten würde. Ich weiß dann auch nicht, ob ich es akzeptieren könnte, daß ich es bin, der sich so verhält. Das ist z. B. der Fall der oben angeführten Rechtsanwältin, die sich fragt, wie ihr Zurückhalten bestimmter Informationen auszulegen ist, und ob es in der richtigen Auslegung mit ihrem professionellen Selbstverständnis vereinbar ist. Wie das Beispiel zeigt, kann die Ungewißheit darüber, wie man sich verhalten muß, wenn man sich nicht in Gegensatz zu seinen Wertmaßstäben bringen möchte, so weit gehen, daß man gar nicht weiß, wie ethisch gewichtig eine bestimmte Situation ist. Man weiß dann nicht, ob dieser Wunsch, diese Handlung oder jenes Urteil wirklich mehr bedeuten als eine flüchtige Neigung, die Befolgung einer situationsabhängigen Präferenz oder eine Hypothese, mit der man sich explorativ bestimmte Dinge in der Welt zurechtlegt. Bei dieser Sorte von ethischen Problemen sind die Kriterien für die Beurteilung meines Verhaltens als Funktion einer bekräftigenden Selbstbejahung unstrittig. Das ist aber nicht bei solchen ethischen Problemen der Fall, die erlebt werden als Diskrepanzen, sei es zwischen dem eigenen evaluativen Urteil und der Motivation zu einem bestimmten Verhalten, sei es zwischen dem eigenen evaluativen Urteil und der Satisfaktion, die sich mit einem Handeln auf Grund dieses Urteils einstellen müßte und nicht einstellt.[32]

32 Daß sich die Rationalität einer internen Kritik von Wünschen an der Bewältigung dieser Diskrepanzen auf dem Weg einer wechselseitigen Anpassung von Evaluation und Motivation bzw. Satisfaktion bemißt, ist die

Die erste Diskrepanz besteht darin, daß man in seinem tatsächlichen Verhalten die Orientierung an bestimmten Wertmaßstäben nicht so wichtig nimmt, wie es das eigene Urteil darüber, welche Wertmaßstäbe zu erfüllen wichtig ist, sagt. Solche Diskrepanzen werden beispielsweise in lebenslauftypischen Entscheidungssituationen (wie Berufswahl oder Familiengründung) erfahren. Es stellt sich dann die Frage nach der Gewichtung zwischen denjenigen Maßstäben, die die tatsächliche Motivation zu einem bestimmten Verhalten zu einer Rechtfertigung machen, und denjenigen Maßstäben, die diese Rechtfertigung kritisieren. Hier ist die Rede von der Güterabwägung am Platz. Was abgewogen werden kann, ist das Gewicht von Gütern, also von solchen Wertmaßstäben, deren Erfüllung erstrebenswert ist. Diese Güter abwägen heißt die Frage beantworten, welches Gewicht oder welche Wichtigkeit es für mich hat, daß ich versuche, diesen und nicht jenen Wertmaßstab zu erfüllen, indem ich mich so und so verhalte.

Die zweite Diskrepanz besteht darin, daß man auf das eigene Verhalten nicht mit einem Gefühl der Selbstbestätigung reagiert, obwohl man Gründe für seine positive Wertung hat. In Gefühlen wie Stolz oder Genugtuung, aber auch in Stimmungen wie der Lebensfreude als dem vitalen Gestimmtsein zu einem tätigen Leben (im Gegensatz zum *ennui*) wird die Erfüllung selbstgestellter, selbstbezüglicher Ansprüche erlebt. Deshalb ist die Tatsache, daß man diese Gefühle und Stimmungen nicht erlebt bzw. durchlebt, obgleich man sie selber als Reaktion auf das eigene Verhalten erwartet, ein Anlaß dazu, das eigene evaluative Urteil über seine Orientierung an bestimmten Wertmaßstäben in Zweifel zu ziehen. Man fragt sich dann nicht mehr nur nach dem relativen Gewicht bestimmter Wertmaßstäbe für sich, sondern was überhaupt die Wertmaßstäbe sind, in deren Begriffen man die selbstbezüglichen Ansprüche formulieren muß.

In dieser Frage wird der Kern ethischer Probleme berührt, nämlich als was für eine Person ich mich bejahen kann. Der Kontext, relativ zu dem ein Gefühl, ein Wunsch, eine Handlung oder ein Urteil ethisch problematisch sein kann, ist in Begriffen der jeweiligen Person zu beschreiben. Derjenige, dem sich ein ethi-

These von A. Kusser, *Dimensionen der Kritik von Wünschen*, Frankfurt am Main 1989, S. 154ff. und S. 185ff.

sches Problem stellt, ist eine Person mit nur begrenzt von ihr veränderbaren Handlungsmöglichkeiten (Fähigkeiten, Rechten, Ressourcen) und mit Charakterzügen, Lebensregeln und persönlichen Überzeugungen, die sich in seinen Gefühlen, Handlungen usw. zum Ausdruck oder zur Geltung bringen. Er ist fähig zu begründeten, praktisch wirksamen negativen und positiven Wertungen darüber, daß er diese Charakterzüge und jene Maximen und Überzeugungen hat. Und er ist gezwungen, seine evaluativen Urteile praktisch wirksam werden zu lassen, weil nur er selber seine selbstbezüglichen Ansprüche erfüllen kann. Ethische Probleme sind Probleme für unvertretbar einzelne Personen; sie sind Probleme der Selbstverwirklichung und also persönliche Probleme. Ihre Lösung besteht in einem überlegten, bewußten Verhalten, von dem ich bejahen kann, daß ich (und nicht: irgendeiner, darunter ich) es bin, der sich so und so verhält. Die Lösung eines ethischen Problems muß immer eine Lösung in Ansehung der bestimmten Person sein, der sich das Problem stellt, weshalb die Lösung das dieser Person Mögliche sein muß.[33] Dieses Erfordernis schließt die Möglichkeit ein, daß etwas ethisch gut für mich ist, ohne ethisch gut für andere zu sein. Das hat zusammen mit der Artikulationsbedürftigkeit des ethisch Guten die Konsequenz, daß die Lösung eines ethischen Problems etwas ist, das sich in etwas Einzelnem zeigt, beispielsweise in einem Gefühl der Selbstbestätigung oder in der Äußerung eines evaluativen Urteils dieser Personen, deren Aufrichtigkeit sich in ihrer Motivation zu dem mit Gründen positiv gewerteten Verhalten bezeugt.

Fassen wir die Unterschiede zwischen ethischen und moralischen Problemen unter den verschiedenen Aspekten eines praktischen Problems zusammen, dann ergibt sich von diesen Unterschieden folgendes Bild:
Was ethisch problematisch sein kann, sind Wünsche, Gefühle, Handlungen, Urteile als Äußerungsformen einer bestimmten Person. Sie werden in dem Kontext einer personalen Selbstbeziehung problematisch. Demgegenüber sind es Gefühle, Hand-

33 Vgl. a. H. Frankfurt, The Importance of what we care about, in: ders., *The Importance of What We Care About. Philosophical Essays*, Cambridge 1988, S. 94.

lungen, Urteile als implizite oder explizite Stellungnahmen zu den normativen Erwartungen anderer (im Doppelsinn des Wortes »anderer«), die moralisch problematisch sein können. Sie werden problematisch im Kontext von Interaktionsbeziehungen. Während ethische Probleme sich mir stellen, sind moralische Probleme praktische Probleme für uns. Ethische Probleme werden von mir erlebt als Ungewißheit darüber, was für ein Verhalten mich in Übereinstimmung mit mir sein läßt. Moralische Probleme werden von uns erlebt als Unsicherheit darüber, was wir voneinander erwarten dürfen. Was bei der Lösung eines ethischen Problems der Begründung bedarf, ist der Anspruch, daß ich mich als die Person mit diesen Charakterzügen, Maximen und persönlichen Überzeugungen bejahen kann.

Im Unterschied dazu verlangt die Lösung eines moralischen Problems, daß ich von dir (und vice versa) das zu meinem Handeln komplementäre Handeln oder Unterlassen erwarten darf, und daß wir erwarten dürfen, daß auch andere, d. h. daß *man* so miteinander umgeht, wie wir es tun. Als Lösung eines ethischen Problems kandidiert das wertmaßstabsorientierte Verhalten einer einzelnen Person, für das aktorrelative Gründe sprechen. Die Güte der Gründe für dieses Verhalten, d. h. letztlich, was ethisch gut für diese Person ist, *zeigt* sich. Hingegen ist die Lösung eines moralischen Problems in einer normengeregelten Interaktion zu suchen, die über gemeinsame, aktorneutrale Gründe für die Teilakte verschiedener Personen zustande kommt. Die Güte der Gründe, daß man in dieser Weise miteinander umgeht, letztlich also eine gemeinsame Überzeugung über das moralisch Richtige, *bewährt* sich. Moralische Probleme haben mit ethischen Problemen die Eigenschaft gemeinsam, daß sie persönliche und nicht wie z. B. technische Probleme anonyme Probleme sind, deren Lösung delegiert werden kann. Sie unterscheiden sich von ethischen Problemen darin, daß sie irreduzibel intersubjektiver Natur sind.

Diese resümierende Unterscheidung zwischen moralischen und ethischen Problemen provoziert einen Einwand, der hier abschließend erörtert werden soll, weil er hilft, anzugeben, in welchem Sinn moralische Probleme irreduzibel intersubjektiv sind.

Die vorgestellte Unterscheidung suggeriert, daß nur moralische, nicht aber ethische Probleme gemeinsame Probleme für uns sein können. Das überzeugt vor allem dann nicht, wenn man davon ausgeht, daß unvertretbar einzelne Personen keine vereinzelte Personen sind. Um den Gedanken in eine schwache These zu kleiden: Die Wertmaßstäbe einer Person müssen keine sein, die nur sie hat. Das zeigt sich schon daran, daß man sein eigenes evaluatives Urteil über einen anderen nicht zu einer bloßen kausalen Erklärung für seine Pro- oder Con-Einstellung gegenüber diesem anderen herabstufen muß, sondern es als Rechtfertigung für diese Einstellung oder Wertung verteidigen kann. Was wir an uns schätzen, schätzen wir oft auch an anderen, und zwar aus den gleichen rechtfertigenden Gründen. Mehr noch: Es gibt auch Wertmaßstäbe, die nicht bloß andere auch haben, sondern die man mit anderen so teilt, daß man aufgrund dieser Wertmaßstäbe ein gemeinsames, aufeinander bezogenes und abgestimmtes Handeln positiv wertet. Freundschaft ist ein Beispiel für gemeinsam geteilte Wertmaßstäbe. Gemeinsam geteilte Wertmaßstäbe gehören zu Gemeinsamkeiten, die diejenigen, die sie teilen, als Mitglieder eines Kollektivs (z.B. einer Familie, eines Bundes) miteinander verbinden. Daß sie für uns ethisch gut sind, heißt, daß die Orientierung an ihnen uns in solche Beziehungen zueinander setzt oder hält, in denen zu stehen für jeden von uns Bestandteil seines normativen Selbstverständnisses ist; die Orientierung an solchen Maßstäben bringt Ego uno actu in Übereinstimmung mit sich und mit Alter als Angehörige einer Gemeinschaft in Übereinstimmung. Weil es gemeinsam geteilte Wertmaßstäbe gibt, kann es auch ethische Probleme für uns geben. Die mit einem gemeinsamen ethischen Problem Konfrontierten wissen nicht, welche sozialen Beziehungen zu hegen oder anzustreben sie wichtig nehmen müssen, wenn sie sich als Angehörige einer Gemeinschaft bejahen können wollen, für die bestimmte soziale Beziehungen charakteristisch sind.

Soweit der Einwand gegen eine Abgrenzung moralischer von ethischen Problemen, die allem Anschein nach darauf hinausläuft, nur moralischen Problemen einen intersubjektiven Status zuzugestehen. Angesichts dieser Konsequenz scheint sich der Verdacht zu erhärten, daß die deontologische Unterscheidung von Moral und Ethik, mithin von moralischen und ethischen

Problemen, eine soziologisch erklärbare Differenzierung von privaten und öffentlichen Lebenssphären unzulässigerweise in den Rang einer kategorialen Unterscheidung erhebt. Der Einwand schießt jedoch über sein Ziel hinaus. Der spezifische Unterschied liegt nicht darin, daß sich nur moralische Probleme für uns stellen können, sondern daß das Wir im Fall der Moral nicht immer so gedacht werden kann wie im Fall ethischer Probleme.

Im ethischen Fall wird das Wort »wir« auf ein Kollektiv bezogen, das ein gemeinschaftliches Leben führt. Das wird von dem begrifflichen Zusammenhang zwischen dem, was ethisch gut ist, und dem, was ein Leben führt, nahelegt. Allerdings habe ich diesen Zusammenhang so expliziert, daß etwas ethisch gut sein kann für ein Lebewesen, zu dessen Wohl-Sein die Erfüllung selbstbezüglicher und selbstgestellter Ansprüche gehört. Hält man an dieser Explikation fest, dann scheint man zu einer kurzschlüssigen Analogie gezwungen zu sein; man müßte dann analog zu Personen von einem Kollektiv sagen können, daß das ethisch Gute das ist, was dieses Kollektiv in Übereinstimmung mit sich bringt, daß man also z. B. sagen kann, das ethisch Gute für eine Familie ist das, was diese zu einer ›wahren Familie‹ macht. (Der Kurzschluß besteht darin, daß man die Überzeugung darüber, was eine wahre Familie ist, einer Entität namens »Familie« und nicht Personen, die eine Familie bilden, zuschreibt.)

Das Beispiel zeigt aber schon, daß man sich von einer bestimmten Art zu reden sachlich nicht irritieren lassen muß. Daß ein Kollektiv ein gemeinschaftliches Leben führt, kann auch bedeuten, daß verschiedene Personen ein Leben mit einem Selbstverständnis führen, für das bestimmte soziale Beziehungen dieser Personen untereinander konstitutiv sind. Wer man ist und als wen man sich bejahen kann, wird im Rekurs darauf beantwortet, mit wem man je schon zusammenlebt und mit wem man zusammenleben will. Bestimmte soziale Beziehungen zu anderen bilden nicht bloß Voraussetzungen, sondern Bestandteile des eigenen guten Lebens. Für Personen, die Mitglieder eines Kollektivs sind, gilt, daß sie ineins mit ihrem Wissen, wer sie sind und sein wollen, wissen, wer zu diesem Kollektiv gehört und auf wessen Evaluation des eigenen Verhaltens es ankommt,

wenn sie sich ihrem Selbstverständnis gemäß verhalten wollen. Deshalb muß die ethisch motivierte Kritik eines anderen letztlich die Advokatur meines ›besseren Selbst‹ betreiben.
Hier kommt ein Moment des Faktischen ins Spiel. Diese Kritik bleibt im Horizont des Kritisierten, weil sie Elemente von dessen Selbstverständnis zur Grundlage wählen muß, die zwischen Kritiker und Kritisiertem als Bestandteile eines faktisch gemeinsamen Selbstverständnisses unstrittig sind. Sie würde ihren Sinn verlieren, wenn sie in dem Vorwurf gipfeln würde, warum man der ist, der man ist. Nun kann man die Grenzen einer Gemeinschaft als Kriterien definieren, die zu identifizieren erlauben, wer ihr angehört, und das heißt immer auch: wer angehört werden muß. Das Moment faktisch geteilter Elemente eines gemeinsamen Selbstverständnisses von Mitgliedern eines Kollektivs hat darum zur Folge, daß Kollektive Gemeinschaften mit von innen, d.i. im Ausgang vom Selbstverständnis ihrer einzelnen Mitglieder gezogenen Grenzen sind. Das ethische Wir nimmt auf eine von innen begrenzte Gemeinschaft Bezug.
Die ethische Kritik eines anderen läßt sich deshalb reformulieren als interne Kritik des eigenen Selbstverständnisses. Wenn ich mich nur richtig verstehe, dann weiß ich auch, unter welchen Bedingungen diejenigen anderen, ohne deren Zustimmung zu meinem Handeln es mir nicht gutgehen würde, mir zustimmen werden. Das ethische Problem, welche Form des Zusammenlebens jedes Mitglied eines Kollektivs uno actu mit sich und mit anderen in Übereinstimmung hält, läßt sich auf die subjektrelative Frage zurückführen, wie der Einzelne sich in Ansehung der faktischen und der gewollten Bindungen und Beziehungen zu anderen verstehen muß. Das Verständnis davon, welches Verhalten auch für die anderen Mitglieder eines Kollektivs zustimmungsfähig ist, kann auf dem Weg einer Aufklärung des eigenen Selbstverständnisses entrelativiert werden. (Und diese Aufklärung kann etwas sein, was man nicht allein zustande bringen kann.)
Dieser Weg kann aber im Fall moralischer Probleme versperrt sein. Wie wir gesehen haben, stehen diejenigen, für die die Lösung eines moralischen Problems akzeptabel sein muß, in einem sinnvermittelten, normenregulierten Interaktionszusammenhang. Dieser Handlungszusammenhang darf nicht einfach mit

dem Lebenszusammenhang von Mitgliedern eines Kollektivs gleichgesetzt werden – es sei denn, es ist zwingend, daß eine solche Interaktion letztlich doch nur unter solchen Aktoren möglich ist, die einem Kollektiv angehören. Stellt man diesen Einwand zurück, dann muß die Möglichkeit zugelassen werden, daß der andere keiner ist, zu dem ich in einer solchen Beziehung stehe, in der zu stehen für mein evaluatives Selbstverständnis konstitutiv ist. Deshalb muß es nicht so sein, daß der Einspruch des anderen gegen die von meinem intendierten Handeln implizierten Zumutungen und faktischen Folgen für andere als Einspruch in meinem Namen reformuliert werden kann. Wie wir noch im nächsten Untersuchungsteil (II) sehen werden, bezieht sich das »Wir« im moralischen Fall auf eine Gemeinschaft derer, die in einer kommunikativen Lebensform involviert ist. Die Gemeinsamkeiten zwischen denjenigen, auf die sich »wir« bezieht, verbinden sie zu einer wechselseitigen Angewiesenheit auf ein responsives Verhalten; die Verweigerung dieses Verhaltens ist die Quelle ihrer moralischen Verletzungen. Aber die Angehörigen einer kommunikativen Lebensform müssen nicht durch ein gemeinsames Verständnis des ethisch Guten verbunden sein. Das sieht man schon daran, daß sich moralische Probleme und entsprechend dazu die Gefahr moralischer Verletzungen auch denen stellen, für die es nicht zum guten Leben gehört, miteinander zusammenzuleben.

Die Untersuchung der begrifflichen Implikationen, die in der Phänomenologie des individuellen Moralbewußtseins stecken, hat auf die wesentlichen Eigenschaften moralischer Probleme geführt. Und es wurden die Unterschiede zwischen moralischen und ethischen Problemen herausgearbeitet. Liegengeblieben ist noch eine Aufgabe, die aber auf der Basis der vorhergegangenen Argumentation zügiger bewältigt werden kann: Es ist jetzt noch zu zeigen, warum von der jeweiligen Problemseite her die deontologische Unterscheidung zwischen Moral und Ethik gestützt wird.

Gemäß der deontologischen Abgrenzung von Moral und Ethik sind moralische Urteile keine Empfehlungen, sondern Gebote oder Verpflichtungsurteile.[34] Sie werden in Sollsätzen formu-

34 Ein weiterer Aspekt dieser Abgrenzung ist der Kantische Gedanke, daß moralische Urteile einen wahrheitsanalogen Anspruch auf Allgemeingül-

liert, die nicht in evaluative Sätze übersetzbar sind. Primärer Gegenstand der so aufgefaßten Moralurteile sind nicht Personeneigenschaften, sondern Handlungsweisen, die richtig oder falsch relativ zu Handlungsnormen und nicht zu Wertmaßstäben sein können. Und die Beziehungen zwischen den Autoren moralisch beurteilbarer Handlungen müssen nicht die Beziehungen zwischen den Mitgliedern eines Kollektivs sein. Diese Behauptung ist schon oben etwas einsichtiger gemacht worden. Das Argument war, daß der Interaktionszusammenhang der von moralischen Problemen Betroffenen ein sinnvermittelter Handlungszusammenhang ist und nicht als gemeinschaftlicher, für das Selbstverständnis der einzelnen Aktoren konstitutiver Lebenszusammenhang gedacht werden muß. – Für die anderen der aufgelisteten Behauptungen lassen sich nun am Leitfaden des Gedankens, daß begründete Moralurteile die Funktion haben, moralische Probleme zu lösen, einige Argumente gewinnen.

Moralische Probleme sind öffentliche und keine privaten, auch keine allgemein privaten Probleme. Ein begründetes Moralurteil ist deshalb nicht bloß ein Grund für mich, in einer bestimmten Weise zu handeln, sondern auch für andere, diese Handlungsweise von mir erwarten zu dürfen. Empfehlungen hingegen sind mehr oder weniger dringliche Aufforderungen zu einem bestimmten überlegten Handeln, deren Erfüllung aus der Sicht des Empfehlenden freigestellt ist. Die Freistellung der Erfüllung eines moralischen Urteils würde bedeuten, daß es Ego wie bei einem Vorschlag für die Lösung eines privaten Problems anheimgestellt ist, die normative Erwartung von Alter zu erfüllen. Dieses Argument deutet schon an, was gegen die Übersetzbarkeit moralischer Sollsätze in ethische Wertsätze spricht. Ethische Wertsätze können wohl in entsprechende Sollsätze

tigkeit für alle zu allen Zeiten haben im Unterschied zu Empfehlungen, die in der Form von ethischen Wertsätzen sagen, was in einer überlegten Orientierung an (ggf. gemeinsamen) Wertmaßstäben der einzelne (als einer von uns) tun muß, wenn er sich richtig versteht. Dieser Gedanke ist natürlich nicht selbstverständlich und darf deshalb nicht einfach die Unterscheidung zwischen moralischen und ethischen Fragen definieren. Wie er von der problemlösenden Aufgabe moralisch-praktischer Begründungen her plausibel gemacht und vor falschen Analogien bewahrt werden kann, wird im dritten Teil deutlicher, vgl. unten S. 279f.

übersetzt werden. Es besteht ja im Fall evaluativer Urteile über das ethisch Gute ein Zusammenhang zwischen Evaluation und Aktion. Das Urteil, was ethisch gut ist für eine Person, ist letztlich ein Urteil darüber, an welchen Wertmaßstäben diese Person sich in ihrem bewußten Verhalten ausrichten soll. Wenn nun moralische Sollsätze übersetzte ethische Wertsätze wären, dann wäre die Zustimmung zu einem moralischen Urteil in der Form eines Sollsatzes von der Einsicht darüber motiviert, was man tun muß, damit man sich in Übereinstimmung mit sich und d. h. mit seinem bekräftigten Selbstverständnis bringt. Das begründete Moralurteil wäre dann nur eine Lösung für einen einzigen – für den persönlichen – Aspekt eines moralischen Problems.

Dieser Defekt kann auch dadurch nicht ganz behoben werden, daß man in das Selbstverständnis der Adressaten eines moralischen Urteils gemeinsame Werte einbezieht. Unberücksichtigt bleibt dann immer noch der über-lokale Aspekt in der intersubjektiven Problemdimension, unter dem ein konsensuelles Zusammenhandeln von uns, die wir ein gemeinsames Selbstverständnis haben, in den Folgen für Dritte ohne dieses Selbstverständnis problematisch sein kann. Hier hilft auch nicht der Gedanke weiter, daß zu den Werten, die zu unserem Selbstverständnis gehören, auch moralische Rechte Dritter, die Fremde sind, zählen können; die Folgenberücksichtigung in bezug auf diese Dritten wäre – so der Gedanke – eine Konsequenz unseres Bestrebens, unsere Wertmaßstäbe zu erfüllen.

Aber moralische Rechte, ob meine oder die anderer, sind keine Güter. Denn man kann etwas als ein ethisches Gut für sich bzw. für andere erkennen, ohne daß die Gründe für diese Einsicht auch für andere bzw. für mich praktische Gründe sein müssen, sich in einer bestimmten komplementären Weise zu verhalten. Im Unterschied zu einem Gut kann ich jedoch nicht etwas als ein moralisches Recht anderer erkennen, ohne anzuerkennen, daß es auch für mich ein moralisches Recht anderer ist, das mich zu einer bestimmten Weise des Handelns oder Unterlassens gegenüber dem Rechtssubjekt verpflichtet. Zu moralischen Rechten kann man nicht wie zu ethischen Gütern in ein distanziertes Verhältnis treten, ohne daß sich diese Rechte in etwas anderes, beispielsweise in Willensbekundungen oder in Handlungsmittel anderer verwandeln. Das liegt daran, daß im Fall moralischer

Rechte, denen stets moralische Verpflichtungen korrespondieren, der Zusammenhang zwischen Urteilen und Handeln nicht nur in der Einstellung der ersten Person Singular, sondern stets auch in der Einstellung der zweiten Person ein interner Zusammenhang ist. Moralische Rechte sind keine Güter, auch wenn sie etwas sind, um deren Schutz und Verwirklichung es mir oder uns gehen kann. Man darf moralische Rechte als Bedingungen für die Selbstverwirklichung von Personen nicht mit Gütern als Inhalte bzw. Ziele der Selbstverwirklichung verwechseln. Das tut tendenziell z. B. J. Rawls, wenn er moralische Rechte (wie das Recht auf Gewissens- und Meinungsfreiheit oder das Recht auf leibliche Integrität) zu den sog. Primärgütern zählt, die Inhalt eines sich überlappenden Konsenses unter Personen mit verschiedenen Konzeptionen des guten Lebens sind.[35]

35 Vgl. Rawls, *The Priority of Right and Ideas of Good*, a. a. O., S. 256. Rawls Begriff der Primärgüter ist ziemlich schillernd. Einerseits bilden Primärgüter »a shared view of citizen's good« (ebd.), andererseits sind sie »necessary conditions for realizing the powers of moral personality and ... all-purpose-means for a sufficiently wide range of final ends (...)«. (Social Unity and Primary Goods, in: A. Sen/B. Williams (Hg.), *Utilitarianism and Beyond*, Cambridge 1982, S. 166.)
Diese Unklarheit hat zumindest zwei Gründe: Erstens wird der Begriff des ethisch Guten nicht expliziert. Die Definition der Primärgüter als das, was »a rational man wants whatever else he wants« (*Theory of Justice*, a. a. O., § 15, S. 92) ist viel zu unbestimmt. Zweitens konfundiert Rawls im Begriff der Primärgüter Bedingungen mit Inhalten des guten Lebens, weil er erstere nur im Rückgriff auf letztere erklären kann.
Die Frage lautet: Warum gehören bestimmte Rechte zu den Bedingungen dafür, daß eine Person ein gutes Leben führen kann? Sie wird von Rawls mit dem Konzept eines höherstufigen normativen Selbstverständnisses beantwortet, das moralische Persönlichkeiten auszeichnet. Zu diesem Selbstverständnis gehört die Kardinaltugend der Gerechtigkeit, so daß man nicht sein kann, wer man sein will, ohne andere Lebewesen mit Rechten zu respektieren, und es gehört der Wert einer selbstbestimmten Lebensführung dazu, die die Respektierung als Rechtsperson durch andere verlangt.
Eine andere Antwort auf diese Frage wäre, daß eine Person immer schon von anderen als ein Lebewesen mit moralischen Rechten anerkannt und behandelt worden sein muß, wozu auch die ihrem Personenstatus vorgreifende Zumutung an diese Person gehört, andere als Rechtssubjekte zu behandeln, um überhaupt befähigt zu werden, danach zu fragen, wer sie sein will und was für ein Leben sie führen will. Diese alternative Erklärungsmöglichkeit für moralische Rechte als Bedingungen des guten Lebens kommt Rawls nicht in den Blick.

Bleibt noch ein letzter Aspekt der Unterscheidung zwischen Moral und Ethik. Diese Unterscheidung enthält die Annahme, daß es primär Handlungsnormen sind, die moralisch richtig oder falsch sein können. Zumindest ist diese grundbegriffliche Voraussetzung charakteristisch für eine Kantische Version dieser Unterscheidung. In dieser Annahme stecken zwei Behauptungen: Zum einen, daß Moralurteile demjenigen, an den sie sich richten, sagen, was er *tun*, und nicht, wie er *sein* soll[36]; zum anderen die Behauptung, daß moralische Urteile ihrem Adressaten sagen, was nicht nur *er* in dieser Situation, sondern was *man* in Situationen diesen Typs tun soll. Beide Behauptungen werden unmißverständlicher und gewinnen an Überzeugungskraft, wenn man sie auf die moralische Problemsituation bezieht.

Die erste Behauptung kann so mißverstanden werden, daß nur Handlungen und nicht auch Gefühle (z.B. Häme oder Schadenfreude) oder Motive Gegenstand einer moralischen Beurteilung sein können. Das hätte die – für einen Kantianer allemal – unliebsame Konsequenz, den Unterschied zwischen der Legalität und der Moralität einer Handlung preisgeben zu müssen. Denn diese Unterscheidung geht davon aus, daß ohne die Kenntnis und die moralische Beurteilung des Motivs zu einer Handlung diese Handlung gar nicht in ihrer moralischen Bedeutung erfaßt und beurteilt werden kann. Der gute Grund für diese Annahme liegt darin, daß ein Motiv als vermeintlicher Rechtfertigungsgrund für ganz verschiedene Handlungen fungieren kann; es kann somit ein im Vergleich zu einer einzelnen Handlung artikulierterer Ausdruck sein für die Stellungnahme des potentiell Handelnden zu den normativen Erwartungen anderer, in einer bestimmten komplementären Weise zu handeln oder nicht zu handeln.

Mit dem Wort »Stellungnahme« ist das Stichwort gefallen. Wie wir gesehen haben, unterscheidet es moralische von ethischen Problemen, daß Gefühle, Handlungen, Motive, Urteile nicht als

36 »(That) moral judgements are primarily made of actions«, betont auch B. Gert, *The Moral Rules*, 3. Auflage, New York 1973, S. 17. Gert gibt dafür aber keine Erklärung. Das wirkt sich übrigens auf die Plausibilität seiner zentralen These aus, daß moralische Pflichten negative Pflichten sind, bestimmte Dinge, nämlich »causing evil«, zu unterlassen (ebd., S. 69).

Äußerungsformen einer Person (als Charakterzug, persönliche Lebensregel usw.), sondern als Stellungnahme eines Aktors zu den normativen Erwartungen anderer moralisch problematisch sein können. Und diese Stellungnahme ist eine Stellungnahme zu einem moralischen Urteil, das diese normativen Erwartungen präsumtiv stützt und das ein bestimmtes Handeln oder Unterlassen zum Gegenstand hat. Weil moralische Probleme einen Interaktionszusammenhang belasten, sind Handlungen, und zwar als Elemente einer Interaktion primär Gegenstand moralischer Urteile, die eine Funktion der Lösung moralischer Probleme sind.[37] Das ist übrigens auch der Grund für die oben (S. 81, Anm. 32) behauptete Vorgängigkeit des moralischen Gefühls der Schuld, etwas moralisch Falsches getan zu haben, gegenüber dem Gefühl der Scham.

Daß nun Handlungen, die Gegenstand moralischer Urteile sind, moralisch geboten sind – relativ zu moralisch richtigen Handlungs*normen* –, hat folgenden Grund: Da diese Handlungen Elemente von Interaktionen sind, verweisen sie ihrem Begriff nach auf komplementäre (Unterlassens-)Handlungen anderer. Der Anspruch, daß eine solche Handlung gerechtfertigt ist, schließt deshalb einen Anspruch ein, daß die normative Erwartung des komplementären Handelns berechtigt ist. Eben diese Bedingung ist der Grund dafür, daß die Lösung eines moralischen Problems die Lösung eines gemeinsamen, öffentlich und nicht privaten praktischen Problems ist. Man kann sein eigenes intendiertes Handeln nicht für gerechtfertigt halten, ohne den Anspruch zu erheben, daß es auch für denjenigen zustimmungsfähig ist, der sich in einer komplementären Weise verhalten muß. Handlungen, die wesensmäßig Interaktionselemente sind, setzen darum intersubjektiv geteilte Handlungsgründe als eine unter anderen generischen Könnensbedingungen voraus. In einer vollständigen Beschreibung müssen sie als Erfüllung bzw.

37 Man beschreibt manchmal den Unterschied zwischen Moral und Ethik als einen Unterschied zwischen Regel- und Tugendethik und sagt, daß erstere handlungs- und letztere aktorbezogen ist (vgl. z. B. A. MacIntyre, *After Virtue*, a. a. O., S. 112; Ch. Taylor, *Sources of the Self*, a. a. O., S. 79f.; R. A. Putnam, Reciprocity and Virtue Ethics, in: *Ethics* 98 (1988), S. 379-389). Man kann so reden, wenn man damit meint, daß man unterschiedliche Kontexte aufsuchen muß, um etwas als ethisch oder als moralisch problematisch zu identifizieren.

als Inanspruchnahme gemeinsam anerkannter normativer Erwartungen beschrieben werden. Deshalb brauchen die Aktoren eine gemeinsame Grundlage, relativ zu der ihre Handlungen berechtigt sind. Wenn diese Grundlage moralischer Art ist, dann wird sie von Moralnormen gebildet. Denn die aktuelle Interaktion zwischen diesem und jenem Aktor ist in einen überpersönlichen Interaktionszusammenhang eingelassen, vermittelst dessen ihr aktuelles Zusammenhandeln für Dritte moralisch kritisierbare Voraussetzungen und Folgen hat. Wären die von Ego und Alter für ihren Umgang miteinander geteilten Gründe lokale, nur für diese, mit Namen ansprechbare Aktoren gute Handlungsgründe, dann bliebe dieser Umgang aus der Perspektive auf Dritte gleichwohl moralisch problematisierbar. Den Anspruch, daß unsere Interaktion auch unter dem über-lokalen Aspekt moralischer Probleme unproblematisch ist, kann man aber so reformulieren, daß nicht nur wir aus aktorrelativen, sondern daß man aus aktorneutralen Gründen so handeln könnte, wie wir es tun. Und Handlungsnormen sind solche Gründe.

Ein weiteres augenfälliges Phänomen, das im Licht der durchgeführten Analyse verständlicher wird, ist die Präponderanz des Negativen in der Moral. Nicht zufällig konzentrierte sich unsere Analyse des moralischen Vokabulars und moralischer Gefühle auf negative sprachliche Ausdrücke und negative Gefühle. Das prominenteste Beispiel sind negative moralische Pflichten, also Pflichten, bestimmte Dinge nicht zu tun. Es liegt nahe, diesen Umstand damit zu erklären, daß es die Moral mit der Auszeichnung von Sphären negativer Freiheit zu tun hat. Die Schwierigkeit bei dieser Erklärung liegt in ihrer Konsequenz, moralische Rechte primär als negatorische Rechte oder als Unterlassungsansprüche des Einzelnen gegen alle anderen oder gegen eine (z. B. rechtsstaatlich verfaßte) Gemeinschaft zu denken und nicht auch als berechtigte Ansprüche auf Leistungen dieser Gemeinschaft und auf Gestaltungen der sozialen Binnenstruktur einer Gemeinschaft. Bezieht man nun die verschiedenen Phänomene des Negativen auf den intersubjektiven Handlungszusammenhang, dessen Infrastruktur auch moralischer Natur ist, dann kann man diese Phänomene des Negativen auch anders erklären. Sie gründen darin, daß dieser Interaktionszusammenhang etwas ist, was von einem Einzelnen nur verletzt, nicht aber souverän hergestellt oder aufrechterhalten werden kann. Das erklärt sich wiederum daraus, daß für diesen Handlungszusammenhang ein gemeinsames Urteil über die Berechtigung wechselseitig erhobener normativer Erwartungen konstitutiv ist. Ein solches Urteil kann von einem der Beteiligten nicht einfach erzeugt werden, auch wenn dieser die Bedingungen erfüllt sein lassen kann, die erfüllt sein müssen, wenn ein solches Urteil berechtigt sein soll. Das Negative in negativen Pflichten, Gefühlen und moralisch gebrauchten Ausdrücken ist primär im ontologischen Sinn als Privation oder Verletzung und erst sekundär im aussagenlogischen Sinn des Negatorischen, eben im Sinn der Negation einer solchen Verletzung zu verstehen.

Schließlich wird in Ansehung der Struktur des intersubjektiven Verhältnisses, auf das diese Verletzung zu beziehen ist, auch verständlich, warum man von einer einzelnen Handlung nicht sagen kann, sie sei moralisch besser als eine andere, es sei denn, man meint damit, daß sie eben moralisch richtig ist, während die andere moralisch falsch ist. Das erklärt sich daraus, daß ein singulärer Akt moralisch problematisch ist auch unter dem Aspekt, ob er die Kontinuierung eines legitim geregelten überpersönlichen Handlungszusammenhanges stört. Könnte ein singulärer Akt Gegenstand einer abgestuften moralischen Beurteilung sein, dann müßte er richtig oder falsch sein können relativ zu einer Norm, die er nicht bloß erfüllen oder verletzen, sondern die er auch – besser oder schlechter – verkörpern bzw. artikulieren kann. Wenn das der Fall wäre, dann wäre eine Moralnorm ein normativer Anspruch, der in Ansehung von etwas Einzelnem, das ihn erfüllt, bestimmt wird. Sie bliebe damit auf eine soziale Beziehung zwischen diesem Aktor und jenem Ko-Aktor bezogen und verlöre den Status einer Norm, die beansprucht, eine interaktive Beziehung nicht nur zwischen diesen individuierten Aktoren in legitimer Weise zu regeln.

# II.
# Zum Standpunkt der Moral

Die skizzierte Phänomenologie des Moralischen hat einige Begriffe für die Beschreibung des Gegenstandes der Moral erläutert und auf allgemeine charakteristische Eigenschaften moralischer Probleme geführt, die die deontologische Abgrenzung moralischer Fragen von ethischen Fragen des guten Lebens abstützen. Freilich hat sie keine positive Bestimmung von moralischen Fragen ergeben. Ebenso ist noch unklar geblieben, was denn die moralischen Gesichtspunkte sind, die ein Verhalten in den angeführten charakteristischen Problemdimensionen als moralisch problematisch erscheinen lassen. Damit sind wir bei der Frage nach dem Standpunkt der Moral, der diese Gesichtspunkte liefert.

Bei der Beantwortung dieser Frage ist Vorsicht geboten. Zum einen kann sie in einer Explikation des Begriffs von einem moralischen Standpunkt bestehen. Dann hat die Frage einen formalen, deskriptiven Sinn. Zum anderen kann die Antwort in einem Urteil darüber bestehen, was für ein moralischer Standpunkt eingenommen werden soll. Dann hat die Frage einen materialen, präskriptiven Sinn. Im Folgenden geht es mir um eine Explikation des Begriffs vom moralischen Standpunkt, der formal genug ist, um nicht einfach definitorisch ein solches moralisches Urteil vorwegzunehmen. Allerdings war schon in der Einleitung eine Schwierigkeit dieses Unterfangens benannt worden, die die fein säuberliche Abgrenzung zwischen deskriptiven und präskriptiven Einstellungen in dieser Sache untergräbt. Tatsächlich lassen wir uns auch bei einer vermeintlich deskriptiv bleibenden Explikation des Begriffs vom moralischen Standpunkt von einem normativen Verständnis dieses Standpunkts leiten, wie ja auch die Grammatik der sog. moralischen Wertausdrücke die Isolierung von deskriptiven und präskriptiven Komponenten in diesen Ausdrücken blockiert. Man kann die präjudizierenden Effekte dieses Vorverständnisses nicht vermeiden, indem man auf es gänzlich verzichtet. Die hier versuchte Begriffsexplikation wird deshalb durchaus auf Fälle moralisch relevanter Verletzungen zurückgehen, die ich für relativ unstrittig halte. Indem ich ex negativo von moralischen Verletzungen ausgehe, lasse ich einen Spielraum für die positive Antwort auf die Frage, worin ein moralischer Standpunkt besteht, dessen Einnahme dem Schutz vor solchen Verletzungen dient.[1] Natürlich ist auch die Rede von moralisch relevanten Verletzungen standpunktrelativ. Aber wie wir noch sehen werden, versucht die vorgeschlagene Begrifflichkeit diesem Umstand Rechnung zu tragen.

Es bleibt noch ein anderes Bedenken. Die Wahl eines Umwegs über die Beschreibung moralischer Verletzungen wirft die Frage auf, wie sich diese Wahl mit einem deontologischen Moralverständnis verträgt. Wenn die Einnahme eines moralischen Standpunkts dem Schutz vor moralischen Verletzungen dient, ist dann nicht stillschweigend ein teleologisches an die Stelle eines deontologischen Moralverständnisses getreten? – Ich glaube nicht.[2]

Ein deontologisches Moralverständnis, soweit es im Zuge der vorgetragenen Phänomenologie des Moralischen erläutert wurde, abstrahiert ja nicht einfach von den Wirkungen, die Handlungen haben. Denn ohne den Bezug auf die intendierte Wirkung einer Handlung kann diese gar nicht vollständig beschrieben werden. In einem deontologischen Moralverständnis wird eine moralisch beurteilbare Handlung aber nicht beschrieben als das intentionale Herbeiführen der Existenz von Sachverhalten. Sie wird vielmehr begriffen als eine praktische Stellungnahme zu den interaktiven sozialen Beziehungen, die u.a. durch moralische Pflichten und korrespondierende Ansprüche geregelt werden. In einem deontologischen Moralverständnis sind die Gründe, in einer moralisch gebotenen Weise zu handeln (oder nicht zu handeln), auf die moralischen Ansprüche anderer, so und so behandelt zu werden, bezogen. Moralisch richtig ist eine Handlungsweise nicht, weil sie als gut bewertete Zustände in der Welt herbeiführt, sondern weil sie bestimmte Ansprüche anderer respektiert. Daß diese moralischen Ansprü-

1 Ähnlich in der Wahl eines negativen Ausgangspunktes A. Honneth, Integrität und Mißachtung. Grundmotive einer Moral der Anerkennung, in: *Merkur* 501 (1990), S. 1043-1054.

2 Vgl. a. z.B. R. Goodin, *Protecting the Vulnerable*, Chicago/London 1985, 115f.; B. Herman, Mutual Aid and Respect for Persons, in: *Ethics* 94 (1984), S. 577-602.

che in Verbindung gebracht werden mit dem Schutz vor Verletzungen, widerspricht nicht der Abgrenzung des moralisch Richtigen vom ethisch Guten. Mit dieser Abgrenzung wird nicht die Verbindung des moralisch Richtigen zum Guten (im Sinne des dem Wohl Förderlichen) gekappt, *soweit* die anzuerkennenden *Ansprüche anderer* mit Bezug auf das so verstandene Gute bestimmt werden müssen. Diese Abgrenzung bezieht sich auf die Sorte von Gründen, die gegenüber und für die Subjekte moralischer *Verpflichtungen* solche Verpflichtungen rechtfertigen. Sie verträgt sich durchaus mit einer Explikation des Begriffs vom Standpunkt der Moral, in der der Schutz vor moralischen Verletzungen eine Rolle spielt.

Nun streut die Rede vom Standpunkt der Moral über ein gewisses Spektrum an Bedeutungen. Zum einen ist mit einem moralischen Standpunkt eine moralische Hinsicht oder ein moralischer Gesichtspunkt gemeint, unter dem etwas, zum Beispiel eine Handlungsweise, eine Handlungsnorm, eine Konfliktlösung als moralisch richtig bzw. falsch beurteilt wird. Beispiele sind der moralische Gesichtspunkt der Fairness oder die moralische Hinsicht der Rücksichtnahme auf die Verletzbarkeit von Lebewesen. Zum anderen ist konkreter an bestimmte moralische Regeln gedacht, die das moralische Urteilen leiten und insofern als regelförmige Operationalisierung moralischer Hinsichten in der Urteilsbildung fungieren. Man kann den Kategorischen Imperativ als einen solchen moralischen Standpunkt verstehen, der die Hinsicht auf willens- und vernunftbegabte Lebewesen als Zwecke an sich selbst im moralischen Urteil operationalisiert. Schließlich sind mit einem moralischen Standpunkt auch Hinsichten gemeint, unter denen etwas als moralisch relevanter Aspekt, das heißt als wichtig für eine bestimmte moralische Beurteilungshinsicht erscheint. In diesem Sinn spricht man zum Beispiel vom moralischen Standpunkt des Mitleids, der eine Hinsicht ist, unter der die Quellen elementarer Formen des Leidens relevant für die moralische Hinsicht der Schonung leidensfähiger Lebewesen sind.

Moralische Beurteilungshinsichten, Urteilsregeln und Relevanzkriterien hängen natürlich zusammen. Es liegt nahe, diese Aspekte der Rede vom Standpunkt der Moral auf den Begriff von einem obersten Moralprinzip zu bringen. Die optischen

Metaphern von »Hinsichten« und »Gesichtspunkten« dürfen ja nicht über den normativen Charakter von moralischen Hinsichten und Gesichtspunkten hinwegtäuschen. Moralische Hinsichten oder Gesichtspunkte haben den deontologischen Charakter von moralischen Geboten und Verboten; sie werden in Sätzen mit deontischen Operatoren, u. a. in generellen Sollsätzen artikuliert. Diese Merkmale teilen sie mit Normen, die das moralische Urteil in konkreten Handlungssituationen leiten. Sie unterscheiden sich konträr von spezifischen Moralnormen durch ihren höheren Grad an Generalität und darin, daß sie auch Beurteilungshinsichten für diese Normen sind. Die moralischen Relevanzkriterien schließlich ergeben sich – so scheint es jedenfalls – aus dem Bedeutungsgehalt der Begriffe in den moralischen Sätzen, in denen diese moralischen Hinsichten formuliert werden. Allerdings sollte man den moralischen Standpunkt nicht mit einer Menge zusammenhangloser moralischer Gesichtspunkte oder sehr genereller Moralnormen gleichsetzen. Man spricht ja von *dem* und nicht von mehreren Standpunkten der Moral. Mit »dem Standpunkt der Moral« ist vielmehr so etwas wie ein Moralprinzip gemeint, das verschiedene moralische Gesichtspunkte in einen kohärenten Zusammenhang bringt und dem sich die Hinsichten der moralischen Beurteilung einzelner, spezifischer Moralnormen entnehmen lassen.

Es ist eine offene Frage, ob man sich eine solche Kohärenz als die Leistung eines einzigen Prinzips denken muß.[3] Ebenso kann man bezweifeln, ob der moralische Standpunkt aus einem einzigen obersten Moralprinzip besteht, von dem aus man deduktiv über die Begründung einzelner Normen zur Begründung singulärer moralischer Urteile hinuntersteigt. Ich möchte diese Zweifel erst einmal dahingestellt sein lassen. Es geht hier nur erst um eine grobe, einleitende Vergegenwärtigung des Sinns, in dem vom Standpunkt der Moral die Rede ist.

Man darf aber schon an dieser Stelle eines nicht übersehen, wenn man die verschiedenen Aspekte dieser Rede in einem noch vagen Begriff des Moralprinzips bündelt. Es mag zwar *das* Prinzip

3 Das wird z. B. bestritten von J. B. Schneewind, Moral Knowledge and Moral Principles (1968/69), wieder in: A. MacIntyre/St. Hauerwas (Hg.), *Revisions. Changing Perspectives in Moral Philosophy*, Notre Dame 1983, S. 116ff.

oder *den* Standpunkt einer bestimmten Moral geben, aber es gibt nicht nur eine einzige Moral, und demnach gibt es verschiedene moralische Standpunkte. Setzt man den Standpunkt der Moral mit einem bestimmten inhaltlichen Moralprinzip gleich, dann läuft man Gefahr, alle moralischen Standpunkte, die nicht auf dieses Prinzip zurückgeführt werden können, per definitionem als *amoralische* Standpunkte auszuschließen. Der Begriff vom Standpunkt der Moral muß so formal sein, daß er dem Phänomen verschiedener Moralauffassungen[4] Rechnung trägt. Zugleich darf er in seinem deskriptiven Gehalt nicht verarmen. Es muß möglich bleiben, mit seiner Hilfe den Wechsel des moralischen Standpunkts als einen intern motivierten Übergang von einem zum anderen moralischen Standpunkt zu verstehen (statt bloß als eine von externen Gründen ausgelöste Konversion). Denn für denjenigen, der einer bestimmten Moral verpflichtet ist, bildet eine andere Moral eine Alternative, die er mit wie implizit auch immer bleibenden Gründen zurückweist – vorausgesetzt, er nimmt diese Moral als eine andere Moral mit alternativen Handlungsimplikationen wahr. Das hat mit dem in eine jede Moral eingebauten Anspruch auf die intersubjektive Verbindlichkeit ihrer Gebote und Verbote zu tun.

Im Unterschied zu ethischen Wertmaßstäben wird für moralische Normen beansprucht, daß alle sie einhalten müssen. Dieses Müssen ist kein Befehl, in dem sich bloß je mein Wille ausdrückt, daß andere sich so und so verhalten sollen. Wir haben im ersten Untersuchungsteil (I) gesehen, daß derjenige, der auf die Einhaltung moralischer Normen pocht, als Repräsentant einer moralischen Gemeinschaft spricht. Die Gründe, die ich dafür habe, von allen die Einhaltung einer Moralnorm zu verlangen, sind keine Gründe, die mich nur glauben lassen, daß andere auch ihre Gründe haben werden, diese Norm einzuhalten. (So wie der Bankräuber glaubt, daß andere Gründe haben, sich seinem Willen zu beugen.) Die Gründe, die ich anführe, wenn ich gefragt werde: »Warum soll man so und so handeln?«, sind solche Gründe, die in meinen Augen auch andere berechtigen, von mir kategorisch zu verlangen, daß ich so und so handele,

4 Mit »Moralauffassungen« umschreibe ich im folgenden, wenn nicht anders vermerkt, den Plural von »Moral«, da die Pluralbildung von »Moral« nicht möglich ist.

und zwar nicht nur für den Fall, wenn ich sie wäre. In der Konfrontation mit Vertretern einer anderen Moralauffassung mache ich die Erfahrung, daß für diese meine präsumtiv intersubjektiv geteilten Gründe nicht den Status von rechtfertigenden Gründen haben, den sie für mich haben. Und diese Erfahrung kann sich zu einer Krisenerfahrung auswachsen, die einige meiner moralischen Überzeugungen erschüttert und die den Anfang für eine intern motivierte Revision dieser Überzeugungen bildet.[5]

»Intern motiviert« bedeutet dabei motiviert von der Einsicht, daß alte, hartnäckig sich haltende Probleme von einem anderen Standpunkt aus (besser) gelöst werden können. So wird beispielsweise unser Umgang mit Tieren von einigen von uns als moralisch problematisch erfahren. Der Wechsel von einem moralischen Standpunkt der Rücksichtnahme auf Personen hin zu einem moralischen Standpunkt des generalisierten Mitleids mit leidensfähigen Lebewesen bahnt – so kann man argumentieren – eine Lösung dieses Problems an.[6] Natürlich berührt der Gedanke, daß es intern motivierte Übergänge zwischen moralischen Standpunkten geben kann, die heikle Frage nach dem Verhältnis von Kontinuität und Bruch in moralischen Hinsichten. Alte moralische Probleme sind ja Probleme relativ zu konstant gehaltenen moralischen Hinsichten, unter denen potentielle moralische Verletzungen als solche wahrgenommen werden. Die Frage ist deshalb, worin der Übergang von einem zum anderen moralischen Standpunkt überhaupt besteht. So kann man z. B. den angedeuteten Übergang zu einem moralischen Standpunkt des generalisierten Mitleids als bloße Ausdehnung einer Moral der Rücksichtnahme verstehen, die diese Moral reinigt von störenden metaphysischen Elementen wie dem Gedanken eines

5 Eine ganz andere Frage ist, was als moralische Alternative überhaupt zählt, d.h. als eine Instanz, relativ zu der das eigene Verhalten auch moralisch gerechtfertigt werden könnte. Ähnlich wie der »papierne Zweifel« nach Ch. S. Peirce keinen praktischen Grund hat, hat eine fiktive im Unterschied zu einer realen Alternative keine vorstellbaren praktischen Folgen. Je fiktiver eine andere Moral wird, desto schwieriger wird deshalb ihre Identifikation als eine Moral; vgl. B. Williams, The Truth in Relativism, in: ders., *Moral Luck*, Cambridge 1981, insbes. S. 138-143.

6 Vgl. U. Wolf, *Das Tier in der Moral*, Frankfurt am Main 1990, insbes. S. 72ff.

überragenden Wertes der menschlichen Kreatur. Aber selbst wenn man solche intern motivierten Übergänge nur als Ausdehnungen, Rekombinationen und Neuinterpretationen von bestimmten moralischen Hinsichten beschreiben kann, muß man im Begriff des moralischen Standpunkts Platz lassen für moralische Erfahrungen, die den Anstoß für solche Übergänge bilden.

## 5. Die kommunikative Lebensform als Quelle moralischer Verletzungen

Im ersten Teil unserer Untersuchung waren wir von einem moralischen *Aktor* ausgegangen, also von einem Handelnden mit einem Moralbewußtsein. Die aufklärende Beschreibung der sprachlichen, emotionalen und praktischen Äußerungsformen dieses Moralbewußtseins führten auf den Begriff von einem normenregulierten Interaktionszusammenhang, in dem dieser Aktor als Individuum (nicht als Rollenträger) involviert ist. Um nun zu einem Begriff vom moralischen Standpunkt als dem Gesichtspunkt der moralischen Beurteilung von Handlungen zu gelangen, muß man den Blick wenden – weg von einem Aktor hin zu den von dessen Verhalten potentiell Betroffenen. Aus diesem Blickwinkel erscheint der Interaktionszusammenhang als ein Ausschnitt aus einer kommunikativen Lebensform, die die Quelle moralischer Verletzungen ist. Wenn das plausibel sein soll, dann müssen die Bedingungen moralischer Verletzbarkeit etwas mit einer kommunikativen Lebensform zu tun haben.

Zu den unstrittigen Fällen moralischer Verletzung zählen beispielsweise (*1*) die Beeinträchtigung der leiblichen Integrität durch physische Verletzungen und (*2*) die (vorsätzliche, fahrlässige) Tötung. Diesen beiden Formen moralischer Verletzung lassen sich auf der Seite moralischer Schutzvorkehrungen (*1'*) das Gebot »Neminem laede« und das Gebot der Hilfeleistung in Notfällen sowie (*2'*) das Tötungsverbot zuordnen. Diesen Geboten und Verboten korrespondieren moralische Rechte wie das Recht auf körperliche Unversehrtheit und das Recht auf Leben. Ein anderes Beispiel moralischer Verletzung ist (*3*) die Mißachtung des Willens anderer zum Beispiel durch Formen des Zwangs wie Erpressung und Einsperren oder durch Bevormundung. Darauf bezogen sind (*3'*) moralische Verbote wie »Tue dem anderen keinen Zwang an« (»Don't deprive of freedom«[1]) oder das Gebot, den Willen anderer zu respektieren. Den in diesen Geboten und Verboten ausgedrückten moralischen Verpflichtungen entsprechen sogenannte Freiheitsrechte wie das

1 Vgl. B. Gert, *Morality*, Oxford 1988, S. 102.

Recht auf Freizügigkeit, die Glaubens- und Gewissensfreiheit oder schon abstrakter und inklusiver das Recht auf Selbstbestimmung. Eine vierte Art unzweifelhaft moralischer Verletzung sind (*4*) Formen des Betrugs (zum Beispiel durch Trittbrettfahrertum), der Täuschung und des Vertrauensbruchs, auf die (*4'*) das Lügenverbot, das Gebot »Versprechen muß man halten« oder Loyalitätspflichten wie die von Rawls so genannte natürliche Pflicht zur Gerechtigkeit[2] bezogen sind. – Eine fünfte Beispielgruppe ist (*5*) die moralische Verletzung durch ungerechte Behandlung, sei es in Form der Benachteiligung bei der Verteilung von materiellen Gütern, sei es in Form von Ungleichheiten in der Verteilung von Lasten oder in Ungleichheiten hinsichtlich der Anerkennung von Rechten. Hierauf beziehen sich (*5'*) Normen der distributiven Gerechtigkeit wie »Jedem nach seinen Verdiensten« und moralische Gebote wie »Jede(r) soll als Gleiche(r) behandelt werden« oder »Jede(r) soll gleichermaßen geachtet werden«. Ungerechte Behandlung wirkt oft demütigend, und (*6*) Demütigung und kränkende Respektlosigkeit sind eine weitere Form moralischer Verletzung. Auf Formen der Demütigung, sei es durch physische Verletzungen (zum Beispiel Folter), durch Zwang oder durch Geringschätzung, ist (*6'*) das Gebot, die Würde anderer zu respektieren, oder Kants Zweckformel des Kategorischen Imperativs[3] bezogen. Der Respektlosigkeit zum Beispiel durch die Ignoranz religiöser Gefühle oder identitätsbildender Bräuche und kultureller Praktiken sollen (*6'*) moralische Gebote wie »Achte die religiösen Gefühle anderer« oder »Respektiere fremde Sitten und Konventionen«[4] begegnen.

Wie der Fall der Demütigung und der Respektlosigkeit zeigt, bestehen zwischen den verschiedenen moralischen Verletzungen zum Teil Inklusionsbeziehungen. Der eigene Wille kann von anderen durch die Beeinträchtigung der leiblichen Integri-

2 »This duty (of justice, L. W.) requires us to support and to comply with just institutions that exist and apply to us.« (Rawls, *Theory*, a.a.O., § 19, S. 115.)

3 »Handle so, daß Du die Menschheit, sowohl in Deiner Person, als in der Person eines jeden anderen, jederzeit zugleich als Zweck, niemals bloß als Mittel brauchest.« (Kant, *GMS*, S. 61.)

4 Vgl. St. Hampshire, *Morality and Conflict*, a.a.O., S. 126-139, insbes. S. 135 f.

tät mißachtet werden; die Mißachtung des eigenen Willens wiederum kann eine Form der Demütigung sein.

Die Liste der angeführten Beispiele für moralische Verletzungen ist beileibe nicht vollständig, selbst wenn sie nur relativ unstrittige Fälle umfassen sollte. Aber sie dürfte lang genug sein, um die Plausibilität vorgeschlagener Ordnungsgesichtspunkte kontrollieren zu können. Um zu solchen systematischen Ordnungsgesichtspunkten zu kommen, ist es hilfreich, nach den Bedingungen moralischer Verletzbarkeit zu fragen.

Eine Bedingung für moralische Verletzungen ist, daß der Verletzbare ein Lebewesen ist, das in seinem Sein auf sein Wohlsein praktisch bezogen ist. Es ist im Handeln als der Form seines intentionalen Lebensvollzugs von Haus aus auf die Erfüllung von Wertmaßstäben ausgerichtet, die präsumtiv angeben, worin sein Wohl besteht. In physischen Verletzungen als einer Form der moralischen Verletzung wird eben dies mißachtet, daß es dem Verletzten um sein Wohlsein geht, wozu die leibliche Integrität, sei es als eine unerläßliche Bedingung, sei es als integraler Bestandteil, gehört. Die Kehrseite der inneren Bezogenheit auf die Maßstäbe des Wohlseins ist, daß der faktische Lebensvollzug immer schon von einer impliziten oder expliziten Bejahung des eigenen Lebens oder funktionalen Äquivalenten einer solchen Bejahung affektiv getragen wird. »Bejahung« meint das Urteil, daß das eigene Leben es wert ist, gelebt zu werden. Genau diese Stellungnahme zum eigenen Leben wird in der Tötung durch andere als einer Form moralischer Verletzung mißachtet. Das Beurteilen des eigenen Lebens, wie implizit auch immer (zum Beispiel in der Form von Stimmungen) es sein mag, ist eine Dimension des Sichzusichverhaltens, und die praktischen Konsequenzen aus der Selbstbeurteilung sind eine andere. Wie wir im Zuge der Explikation des Begriffs vom ethisch Guten gesehen haben, stuft sich auf diesem Selbstverhältnis bei moralisch verletzbaren Personen ein reflektiertes Sichzusichverhalten auf. Es besteht in der Überprüfung und gegebenenfalls in der Revision von Wertorientierungen, die sich im eigenen Verhalten artikulieren und zur Geltung bringen. Die Selbstbeurteilung bekommt hier den explizit kognitiven Sinn einer Stellungnahme, in der man sich als eine so und so charakterisierte Person bejaht, beziehungsweise in der man verneint, daß man in Wahrheit so ist. In der Mißachtung des eigenen Willens wird der moralisch Verletzte darin mißachtet, daß er sich als die Person, die sich in seinem Verhalten darstellt, bejahen können muß.

Das gilt auch für den Fall der Demütigung und der kränkenden Respektlosigkeit. Aber hier liegt der Akzent im Symbolischen. Moralische Verletzungen in diesen beiden Formen haben etwas damit zu tun, daß der moralisch Verletzte sich selbst über die Auslegung von Ausdrucksgestalten und -verhalten versteht und sich auf der Grundlage von Selbstdeutungen in praktischer Absicht beurteilt. In der Demütigung wird ein Selbstbild beschädigt oder zerstört, das diejenige Person darstellt, als die sich der Gedemütigte bejahen kann.

Wir stoßen hier auf eine zweite Art von Bedingungen für moralische Verletzungen. Die bisher angeführten Formen moralischer Verletzung wurden damit in Verbindung gebracht, daß der moralisch Verletzte in einem praktischen Selbstverhältnis steht (wovon das ethisch Gute der Inbegriff seiner Integrität ist). Physische Verletzungen, Tötung, Mißachtung des Willens anderer, Demütigung und kränkende Respektlosigkeit haben mit verschiedenen Dimensionen und Stufen dieses praktischen Selbstverhältnisses zu tun. Was auf diese Weisen moralisch verletzbar macht, ist der Umstand, daß der so Verletzbare sich in praktischer Absicht zu sich selbst verhält. Der Fall der Demütigung und der kränkenden Respektlosigkeit macht nun darauf aufmerksam, daß die Bedingungen für moralische Verletzung nicht nur in der Selbstbeziehung des moralisch Verletzten, sondern auch in der intersubjektiven Dimension zu suchen sind.

Respektlosigkeiten wie die Ignoranz religiöser Gefühle oder Demütigungen zum Beispiel in der Form der Geringschätzung könnten gar nicht treffen, wenn der Getroffene nicht auf ein gemeinsames Verständnis davon angewiesen wäre, was für ein Folgeverhalten anderer eine Situation, in der er sich befindet, eine Überzeugung oder ein Gefühl, das er hat, eine intendierte Handlung oder Tätigkeit ihrer jeweiligen Bedeutung nach verlangen. Durch das demütigende oder respektlose Verhalten wird den Dingen (Situationen, Gefühlen, Handlungen, Überzeugungen, Artefakten) die Bedeutung genommen oder verwehrt, in der sie für den so Verletzten von Gewicht sind, weil sie in dieser Bedeutung integraler Bestandteil seines Selbstbildes sind. Deshalb kann Takt eine Methode sein, um schwache Demütigungen oder kränkende Respektlosigkeiten zu vermeiden, und die immunisierende Entwertung der Autorität des Demütigenden oder Respektlosen eine andere. Mit Takt vermeiden wir eine Reaktion, die dem Verhalten des zu Schonenden eine Bedeutung verleihen würde, in der es mit dessen voluntativem Selbstverständnis unvereinbar wäre. (Wir tragen Sorge, daß er sein Gesicht nicht verliert.) In der immunisierenden Entwertung des Gegenüber hingegen wird diesem die Autorität genommen, durch sein Folgeverhalten dem eigenen Verhalten eine solche Bedeutung überhaupt zu verleihen. Beide Vermeidungsstrategien verweisen darauf, daß der durch Demütigung oder Respektlosigkeit Verletzbare mit anderen ein vorgängiges Verständnis davon teilt, was als charakteristischer Ausdruck seines voluntativen Selbstverständnisses gilt bzw. was für welche Reaktionen und Behandlungsarten durch andere mit seinem Selbstverständnis unvereinbar sind und als Verachtungen seiner Person gelten.

Die Unterstellung eines solchen vorgängigen gemeinsamen Verständnisses, unter was für welchen Bedingungen die Dinge eine bestimmte Bedeutung haben, ist geradezu eine Voraussetzung dafür, daß moralische Verletzungen in der Form von Betrug, Täuschung und Vertrauensbruch möglich werden. Hier bezieht sich das präsumtiv intersubjektiv geteilte Verständnis darauf, was bestimmte sprachliche Äußerungen bedeuten, was als Ausdruck einer Absicht gilt, worin sich ein bestimmter Wille bekundet. Demütigung und Respektlosigkeit, Betrug und Täuschung ist gemeinsam, daß der moralisch Verletzte in einer intersubjektiven Praxis involviert ist, und zwar in einer Praxis der intersubjektiven Zeichenverwendung und -interpretation, die von einem vorgängigen, gemeinsamen Bedeutungsverständnis getragen wird. Etwas Ähnliches gilt für den Beispielsfall der moralischen Verletzung durch ungerechte Behandlung. Hier ist der Betroffene in eine Praxis einbezogen, zu der Kooperation und die Verteilung von Gütern und Ressourcen sowie – reflexiv dazu – die normative Regulierung durch Lastenverteilung, durch Anerkennung von Rechten und Fixierung von Pflichten gehören.

Die zweite Klasse von Bedingungen, die sich den zuletzt angeführten Fällen moralischer Verletzung entnehmen lassen, ist das Einbezogensein des moralisch Verletzten in eine intersubjektive oder soziale Praxis. Dieses Einbezogensein qualifiziert den moralisch Verletzten zu einem Angehörigen, der mit anderen Angehörigen einer Gemeinschaft Gemeinsamkeiten teilt. Es sind Gemeinsamkeiten, die ihn zu anderen in soziale Beziehungen des Verstehens und Mißverstehens, des koordinierten Zusammenhandelns und des planmäßigen Zuwiderhandelns, des Geltendmachens und des Zurückweisens von Ansprüchen usw. setzt.

Wer moralisch verletzt werden kann, so lassen sich die aufgeführten Beispiele resümieren, ist also in zweierlei Weise bestimmt: Er ist zum einen einer, der in einem praktischen Selbstverhältnis steht, und das heißt er ist als unvertretbar Einzelner bestimmt. Zum anderen ist er bestimmt als Angehöriger einer Gemeinschaft; diese Bestimmung rührt von der zweiten Sorte von Bedingungen für moralische Verletzungen her.

Die Frage ist nun, was der Status und das Verhältnis dieser beiden Bedingungen ist. Man könnte meinen, daß jede Klasse von Bedingungen verschiedenen Arten von moralischen Verletzungen, mithin verschiedenen Bereichen der Moral (z.B. dem Bereich der individuellen und dem Bereich der politischen Moral) zugeordnet ist. Aber eine solche strikte Zuordnung leuchtet schon auf Grund der Inklusionsbeziehungen zwischen verschiedenen Formen moralischer Verletzung nicht recht ein. Außerdem ist in allen angeführten Fällen vorausgesetzt, daß der moralisch Verletzte ein Individuum ist, das in einem praktischen Selbstverhältnis steht und in diesem praktischen Sichzusichverhalten unvertretbar ist. In den Fällen der physischen Verletzung, der Tötung, der Mißachtung des eigenen Willens und der Demütigung bzw. der kränkenden Respektlosigkeit ist diese Voraussetzung offensichtlich. Aber sie gilt auch für die verschiedenen Formen des Vertrauensbruchs durch Betrug, Täuschung oder Unaufrichtigkeit und für die moralische Verletzung in Form ungerechter Behandlung. Die Verteilung von Gütern und Ressourcen ist nur vor dem Hintergrund von eigenen Wertmaßstäben, die das eigene Verhalten orientieren und die Güter zu Gütern und Ressourcen zu benötigten Mitteln machen, relevant. Die Verweigerung von Rechten bei der Regulierung einer sozialen Praxis (zum Beispiel einer Praxis der Distribution von Gütern) enthält dem Betroffenen die Selbstbestimmung im Rahmen dieser Praxis vor. Und Ungleichheiten könnten nicht als Grund fungieren für die verletzende oder gar entwürdigende Erfahrung, nicht ebensoviel zu zählen wie andere, wenn der ungleich Behandelte kein Lebewesen wäre, zu dessen Wohl die Wahrung der eigenen Würde, das heißt die Aufrechterhaltung eines bestimmten voluntativen Selbstverständnisses gehörte.

Man sieht: Der Bezug auf die Bedingung, daß der moralisch Verletzte ein unvertretbar Einzelner ist, hält sich über moraltheoretisch ganz unterschiedlich akzentuierte (utilitaristische, kantianisierende oder aristotelische) Beschreibungen der ungerechten Behandlung als einer Form der moralischen Verletzung durch. Das trifft auch auf die verschiedenen Weisen der moralischen Verletzung durch Vertrauensbruch zu. Hebt man auf den entgangenen Nutzen oder auf den Schaden ab, der dem Betrogenen durch Vertrauensbruch entsteht, dann bezieht man sich implizit auf Interessen und damit auf eigene, praktisch orientierende Wertmaßstäbe, relativ zu denen vertrauensvolle Kooperationsbeziehungen von Nutzen sind. Stellt man auf die Mißachtung der freien Stellungnahme des Getäuschten ab, die sich in der Täuschung bekundet, dann hat man den so moralisch Verletzten als ein sich selbst bestimmendes Wesen im Sinn. Und betont man den Wert von oder das Angewiesensein auf soziale Beziehungen, in denen man sich ohne Verstellung, und das heißt im Vertrauen begegnet, und die durch Unaufrichtigkeit verletzt werden, dann wird der moralisch Verletzte ebenfalls als ein unvertretbar Einzelner bestimmt, der in seinen sozialen Beziehungen immer auch er selbst sein können muß.

Demnach ist die Bestimmung, ein in seinem Sichzusichverhalten unvertretbar Einzelner zu sein, eine notwendige Bedingung für moralische Verletzungen; der moralisch Verletzbare ist stets ein unvertretbar Einzelner. Die Frage ist, ob das auch für die zweite Bedingung gilt, also für die Bedingung, daß der moralisch Verletzte Angehöriger einer Gemeinschaft ist. Um zu einer Antwort zu kommen, muß ein Aspekt beachtet werden, der durch das gewählte Vorgehen leicht übersehen werden kann.

Es war bisher bei der Suche nach systematischen Ordnungsgesichtspunkten für moralische Verletzungen und nach der Quelle moralischer Verletzungen immer von Beispielen die Rede, die als relativ unstrittige Fälle moralischer Verletzungen gelten sollten. Das darf aber keine kriterienlose Evidenz für moralische Verletzungen suggerieren. Was eine physische Verletzung zu einer moralischen Verletzung macht und zum Beispiel von einem heilenden, ärztlichen Eingriff unterscheidet; was nur Zwang und nicht auch Mißachtung des eigenen Willens ist[5]; wodurch sich demütigende Respektlosigkeiten von schmerzhafter Aufrichtigkeit unterscheiden; was ein Unglück, aber keine Ungerechtigkeit ist,[6] liegt nicht einfach auf der Hand, sondern wird mit Hilfe von Kriterien entschieden. Diese Kriterien – darauf kommt es in unserem Zusammenhang an – qualifizieren den moralisch Verletzten zum Angehörigen einer Gemeinschaft. Denn sie werden einem vorgängigen, intersubjektiven Verständnis und Einverständnis entnommen, das sich auf die Bedeutung der Ausdrücke, in denen moralische Verletzungen beschrieben werden, und auf die adäquaten Ausdrucksformen erfahrener moralischer Verletzungen ebenso erstreckt wie auf für legitim erachtete moralische Erwartungen, die mißachtet werden. Aus der Bezugnahme auf ein solches Verständnis können weitere Formen der moralischen Verletzung erwachsen, weil sich diese Bezugnahme als haltlose Unterstellung von Gemeinsamkeiten entpuppen und so praktisch zu unsensiblen, verletzenden Verhaltensweisen gegenüber anderen führen kann. Diese Möglichkeit ist ein Argument mehr dafür, daß auch die Bestimmung, Angehöriger einer Gemeinschaft zu sein, eine notwendige Bedingung für moralische Verletzungen ist.

Allerdings scheint diese These mit der Konsequenz verbunden zu sein, daß nur die Angehörigen einer Gemeinschaft sich moralisch verletzen können. Diese Konsequenz mutet problematisch an. Denn sie scheint die Möglichkeit einer vor moralischen

5 Vgl. A. Wertheimer, *Coercion*, Princeton 1987, insbes. S. 258ff.

6 Vgl. J. Shklar, *Über Ungerechtigkeit*, Berlin 1992, S. 19, S. 110ff.

Verletzungen schützenden Moral zwischen unvertretbar Einzelnen, die nicht ein und derselben Gemeinschaft angehören, auszuschließen.[7]

Dieses Problem sei hier nur erst vermerkt als möglicher Einwand für den vorzuschlagenden Ordnungsgesichtspunkt. An dieser Stelle geht es aber zuerst darum, aus den Überlegungen zu den Bedingungen moralischer Verletzung das Fazit zu ziehen und einen allgemeinen systematisierenden Ordnungsgesichtspunkt für diese Bedingungen anzugeben.

Wer moralisch verletzt werden kann, ist demnach stets durch zwei Eigenschaften charakterisiert: Er ist unvertretbar Einzelner, und er ist Angehöriger einer Gemeinschaft, der mit anderen zu sozialen Beziehungen verbindende Gemeinsamkeiten teilt. Der moralisch Verletzbare ist ein Einzelner, der darin unvertretbar ist, daß er sein Leben *zu führen hat*, und der das in einer Form tut, die ihn in einen sinnvermittelten, normenregulierten Interaktionszusammenhang mit anderen einbezogen sein läßt. Der moralisch Verletzbare ist, so kann man beide Eigenschaften zusammenführend sagen, als ein unvertretbar Einzelner in einer kommunikativen Lebensform involviert.

Eine Lebensform ist ein Ensemble von Praktiken und Orientierungen, zu denen – nicht nur, aber auch – Praktiken des Verstehens und Interpretierens, des Sichverständlichmachens, des koordinierten Zusammenhandelns und des Rechtfertigens gehören sowie Orientierungen im Urteilen und Handeln, die etwas als wünschenswert, wertvoll, erstrebenswert, als gelungen und mißraten, als berechtigt, geboten, ungerecht, angemessen oder als wahr, plausibel, zweifelhaft oder falsch gelten lassen. Das Ensemble solcher Praktiken und Orientierungen macht in dem Sinn eine *Lebens*form aus, daß sie ins Leben eingreifen, wie Wittgenstein sagt.[8] In ihrem Zusammenspiel organisieren und spezifizieren sie elementare Dimensionen und Vollzugsweisen des Lebens wie das Ausdrücken und Mitteilen

7 G. Harman zieht diese Konsequenz ausdrücklich in: Is there a Single True Morality?, in: M. Krausz (Hg.), *Relativism. Interpretation and Confrontation*, Notre Dame 1989, S. 372, 375. (Vgl. allerdings auch den vorsichtigen Rückzieher auf S. 384f.)

8 *Philosophische Grammatik*, in: Wittgenstein, *Schriften IV*, Frankfurt am Main 1969, § 29, S. 65.

von psychischen Zuständen und von Überzeugungen, wie das Streben nach Gütern und das Urteilen. Sie bilden einen Horizont und einen Ermöglichungs- und Hinderungsgrund für Ausdruck, Mitteilung, Streben und Urteilen, indem sie Formen und Mittel des Ausdrucks und der Mitteilung, Ziele und Realisierungsmöglichkeiten des Strebens sowie Maßstäbe und Regeln des Urteilens liefern. Zugleich ermöglichen sie als intersubjektiv geteilte Praktiken und Orientierungen bestimmte Formen der Kommunikation, also Formen der Interaktion, die wesentlich über ein gemeinsames Verständnis von Bedeutungen und intersubjektiv geteilte normative und Tatsachenüberzeugungen zustande kommen. Deshalb ist das Ensemble solcher Praktiken und Orientierungen eine »kommunikativ strukturierte Lebensform«.[9] Der Begriff der kommunikativen Lebensform wird also ganz unspezifisch für die Lebensweise von »kommunikativ vergesellschafteten Individuen« (Habermas) gebraucht. Der Punkt ist jetzt, daß das Involviertsein in einer solchen kommunikativen Lebensform ein ziemlich inklusiver und relativ wenig präjudizierender, weil reflexiver systematischer Ordnungsgesichtspunkt für moralische Verletzungen ist.

Man kann diesen Ordnungsgesichtspunkt im Vergleich profilieren. Ein anderer Gesichtspunkt, unter dem die jeweiligen Bedingungen für moralische Verletzungen zusammengefaßt werden können, ist der Aspekt der Voraussetzungen für die Handlungsfähigkeit des moralisch Verletzbaren; ein weiterer systematisierender Gesichtspunkt ist die Leidensfähigkeit. Gegenüber diesem ist der vorgeschlagene Ordnungsgesichtspunkt reflexiver, gegenüber jenem ist er überdies inklusiver.

Wenn man, wie es Otfried Höffe tut[10], die moralischen Verletzungen in Zusammenhang bringt mit Beeinträchtigungen der Bedingungen für die Handlungsfähigkeit des moralisch Verletzbaren und die Moral infolgedessen als Garantie dieser Bedin-

9 J. Habermas, *Erläuterungen zur Diskursethik*, a.a.O., S. 186.

10 Vgl. O. Höffe, Transzendentale Interessen: Zur Anthropologie der Menschenrechte, in: W. Kerber (Hg.), *Menschenrechte und kulturelle Identität*, München 1991, S. 15-60, insbes. S. 24ff. Für den Hinweis auf diesen Aufsatz danke ich Josef Früchtl. Vgl. a. Höffe, *Politische Gerechtigkeit*, Frankfurt am Main 1987, S. 300ff., S. 382ff.

gungen deutet, kommt man mit solchen Fällen wie der physischen Verletzung, dem Vertrauensbruch und der ungerechten Behandlung ein Stück weit zurecht. Man kann auch den Fall der Tötung berücksichtigen, obwohl es etwas angestrengt wirkt zu sagen, daß dem Getöteten eine notwendige Bedingung dafür geraubt wurde, handeln zu können. Das Leben bildet den Horizont des Handelns, nicht umgekehrt. Höffe beschreibt diesen Fall deshalb auch entgegen seiner eigenen systematischen Perspektive anders, nämlich zutreffend als Mißachtung des Selbstbestimmungswillens des Getöteten.[11] Der Fall der Mißachtung des eigenen Willens ist schon weniger gut unter diesem Gesichtspunkt zu erfassen. Man mißachtet meinen Willen, indem man mir die Möglichkeit zu einem bestimmten Handeln nimmt. Die Verletzung von Bedingungen der Handlungsfähigkeit ist eine Form der Mißachtung meines Willens und nicht umgekehrt. Es sei denn, man denkt an einen Spezialfall in der Sozialisation: Indem man dem Kind keinen eigenen Willen unterstellt, vermag es auch keinen auszubilden, mithin mangelt es ihm an Selbstvertrauen, das es befähigt, sich selber Ziele zu setzen und planmäßig zu verfolgen, kurz handlungsfähig zu werden. Gewiß, das ist ein nicht zu vernachlässigender Fall. Aber es ist nur ein Fall und zudem einer, bei dem es nicht unstrittig sein dürfte, ob er als ein Fall moralischer Verletzung gilt. Schließlich kann man den Fall der Demütigung und der kränkenden Respektlosigkeit nicht berücksichtigen. Der Verlust von Selbstvertrauen ist zwar sicherlich eine elementare Beeinträchtigung der Handlungsfähigkeit, aber er ist eine Folge von Demütigungen und fällt nicht mit diesen zusammen. Ein weiterer Nachteil ist, daß der Ordnungsgesichtspunkt der Bedingungen für Handlungsfähigkeit nicht reflexiv genug ist. Was damit gemeint ist, läßt sich auch im Zusammenhang mit einem anderen Ordnungsgesichtspunkt, dem der Leidensfähigkeit, erläutern.

11 »Was auch immer man in concreto begehrt und zur Realisierung des Begehrten unternimmt – als Lebewesen braucht der Mensch dafür Leib und Leben. In diesem Sinn will, wer sein Leben zu opfern bereit ist, der Märtyrer, *selber* entscheiden, wofür er sein Leben läßt: aus Treue zu seiner religiösen oder politischen Überzeugung und nicht etwa, um von einem Räuber erschlagen zu werden.« (O. Höffe, Transzendentale Interessen, a.a.O., S. 34; Herv. von mir.)

Dieser Gesichtspunkt ist für die Systematisierung von Bedingungen für moralische Verletzungen durchaus plausibel. Zumindest dann, wenn man den Leidensbegriff weit genug faßt und unter Leiden mehr als bloß physische Schmerzen versteht. Ursula Wolf hat das getan und Leiden als die erfahrene Be- und Verhinderung des Strebens von Lebewesen nach dem eigenen Wohl definiert[12]; im Fall von Lebewesen, die Personen sind, umfaßt das Wohl auch so etwas wie Selbstbestimmung und Wertschätzung durch andere. So verstanden, ist Leidensfähigkeit eine allgemeine Bedingung für relativ viele moralische Verletzungen. Trotz seiner Integrationskraft und schlichten Prägnanz bleibt auch dieser Ordnungsgesichtspunkt defizitär.

Er läßt übersehen, daß die Wahrnehmung von Leiden abhängig ist von der Interpretation seines Ausdrucks. Die Interpretation rekurriert dabei auf ein vorgängiges, dem Leidenden und dem Wahrnehmenden als gemeinsam unterstelltes Verständnis davon, worin das Leiden besteht und wodurch es sich bekundet. Es ist dieses Verständnis, was das reaktive Verhalten anderer leitet. Leiden werden in einer öffentlichen Sprache artikuliert und konstatiert. In diesem Sachverhalt hat die Möglichkeit ihren Grund, daß die Angewiesenheit des Leidenden auf *eine* öffentliche Sprache und die Unangemessenheit *dieser* gegebenen Sprache zu moralischen Verletzungen führt. Die moralische Verletzung besteht dann darin, daß auf den Leidenden unsensibel reagiert wird, weil er oder sie angewiesen ist auf eine Sprache, die mitteilt, wie typischerweise *man* und nicht wie *er* oder *sie* sich fühlt. Oder sie liegt darin, daß der Verletzte eingeschlossen wird in der *vor*gegebenen Sprache und so fixiert wird auf den Status, ein sozialer Typus zu sein. Schließlich kann die moralische Verletzung die Form eines Ausschlusses aus der Sprachgemeinschaft annehmen, mithin den Verletzten auf den Status eines fremden Einzelnen fixieren, der unverständlich bleibt und auf den man deshalb indifferent reagiert. Das ist dann der Fall, wenn der Leidende die Interpretationen anderer nicht zu korrigieren imstande ist, weil ihm selbst unklar ist, worin sein Leiden besteht. Und dieses Unvermögen kann daraus resultie-

12 *Das Tier in der Moral*, a.a.O., S. 89ff.

ren, daß ihm die gegebene Sprache nicht die Bildung eines Ausdrucks erlaubt, der ihm selber dieses Verständnis ermöglicht. Die Sprache, auf die er angewiesen bleibt, ist in diesem Fall nicht bloß unangemessen zum Zweck der Mitteilung an andere, *daß* er leidet, sondern auch unangemessen zur Bildung eines Verständnisses davon, *woran* er leidet.

Der Ordnungsgesichtspunkt der Leidensfähigkeit von Lebewesen kann diese Formen moralischer Verletzungen nicht berücksichtigen, weil deren Bedingungen nicht bloß in der Leidensfähigkeit von Lebewesen liegen. Anders der hier vorgeschlagene Ordnungsgesichtspunkt. Das Involviertsein in einer kommunikativen Lebensform besagt ja gerade, daß der verletzbare Einzelne angewiesen ist auf ein responsives Verhalten anderer auf der Grundlage eines gemeinsamen Verständnisses seiner symbolischen Äußerungen. Dieser Ordnungsgesichtspunkt vermag auch ein bestimmtes, die Interpretation von Leiden anleitendes und praktisch folgenreiches Verständnis der Aspekte, Ausdrucksformen und Bedingungen von Leiden zu beachten. Dieses Verständnis bildet Ordnungsgesichtspunkte, die die Subjekte und z. T. die Objekte moralischer Verletzungen selbst haben, also Ordnungsgesichtspunkte im Gegenstandsbereich einer Moraltheorie.[13] Der vorgeschlagene Ordnungsgesichtspunkt, der die allgemeinen Bedingungen für moralische Verletzungen im Involviertsein von unvertretbar Einzelnen in einer kommunikativen Lebensform lokalisiert, kann diese Ordnungsgesichtspunkte auf der Gegenstandsseite ihrerseits als eine weitere Quelle moralischer Verletzungen erfassen. Deshalb ist er reflexiver als der Ordnungsgesichtspunkt der Leidensfähigkeit. Und auch reflexiver als der Ordnungsgesichtspunkt der Handlungsfähigkeit, jedenfalls solange man in den Begriff der Handlungsfähigkeit nicht auch die soziale Bedingung des Handeln-Könnens aufnimmt, nämlich daß das eigene intendierte Handeln seiner Bedeutung nach ein komplementäres Verhalten anderer impliziert.

13 Das scheint mir Martha Nussbaum zu übersehen, vgl. Human Functioning and Social Justice. In Defense of Aristotelian Essentialism, in: *Political Theory* 20 (1992), S. 202-246.

## 6. Der moralische Standpunkt

### *a) Zwei Formen des moralischen Respekts*

Nachdem die Quelle moralischer Verletzungen lokalisiert worden ist, können jetzt die Grundformen moralischen Respekts näher beschrieben werden. Denn der moralische Respekt, mithin die Einnahme eines moralischen Standpunkts dient dem Schutz vor moralischen Verletzungen. Die Grundformen des moralischen Respekts sind also die Hinsichten auf die Quellen moralischer Verletzungen, die den moralischen Standpunkt ausmachen.

Die moralische Verletzbarkeit von Lebewesen wurde darauf zurückgeführt, daß diese als unvertretbar Einzelne in einer kommunikativen Lebensform involviert sind. Der moralisch Verletzbare ist bestimmt als ein unvertretbar Einzelner und als ein Angehöriger, der mit anderen eine kommunikative Lebensform teilt. Aus dieser doppelten Bestimmung des moralisch Verletzbaren erklärt sich, daß der moralische Standpunkt nicht nur eine, sondern zwei miteinander verschränkte Grundformen moralischen Respekts umfaßt. In der einen moralischen Hinsicht wird der moralisch Verletzbare respektiert als einer, der darin unvertretbar ist, sein Leben zu leben. In der anderen moralischen Hinsicht wird der moralisch Verletzbare respektiert als einer, der nicht weniger als andere auch in seinem Existenzvollzug auf andere angewiesen ist. Den moralischen Standpunkt einnehmen heißt demnach gegenüber moralisch verletzbaren Lebewesen eine Haltung des Respekts als unvertretbar Einzelne *und* eine Haltung des Respekts als gleichberechtigter Angehöriger einnehmen. Der moralische Standpunkt ist durch die Verschränkung dieser beiden Grundformen moralischen Respekts gekennzeichnet. (Ich würde hier lieber von Anerkennung statt von Respekt und von Anerkennungsmoral statt von einer Moral des Respekts sprechen. Denn im Unterschied zu dem Wort »Respekt« wird mit »Anerkennung« ein konstitutives Moment angesprochen: Durch das Anerkennen wird etwas erst zu dem, als das es anerkannt wird. Beispielsweise wird durch die Anerkennung als Rechtsperson ein Lebewesen erst zu einer Rechtsperson. Mutatis mutandis gilt das auch für die Anerkennung als Mitglied einer moralischen Gemeinschaft, deren Mitgliedern der zweifache Respekt gilt. Darüber hinaus wird mit dem Wort »Anerkennung« stärker die Dimension der aktiven moralischen Rücksichtnahme angezeigt. Ich gebrauche dennoch das Wort »Respekt«, weil ich eine Analyse der Konstitutionsprozesse, die mit moralischer Anerkennung verbunden sind, hier nicht leisten kann.)

Nun ist diese Charakterisierung des moralischen Standpunkts durch zwei Haltungen des Respekts noch ziemlich allgemein. Aber das ist auch ein Vorteil. Denn mit dieser Unbestimmtheit wird eine der beiden methodologischen Anforderungen an die Konzeptualisierung des moralischen Standpunkts, nämlich das Gebot hinlänglicher Formalität, beachtet. Und wie wir noch sehen werden, ist es die Verschränkung der beiden Grundformen des moralischen Respekts, die die Möglichkeit eröffnet für einen intern motivierten Übergang von einem inhaltlich bestimmten moralischen Standpunkt zu einem anderen. Das Offenhalten dieser Möglichkeiten war das zweite Erfordernis, das einleitend an die Bestimmung des moralischen Standpunktes gestellt wurde.

Die unausgeführten Behauptungen über zwei Grundformen des moralischen Respekts verstehen sich nicht von selbst. Für ihre Plausibilität ist es wichtig, genauer zu sehen, worin die beiden Respektformen bestehen und warum sie nicht ohne Rest auf eine einzige Form zurückgeführt werden können. Wenn diese Fragen beantwortet sind, wird auch einsichtiger, warum der moralische Standpunkt durch die Verschränkung zweier Grundformen des moralischen Respekts gekennzeichnet ist.

Der Unterschied zwischen den beiden Respektformen hat etwas mit den jeweils assoziierten normativen Perspektiven zu tun. Mit dem moralischen Respekt als gleichberechtigtem Angehörigen ist eine vergleichende Perspektive auf das Binnenverhältnis zwischen den Angehörigen einer Gemeinschaft verbunden. In ihr wird darauf geachtet, ob der moralisch Verletzbare in der Gemeinschaft, der er angehört, hinsichtlich seiner Angewiesenheit auf ein responsives Verhalten anderer im Vergleich zu irgendwelchen anderen Angehörigen weniger oder ebensoviel zählt. Dementsprechend besagt dieser Respekt u.a., daß der einzelne Angehörige einer Gemeinschaft zum Beispiel bei der Verteilung lebensnotwendiger Ressourcen nicht benachteiligt wird; daß er in den für seine Selbstachtung elementaren Hinsichten[1] nicht geringer geschätzt wird als andere; daß er in seiner Stellungnahme zur Regelung öffentlicher Angelegenheiten nicht weniger zählt. Im Kern besteht der moralische Respekt des moralisch verletzbaren Individuums als eines gleichberechtigten Angehörigen einer Gemeinschaft darin, daß im Vergleich zu anderen bei ihm kein Unterschied gemacht wird, der seinen Status als eines Gleichen unter anderen verletzt. Die mit dieser Art des moralischen Respekts verbundene vergleichende Perspektive ist eine egalitäre Perspektive. In ihr werden keine Unterschiede gemacht zwischen den moralisch verletzbaren Individuen, was deren Abhängigkeit von einem responsiven, komplementären Verhalten irgendwelcher anderer angeht.

Nun ist der moralisch Verletzbare für sich in Ansehung seiner Unvertretbarkeit in seinem Leben nicht bloß einer unter anderen.[2] Unter diesem Blickwinkel macht es für ihn einen gewichtigen Unterschied, ob es um ihn oder um irgendeinen anderen geht. Negativ bestimmt, bedeutet der Respekt des moralisch Verletzbaren als eines unvertretbar Einzelnen die Rücksicht darauf, daß der Einzelne nicht nur die Perspektive auf sich als einem unter anderen einnehmen kann. Im Kern besteht diese Form des moralischen Respekts darin anzuerkennen, daß der moralisch Verletzbare als unvertretbar Einzelner nicht aufgeht in dem Status, einer unter anderen Angehörigen zu sein. Sein Dasein geht nicht, so könnte man in Anlehnung an Heidegger sagen, in seinem Mit-Sein auf. Der Angehörigenstatus bricht sich in einer subjektiven Perspektive. In dieser subjektiven Perspektive werden normative Erwartungen an ihn, Bindungen von ihm zu bestimmten Anderen, persönliche Projekte und Überzeugungen in den Kontext einer unvertretbar von ihm zu vollziehenden Lebenspraxis gerückt. Sie können dadurch ein

1 Vgl. A. Honneth, *Kampf um Anerkennung*, Frankfurt am Main 1992, S. 216f., 284f.; Rawls, *Theory*, a.a.O., § 67, S. 440ff.

2 Darauf hat insbesondere Th. Nagel hingewiesen, vgl. The Subjective and the Objective, in: ders., *Mortal Questions*, Oxford 1979, S. 205f.; ders., *Die Grenzen der Objektivität. Drei Vorlesungen*, Stuttgart 1991, S. 69.

existentielles Gewicht bekommen. Mit dem Respekt als unvertretbar Einzelnem wird die vergleichende Perspektive abgeblendet, in der der moralisch Verletzbare als einer unter anderen wahrgenommen wird. Insoweit diese Perspektive auf den Einzelnen der Blick einer Gemeinschaft auf die ihr angehörenden Individuen ist, beinhaltet der moralische Respekt als unvertretbar Einzelner auch eine Selbstrelativierung dieser gemeinschaftlichen Perspektive. Es wird respektiert, daß der Einzelne in Ansehung seiner Unvertretbarkeit sich nicht nur so sehen kann, wie ihn die Gemeinschaft sieht – eben als einen unter anderen.

Die Unterscheidung der zwei beschriebenen Formen des moralischen Respekts beansprucht keine Originalität. Der Sache nach finden sich ähnliche Unterscheidungen in ganz verschiedenen moraltheoretischen Diskussionskontexten, wie zum Beispiel in der Diskussion um die Grenzen eines utilitaristischen Prinzips der Unparteilichkeit, wie in der Diskussion um die Korrektur einer Gerechtigkeitsmoral durch eine Mitleids- oder eine Fürsorgemoral oder wie in den Versuchen zu einer Erweiterung des moralischen Standpunkts der Gerechtigkeit um den Gesichtspunkt der Benevolenz oder der Solidarität.

So hat die einflußreiche Kritik von Bernard Williams[3] am Utilitarismus zu Versuchen geführt, einen genuin persönlichen Standpunkt zum Bestandteil der moralischen Urteilsbildung zu machen.[4] Utilitaristische Theorien begreifen die moralische Urteilsbildung als Überlegung von einem Standpunkt aus, von dem aus die Bedürfnisse, Interessen, Präferenzen, kurz das subjektiv perzipierte Wohlsein eines jeden gleiches Gewicht hat. Hierin drückt sich der egalitäre Zug utilitaristischer Theorien aus; der Einzelne wird respektiert als einer, der ebensoviel zählt wie jeder andere. Die moralisch richtige Handlung bemißt sich additiv an den voraussehbaren aggregierten Folgen, die sie für

3 Persons, Character, and Morality; Utilitarianism and Moral Self-Indulgence, beide in: B. Williams, *Moral Luck*, a.a.O.; ders. in: J. C. Smart/B. Williams, *Utilitarianism: For and Against*, Cambridge 1973.

4 Vgl. S. Scheffler, *The Rejection of Consequentialism*, Oxford 1982; ders., *Human Morality*, Oxford 1992. D. Brink, Utilitarian Morality and the Personal Point of View, in: *Journal of Philosophy* 83 (1986), S. 417-438; ders., *Moral Realism and the Foundation of Ethics*, Cambridge 1989, S. 262 ff.; 273 ff., Th. Nagel, *Equality and Partiality*, Oxford 1991.

das Wohl aller hat. Deshalb respektiert derjenige jeden als Gleichen, der diejenige Handlung ausführt, die von einem unpersönlichen Standpunkt aus in der Summe ihrer Folgen als am besten für das Wohl aller beurteilt wird. Das aber droht nach Williams die Integrität des moralisch verpflichteten Aktors zu beeinträchtigen. Denn für den Einzelnen als einem wohlwollenden, unpersönlich *Urteilenden* sind die eigenen, affektiv besetzten, lebenspraktisch orientierenden Vorhaben und persönlichen Bindungen zwar nur ein Faktor unter anderen zu gewichtenden Faktoren. Aber für ihn als *Handelnden* sind sie das nicht; *von dem persönlichen* Standpunkt gegenüber seinem Leben können sie ein existentielles Gewicht bekommen. Wenn das der Fall ist, dann ist die Beachtung der die persönliche Lebenspraxis orientierenden Projekte und persönlichen Bindungen eine Bedingung für die Wahrung der Integrität des Handelnden. Wenn der Einzelne, wie es utilitaristische Auffassungen ursprünglich tun, moralisch dazu verpflichtet wird, zum Agenten des Wohls aller zu werden, dann droht diese Integritätsbedingung verletzt zu werden.

Es ist hier nicht nötig, genauer auf die Versuche einzugehen, diese mögliche Konsequenz abzuwehren: Ein Weg ist, bestimmte Prärogative des Handelnden gegenüber den moralischen Erwartungen zuzulassen; ein anderer Weg ist, die Ebenen des Urteilens und des Handelns auseinanderzuziehen, indem zwischen utilitaristischen moralischen Beurteilungsprinzipien für Handlungsergebnisse einerseits und Entscheidungsverfahren für Handlungen andererseits unterschieden wird.[5] Festzuhalten ist nur, daß das Geltendmachen eines persönlichen Standpunkts gegenüber moralischen Verhaltenserwartungen selber ein moralischer Geltungsanspruch ist. Williams nennt dieses Geltendmachen eine Form des moralischen Selbstschutzes. Und Thomas Nagel hält es für ein moralisches und nicht bloß für ein praktisches Erfordernis, den persönlichen Standpunkt in die Rechtfertigung moralischer Verhaltenserwartungen zu integrieren. Der moralische Standpunkt ist demgemäß

5 Den ersten Weg schlägt S. Scheffler ein, vgl. a. dessen Aufsatz: Agent-centred Restrictions, Rationality and the Virtues, in: ders. (Hg.), *Consequentialism and its Critics*, Oxford 1988. Den zweiten Weg geht D. Brink, siehe die vorhergehende Anmerkung.

als ein überpersönlicher Standpunkt zu begreifen, der den persönlichen mit dem unpersönlichen Standpunkt verbindet.[6] Bei Williams sind es die persönlichen Projekte und Bindungen, die von einem persönlichen Standpunkt aus in den Blick des moralisch Urteilenden geraten. Die Rücksichtnahme auf eine irreduzible, persönliche Perspektive gilt dem Einzelnen als Handelndem. Aber sie kann sich auch auf den Einzelnen in dem passiven Status eines Hilfsbedürftigen richten. Das ist der Fall, der u. a. in einer Mitleidsmoral Berücksichtigung findet. Denn das Mitleid gilt einem Einzelnen, und zwar nicht irgendeinem, typisierten Einzelnen, sondern dem Einzelnen mit Namen und Gesicht. Es regt sich in der Anschauung von dessen Leiden. Die Übernahme von dessen subjektiver Perspektive ist die Perspektive auf den konkreten Anderen. Daß die Übernahme dieser Perspektive eine Form moralischer Rücksichtnahme ist, verbindet die Mitleidsmoral mit der sogenannten Fürsorgemoral (»ethics of care«).[7] Hierbei erweitert sich allerdings die Rücksichtnahme auf den konkreten Anderen um die Integritätsbedingungen persönlicher Beziehungen (zwischen Freunden, Eltern und Kindern usw.). Weil der Einzelne kein Vereinzelter ist, schließt die moralische Rücksichtnahme auf den konkreten Anderen auch die Sorge um die Integrität der sozialen Beziehungen ein, in denen der konkrete Andere steht. Die Mitleids- und die Fürsorgemoral eint die Betonung der moralischen Rücksichtnahme auf das moralisch verletzbare Individuum als eines konkreten Anderen. Dabei müssen die Beziehungen zwischen moralisch verletzbaren Individuen keineswegs abgeblendet werden. Aber soweit sie ins Blickfeld kommen, sind es die auf den konkreten Anderen zentrierten, eben die persönlichen

6 Nagel, *Equality*, a.a.O., S. 15, 38, 44.

7 Vgl. C. Gilligan, *Die andere Stimme*, a. a. O.; dies., Moral Orientation and Moral Development, in: E. F. Kittay/D. T. Meyers (Hg.), *Women and Moral Theory*, Totowa 1979, S. 19-33; A. Baier, The Need for More Than Justice, in: *Canadian Journal of Philosophy*, Suppl. Vol. 13 (1986), S. 41-56; R. S. Dillon, Respect and Care: Toward Moral Integration, in: *Canadian Journal of Philosophy* 22 (1992), S. 105-132. Zur Mitleidsmoral vgl. neben U. Wolf, *Das Tier in der Moral*, a. a. O.; A. Leist, *Wege der Moralbegründung*, Habil. Schrift, Frankfurt am Main 1989; ders., Mitleid und universelle Ethik, in: ders. (Hg.), *Reader zum Studienbereich Philosophie*, Wiesbaden 1992, S. 67-93.

Beziehungen zu seinen Anderen, mit denen er nicht nur zusammenlebt, sondern mit denen er sein Leben teilt. Es sind keine Beziehungen zwischen irgendwelchen moralisch verletzbaren Individuen, die unter Fairnessgesichtspunkten beurteilt werden. Von dieser dezentrierenden Gerechtigkeitsperspektive unterscheidet sich die auf den konkreten Einzelnen zentrierte Hinsicht in der Mitleids- und in der Fürsorgemoral. Diese moralische Hinsicht muß nicht als alternativ zu jener Gerechtigkeitsperspektive gedacht werden; sie kann auch komplementär sein. In einem solchen Komplementärverhältnis finden sich zwei unterschiedliche Formen der moralischen Rücksichtnahme, die den oben eingeführten Formen des moralischen Respekts ähneln.

Eine solche Ähnlichkeit besteht auch zu solchen Konzeptionen einer Gerechtigkeitsmoral, die den moralischen Gesichtspunkt der Gerechtigkeit um einen Grundsatz der Benevolenz oder der Solidarität zu ergänzen versuchen.[8] Diese Erweiterung einer Gerechtigkeitsmoral kann man auch bei Rawls am Werk sehen, zumindest in Anknüpfung an die Interpretationsskizze, die Nagel von Rawls zweitem Gerechtigkeitsprinzip, dem sogenannten Differenzprinzip gibt.[9] Dieses Prinzip verlangt unter einschränkenden Bedingungen die Verbesserung des Loses der in einer Gesellschaft am schlechtesten Gestellten, und zwar schlechthin. »Schlechthin« bedeutet: ganz unabhängig von der Erwägung, ob diese Verbesserung Nachteile für eine Mehrheit einbringt (die freilich nicht in der Einschränkung der Grundfreiheiten der Benachteiligten bestehen dürfen). Das Differenzprinzip läßt Opfer der Bessergestellten für ganz unten zu. Es ist, so könnte man sagen, ein Prinzip rechtsförmiger öffentlicher Solidarität, die durch eine Distributionsregel für bestimmte Güter (Ämter und Statuspositionen) operationalisiert wird. Es macht die Besserstellung der am schlechtesten Gestellten zu

8 Vgl. W. K. Frankena, *Analytische Ethik*, München 1972, S. 62-71; L. Kohlberg/D. R. Boyd/Ch. Levine, Die Wiederkehr der sechsten Stufe: Gerechtigkeit, Wohlwollen und der Standpunkt der Moral, in: W. Edelstein/G. Nunner-Winkler (Hg.), *Zur Bestimmung der Moral*, Frankfurt am Main 1986; J. Habermas, Gerechtigkeit und Solidarität, in: ders., *Erläuterungen*, a.a.O.; O. O'Neill, The Great Maxims of Justice and Charity, in: dies., *Constructions of Reasons*, Cambridge 1989.

9 Vgl. Th. Nagel, *Equality and Partiality*, a.a.O., S. 76ff., S. 12.

einer Priorität, losgelöst davon, wodurch sie in diese Lage gekommen sind, zum Beispiel infolge von kontingenten, unglücklichen Lebensumständen, die in einer Gerechtigkeitskonzeption wie der von Nozick als moralische Adiaphora angesehen werden.[10]

Soweit einige Querverweise auf Unterscheidungen und Ergänzungen in verschiedenen moralphilosophischen Konzeptionen und Traditionen, die der vorgeschlagenen Differenzierung zwischen zwei Formen des moralischen Respekts ähneln. Allerdings dürfen über diese Ähnlichkeiten nicht die Unterschiede vergessen werden. Anderenfalls ist nicht zu sehen, warum die beiden angeführten Arten des moralischen Respekts nicht auf eine Grundform zurückgeführt werden können; und warum es nicht möglich sein soll, die Motive für ihre Unterscheidung durch andersgeartete Unterscheidungen zu beachten.

Die Verweise auf interne Kritiken des Utilitarismus, auf die Mitleids- und auf die Fürsorgemoral sowie auf Erweiterungen von Konzeptionen einer Gerechtigkeitsmoral rücken den moralischen Respekt als unvertretbar Einzelner in die Nähe des Grundsatzes, der die Anteilnahme am Wohl des Einzelnen gebietet, während sie den Respekt als gleichberechtigten Angehörigen dem Gerechtigkeitsgrundsatz der Gleichbehandlung zuordnen. Aber diese Grundsätze liegen auf verschiedenen Ebenen. Der eine ist inhaltlicher, der andere formaler Natur. Der erste gibt einen *Inhalt* moralischer Rücksichtnahme an, der zweite beschreibt den *Kreis* derer, gegenüber denen moralische Rücksicht geübt werden soll, und den Grad dieser Rücksichtnahme (nämlich Gleichmäßigkeit). Ihr Unterschied ist ein Unterschied zwischen dem Inhalt und der Reichweite sowie dem Grad moralischer Rücksichtnahme. Wenn die vorgeschlagene Differenzierung zweier Respektformen mit diesem Unterschied zusammenfiele, würde sie sich einer Verwechslung zwischen verschiedenen Ebenen schuldig machen. Das ist der eine Kritikpunkt.

Der andere ist, daß die vorgeschlagene Differenzierung von dem Problem motiviert zu sein scheint, anzugeben, wo die Grenzen moralischer Zumutungen liegen. Wie es aussieht, soll der Re-

10 R. Nozick, *Anarchy, State, and Utopia*, Oxford 1974, S. 213-227, insbes. S. 225ff.

spekt als unvertretbar Einzelner eine moralinterne Grenzziehung für moralische Anforderungen an den Einzelnen ermöglichen. Aber die Lösung dieses Problems macht – so könnte man weiter argumentieren – die angeführte Unterscheidung zweier Arten des moralischen Respekts nicht nötig. Dafür genügen andere Unterscheidungen. Zum einen die Unterscheidung zwischen unbedingten und supererogatorischen moralischen Pflichten. Wenn sich der Einzelne – im Rahmen utilitaristischer Moralkonzeptionen betrachtet – zum alleinigen Agenten des Wohls aller macht, dann ist das ein moralisches Verhalten, das wir bewundern und dessen Unterlassung kein guter Grund zu Vorwürfen ist. Darüber hinaus können moralische Pflichten, die den Einzelnen als individuellen Aktor verpflichten, von solchen Pflichten unterschieden werden, die ihn als Mitglied eines handlungsfähigen Kollektivs verpflichten.[11] Letztere sind zum Beispiel positive Pflichten, die in der Form sozialstaatlicher Leistungen erfüllt werden. Wozu der Einzelne als individueller Aktor verpflichtet ist, ist dann vielmehr, politisch dazu beizutragen, daß ein solches handlungsfähiges Kollektiv besteht und fortbesteht und entsprechende Leistungen erbringt.

Die Unterscheidungen zwischen unbedingten und supererogatorischen Pflichten und zwischen Pflichten als individueller Aktor und Pflichten als Mitglied eines Kollektivs sind geeignet, das Maß an moralischen Zumutungen erheblich abzusenken. Darüber hinaus braucht man dieses Maß an Zumutungen auch nicht zu dramatisieren. Die Integritätserfordernisse des Einzelnen, die sich aus persönlichen Bindungen und Projekten ergeben, können durchaus berücksichtigt werden, vorausgesetzt, es geht in moralischen Geboten um die Rücksichtnahme auf die Integrität moralisch verletzbarer Individuen.[12] Ihre Berücksichtigung findet ihre Grenze bloß in den Integritätserfordernissen anderer. Und nur in dieser Begrenzung liegt die moralische

11 Vgl. J. Habermas, Erläuterungen zur Diskursethik, in: ders., *Erläuterungen*, a.a.O., S. 175.

12 Darauf hat R. M. Hare in seiner Replik auf die von Williams angezettelte Kritik hingewiesen, vgl. Some Reasoning about Preferences: A Response to Essays by Persson, Feldman, and Schueler, in: ders., *Essays in Ethical Theory*, Oxford 1984, S. 245-250; vgl. a. Hare, in: D. Seanor/N. Fotion, *Hare and its Critics*, Oxford 1988, S. 250; ders., Könnte Kant ein Utilitarist gewesen sein?, Ms. 1988, S. 6-8.

Zumutung. Auch zwingt nichts dazu, aus diesen Integritätserfordernissen eines jeden Einzelnen bestimmte soziale Beziehungen auszuklammern, wie auch nichts daran hindert, in die moralischen Gebote der Rücksichtnahme eine Verantwortung für die Wahrung der Integrität solcher Beziehungen aufzunehmen, was in der Fürsorgemoral betont wird. Überdies können diese Gebote sehr spezifisch sein, so daß relativ viele konkrete Züge desjenigen beachtet werden, gegen den Rücksicht geübt werden soll. (Relativiert eben an der Bedingung, auf andere gleichermaßen Rücksicht zu nehmen.) Und sie können spezielle Pflichten sein, die aus persönlichen Beziehungen zu ganz bestimmten, je meinen Anderen erwachsen und die unter Umständen Vorrang gegenüber der Erfüllung universeller Pflichten haben. Auch die Unterscheidung zwischen speziellen und universellen sowie zwischen spezifischen und generellen moralischen Geboten der Rücksichtnahme entdramatisieren das Maß an moralischen Anforderungen an den Einzelnen.

Wenn diese Argumente auch die vorgeschlagene Differenzierung zweier Formen des moralischen Respekts treffen würden, dann bliebe nur noch ein Motiv für diese Differenzierung übrig: das Motiv, die Existenz verschiedener, disparat zueinander stehender Bereiche der Moral mit »verschiedenen Handlungsstrukturen und motivationalen Grundlagen«[13] zu beachten. Der Respekt als gleichberechtigter Angehöriger einer Gemeinschaft fiele dann in den moralischen Bereich der Gerechtigkeit, die auf die Regelung von Interessenkonflikten bezogen ist, die sich aus Interaktionen und Interdependenzen zwischen irgendwelchen unter Kooperationszwang stehenden Mitgliedern einer Gemeinschaft ergeben. Er wäre Ausdruck einer fairen Einstellung oder eines Gerechtigkeitssinns. Demgegenüber fiele der Respekt des moralisch Verletzbaren als eines unvertretbar Einzel-

13 U. Wolf, *Das Tier in der Moral*, a. a. O., S. 84. Vgl. a. (mit unterschiedlich starken Schlußfolgerungen) Th. Nagel, The Fragmentation of Value, in: ders., *Mortal Questions*, a. a. O., S. 138; Ch. Larmore, *Patterns of Moral Complexity*, Cambridge 1987, S. 138; A. Oksenberg Rorty, Three Myths of Moral Theory, in: dies., *Mind in Action*, Boston 1988, S. 282, 288 ff.; M. Kettner, Bereichsspezifische Allgemeinheit. Zur konkreten Allgemeinheit der Diskursethik, in: K.-O. Apel/M. Kettner (Hg.), *Zur Anwendung der Diskursethik in Politik, Recht und Wissenschaft*, Frankfurt am Main 1992, S. 330 ff.

nen in den moralischen Bereich des Mitleids und der tätigen Anteilnahme, die sich auf das konkrete Los des leidensfähigen Einzelnen richtet. Er wäre Ausdruck eines Wohlwollens, das sich löst von komparativen, einstufenden Gesichtspunkten wie den Gesichtspunkten des Verdienstes und der Wertschätzung.

Nun ist die Berücksichtigung verschiedener, relativ disparater Bereiche der Moral sicher ein Kriterium für die angemessene Beschreibung des moralischen Standpunktes. Es ist aber die Frage, ob dieses Kriterium dabei in Führung gehen soll. Und diese Frage ist um so eher zu verneinen, als es gelingt, die unterstellte Verschiedenheit von Bereichen der Moral zu minimieren, indem relativ viele Aspekte und Phänomene des einen Bereichs im anderen Bereich untergebracht werden. Das könnte der Fall sein, wenn man einen komplexen Begriff der Leidensfähigkeit moralisch verletzbarer Individuen entwickelt, der auch die in einer unfairen Verhaltensweise ausgedrückte Mißachtung des Einzelnen erfassen kann; oder wenn man mit Hilfe des Begriffs der kommunikativen Lebensform den Bereich der regelungsbedürftigen Interaktion weit über den Bereich von auf Gütererwerb ausgerichteten Kooperationszusammenhängen zwischen einander relativ gleichgültigen Individuen hinaus ausdehnt. Ein solches Vorgehen muß nicht die Existenz verschiedener disparater Bereiche der Moral ganz zum Verschwinden bringen. Aber es würde ihre Berücksichtigung zu einem nachgeordneten Problem machen. Es hat den Anschein, daß die vorgeschlagene Differenzierung sinnvollerweise nur auf die Bewältigung dieses Problems bezogen sein kann. Aber das ist ein sekundäres Problem. Mehr noch: Wenn sie von dem Problem motiviert ist, der Existenz *disparater* Bereiche der Moral Rechnung zu tragen, dann ist schwerlich der Grund für die *Verschränkung* der beiden eingeführten Respektformen zu sehen.

Um die Kritik zusammenzufassen: Die vorgeschlagene Differenzierung zweier verschränkter Formen des moralischen Respekts, die den moralischen Standpunkt auszeichnen sollen, scheint auf ein eher nebensächliches Problem bezogen zu sein. Andere Motive wie das der Bestimmung des Ausmaßes und der verschiedenen Arten moralischer Verhaltenserwartungen lassen sich auch in anderer Weise berücksichtigen, ohne mit einer Verwechslung von Inhalt und Reichweite moralischer Grundsätze erkauft zu werden. Wenn man diese Verwechslung vermeidet, dann kann man die zwei vorgeschlagenen Formen des moralischen Respekts durch eine einzige Grundform ersetzen. Diese Grundform ist der gleiche Respekt eines jeden moralisch verletzbaren Individuums als eines Lebewesens, das unvertretbarerweise sein Leben zu leben hat. Dieser gleichmäßige Respekt besteht in der Rücksichtnahme auf die Integritätserfordernisse dieser Lebewesen. Das, worin sie gleichberechtigt sind, ist der Anspruch auf diese Rücksichtnahme. Integritätsbedingungen, die sich daraus ergeben, daß der unvertretbar Einzelne kein Vereinzelter ist, müssen dabei nicht ausgeklammert werden. Ebensowenig müssen Unterschiede zwischen den moralisch verletzbaren Individuen ignoriert werden. Gleichberechtigung muß nicht nivellierende Gleichbehandlung sein.[14] Das wäre eine ziemlich grobschlächtige Auffassung von Gleichberechtigung, und es liegt nahe, diese Auffassung in der vorgeschlagenen Differenzierung zweier Respektformen am Werk zu sehen. Was von einem gleichmäßigen Respekt verlangt wird, ist nur, daß keine Unterschiede dabei gemacht werden, daß Unterschiede gemacht werden.

### *b) Die Verschränkung der Grundformen des moralischen Respekts*

Dieser alternative Vorschlag einer einzigen Grundform des moralischen Respekts hat einen Haken, an dem sich die Notwendigkeit zweier unterschiedener und miteinander verschränkter Formen des Respekts fixieren läßt.[15] Er kommt nämlich nicht umhin, von typischen Integritätserfordernissen auszugehen. Damit ist die Möglichkeit gegeben, daß die typischen Integritätserfordernisse bloß Stereotype sind, d.h. solche Integritätsbedingungen, die allgemein für generelle Minimalbe-

14 Vgl. zum Beispiel J. L. Mackie, Three Stages of Universalizations, in: ders., *Persons and Values. Selected Papers II*, Oxford 1985.

15 Für das Folgende haben mir Nachfragen von J. Habermas u.a. in seinem Erstgutachten zu dieser Arbeit geholfen.

dingungen der Integrität eines jeden unvertretbar Einzelnen gehalten werden, ohne es wirklich zu sein. Um moralische Normen revidieren zu können, die die Bedingungen typischer Integrität moralisch verletzbarer Individuen zu sichern beanspruchen, muß man sich für diese Möglichkeit sensibel halten. Und dazu braucht es beide angeführten Arten des moralischen Respekts.

Typische Integritätserfordernisse werden einem Begriff von der Integrität moralisch verletzbarer Individuen überhaupt entnommen. Beispiele für solche Begriffe sind der Begriff der Menschenwürde oder der Begriff der seelischen Gesundheit von Personen. Solche Begriffe gebrauchen heißt jemanden identifizieren als einen von einer Art. Um nun eine Unangemessenheit solcher Prädikate feststellen zu können, die präsumtiv typische als bloß stereotype Integritätsbedingungen zu erkennen gibt, bedarf es des Respekts des moralisch verletzbaren Individuums als eines unvertretbar Einzelnen. Denn dieser Respekt beinhaltet die Anerkennung einer genuin subjektiven Perspektive, in der sich der Einzelne nicht als einer unter anderen wahrnimmt. Erst durch die normativ folgenreiche Unterscheidung zwischen dieser subjektiven Perspektive und einer Perspektive auf den Einzelnen als einen unter anderen (als ein Exemplar unter anderen Exemplaren einer Art) können solche Aspekte der Integrität dieses konkreten moralisch verletzbaren Individuums mit Namen und Gesicht in den Blick geraten, die für die Überprüfung präsumtiv typischer Integritätsbedingungen relevant sind. Die Anerkennung einer subjektiven Perspektive eröffnet diese Möglichkeit zu einer solchen Überprüfung, weil die subjektive Perspektive eine zentralisierende Funktion hat; sie rückt Handlungen und Überzeugungen in den Kontext eines persönlichen Lebensentwurfes oder einer individuellen Lebensgeschichte; sie situiert Erlebnisse und mentale Zustände in einen größeren Empfindungskontext. Dadurch können Selbstbeschreibungen zu Fremdbeschreibungen in einen Gegensatz treten, der eine moralisch relevante Unangemessenheit des Vokabulars anzeigt, von dem in den Fremdbeschreibungen des moralisch verletzbaren Individuums Gebrauch gemacht wird. Ebenso macht die subjektive Perspektive die Unzulänglichkeit einer öffentlichen Sprache für denjenigen erfahrbar, der sich ihrer zur Selbstdarstellung und zur Artikulation seiner Gefühle, Bedürfnisse und Einstellungen bedienen muß. Das liegt daran, daß die subjektive Perspektive eine Vertrautheit mit sich in den erlebten mentalen Zuständen impliziert. Diese Vertrautheit läßt einzelne mentale Zustände nicht disparat zueinander, sondern zusammenhängend durchleben. Dadurch kann sie als eine kritische Instanz gegenüber der sprachlichen Artikulation des eigenen Erlebens fungieren. Die sprachliche Artikulation, d.i. die gliedernde Zusammenstellung von Bewußtseinselementen in Ausdrucksgestalten wird dann konfrontiert mit diesem Erlebniszusammenhang. In dieser Konfrontation werden bestimmte Elemente ins Spiel gebracht, die in dieser Zusammenstellung ausgeklammert waren.

Das alles klingt zugegeben ziemlich abstrakt und ist es auch.[16] Aber es sollte zumindest geeignet sein, eine Vorstellung zu verschaffen von der Verbindung, die besteht zwischen der Überprüfung und gegebenenfalls der Revision präsumtiv typischer Bedingungen der Integrität moralisch verletzbarer Individuen einerseits und dem Respekt dieser Individuen als unvertretbar Einzelne andererseits. – Nun besteht eine solche Verbindung auch zu der zweiten Form des moralischen Respekts, also dem Respekt moralisch verletzbarer Individuen als gleichberechtigte Angehörige einer Gemeinschaft. Ohne diesen Respekt würde der *Anlaß* für die Überprüfung und etwaige Revision nicht zu einem *Anfang* werden. Ein Anlaß wird gebildet von Unterschieden zwischen generischen und individuellen Integritätsbedingungen, die als Gegensätze zwischen Selbst- und Fremdwahrnehmung erfahren werden; ein anderer Anlaß von der Erfahrung, daß die verfügbaren, öffentlichen Artikulations- und Verständigungsmittel für individuelle Integritätserfordernisse unangemessen sind. Der Anfang ist ein responsives Verhalten anderer, das in einem Verstehen dieser Erfahrung bzw. jener Entgegensetzung der Selbst- und der Fremdwahrnehmung besteht. Mit diesem responsiven Verhalten nimmt der Respekt des moralisch verletzbaren Individuums als eines

16 Ein paar weiterführende Hinweise finden sich in: L. Wingert, Der Grund der Differenz: Subjektivität als Moment von Intersubjektivität. Einige Bemerkungen zu M. Frank, in: M. Brumlik/H. Brunkhorst (Hg.), *Gemeinschaft und Gerechtigkeit*, Frankfurt am Main 1993.

gleichberechtigten Angehörigen die Form einer hermeneutisch sensiblen Haltung an. Das moralisch verletzbare Individuum mit seiner abweichenden genuin subjektiven Perspektive hört nicht auf, Angehöriger zu sein und d. h. angehört zu werden. Es bleibt gleichberechtigt mit anderen in dem Anspruch, angehört zu werden, auch wenn es sich nicht der etablierten, tradierten, sondern idiosynkratischer Mittel zur Mitteilung bedient oder gar nur zu einer bruchstückhaften Artikulation seiner Erfahrungen fähig ist.[17]

Die Verschränkung der beiden Respektformen hat also ihren Grund in den Bedingungen dafür, daß eine Überprüfung präsumtiv typischer Integritätsbedingungen in Gang kommen kann. Das ist aber nur ein Grund. Ein zweiter Grund hat damit zu tun, daß der Respekt eines moralisch verletzbaren Individuums als eines unvertretbar Einzelnen mit einer genuin subjektiven Perspektive nicht zu einer Art Selbstbegünstigungsklausel in moralischen Fragen degenerieren darf. Damit diese Form des Respekts nicht zu einem Prärogativ der Subjektivität wird, das ein bestimmtes Individuum privilegiert, muß sie mit dem Respekt anderer als gleichberechtigter Angehöriger verschränkt sein. Das als unvertretbar Einzelner respektierte Individuum wird durch diese Verschränkung auf Augenhöhe mit anderen gehalten; es bleibt auch mit seiner subjektiven Perspektive kritisierbar durch andere, und zwar nicht nur aus der Sicht des konkreten Gegenübers, sondern auch Dritter. Die Überprüfung präsumtiv typischer Integritätsbedingungen von moralisch verletzbaren Individuen hört so nicht auf, eine öffentliche Angelegenheit zu sein, auch wenn sie einen persönlichen Anlaß hat. Der Respekt anderer als gleichberechtigter Angehöriger sichert die Möglichkeit, den Anlaß zur Überprüfung als guten Grund für eine Revision der moralischen Normen zu kritisieren, zu deren semantischem Gehalt diese überprüften Integritätserfordernisse gehören.

Die Rede von einer Verschränkung der beiden Respektformen meint also zweierlei. Zum einen ist gemeint, daß ein und dasselbe moralisch verletzbare Individuum uno actu respektiert

17 Für literarische Darstellungen solcher Erfahrungen und Mitteilungsformen vgl. a. die Studie von G. Stanitzek, *Blödigkeit. Beschreibungen des Individuums im 18. Jahrhundert*, Tübingen 1989.

wird als unvertretbar Einzelner und als gleichberechtigter Angehöriger. Es wird respektiert als ein Individuum, das in Ansehung seiner unvertretbaren Einzelnheit eine subjektive Perspektive auf seine Existenz einnimmt, die von der gegebenen gemeinschaftlichen Perspektive anderer abweichen und sich dieser sogar entgegensetzen kann. Gleichwohl bleibt es in dem Anspruch gleichberechtigt, angehört und verstanden zu werden. Zum anderen ist mit »Verschränkung« gemeint, daß der Respekt gegenüber diesem moralisch verletzbaren Individuum mit seiner subjektiven Perspektive dezentrierend verbunden bleibt mit dem Respekt anderer als gleichberechtigte Angehörige. Die verschränkten Formen des moralischen Respekts bilden zum einen ein komplementäres, zum anderen ein korrigierendes Verhältnis. Der gemeinsame Grund dieser komplementären und korrigierenden Verschränkung sind die Bedingungen dafür, daß eine Überprüfung vermeintlich typischer Integritätserfordernisse in Gang kommen kann und in einer Revision *oder* in einer Bekräftigung von moralischen Normen terminiert, die Bedingungen der Integrität für moralisch verletzbare Individuen überhaupt beinhalten.

Die Verschränkung der zwei Formen des moralischen Respekts hat aber nicht, wie diese Überlegungen zu den Bedingungen für die Überprüfung vermeintlich genereller Integritätserfordernisse nahelegen könnten, nur eine kognitive Funktion. Sie hat auch einen normativen Sinn. In ihrer Verschränkung dienen diese Respektformen dem Schutz vor moralischen Verletzungen, die sich aus spiegelbildlichen Vereinseitigungen ergeben können. Sie sollen den Respekt vor dem moralisch verletzbaren Individuum als einem unvertretbar Einzelnen wahren, ohne daß die damit verbundene Anerkennung von Subjektivität in eine Exklusion durch Indifferenz umschlägt; und sie sollen (mit dem Respekt des Einzelnen als gleichberechtigtem Angehörigen) eine Inklusion in eine Gemeinschaft ermöglichen, die nicht in die Subordination unter Stereotypen der Zugehörigkeit umschlägt. Dem verweigerten Respekt als unvertretbar Einzelnem entspricht die Mißachtung der Subjektivität des moralisch verletzbaren Individuums; dem verweigerten Respekt als gleichberechtigtem Angehörigen einer Gemeinschaft entspricht die Mißachtung seiner Sozialität, d.i. der Angewiesenheit auf ein responsives Verhalten anderer. Beide Formen des moralischen Respekts zusammen sollen eine Balance zwischen der Sozialität und der Subjektivität von (moralisch verletzbaren) Individuen garantieren, die ihr Leben unvertretbarerweise zu leben haben in einer Weise, die sie in eine kommunikative Lebensform involviert sein läßt.

Im Lichte der beschriebenen Formen des moralischen Respekts sieht man nun auch, wie die in der Phänomenologie des Moralischen ermittelten drei Dimensionen oder Eigenschaften moralischer Probleme mit moralischen Hinsichten auf praktische Probleme zusammenhängen. – Moralische Probleme, so habe ich gesagt, weisen drei Eigenschaften auf. Sie sind persönliche Probleme und keine anonymen Probleme, deren Lösung delegiert werden kann. Sie sind öffentliche und nicht private Probleme. Ihre Lösung muß nicht bloß aus der Sicht des Aktors, dem sie sich stellen, akzeptabel sein. Schließlich sind sie keine lokalen, sondern über-lokale öffentliche Probleme. Ihre Lösung kann nicht bloß eine situative sein, die nur für die in der Handlungssituation lokalisierten Subjekte akzeptabel ist. Den Eigenschaften moralischer Probleme entsprechend sind die von moralischen Problemen Betroffenen: der Aktor, dem sich ein moralisch praktisches Problem aktuell stellt (Ego), der individuierte Gegenüber (Alter ego), der sich komplementär zu Ego verhalten muß, sowie abwesende Dritte, die an Ego und Alters Zusammenwirken nicht beteiligt, aber möglicherweise von den Auswirkungen betroffen sind. Der Punkt ist jetzt der, daß die Ignoranz, d.i. das vorsätzliche Abblenden einer der drei Problemdimensionen einem Mangel an moralischem Respekt in einer der beiden Formen gegenüber zumindest einem der Betroffenen korrespondiert. Die Ignoranz der über-lokalen öffentlichen Problemdimension verweist auf einen Mangel an moralischem Respekt vor abwesenden Dritten als gleichberechtigten Angehörigen, gegenüber denen man sich als Aktor in seinen problematisierbaren Handlungen kritisierbar hält. Wird die Problematisierung des eigenen Verhaltens privatisiert, so wird dieser Respekt nicht nur Dritten, sondern auch dem konkreten Gegenüber verwehrt. Der Ignoranz der persönlichen Dimension moralischer Probleme schließlich entspricht ein Mangel an Respekt, sei es des individuierten Aktors, sei es dessen konkretem Gegenüber als unvertretbar Einzelnem. Es wird dann ignoriert, daß Ego bzw. Alter mit ihrem Verhalten leben können müssen und daß sie in propria persona – und d. h. immer auch: in Ansehung ihrer eigenen Person für ihr Verhalten einstehen müssen.

Diese Beziehungen zeigen eine Kohärenz an. Es besteht ein Verhältnis der gegenseitigen Stützung zwischen der Behauptung, daß moralische Probleme praktische Probleme mit den drei angeführten Eigenschaften sind, und der Behauptung, daß es zwei miteinander verschränkte Grundformen des moralischen Respekts gibt. Diese Behauptung wurde induktiv, jene phänomenologisch eingeführt. Ihre Kohärenz rührt daher, daß in Ansehung der beiden Respektformen der moralische Gehalt der formal bestimmten Problemdimensionen sichtbar wird, während umgekehrt vor dem Hintergrund dieser Problemdimensionen deutlicher wird, wie die Grundformen des moralischen Respekts als Hinsichten der moralischen Problematisierung fungieren. Diese Kohärenz stützt überdies die Konzeptualisierung des Standpunkts der Moral als Verschränkung der zwei beschriebenen Grundformen des moralischen Respekts ab. Der moralische Standpunkt ist ja nicht bloß der Inbegriff moralischer Gesichtspunkte. Er fungiert auch als ein Ausgangspunkt von Begründungen für moralische Urteile. Moralische Begründungen dienen der Lösung von praktischen Problemen moralischer Natur. Ihr Ausgangspunkt muß darum geeignet sein, die verschiedenen Dimensionen dieser Probleme zu erfassen. Deshalb ist ein Kriterium unter anderen für eine plausible Konzeptualisierung des moralischen Standpunkts, daß sie mit der Charakterisierung moralischer Probleme zusammenstimmt. Mit der angedeuteten Kohärenz ist dieses Kriterium erfüllt.

Aber das ist nur ein Kriterium. Ein anderes ist die Formalität. Die vorgeschlagene Bestimmung des moralischen Standpunkts durch die beiden beschriebenen Grundformen des moralischen Respekts muß formal genug sein, um nicht von vornherein bestimmte Moralauffassungen per definitionem als amoralisch auszuschließen. Auch dieses Kriterium ist augenscheinlich erfüllt. (Ob der Schein trügt, kann nur durch einen Gebrauch dieser vorgeschlagenen Begrifflichkeit in soziologischen und historischen Forschungen entschieden werden. Das würde den Rahmen dieser Arbeit sprengen.) Denn der Vorschlag präjudiziert nicht, worin der Respekt der in einer kommunikativen Lebensform involvierten, mithin moralisch verletzbaren Individuen als gleichberechtigte Angehörige einer Gemeinschaft besteht. Er läßt zum Beispiel offen, welche Unterschiede in der Behandlung dieser Individuen ihren Status als Gleiche berühren und welche nicht, ob beispielsweise die Ungleichbehandlung im Zuge von *affirmative-action*-Programmen irgend jemandes Status als Gleicher beeinträchtigt. Auch ist nicht gesagt, worin und in welchem Grad moralisch verletzbare Individuen in ihrem Lebensvollzug auf andere angewiesen sind, zum Beispiel welche elementaren menschlichen Fähigkeiten das Ergebnis komplizierter, responsiver Interaktionen in der Sozialisation sind und welche als naturgegeben angesehen werden müssen. Entsprechend können Kriterien für Verdienst und Benachteiligung variieren, die für die Spezifizierung des Respekts als gleichberechtigter Angehöriger wichtig sind.[18] Die auch moralisch motivierte, positivrechtliche Anerkennung sozialer Grundrechte in den gegenwärtigen Verfassungen einiger Rechtsstaaten dokumentiert einen Wandel dieser Kriterien.[19] Schließlich wird mit dieser Grundform des moralischen Respekts noch nicht festgelegt, wer zu einer Gemeinschaft als gleichberechtigter Angehöriger gehört und wer nicht.

Eine ähnliche inhaltliche Offenheit läßt die Bestimmung der zweiten Grundform des moralischen Respekts zu. Auch hier bleibt Raum für Variationen gemäß verschiedener moralischer Traditionen, worin der Respekt moralisch verletzbarer Individuen als unvertretbar Einzelne besteht. Nicht immer wurde zum Beispiel die Freiheit des religiösen Bekenntnisses als ein Element dieses Respekts angesehen.[20] Es besteht kein Grund,

18 Vgl. z.B. I. M. Young, *Justice and the Politics of Difference*, Princeton 1991, Kap. 7.

19 Vgl. Th. Marshall, Citizenship and Social Class, in: ders., *Class, Citizenship and Social Development*, Chicago/London 1964. Unter Bezug auf Marshall, aber philosophisch weit ausholend vgl. A. Honneth, *Kampf um Anerkennung*, a.a.O., S. 173ff.

20 In Europa beginnt sich eine solche Sichtweise erst mit dem Augsburger Religionsfrieden 1555 durchzusetzen, als der Grundsatz »cuius regio, eius religio« in den Fürstentümern durch eine Art Ausstiegsrecht (»be-

anzunehmen, daß diese Tatsache stets ein Zeichen verweigerten Respekts ist. Sie kann auch ein Zeichen für ein andersartiges kollektiv geteiltes Selbstverständnis sein, das die Dimensionen intentionaler Lebensvollzüge, in denen der Einzelne unvertretbar ist, zum Teil anders bestimmt. Auch muß der Respekt als unvertretbar Einzelner nicht gleichbedeutend sein mit dem Respekt einer exzentrischen Subjektivität des Einzelnen. Sicher, mit dem Respekt moralisch verletzbarer Individuen als unvertretbar Einzelne ist immer auch die Rücksichtnahme darauf gemeint, daß unvertretbar Einzelne Lebewesen sind, die ihre Existenz auf der Basis einer Selbstbejahung vollziehen, in der sie unvertretbar sind. Das Erfordernis einer solchen Selbstbejahung markiert eine Grenze der Plastizität sowohl der Subjekte moralischer Verpflichtung als auch der Subjekte moralischer Ansprüche und ein Minimum an Erfahrungsoffenheit, das eine jede Moral aufbringen können muß. Jedenfalls dann, wenn der behauptete Zusammenhang zwischen Selbstbejahung und Existenzvollzug ein historisch invarianter Sachverhalt ist. Aber diese Selbstbejahung wird auch determiniert von den symbolischen Formen, in denen der Einzelne das eigene Erleben artikuliert, von Selbstbildern, die Kontexte des Verstehens und Mißverstehens seiner selbst bilden und von evaluativen Selbstverständnissen, die Maßstäbe der Selbstbeurteilung liefern. Diese Artikulationsmittel, Selbstbilder und -verständnisse können auch kollektiv geteilte sein. Deshalb muß die holistische subjektive Perspektive, die moralisch verletzbare Individuen in Ansehung ihrer unvertretbaren Einzelnheit auf ihr Erleben, Urteilen und Handeln haben, nicht abweichen oder in Gegensatz stehen zu der Perspektive, die die anderen als Angehörige einer Gemeinschaft zusammen einnehmen. Diese und jene Perspektive können ziemlich weit übereinstimmen. Das ist der Fall, wenn der Einzelne sich nur mit den Mitteln eines vorgegebenen, intersubjektiv geteilten Ausdrucksrepertoires artikuliert und

neficium emigrandi«) für die Untertanen des Fürsten eingeschränkt wurde. Vgl. H. Folkers, Die Neutralität gesellschaftlicher Gewalt und die Wahrheit der Unterscheidung: Zur Geschichte der Differenzierung von Moralität und Legalität bei Kant und zum Ursprung gesellschaftlicher Differenzierung bei Hegel, in: N. Luhmann (Hg.), *Soziale Differenzierung*, Opladen 1985.

sich in kollektiven Selbstbildern und evaluativen Selbstverständnissen versteht und beurteilt. Bedürfnisse und moralische Pflichten, individuelle und generische Integritätsbedingungen stehen dann im Einklang; die Bedingungen für die Selbstbejahung des Einzelnen und für die Erfüllung moralischer Erwartungen anderer Angehöriger der Gemeinschaft koinzidieren, so daß die moralischen Normen, wie es für Verhältnisse substantieller Sittlichkeit oft behauptet wird, in einem kollektiv geteilten und verbindlichen Selbstverständnis gründen. Eine Überprüfung und gegebenenfalls die Revision vermeintlich typischer Integritätsbedingungen der Individuen ist dabei nicht ausgeschlossen. Der Respekt als unvertretbar Einzelner sichert eine minimale Erfahrungsoffenheit auch einer solchen Moral, in der die beiden Grundformen moralischen Respekts tendenziell fusionieren.

Die Kasuistik ist vermutlich eine solche Form der Erfahrungskontrolle, die einen minimalen Respekt der unvertretbaren Einzelnheit von Angehörigen einer moralisch integrierten Gemeinschaft impliziert.[21] Allerdings ist dann der Prozeß der Überprüfung vermeintlich typischer Integritätsbedingungen, mithin diesbezüglicher Moralnormen nichts, was die Betroffenen in eigener Regie betreiben. Er folgt vielmehr einer Methode der Autorität zur Festigung moralischer Überzeugungen. Die Erfahrungsanlässe für die Überprüfung werden von repräsentativen Instanzen der Gemeinschaft souverän zu gegebenenfalls revidierenden Interpretationen der Normsätze verarbeitet, die diese typischen Integritätserfordernisse beinhalten. Das ist der Fall einer traditionalen Moral mit sogenannten höheren Wahrheiten, wie Tugendhat sie nennt.[22] Der Respekt moralisch verletzbarer Individuen wird in einer konventionellen Moral nicht bis zur Unvertretbarkeit des Einzelnen im Prozeß der Überprüfung radikalisiert. Es war diese moderne Konstellation, in der die subjektive Perspektive der moralisch verletzbaren und verpflichteten Individuen auch übergreift auf die gesetzprü-

21 H. D. Kittsteiner, Kant und die Kasuistik, in: ders., *Gewissen und Geschichte*, Heidelberg 1990; ders., *Die Entstehung des modernen Gewissens*, Frankfurt am Main 1991, S. 175ff.; A. R. Jonsen/St. Toulmin, *The Abuse of Casuistry*, Berkeley/Los Angeles 1988.

22 E. Tugendhat, *Probleme der Ethik*, a.a.O., S. 126f.

fende Vernunft, in bezug auf die ich die beiden Grundformen des moralischen Respekts unter dem Aspekt ihrer Verschränktheit beschrieben habe. Aber es sollte deutlich geworden sein, daß mit dieser Einsatzstelle nicht die Konsequenz verbunden ist, daß die vorgeschlagene Konzeptualisierung des Standpunkts der Moral von bestimmten inhaltlichen Annahmen über den spezifischen Gehalt dieses Standpunkts abhängt und zum Beispiel den Fall einer traditionalen Moral von vornherein ausschließen muß.[23]

Um den Vorschlag zusammenzufassen: Der Standpunkt der Moral wurde definiert durch zwei miteinander verschränkte elementare Formen des Respekts. In der einen moralischen Hinsicht wird das in einer kommunikativen Lebensform involvierte, moralisch verletzbare Individuum respektiert als unvertretbar Einzelner, in der anderen moralischen Hinsicht wird es als gleichberechtigter Angehöriger einer Gemeinschaft respektiert. In ihrer Verschränkung sichern diese beiden Grundformen des moralischen Respekts eine Erfahrungsoffenheit und einen Revisionsspielraum für solche Moralnormen, die diese Respektformen spezifizieren. Wie man sich diese Erfahrungsoffenheit denken muß und wie groß dieser Revisionsspielraum sein kann, ist allerdings noch eine offene Frage.

Demgegenüber kann eine andere Frage etwas genauer beantwortet werden. Die Untersuchung im ersten Teil zum Gegenstand der Moral sollte u.a. vom Gegenstandsbereich der Moral her begründen, warum zwischen dem, was moralisch richtig, und dem, was ethisch gut sein kann, unterschieden werden muß. Dabei habe ich stellenweise stillschweigend unterstellt, daß die Ausdrücke »moralisch richtig« und »gerecht« synonym sind. Aber diese Unterstellung wird durch die Begründung jener Un-

23 Ein weiteres, hier nicht vertieft behandeltes Kriterium ist die Generalität des Begriffs vom moralischen Standpunkt. Daß die Charakterisierung des moralischen Standpunkts durch zwei miteinander verschränkte Formen des Respekts der Tatsache relativ disparater Bereiche der Moral Rechnung tragen kann, wurde bereits erwähnt. Ich habe diese Behauptung an anderer Stelle wenigstens für einen speziellen Fall moralischer Beziehungen, die durch einseitige Verpflichtungen gekennzeichnet sind, verteidigt. (Haben wir moralische Verpflichtungen gegenüber früheren Generationen? Moralischer Universalismus und erinnernde Solidarität, in: *Babylon. Beiträge zur jüdischen Gegenwart* 9 (1991), S. 78-94.)

terscheidung nicht völlig abgestützt.[24] Moralische Fragen mögen ja von Fragen des guten Lebens unterschieden sein, aber das rechtfertigt noch nicht ihre Gleichsetzung mit Fragen der Gerechtigkeit. Nun sind moralische Fragen solche praktischen Fragen, die von einem moralischen Gesichtspunkt aus beantwortet werden. Ihre Gleichsetzung mit Gerechtigkeitsfragen setzt voraus, daß der Standpunkt der Moral mit dem Standpunkt der Gerechtigkeit zusammenfällt. Die Frage ist aber, ob diese Voraussetzung zulässig ist. Die vorgeschlagene Konzeptualisierung des moralischen Standpunkts liefert im Verein mit einer These von J. Habermas einige Argumente dafür, daß zumindest ein sehr enger Zusammenhang besteht zwischen dem Standpunkt der Moral und dem Gesichtspunkt der Gerechtigkeit.

In vorsichtiger Anlehnung an Hegel sagt Habermas, daß »Gerechtigkeit als ihr Anderes Solidarität (fordert)«.[25] Gerechtigkeit wird dabei mit einem Prinzip der Gleichbehandlung assoziiert. Unter »Solidarität« wird zum einen die individuelle Haltung der Verantwortlichkeit für die Wahrung der Integrität von sozialen Beziehungen verstanden, die moralisch verletzbare Wesen voraussetzen müssen, wenn ihre eigene Integrität bewahrt werden soll. Das Gegenteil zu der so verstandenen Solidarität ist eine bloß konsumierende Einstellung zu moralisch intakten Sozialbeziehungen.[26] Zum anderen bedeutet »Solidarität« bei Habermas so etwas wie die Fürsorge oder Anteilnahme am Los anderer. (Auf eine dritte Bedeutung, in der »Solidarität« eine Reflexionsform von Solidarität in der zweiten Verwendungsweise des Wortes beschreibt, komme ich noch zurück.)

Unter »Solidarität« wird von Habermas also Verschiedenes verstanden. Das liegt daran, daß es mehrere Motive sind, die ihn in der Bestimmung des moralischen Standpunkts zur Ergänzung des Gerechtigkeitsprinzips der Gleichbehandlung um ein

24 Hier haben mir Einwände von Bernhard Peters weitergeholfen.

25 J. Habermas, Gerechtigkeit und Solidarität, in: ders., *Erläuterungen*, a.a.O., S. 70.

26 In diesem Punkt waren mir eine ganze Reihe von Diskussionen mit Jodi Dean hilfreich, vgl. a. J. Dean, *Spaces for Difference: Discourse Ethics and Feminist Theory*. Ch. 3: The Solidarity of Difference, PhD Diss. Columbia University 1992.

Prinzip der Solidarität führen. Ein Motiv ist, Elemente der Fürsorgemoral in die Diskursethik zu integrieren. Es führt auf die erste Bedeutung. In der zweiten Bedeutung fungiert Solidarität als ein diskursethischer Konkurrenzbegriff zum Begriff des Mitleids. Seine Einführung wird davon motiviert, den moralischen Standpunkt nicht um den Preis der Ignoranz wichtiger moralischer Phänomene zu eng zu fassen.[27] In dieser Bedeutung meint »Solidarität« dasselbe wie der Begriff des moralischen Respekts von moralisch verletzbaren Individuen als unvertretbar Einzelne. Wie diese Form des moralischen Respekts bleibt auch Solidarität verknüpft mit Gerechtigkeit im Sinne eines Prinzips der Gleichbehandlung. Denn Solidarität ist eine Form der nicht-privilegierenden Anteilnahme.[28] Und wie die zweite Grundform des moralischen Respekts hat sie auch eine gewisse Korrekturfunktion gegenüber einem Gerechtigkeitsprinzip, das auf den gleichen Schutz der Integrität von Individuen abzielt.

Von der ersten Bedeutung des Solidaritätsbegriffs bei Habermas kann man absehen, ohne daß der zugrundeliegende motivbildende Gedanke dabei verlorengeht. Denn der Aspekt der moralischen Verantwortung, der hier angesprochen ist, läßt sich auch mit dem Gerechtigkeitsprinzip der Gleichbehandlung erfassen: Es ist unfair, sich nicht ebenso wie andere um die Aufrechterhaltung solcher sozialen Beziehungen zu kümmern, die man zum eigenen Schutz vor moralischen Verletzungen ausdrücklich oder stillschweigend in Anspruch nimmt. Rawls spricht hier von einer natürlichen Pflicht zur Gerechtigkeit.[29] Wenn man von Solidarität in der ersten Bedeutung des Wortes einmal absieht, dann sind »Gerechtigkeit« und »Solidarität« nur Prinzipiennamen für die beiden skizzierten Grundformen des moralischen Respekts. Das Prinzip der Gerechtigkeit sagt, daß jedes in einer kommunikativen Lebensform involvierte Individuum als gleichberechtigter Angehöriger respektiert werden soll. Es ist, wie gesagt, ein Prinzip der Gleichbehandlung. Gerechtigkeit ist etwas, was unter den Angehörigen einer Gemeinschaft herrscht. Das Prinzip der Solidarität sagt, daß jeder in

27 J. Habermas, Gerechtigkeit, a.a.O., S. 62.
28 Vgl. ebd. in Anknüpfung an Hegel, S. 63.
29 J. Rawls, *Theory*, a.a.O., § 19, S. 115 sowie §§ 51, 52.

einer kommunikativen Lebensform Involvierte als unvertretbar Einzelner respektiert werden soll. Solidarität ist etwas, was alle in einer kommunikativen Lebensform involvierten Subjekte moralischer Verpflichtungen gegenüber jedem Einzelnen üben.

Bis jetzt sind nur Gründe für terminologische Angleichungen gegeben worden. Der sachlich weiterführende Punkt ist nun der, daß im Licht der Überlegungen zur Verschränkung der beiden Grundformen des moralischen Respekts klarer wird, warum Habermas sagen kann, daß Gerechtigkeit als ihr Anderes Solidarität fordert. Diese hegelianisierende Formulierung drückt keine ad-hoc-Hypothese aus, um dem Druck von Argumenten der Vertreter einer Fürsorgemoral oder einer Mitleidsethik standzuhalten. Umgekehrt wird im Zuge der Interpretation dieser Formulierung deutlicher werden, in welchem Sinn der moralische Standpunkt ein Standpunkt der Gerechtigkeit ist.

Die Solidarität oder der Respekt als unvertretbar Einzelner wird von der Gerechtigkeit mit ihrem Prinzip der Gleichbehandlung als ein Korrektiv *gefordert* für bloß stereotype Integritätserfordernisse, die in dieses Prinzip Eingang gefunden haben können. Diese Korrekturfunktion spricht Habermas an, wenn er sagt, daß Solidarität dem »virtuellen Gesetzgeber« moralischer Normen abverlangt wird, »der das ›Nein‹ unterdrückter Bedürfnisse nicht ignorieren darf«.[30] Sie wird erfüllt, indem ein Unterschied zugelassen wird zwischen der selbstbezüglichen genuin subjektiven Perspektive des Einzelnen und der von den anderen Angehörigen einer Gemeinschaft geteilten, eben gemeinschaftlichen Perspektive auf dessen Integritätsbedingungen. Deshalb fordert die Gerechtigkeit die Solidarität als etwas von ihrem Gleichbehandlungsprinzip Verschiedenes, eben als etwas *Anderes*. Daß sie Solidarität als *ihr* Anderes fordert, ordnet Solidarität der Gerechtigkeit zu. Die Zusammengehörigkeit erklärt sich aus ihrem gemeinsamen Zweck, nämlich jedes in eine kommunikative Lebensform involvierte Lebewesen vor moralischen Verletzungen zu schützen. Daß dieser Schutz nur durch zwei verschiedene Formen des Respekts bzw. durch Gerechtigkeit und Solidarität zusammen geleistet werden kann, gründet in der

30 Habermas, Gerechtigkeit, a. a. O., S. 76.

Doppelbestimmung moralisch verletzbarer Individuen. Diese sind sowohl unvertretbar Einzelne mit einer genuin subjektiven Perspektive auf ihr Leben als auch Angehörige einer Gemeinschaft. Diesen beiden Eigenschaften entsprechen auf der Ebene des moralischen Respekts zwei unterschiedliche Zuwendungen, einmal die Zuwendung zu dem moralisch Versehrbaren als einem unvertretbar Einzelnen, zum anderen die Zuwendung zu ihm als einem Gleichen unter anderen. Die beiden Eigenschaften stehen in einem potentiellen Spannungsverhältnis. Es wird, wie wir gesehen haben, spätestens dann aktuell, wenn die Subjekte moralischer Verpflichtungen in eigener Regie die präsumtiv typischen Integritätserfordernisse für alle überprüfen müssen. Die mit den beiden Respektformen bzw. mit den beiden Prinzipien verbundenen Zuwendungen zu den moralisch verletzbaren Individuen treten dann in ein produktives Widerspiel. Ihr gemeinsamer Grund ist das Involviertsein dieser Individuen als unvertretbare Einzelne in einer kommunikativen Lebensform, das die Quelle ihrer Verletzbarkeit ist. Das Wissen von diesem Grund hält die beiden Moralprinzipien trotz ihrer Verschiedenheit zusammen gegen ihre Separierung in ein Verhältnis der Indifferenz oder in ein Verhältnis des ausschließenden Gegensatzes. Es ist übrigens dasjenige Wissen, das mit der Solidarität in einer dritten Bedeutung des Wortes bei Habermas verbunden ist. »Solidarität« meint hier eine responsive, anteilnehmende Haltung gegenüber anderen über alles Trennende hinweg im Wissen um eine Verbundenheit miteinander in einer kommunikativen Lebensform trotz aller Einzelnheit.[31]

Die These, daß Gerechtigkeit als *ihr* Anderes Solidarität fordert, drückt nicht nur eine Zugehörigkeit von Solidarität zu Gerechtigkeit aus. Sie enthält auch eine aufschlußreiche Charakterisierung von Gerechtigkeit. Gerechtigkeit wird in ihr als etwas beschrieben, das sich selber zu einem Moment eines Verhältnisses (der Unterschiedenheit von Solidarität) herabstuft. Sie wird demnach durch zweierlei charakterisiert – durch den Status, Relat einer Differenzbeziehung zu sein, und durch die Erzeugung dieser Beziehung. Das ist keineswegs ein Fall von speku-

31 Habermas spricht von einem »Bewußtsein unkündbarer Solidarität« als einer »Gewißheit der Verschwisterung in einem gemeinsamen Lebenszusammenhang« (Gerechtigkeit, a.a.O., S. 72).

lativer Begriffsakrobatik. Ausgedrückt wird dadurch lediglich, daß eine fallibilistisch begriffene Gerechtigkeit einen dynamischen und einen statischen Aspekt aufweist. Das Gerechtigkeitsprinzip der Gleichbehandlung hat unumgänglich etwas Statisches an sich. Es enthält vorgängige Bestimmungen typischer Dimensionen moralischer Verletzbarkeit, und zwar auch dann, wenn es als ein Prinzip gedacht wird, das die moralisch verletzbaren Individuen aus ihrer subjektiven Perspektive übereinstimmend anerkennen. Auch dann nämlich bleibt noch die Abhängigkeit ihrer Selbstwahrnehmung von den intersubjektiven Artikulations- und Verständigungsmitteln bestehen, die darin gründet, daß sie auch als unvertretbar Einzelne vergesellschaftete Wesen bleiben. Im Wissen von der Fallibilität der Gerechtigkeit in ihrem statischen Aspekt muß ihr Prinzip der Gleichbehandlung erfahrungsoffen gehalten werden. Diese Erfahrungsoffenheit macht den dynamischen Zug von Gerechtigkeit aus. Sie verlangt die Verschränkung des Gleichbehandlungsgrundsatzes mit der »Solidarität« genannten Zuwendung zu den moralisch verletzbaren Subjekten als unvertretbar Einzelne mit einer genuin subjektiven Perspektive. In moralischen Fragen kann die erfahrungsoffene Konfrontation moralischer Überzeugungen mit der Welt nicht als eine Konfrontation von Sätzen mit Tatsachen modelliert werden. Deshalb hat diese Konfrontation zur Voraussetzung die Anerkennung eines normativen Prinzips, das die Beachtung einer Abweichung und gegebenenfalls Entgegensetzung präsumtiv typischer von individuellen Integritätsbedingungen als moralisch relevant erzwingt.

Wir können nun zu der Frage zurückkehren, die den Ausgangspunkt der Interpretation von Habermas' These über einen Zusammenhang von Gerechtigkeit und Solidarität bildete. Im Zuge dieser Interpretation hat sich eine Differenzierung im Begriff der Gerechtigkeit herausgeschält. Zum einen wird unter Gerechtigkeit ein Prinzip der Gleichbehandlung begriffen. Zum anderen wird Gerechtigkeit als etwas verstanden, wovon dieses Prinzip nur ein Moment ist. »Gerechtigkeit« bedeutet hier einen Zusammenhang von Prinzipien mit der Funktion, den Ansprüchen all derjenigen auf Schutz vor moralischen Verletzungen *gleichermaßen gerecht* zu werden, die in einer kommunikativen

Lebensform involviert sind. Wenn man den Standpunkt der Moral mit dem Standpunkt der Gerechtigkeit auf plausible Weise gleichsetzen will, dann muß man an diesen weitergefaßten Begriff von Gerechtigkeit als einer Unparteilichkeit denken, die allen Dimensionen moralischer Verletzbarkeit, mithin allen moralischen Problemdimensionen gerecht wird.

Es bleibt noch eine offene Frage und eine Schwierigkeit. Es ist offen geblieben, ob sich die als Unparteilichkeit konzeptualisierte Gerechtigkeit nur auf das Binnenverhältnis von Angehörigen einer Gemeinschaft bezieht. Wenn das so wäre, hätte die Gleichsetzung des Standpunkts der Moral mit dem Standpunkt der Gerechtigkeit die Konsequenz, daß die Moral stets als eine Binnenmoral zu verstehen ist. Die moralische Kritik an einer solchen Binnenmoral unter dem Aspekt der von ihr zugelassenen Behandlung Fremder müßte dann als eine Konfrontation einer Binnenmoral mit einer anderen gedacht werden. Sie verlöre gänzlich den Charakter einer internen Kritik. Und das würde es schwierig machen, überhaupt noch zwischen der begründeten Annahme von Kritik und einer Konversion zu unterscheiden. Denn jede Kritik (wie auch jede Begründung) ist in dem Sinn intern, daß sie bestimmte, gerechtfertigte Überzeugungen bei dem Kritisierten voraussetzen können muß. Was sie kritisiert, sind bestimmte epistemische Transferbeziehungen zwischen den Sätzen, in denen diese Überzeugungen ausgesprochen werden, und den Sätzen, in denen jene angegriffenen und zu revidierenden Überzeugungen artikuliert werden. Und was in der begründeten Annahme von Kritik eingesehen oder gelernt wird, ist, daß diese Transferbeziehungen nicht bestehen, so daß der Lernende im Unterschied zum Konvertiten nicht nur sagen kann, daß er jetzt anders urteilt, sondern warum er vordem falsch geurteilt hat. Wir sind einer verwandten Schwierigkeit bereits oben (S. 173 f.) im Zusammenhang mit der These begegnet, daß die moralisch verletzbaren Lebewesen Angehörige einer Gemeinschaft sind. Die Schwierigkeit dabei war, wie unter der Voraussetzung dieser These noch eine gemeinschaftsübergreifende Moral denkbar ist.

Die beiden genannten Schwierigkeiten hängen mit einer Unklarheit im Begriff des Angehörigen zusammen. Ich habe diesen Begriff auf zweierlei Weise erläutert. Zum einen wurden Angehörige als solche Lebewesen definiert, die mit anderen eine kommunikative Lebensform teilen und Gemeinsamkeiten aufweisen, die zu einer Praxis (des Kommunizierens, des Kritisierens, des Kooperierens usw.) verbinden. Bei dieser Erläuterung liegt der Akzent auf den horizontalen Beziehungen von Angehörigen untereinander. Zum anderen wurden Angehörige als Mitglieder einer bestimmten, abgrenzbaren Gemeinschaft beschrieben, und hier liegt der Akzent auf den vertikalen Beziehungen des Einzelnen zu einer Gemeinschaft. Die beiden Erläuterungen des Angehörigenbegriffs stehen in keinem Gegensatz. Aber es ist doch unklar, wie die erläuternden Begriffe einer kommunikativen Lebensform und einer Gemeinschaft zueinander stehen. Die Frage ist, was für eine Art von Gemeinschaft diejenigen bilden, die in einer kommunikativen Lebensform involviert sind.

Eine Antwort, die aus den genannten Schwierigkeiten hinausführen würde, ist, daß sie eine strukturell offene Gemeinschaft bilden können. »Strukturell offen« heißt dabei, daß die horizontalen Beziehungen zwischen denjenigen, die in einer kommunikativen Lebensform involviert sind, so beschaffen sind, daß sie in der vertikalen Dimension eine Festlegung der Zugehörigkeit zur Gemeinschaft nur um den Preis der Mißachtung ihres moralischen Gehalts zulassen. Es ist dieser moralische Gehalt kommunikativer Beziehungen, den Fremde, mit denen man gleichwohl in einem Kommunikationszusammenhang steht, in einer moralischen Kritik an der Binnenmoral einer Gemeinschaft geltend machen können. Ob das weniger und damit argumentativ mehr als die Quadratur des Kreises ist, ist freilich noch nicht ausgemacht. Um einen ersten, argumentativen Schritt zur Entkräftung dieses Verdachts und zur Präzisierung der Idee einer strukturell offenen Gemeinschaft machen zu können, müssen wir nach den moralischen Elementen in Kommunikationszusammenhängen fragen.

Mit dieser Frage wechseln wir die Blickrichtung. Bislang haben wir kommunikative Beziehungen unter dem Aspekt betrachtet, daß sie potentielle Subjekte moralischer Ansprüche verletzbar machen. Dieser Aspekt muß im Gedächtnis behalten werden. Sonst könnte die These, daß es moralische Elemente in der Kommunikation gibt, mißverstanden werden; sie ist kein Indiz für eine sprachtrunkene Verkennung der schlichten Tatsache, daß auch Worte verletzen können. Mit ihr ist nur die Vorstellung verbunden, daß unter zu spezifizierenden Umständen die kommunikative Lebensform nicht nur die Quelle moralischer Verletzungen ist, sondern auch ein Potential zum Schutz vor diesen Verletzungen enthält.

## 7. Moralische Elemente in der Kommunikation

Der Gedanke, daß Kommunikationsbeziehungen einen moralischen Gehalt haben, ist beileibe nicht neu. Er gehört zum Kern der Diskursethik, sei es in der Variante von K.-O. Apel oder in der von J. Habermas. »Diskurs« ist ja nur der Name für eine bestimmte Form der Kommunikation, nämlich für die argumentgeleitete Kommunikation. Der Diskurs könnte gar nicht die Rolle eines Kriteriums für die moralische Legitimität von Handlungsnormen und singulären Akten übernehmen, wenn er keinen moralischen Gehalt hätte. Dieses diskursethische Legitimitätskriterium hat den Einwand auf sich gezogen, daß es unzulässigerweise einen stipulativ definierten, normativ aufgeladenen Kommunikationsbegriff voraussetzt.[1]

Ich glaube nicht, daß dieser Einwand wirklich sticht. Allerdings muß man einen weiter gefaßten Begriff von Kommunikation haben, um auf moralische Elemente in der Kommunikation stoßen zu können. Aber das muß ja nicht zur Konsequenz haben, daß man einen Kommunikationsbegriff gebraucht, der das Argumentationsziel präjudiziert. Ein enger Kommunikationsbegriff beschreibt die Kommunikation als ein über Symbole geleitetes Mitteilen und Erfassen von Gedanken, ohne daß dieses Mitteilen und Erfassen in das weitere Verhalten der kommunizierenden Subjekte eingreifen muß. Aber die Kommunikation erschöpft sich nicht in einem solchen Mitteilen und Erfassen. Sie ist eine sinnvermittelte Interaktion zwischen sprach- und handlungsfähigen Lebewesen. Ja, man kann sogar bezweifeln, daß das Mitteilen und Erfassen von Gedanken eine Elementarform der Kommunikation ist, die selbständig gegenüber dieser Interaktion ist. Jedenfalls dann, wenn man annimmt, daß Gedanken etwas wesensmäßig Mitteilbares sind, die erfaßt werden, indem ihr sprachlicher Ausdruck verstanden wird; und wenn man ferner annimmt, daß sich dieses Verstehen letztlich bezeugt in einem Folgeverhalten oder in einer Folgepraxis als

1 Vgl. E. Tugendhat, Sprache und Ethik (1981), wieder in: ders., *Philosophische Aufsätze*, Frankfurt am Main 1992, S. 301; ders., *Probleme der Ethik*, a.a.O., S. 119f., a. S. 134f.; vgl. a. H. Krämer, *Integrative Ethik*, Frankfurt am Main 1992, S. 35f.

Reaktion auf die sprachliche Äußerung eines Gedankens. Das Mitteilen von Gedanken hängt dann an einer Kette von aufeinander bezogenen sprachlichen und nicht-sprachlichen Handlungen.

Die Zulassung eines weiter gefaßten Begriffs der Kommunikation läßt sich also durch begründbare Zweifel an einem eng gefaßten Kommunikationsbegriff abstützen. Um nun zu sehen, daß ohne begriffliche Präjudizien Kommunikation, verstanden als eine sinnvermittelte Interaktion, moralische Elemente aufweist, muß man nach den Ermöglichungsbedingungen der so begriffenen Kommunikation fragen. Die Idee dabei ist, daß die gegenseitige Behandlung der kommunizierenden Subjekte gemäß den beiden Grundformen des moralischen Respekts zu den Ermöglichungsbedingungen einer Kommunikation gehört, die in minimaler *Eigenregie* der Beteiligten betrieben wird.

Eine sinnvermittelte Interaktion ist eine Abfolge von sprachlichen und nicht-sprachlichen Handlungen, die ihrem Sinn oder ihrer Bedeutung nach komplementär zueinander sind. Ihre Elemente sind Handlungen mit eingebauter Interaktionalität; das heißt, die einzelnen Handlungen sind nicht nur relativ zu kontingenten Erfolgsbedingungen, sondern ihrer Bedeutung nach auf ein komplementäres Handeln bezogen, das von ihrem Autor als ein Folgeverhalten oder als ein Folgeverhalten initiierendes Handeln verstanden wird. Beispiele sind Handlungen wie das Kaufen, das Fragen oder die Bitte um Entschuldigung.

Die Bezogenheit von Handlungen als Interaktionselemente auf Komplementärhandlungen besagt auf der Ebene der Handlungsintentionen nicht, daß die jeweilige Handlung allein motiviert sein muß von dem Zustandekommen der Komplementärhandlung. Gewöhnlich kauft man nicht, damit andere verkaufen (oder umgekehrt), und fragt nicht einfach, damit andere antworten. Freilich bittet man um Entschuldigung, damit der andere die Entschuldigung annimmt oder verzeiht. Die Handlungsmotive der interagierenden Subjekte können divergieren, und ihre Interaktion muß nicht den Charakter eines gemeinschaftlichen Projekts annehmen. Gleichwohl ist jede sinnvermittelte Interaktion ein Zusammenhandeln, das einer gewissen Übereinstimmung unter den interagierenden Subjekten bedarf. Diese Übereinstimmung erstreckt sich auf ein gemeinsames Verständnis davon, was jeder von ihnen im Begriff ist zu tun bzw. was ihre symbolischen Äußerungen bedeuten; daß beispielsweise dieses Hinlegen von Münzen auf den Ladentisch begleitet von einer knappen, auf die Ware weisenden Geste ein Kaufangebot machen bedeutet. Und es beinhaltet ein Einverständnis darüber, daß die interagierenden Subjekte das übereinstimmend verstandene Tun voneinander erwarten dürfen; daß man beispielsweise ein Eingehen auf dieses Kaufangebot erwarten darf. Beide Komponenten der Übereinstimmung sind strikt intersubjektiver Natur. Die Übereinstimmung im Bedeutungsverstehen ist nicht bloß ein Verständnis, das jeder je für sich hat, und das jeder haben könnte ohne den Anspruch, daß es der andere teilt. Die interagierenden Subjekte müssen nicht nur den jeweils gleichen Begriff von dem haben, was sie im Begriff sind zu tun. Sie müssen das auch wissen. Und sie müssen wissen, daß sie in ihren Handlungserwartungen übereinstimmen. Ohne dieses Wissen könnte keiner seinen Handlungsvollzug situationssensibel so kontrollieren, daß er seine Handlung für den anderen verständlich macht, und könnte keiner eine Interaktion initiieren oder komplettieren. Die Übereinstimmung unter den interagierenden Subjekten ist eine reflexive. Es besteht eine Übereinstimmung in der Erwartung dieser Übereinstimmung. Die Beteiligten stimmen in der gegenseitig adressierten Erwartung eines gemeinsamen Bedeutungsverständnisses und eines Einverständnisses in den Handlungserwartungen überein. Es ist die Unterstellung dieser reflexiven Übereinstimmung, die ein integraler Bestandteil der Intentionen der Beteiligten sein muß – das Wort »Intention« jetzt nicht im weitergehenden Sinn einer Absicht oder eines Motivs genommen, sondern verstanden als diejenige Aufmerksamkeit des Handelnden, die seinen Handlungsvollzug so kontrolliert, daß die intendierte Handlung vollzogen wird.[2]

Diese reflexive Übereinstimmung ist eine Bedingung für das Zustandekommen einer sinnvermittelten Interaktion. Sie hat ihrerseits zur Bedingung bestimmte intersubjektive Gründe, die die interagierenden Subjekte zu einem übereinstimmenden Bedeutungsverständnis und zu einem Einverständnis in ihren

2 Es ist dieser Begriff, den Searle in seiner Formulierung »no action without intention« gebraucht, vgl. *Intentionality*, a. a. O., S. 82; vgl. a. S. 107.

wechselseitigen Handlungserwartungen führen. Im Unterschied zu subjektiven, auch zu allgemein subjektiven Gründen schließen intersubjektive Gründe für bestimmte Überzeugungen den Anspruch ein, daß auch andere diese aus jenen Gründen gewonnenen Überzeugungen haben müssen.
Der Stoff, aus dem diese intersubjektiven Gründe gemacht werden, sind Bedeutungskonventionen, Handlungsnormen und Überzeugungen kognitiver Art, d.i. Tatsachenüberzeugungen. Diese Elemente für intersubjektive Gründe sind verbindende Gemeinsamkeiten, die die interagierenden Subjekte zu Angehörigen einer Gemeinschaft qualifizieren. In dieser Gemeinschaft werden die sozialen Beziehungen durch Handlungsnormen reguliert und z.T. konstituiert, werden die lexikalischen Bedeutungen von Wörtern, Sätzen und anderen symbolischen Gebilden durch Bedeutungskonventionen festgelegt und die aktuellen symbolischen Äußerungen unter Rekurs auf diese Konventionen, Handlungsnormen und Hintergrundüberzeugungen kognitiver Art interpretiert. Diese Bedeutungskonventionen, Handlungsnormen und Tatsachenüberzeugungen gehören also zu den Ermöglichungsbedingungen der Interaktion. Sie bilden einen Fundus an gemeinsamen Überzeugungen, die die interagierenden Subjekte vorgängig zu ihrer in Raum und Zeit situierten, aktuellen Interaktion präsumtiv teilen und d.h., die sie sich gegenseitig zuschreiben müssen.
In die mit dieser Zuschreibung einhergehenden identifizierenden sprachlichen Bezugnahmen der interagierenden Subjekte gehen deshalb deskriptive oder prädikative Kennzeichnungen ein – eben als durch die und die verbindenden Gemeinsamkeiten charakterisierte Angehörige einer Gemeinschaft. Und da zum Begriff des Prädikats die Möglichkeit gehört, daß es von einer Reihe unterscheidbarer Individuen ausgesagt werden kann, ist jedes der miteinander interagierenden Subjekte als eines unter anderen der gleichen Art qualifiziert.
Das ist übrigens die Erklärung dafür, daß der Begriff des Dritten im Begriff einer moralischen Welt enthalten ist, in der ein Einzelner etwas moralisch richtig oder falsch machen kann. Ich hatte oben (S. 103ff.) im Zuge einer Erläuterung der Formel »Sollen impliziert Können« die These verteidigt, daß ein solcher individueller Aktor in dem Sinn ein Angehöriger ist, daß er sich

dazu berechtigt fühlen muß, auf sein moralisch beurteilbares Handeln eine komplementäre Reaktion eines anderen erwarten zu dürfen. Im einfachsten Fall ist das eine sprachliche Zustimmungshandlung, mit der der Zustimmende sich seinerseits als Handelnder und nicht bloß als Urteilender moralisch bindet. Diese rudimentäre Interaktion war eine Konsequenz aus der Ablehnung des »moralischen Solipsismus« (Strawson). Und ich hatte gesagt, daß die Gründe, die eine normative Erwartung einer solchen Reaktion möglicherweise rechtfertigen, moralische Normen sind. Warum es Normen sein müssen, wird klarer, wenn man die angeführte Ermöglichungsbedingung für Interaktionen beachtet. Danach müssen interagierende Subjekte aufeinander immer auch mit Prädikatausdrücken Bezug nehmen, und das heißt auf den anderen als einen Dritten (auf einen unter anderen der gleichen Art). Denn Dritte sind andere, auf die deskriptiv Bezug genommen wird. Und das ist auch die Weise des Bezugs auf die Adressaten einer Norm.

Kehren wir zur Hauptlinie unserer Argumentation zurück! Es hat sich ergeben, daß die interagierenden Subjekte auch jeweils als eines unter anderen der gleichen Art qualifiziert sind. Wir stoßen hier auf einen ersten Gleichheitsaspekt. Damit beginnt sich ein Zusammenhang abzuzeichnen zwischen einer Ermöglichungsbedingung für eine sinnvermittelte Interaktion und der gegenseitigen Behandlung als gleichberechtigte Angehörige. Es wäre natürlich ein grober Schnitzer, stillschweigend von einer deskriptiven Gleichheit zu einer Gleichheit im normativen Sinn überzugehen. Daß sich die interagierenden Subjekte aufeinander als durch gewisse gemeinsame Überzeugungen charakterisierte Individuen beziehen müssen, hat noch nichts damit zu tun, daß sie sich in irgendeinem Sinn als Gleiche und das heißt: als gleichberechtigt respektieren. Eine solche minimale Gleichberechtigung wird aber erkennbar, wenn man sich die Funktion der verbindenden Gemeinsamkeiten unter den Interagierenden vergegenwärtigt. Diese Gemeinsamkeiten bilden den Fundus, aus dem intersubjektive Gründe entnommen werden für eine reflexive Übereinstimmung der interagierenden Subjekte in ihren Überzeugungen darüber, was bestimmte symbolische Äußerungen bedeuten und welche Handlungen bzw. Verhaltensweisen sie voneinander erwarten dürfen. Ihre Funktion ist es,

Gründe zu liefern, die eine solche Übereinstimmung ermöglichen. Es ist nun diese Funktion der verbindenden Gemeinsamkeiten zusammen mit der Natur von Gründen, die auf ein Moment von Gleichberechtigung führt.

Gründe sind nicht erschöpfend beschrieben als Dispositionen für Überzeugungen oder als Symptome für ein Überzeugtsein. Gründe verweisen auf den Anspruch desjenigen, dessen Gründe sie sind, anderen gegenüber einsichtig machen zu können, warum er zu Recht dieser (und nicht jener) Überzeugung ist. Sie sind das, was diesen Anspruch erfüllbar macht. Ein Korollar dieses Anspruchs ist es, daß man in der Rechtfertigung seiner Überzeugungen gegenüber Kausalerklärungen standhält, die lediglich erklären, warum man diese Überzeugung hat, ohne daß mit dieser Erklärung der epistemische Status dieser Überzeugung verbessert werden würde. Zu solchen Kausalerklärungen gehört auch der Nachweis, daß man zu bestimmten Überzeugungen nur auf Grund der Einwirkung anderer gekommen ist. Deshalb ist eine Unabhängigkeit der interagierenden Subjekte von gegenseitigen Einwirkungen impliziert, wenn es Gründe sind, die sie zu ihren interaktionsrelevanten Überzeugungen führen. Zugleich müssen sie in diesen Überzeugungen übereinstimmen und das voneinander wissen. Ihre Gründe müssen ja intersubjektiv geteilte Gründe sein. Jeder muß somit einerseits selbständig den Weg von den Gründen zu den Überzeugungen bzw. zu dem Urteil durchlaufen, wenn er überhaupt von Gründen geleitet wird. Und jeder muß andererseits zu einem Urteil darüber kommen, was bestimmte symbolische Äußerungen bedeuten und welches Handeln man voneinander erwarten darf, von dem er zugleich beanspruchen kann, daß der andere ihm in diesem Urteil beipflichtet.

Der beipflichtende Andere ist ein unabhängiger Anderer, man könnte auch sagen: ein unbeteiligter Dritter oder ein alius, der nicht wie der konkrete Gegenüber jemand ist, auf den aktuell kausal eingewirkt werden kann bzw. der selbst auf einen kausal einwirken kann. Die interagierenden Subjekte müssen als solche unabhängige Dritte anderen beipflichten könnnen, wenn sie in ihren interaktionsrelevanten Überzeugungen von intersubjektiv geteilten Gründen geleitet werden. Um den Hauptpunkt zu markieren: Die für das Zustandekommen der Interaktion erforderliche reflexive Übereinstimmung in den interaktionsrelevanten Urteilen unter den interagierenden Subjekten ist eine Übereinstimmung, die als das Ergebnis der Entkräftung wechselseitiger Kritik verstanden werden muß. Die Gleichberechtigung, die damit verbunden ist, daß die interagierenden Subjekte sich als Angehörige einer Gemeinschaft behandeln und in interaktionsrelevanten Überzeugungen in reflexiver Weise übereinstimmen müssen, ist demnach eine Gleichberechtigung in der Kritik daran, was bestimmte symbolische Äußerungen bedeuten und was sie voneinander erwarten dürfen.

Es lassen sich jetzt eine Reihe von Einwänden denken gegen diese Schlußfolgerung und gegen die Argumentation, die zu ihr geführt hat. Impliziert nicht die Gleichberechtigung in der Kritik den Gedanken, daß es so etwas wie Bedeutungen und legitime Handlungsnormen an sich gibt, unabhängig von faktischen Übereinstimmungen und konventionellen Festlegungen darüber, was Wörter, Sätze, mithin sprachliche und andere symbolische Äußerungen (z.B. Gesten, Handlungen) bedeuten und unabhängig von tradierten Gepflogenheiten und faktischen Übereinkünften darüber, was man legitimerweise voneinander erwarten darf? Denn wodurch, wenn nicht durch eine unabhängige Instanz, die um solche objektiven Bedeutungen und Handlungsnormen weiß, könnte die Berechtigung der Kritik beurteilt und der Prozeß der gegenseitigen Kritik vernünftigerweise gestoppt werden?

Dieser Einwand berührt mehrere schwierige Fragen, die sich nicht durch eine einzige Antwort mit einem Schlag beantworten lassen. Was die normativen Verhaltenserwartungen angeht, so läßt sich als Kriterium für die gerechtfertigte Beendigung der Kritik die Einsicht denken, daß es zu bestimmten Handlungsnormen keine verfügbare bessere praktische Alternative gibt, das Zusammenleben zu regeln. Und »besser« muß nicht bloß soviel bedeuten wie »am Maßstab bestimmter künstlich invariant gehaltener Normen gemessen«, es kann auch bedeuten: am Maßstab der uneingeschränkt zugelassenen Kritik aller Betroffenen gemessen. Das ist die diskursethische Antwort, die uns im dritten Teil dieser Arbeit noch ausführlicher beschäftigen wird. Was die Bedeutungen symbolischer Äußerungen angeht, so kann man erst einmal bedeutungstheoretisch naiv ein Kriterium für die berechtigte Kritik an einem bestimmten Bedeutungsverständnis in den konventionsbedingten Bedeutungen sehen. Man kann dann weiter fragen, warum ein Sprecher seine Äußerungen gemäß diesen Konventionen verstehen soll. Aber auch hier muß man beachten, daß Abweichungen von einem konventionellen Sprachgebrauch oder allgemeiner einem tradierten Symbolrepertoire nicht motivlos sind. (Was man leicht übersieht, wenn man sich beim Sprachgebrauch primär an Benennungen von Gegenständen durch einzelne Wörter orientiert.) Solche Abweichungen sind z. B. davon motiviert, daß durch ein verändertes Vokabular ein bestimmter Sachverhalt besser beschrieben oder ein Gefühl besser artikuliert werden. Und »besser« heißt dann, daß die Beschreibung passender zu anderen festgehaltenen Tatsachenüberzeugungen ist oder daß die Artikulation eines Gefühls ein angemesseneres Folgeverhalten anderer erlaubt. Diese Antworten auf den genannten Einwand verstehen sich nicht von selbst, aber es sollte deutlich geworden sein, daß die suggerierte platonistische Konsequenz nicht zwingend ist.

Für das übergeordnete Argumentationsziel, moralische Elemente in der Kommunikation aufzuzeigen, wiegt ein zweiter Einwand schwerer. Es mag ja sein, daß sich ohne mißliche Konsequenzen die Behauptung einer Gleichberechtigung in der gegenseitigen Kritisierbarkeit unter interagierenden Subjekten als Implikation einer Ermöglichungsbedingung von Kommunikation halten läßt. Aber hat diese Gleichberechtigung wirklich einen moralischen Gehalt? Die Kritik erfolgt zwar im Namen von Handlungsnormen (und von intersubjektiven Bedeutungskonventionen). Aber diese Handlungsnormen, deren Geltung eine Ermöglichungsbedingung für die sinnvermittelte Interaktion ist, müssen keineswegs eine Gleichberechtigung der interagierenden Subjekte vorschreiben. Genau das scheint aber die vorgetragene Argumentation vorauszusetzen, wenn sie die Gleichberechtigung in der gegenseitigen Kritisierbarkeit der Interaktionsteilnehmer als eine Form des moralischen Respekts behauptet. Dieser Einwand ist auch deshalb wichtig, weil er letztlich auf den bereits oben angedeuteten Zirkelverdacht zurückführt: Man steckt in den Kommunikationsbegriff bzw. in die Ermöglichungsbedingungen der sinnvermittelten Interaktion die moralischen Respektformen hinein, die man gerne herausholen möchte.

Ich möchte diesen Einwand einen Augenblick unterdrücken und erst noch nach dem Zusammenhang zwischen diesen Ermöglichungsbedingungen und der zweiten Grundform des moralischen Respekts, dem Respekt als unvertretbar Einzelnem, fragen. Dieser Zusammenhang wird sichtbar, wenn man auf die selbständige Rolle achtet, die die an einer Interaktion Beteiligten beim Zustandekommen der Interaktion unter gewissen Umständen spielen.

In den bisherigen Überlegungen wurde das Erfordernis verbindender Gemeinsamkeiten wie bestimmte intersubjektive Bedeutungskonventionen und Handlungsnormen für das Zustandekommen von sinnvermittelten Interaktionen betont. Diese Akzentsetzung könnte ein zu grobes Bild von der Interaktion zwischen den in Raum und Zeit lokalisierten individuellen Akteuren zeichnen. In diesem Bild erscheint die Interaktion bloß als die Reproduktion eines normativ ausgezeichneten Interaktionsschemas (z. B. als ein routinemäßig abgewickelter, alltäglicher Verkaufsvorgang, als eine förmliche Entschuldigung, als ein stark kodifiziertes Gespräch wie z. B. eine akademische Disputation). Die symbolischen Äußerungen der Interagierenden (sprachliche Äußerungen, Gesten, Handlungen) haben konventionell fixierte Bedeutungen und bilden in dieser Bedeutung das Schema einer Abfolge von sprachlichen und nicht-sprachlichen Handlungen, das Inhalt von akzeptierten Handlungsnormen ist.

Was in diesem Bild zumindest fehlt, sind gewisse Interpretationsleistungen der Beteiligten. Es ist eine offene Frage, ob deshalb dieses Bild unvollständig ist, ob also jede sinnvermittelte Interaktion immer auch interpretationsvermittelt ist. Ihre Beantwortung hängt von weitverzweigten Thesen über Sinnverstehen und Regelbefolgung ab, in deren Diskussion ich hier nicht eintreten will. Es mag sein, daß man nicht alles Verstehen symbolischer, insbesondere sprachlicher Äußerungen als ein Interpretieren oder Deuten auffassen muß, wie es Donald Davidson tut. Das Verstehen kann auch geradewegs ein Verstehen sein, zu dem allein die Kenntnis von grammatischen Regeln, lexikalischen Bedeutungen und von institutionalisierten Hand-

lungskontexten nötig ist.[3] Und man kann auch einräumen, daß nicht jede Befolgung einer (technischen, grammatischen, arithmetischen usw.) Regel oder einer sozialen Norm (der Etiquette, der Moral, des Rechts) ein interpretierendes Anwenden ist, sondern bloß ein Verständnis verlangt, das eben in der Kenntnis der paradigmatischen Fälle ihres Gebrauchs besteht.[4]
Aber selbst dann kann es einen gewissen Bedarf an Interpretationen geben, der damit zusammenhängt, daß Regeln paradigmatische Anwendungsfälle haben, Handlungsnormen in einem gewissen Sinn stets universell sind und symbolische Äußerungen auch Vorkommnisse in einem bestimmten Kontext sind. Sprachliche Ausdrücke können mehrdeutig und die Bezüge indexikalischer Termini unbestimmt sein, die illokutionäre Rolle von sprachlichen Äußerungen kann zweifelhaft und die begonnene intendierte Handlung kann unverständlich sein, und es kann unklar sein, welche singulären Akte in dieser Handlungssituation Fälle der normativ ausgezeichneten Handlungsweise sind. Ein solcher von den kommunizierenden Subjekten selbst zu deckender Interpretationsbedarf macht eben die Umstände aus, unter denen die Interakteure eine selbständige Rolle spielen, die auf ein weiteres moralisches Element in der Kommunikation führt. Es ist übrigens diese Interpretationsbedürftigkeit von Regeln, symbolischen Äußerungen und Handlungsnormen, an der sich die Kritik der wechselseitig kritisierbaren kommunizierenden Subjekte selbst dann entzünden dürfte, wenn der Fundus an verbindenden Gemeinsamkeiten ziemlich groß ist, das heißt, wenn viele Tatsachenüberzeugungen unbestritten sind, viele Handlungsnormen für legitim erachtet werden und das Ausdrucksrepertoire der gemeinsamen, öffentlichen Sprache als dem subjektiven Erleben angemessen erfahren wird.
Man könnte hier schon einen gewissen Respekt als unvertretbar

3 Das ist z. B. die Meinung von M. Dummett, Eine hübsche Unordnung von Epitaphen. Bemerkungen zu Davidson und Hacking, in: E. Picardi/J. Schulte (Hg.), *Die Wahrheit der Interpretation*, Frankfurt am Main 1990, S. 257ff., S. 273f. Für Davidson vgl. Eine hübsche Unordnung von Epitaphen, ebd.; vgl. a. Davidson, The Social Aspect of Language, Ms. 1991.

4 Vgl. G. P. Baker/P. M. S. Hacker, *Wittgenstein: Rules, Grammars and Necessity*, Oxford 1985, S. 163f., S. 146f.

Einzelner lokalisieren. Denn die Relativierung der eigenen Interpretation am Einspruch des Gegenüber billigt diesem eine Unabhängigkeit in der Urteilsbildung zu. Jeder muß kraft eigener Einsicht zu einer übereinstimmenden Interpretation kommen; er kann sich das Durchlaufen der Kette von Gründen nicht abnehmen lassen, die mit solchen Überzeugungen, die Einsichten sind, stets verbunden sind. Aber das heißt noch nicht, daß diese Einsicht unter Einschluß einer subjektiven Perspektive erworben wird. Und der Respekt einer solchen Perspektive ist ein wesentliches Element des Respekts als unvertretbar Einzelner. Um auf dieses Element, das über die Anerkennung einer Autonomie hinausreicht, zu kommen, gilt es, die Implikationen der Interpretationsbedürftigkeit u. a. von Handlungsnormen zu beachten.

Diese Interpretationsbedürftigkeit rührt, wie gesagt, daher, daß Handlungsnormen in einem unverdächtigen Sinn stets universell sind. Handlungsnormen werden in Sätzen formuliert, die keine indexikalischen Ausdrücke enthalten. Sie gebieten und verbieten Handlungsweisen, deren Autoren Aktortypen sind. Die so verstandene Universalität schließt Spezifität nicht aus. Daran hat unter anderem R. M. Hare erinnert.[5] Das kontradiktorische Gegenteil zu Universalität ist Indexikalität oder Partikularität, nicht Spezifität. Die Spezifität einer Handlungsnorm steht in einem konträren Gegensatz zu ihrer Generalität. (»Jede soll ihrer Schwester helfen« ist eine spezifischere Norm als »Jede soll ihrem Mitmenschen helfen« und genereller als »Jede soll ihrer notleidenden Schwester helfen«.) Aber unbesehen ihrem möglichen Grad an Spezifität abstrahieren Handlungsnormen von konkreten Situationen und individuellen Aktoren. Und das kann sie für die in Raum und Zeit lokalisierten, individuellen Akteure interpretationsbedürftig machen. Die an einer Interaktion Beteiligten müssen dann in einer Interpretation herausfinden, welche singulären Akte die normativ ausgezeichneten Handlungsweisen exemplifizieren. Diese Interpretation steht unter einer Existenzpräsupposition: Es muß die Aktoren geben, die solcherart exemplifizierende Akte ausführen können, und diese Aktoren müssen die Interpreten selber sein.

5 Vgl. Principles (1972/73), wieder in: Hare, *Essays in Ethical Theory*, a.a.O., S. 50-52; vgl. a. ders., *Moral Thinking*, a.a.O., S. 41.

Mit dieser Existenzpräsupposition der Aktortypen in den zu interpretierenden Normsätzen kommt der moralische Respekt als unvertretbar Einzelner ins Spiel. Denn die Norminterpreten gehen als potentielle, individuelle Aktoren mit dieser Präsupposition davon aus, daß die singulären Akte, die möglicherweise Exempel der normativ ausgezeichneten Handlungsweisen sind, solche Handlungen sind, die sie als Individuen ausführen können. Und »ausführen können« bedeutet dabei auch ausführen können im Wissen darum, daß diese Akte ihre Handlungen sind, mit denen auch sie selbst leben können müssen. Dieses Wissen dürfen sie nicht ausklammern, wenn sie eine bestimmte Norminterpretation aufrichtig akzeptieren können wollen. Denn die Norminterpretation vermittelt ihre Interaktion, so daß ihre Bejahung eine Willenserklärung ist, sich von dieser Interpretation im Handeln leiten zu lassen. Was auf der Ebene der Sätze, mit denen universelle Handlungsaufforderungen formuliert werden, als eine sinnkritische Präsupposition erscheint, ist auf der Ebene derer, die mit diesen Sätzen angesprochen werden, die Implikation einer pragmatischen Bedingung sinn- und interpretationsvermittelter Interaktionen und hat möglicherweise ein existentielles Gewicht. In der selbständig geleisteten und aufrichtig als praktisch bindend akzeptierten Interpretation interaktionsrelevanter Handlungsnormen steckt demnach schon eine minimale Berücksichtigung der subjektiven Perspektive des Interpreten qua potentiellem, individuellem Aktor. In dieser Perspektive werden die eigenen Handlungen in den Kontext einer unvertretbar zu vollziehenden Lebenspraxis gerückt, und die Anerkennung dieser Perspektive durch andere gehört zu dem moralischen Respekt verletzbarer Lebewesen als unvertretbar Einzelne.

Der Schritt zu diesem Respekt ergibt sich nun daraus, daß die an einer Interaktion Beteiligten in ihrer Interpretation der präsumtiv geteilten Handlungsnormen übereinstimmen müssen, wenn die sinn- und interpretationsvermittelte Interaktion zwischen ihnen zustande kommen soll. Jeder muß seine Interpretation am möglichen Einspruch des anderen relativieren. Wenn sie dann in einer Interpretation übereinstimmen, die sie sich zuschreiben müssen und die ihre Interaktion steuert, haben sie sich die Berücksichtigung ihrer jeweils subjektiven Perspektive als unvertretbar Einzelne gegenseitig zugestanden.

Um den Gedankengang Revue passieren zu lassen, sei noch einmal an die Voraussetzungen und an die einzelnen Schritte der Argumentation erinnert, die zu der begründeten Behauptung moralischer Elemente in der Kommunikation geführt haben. Vorausgesetzt wurde, daß Kommunikation als eine sinnvermittelte Interaktion zu verstehen ist und daß Kommunikation stattfindet. Davon ausgehend habe ich nach den Bedingungen gefragt, die erfüllt sein müssen, wenn Kommunikation stattfindet. Die leitende Vermutung dabei war, daß in den Implikationen dieser Bedingungen gewisse Elemente der Moral stekken.

Auf das erste Element, auf den wechselseitigen Respekt der interagierenden Subjekte als gleichberechtigte Angehörige führt die Implikation einer reflexiven Übereinstimmung unter den Interaktoren. Die interagierenden Subjekte müssen in ihren interaktionsrelevanten Überzeugungen darüber, was ihre sprachlichen und nicht-sprachlichen Handlungen bedeuten, und in ihren normativen Handlungserwartungen übereinstimmen, und sie müssen diese Übereinstimmung voneinander erwarten können. Diese Bedingung ergibt sich ganz einfach aus der Sinnvermitteltheit der Interaktion. Sie wird dadurch erfüllt, daß die interagierenden Subjekte durch intersubjektive Gründe zu ihren interaktionsrelevanten Überzeugungen geführt werden. Die intersubjektiven Gründe haben eine Voraussetzung und eine Konsequenz, die zusammengenommen das fragliche moralische Element implizieren. Ihnen vorausgesetzt sind Gemeinsamkeiten zwischen den an der Interaktion Beteiligten, die den Stoff für intersubjektive Gründe liefern und die die Beteiligten zu Angehörigen einer Gemeinschaft qualifizieren. Ihre Konsequenz ist, daß die Übereinstimmung in den interaktionsrelevanten Überzeugungen, zu denen diese Gründe führen, das Resultat einer Entkräftung von impliziter oder wechselseitiger Kritik ist. Die interagierenden Subjekte müssen sich als gleichberechtigt in dieser Kritik respektieren, wenn es intersubjektive Gründe sind, die sie zu diesen Überzeugungen führen.

Diese Art des moralischen Respekts hängt also wesentlich mit dem Umstand zusammen, daß die Kommunikation oder sinnvermittelte Interaktion eine Form von sozialer Praxis ist, für deren Funktionieren intersubjektiv geteilte Gründe nötig sind. Deshalb ist die Kommunikation eine Praxis, die zumindest in Ansehung der Bedingungen ihrer Fortsetzung potentiell auf eine Argumentation angewiesen ist, und sei es nur auf die rudimentäre Form der Argumentation, die mit der Entkräftung der Kritik an den *Interpretationen* interaktionsrelevanter Bedeutungskonventionen und Handlungsnormen verbunden ist. Bemerkt sei allerdings, daß eine solche Entkräftung von Kritik nicht immer erforderlich ist. Die reflexive Übereinstimmung der interagierenden Subjekte, die für das Zustandekommen und die Fortsetzung der Kommunikation unter ihnen erforderlich ist, braucht nicht das Ergebnis von tatsächlich vorgetragener Kritik zu sein. In einem solchen Fall der fraglos gegebenen Übereinstimmung verdankt sich das sinnvermittelte Zusammenhandeln einer von ›blindem‹ Verständnis und unbezweifelter Autorität gesteuerten Komplementarität der Teilhandlungen.[6] Stark routinisierte Kommunikationsabläufe oder ein von Sitten und Bräuchen orientiertes Zusammenhandeln wie Zeremonien (Taufe, Heirat usw.) sind Beispiele für diesen Fall.

Erst in dem gegenteiligen Fall, wenn die geforderte reflexive Übereinstimmung auch durch die Anstrengungen der kommunizierenden Subjekte selbst erreicht werden muß, wird der moralische Respekt als in der Kritik gleichberechtigte Angehörige virulent. Er erweist sich dann als die moralisch gehaltvolle Kehrseite der Intersubjektivität der Gründe für die geteilten, interaktionsrelevanten Überzeugungen. Die Kommunikation ist dann nicht bloß eine sinn-, sondern auch eine *interpretations*vermittelte Interaktion. Hier wird auch die sprachliche Dimension der sinnvermittelten Interaktion ausdrücklich. Die kommunizierenden Subjekte müssen über ihre Interpretationen sprechen. Genauer, sie müssen sich darüber verständigen, was bestimmte ihrer symbolischen Äußerungen bedeuten und was es heißt, unter den Umständen ihrer Handlungssituation so zu handeln, daß ihre singulären Akte normativ ausgezeichnete, generische Handlungen exemplifizieren.

6 Vgl. J. Habermas, Moralbewußtsein und kommunikatives Handeln, in der gleichnamigen Aufsatzsammlung, a. a. O., S. 158.

An der Interpretationsvermitteltheit wird nicht nur das erste der beiden moralischen Elemente in der Kommunikation sichtbar, an ihm hängt auch das zweite Element, also der Respekt der kommunizierenden Subjekte als unvertretbar Einzelne. Das Argument dabei war, daß die Interpreten qua potentielle individuelle Aktoren immer schon unter einem Vermittlungszwang zwischen dem Können und dem Sollen, zwischen den in ihrer Situation ausführbaren singulären Akten und der Erfüllung von Handlungsnormen stehen. Dieser Vermittlungszwang drückt sich in einer Präsupposition aus: die Interpreten müssen als individuelle Subjekte die Aktortypen sein können, die in den zu interpretierenden Normsätzen an der grammatischen Subjektstelle vorkommen. In die Interpretation der Handlungsnormen geht deshalb eine subjektive Perspektive ein. Diese nimmt der Interpret im Bewußtsein davon ein, nicht bloß als ein Agent oder Träger von Handlungen zu fungieren, sondern in propria persona engagiert zu sein, so daß seine Handlungen immer auch Elemente seiner unvertretbar von ihm zu vollziehenden Lebenspraxis sind. Weil die kommunizierenden Subjekte in ihren Interpretationen zu einer Übereinstimmung kommen müssen, die nicht als das Ergebnis einer einseitigen oder gegenseitigen kausalen Einwirkung begriffen werden kann, müssen sie sich in der Berücksichtigung ihrer jeweils subjektiven Perspektive respektieren. – Das Argument setzt natürlich voraus, daß die kommunizierenden Subjekte als solche unvertretbar Einzelne in der Interaktion involviert sind. Aber diese Voraussetzung ist in unserem Zusammenhang legitim. Wir haben bei der Untersuchung des Gegenstandsbereichs der Moral gesehen, daß in moralischen Angelegenheiten die Aktoren stets als unvertretbar Einzelne engagiert sind. Und wir fragen ja hier nach moralischen Elementen in der Kommunikation.

Nun hat die eben noch einmal resümierte Antwort auf diese Frage einen Einwand unbeantwortet gelassen. Der Einwand war, daß sich die kommunizierenden Subjekte erst unter der Voraussetzung von Handlungsnormen mit einem ganz bestimmten moralischen Gehalt als gleichberechtigte Angehörige in einem moralischen Sinn respektieren. Man kann den Einwand jetzt noch verschärfen: Zuerst, so könnte man gegen die vorgetragene Argumentation einwenden, wird der Kommunikationsbegriff interaktionistisch aufgeladen. Das mag noch angehen. Nur begünstigt dieses Vorgehen einen weiteren Schritt, der schon problematischer ist. Man läßt Handlungsnormen ins Spiel kommen als Ermöglichungsbedingungen für Kommunikation. Und damit ist die Gefahr gegeben, moralische Gehalte aus den Ermöglichungsbedingungen der Kommunikation zu holen, die in Wahrheit lediglich der Annahme spezieller moralischer Handlungsnormen geschuldet sind. Erst wenn man solche Normen annimmt, die den gleichen Respekt eines jeden Kommunikationsteilnehmers gebieten, die die Autonomie der Urteilsbildung schützen und Rücksichtnahme auf die Subjektivität der Beteiligten verlangen, erst unter diesen Annahmen enthält eine sinn- und interpretationsvermittelte Interaktion die beiden Grundformen des moralischen Respekts. Anderenfalls müßte man ja behaupten, daß immer dann, wenn moralisch verletzbare Lebewesen miteinander kommunizieren, dieser Respekt geübt wird. Das ist aber ersichtlich Unsinn. Auch in Sklavenhaltergesellschaften wird ja kommuniziert. – Soweit der radikalisierte Einwand.

Für die Prüfung dieses Einwands ist es wichtig zu beachten, worin genau die kritisierte Behauptung liegt. Es wurde nicht behauptet, daß in den Beziehungen zwischen kommunizierenden Subjekten ein gleichmäßiger wechselseitiger Respekt beschlossen liegt. Die vorgetragenen Argumente für moralische Elemente in der Kommunikation lassen durchaus eine asymmetrische Reziprozität des Respekts in Form von Handlungsnormen zu, die Ungleichheiten in Rechten und Pflichten beinhalten. Was sie ausschließen, ist nicht die asymmetrische Reziprozität, sondern die bloße Komplementarität von Rechten und Pflichten, daß also die eine Seite nur Rechte und die andere nur Pflichten hat; und das auch nur unter der zusätzlichen Bedingung, daß die kommunizierenden Subjekte ein Mindestmaß an Übereinstimmung unter ihnen selber herstellen müssen. Die privilegierte Seite ist zumindest nicht souverän in der Interpretation ihrer Rechte. Sie muß der anderen Seite einräumen, daß sie in der Auslegung der die Rechte und Pflichten fixierenden Normen zustimmungsberechtigt ist, wenn diese Normen überhaupt einer Interpretation in eigener Regie der Beteiligten bedürfen. Das Zugeständnis an die scheinbar gänzlich rechtlose

Seite, darin zustimmen zu können, daß eine an sie gerichtete Handlungsaufforderung von einer bestimmten Norm gedeckt wird, ist nicht so folgenlos, wie man meinen könnte. Es impliziert nämlich die Unterscheidung zwischen berechtigten und willkürlich erhobenen Handlungsaufforderungen. Daraus folgt, daß der Adressat solcher Aufforderungen willkürlich erhobene Ansprüche abweisen darf, das heißt ein Recht darauf hat, nicht reines Objekt der Willkür der anderen Seite zu sein. Natürlich darf dieses gleiche Recht auf Kritik nicht mit dem Autonomiegebot der Kantischen Aufklärungsphilosophie verwechselt werden. Es muß sich nicht auf die mit einer überpersönlichen Autorität ausgestatteten Handlungsnormen erstrekken, die die konkreten Handlungsaufforderungen der interagierenden Subjekte decken. Es kann auch nur ein Recht sein, die eigeninteressierte Usurpation dieser Autorität durch den konkreten Gegenüber abzulehnen und mit dem Vorwurf einer solchen Anmaßung angehört zu werden.[7] Entscheidend ist, daß dieses Recht nicht durch Handlungsnormen mit einem bestimmten Inhalt, sondern durch die Struktur einer Kommunikation verbürgt wird, in der ein gewisses Maß an Übereinstimmung selbsttätig von den kommunizierenden Subjekten erreicht werden muß.

Das gleiche gilt für das andere moralische Element in der Kommunikation, für den Respekt der kommunizierenden Subjekte als unvertretbar Einzelne. Die kommunizierenden Subjekte müssen in bestimmten interaktionsrelevanten Überzeugungen übereinstimmen, und sie müssen das voneinander wissen. Da zu

7 Es ist klar, daß auch dieses minimale Recht Sklaven verwehrt wird, wenn mit »Sklave« ein Mensch gemeint ist, der bloßes Objekt reiner Willkür ist. Die Verweigerung dieses Rechts bedeutet aber die Verweigerung eines jedweden Angehörigenstatus. Denn das Angehöriger-Sein schließt ein, jemand zu sein, der zumindest in bestimmten Hinsichten angehört wird. – Das steht übrigens im Einklang mit empirischen Befunden, daß für Sklaven die Verweigerung des Angehörigenstatus charakteristisch war. Vgl. M. Finley, *Die Welt des Odysseus*, München 1979, S. 57; ders., *Die Sklaverei in der Antike*, Frankfurt am Main 1985, S. 89. Die vorgetragene Argumentation steht also nicht unter dem Zwang, der Begriffsbildung zuliebe Fakten tapfer zu leugnen. Sie impliziert nur die Behauptung, daß Sklaven von einer Kommunikation ausgeschlossen sind, die als Funktionserfordernis die gegenseitige Anhörung einer minimalen Kritik einschließt.

diesen Überzeugungen auch praktische Überzeugungen gehören, muß sich jeder in Ansehung seiner unvertretbaren Einzelnheit davon überzeugen, daß er in der für das Zusammenhandeln erforderlichen Weise handeln kann. Anderenfalls ist er nicht aufrichtig. Dem gegenseitigen Respekt als unvertretbar Einzelne korrespondiert die Verpflichtung, aufrichtig zu sein in der Bekundung von Übereinstimmung mit bestimmten interaktionsrelevanten Überzeugungen. Habermas hat diesen Zusammenhang im Auge, wenn er sagt, daß »der kommunikativ Handelnde durch die bloße Struktur sprachlicher Intersubjektivität [d.h. durch die Bedingungen für eine strikt intersubjektive Übereinstimmung unter kommunizierenden Subjekten, L. W.] dazu angehalten wird, auch im normenkonformen Verhalten *er selbst* zu bleiben«.[8]

Es sollte jetzt einsichtiger sein, daß die Rede von einer Struktur der Kommunikation, die moralische Elemente enthält, nicht bloß eine alles weitere präjudizierende Definition von »Kommunikation« kaschiert. Die Frage ist jetzt aber, ob die vorgetragenen Argumente, die zu dieser Einsicht führen sollten, nicht *zu viel* zeigen. Wenn man diesen Argumenten folgt, dann steckt in den Ermöglichungsbedingungen zumindest einer bestimmten Form der Kommunikation eine gewisse Moral des Respekts. Die so lokalisierte Moral hat tiefere Wurzeln als die äußerliche wechselseitige Abhängigkeit von Handelnden in Hinsicht auf ihren Handlungserfolg. Eine solche äußerliche Abhängigkeit ergibt sich aus der Knappheit von Ressourcen und der Tatsache einer gemeinsamen physikalischen Welt kausaler Beziehungen zwischen Handlungen.[9] Eine in dieser Abhängigkeit gründende Moral würde dazu dienen, die Kausalbeziehungen der Hand-

8 *Theorie des kommunikativen Handelns*, Bd. II, a.a.O., S. 94; vgl. a. Habermas, *Nachmetaphysisches Denken*, a.a.O., S. 230f.

9 Eine solche Auffassung vom Grund der Moral wird in Anschluß an Hume von J. L. Mackie vertreten, vgl. *Ethik. Auf der Suche nach dem Richtigen und dem Falschen*, Stuttgart 1981, S. 210f., S. 139. Daß zumindest eine politisch-soziale (im Unterschied zu einer persönlichen) Moral ihren Grund in der gegenseitigen Einschränkung der Handlungsfreiheit von Aktoren in einer »gemeinsamen Außenwelt« hat, ist die These von O. Höffe, *Politische Gerechtigkeit*, Frankfurt am Main 1987, S. 328-334 (S. 332). Der Ausdruck »politisch-soziale Moral« findet sich z.B. in O. Höffe, *Kategorische Rechtsprinzipien*, Frankfurt am Main 1990, S. 362.

lungen unter der Bedingung bloß begrenzter Sympathie der Handelnden zu kontrollieren. Demgegenüber würde die in der Kommunikation lokalisierte Moral auch dann nicht verschwinden, wenn Überfluß an Ressourcen und unbegrenzter Altruismus herrschen würden. Und das ganz einfach deshalb nicht, weil sie ein integraler Bestandteil von sozialen Beziehungen zwischen Lebewesen ist, die in einer kommunikativen Lebensform involviert sind und die miteinander sinnvermittelt interagieren. Hegel hat ein semantisches Indiz für den Zusammenhang zwischen solchen sinnvermittelten oder altmodisch gesprochen: geistigen sozialen Beziehungen einerseits und moralischen Beziehungen andererseits angeführt: »Das Moralische muß in dem weiteren Sinn genommen werden, in welchem es nicht bloß das moralisch *Gute* bedeutet. ›*Le moral*‹ in der französischen Sprache ist dem ›*Physique*‹ entgegengesetzt und bedeutet das Geistige, Intellektuelle überhaupt.«[10] Diesem Indiz und dem von ihm angezeigten Sachverhalt korrespondiert das Phänomen, daß in der sozialen Welt (im Unterschied zu einer physikalischen Welt kausalgesetzlicher Beziehungen) moralische Urteile sinnvollerweise (aber vielleicht zu Unrecht) über alles gefällt werden können – über den verordneten Haarschnitt des Rekruten ebenso wie über die gesellschaftliche Energieversorgung, über die Aufgabenverteilung im Haushalt ebenso wie über den Kauf von Kruegerrandmünzen aus Südafrika oder von

10 *Enzyklopädie der philosophischen Wissenschaften*, III, § 503, a.a.O., S. 313. Hegel dürfte Rousseaus Gebrauch von »morale« in der Entgegensetzung von »inégalité morale« zu »inégalité physique« gekannt haben. Zu Rousseaus Terminologie vgl. dessen Abhandlung über die Ungleichheit: Discours sur l'Origine et les Fondements de l'Inégalité parmi les Hommes, in: *Œuvres Complètes*, Vol. III, a.a.O., S. 131. Rousseaus Sprachgebrauch stützt Hegels Behauptung. Nach Rousseau ist die moralische Ungleichheit eine geistige, symbolisch vermittelte Ungleichheit. Sie gründet in einem Einverständnis der Ungleichen über die Bewertungskriterien, kraft derer diese in eine Hierarchie verbindlich eingestuft werden. Deshalb können die Konflikte, die diese Ungleichheit erzeugt, letztlich nicht gelöst werden, ohne dieses Einverständnis aufzulösen. Daß Hobbes mit seiner Konzeptualisierung des Naturzustandes letztlich blind für die symbolischen Grundlagen der Konflikte zwischen den Menschen bleibt, ist eine Pointe von Rousseaus Kritik an Hobbes. Das hat z.B. M. Sahlins, *Kultur und praktische Vernunft*, Frankfurt am Main 1981, S. 251/Anm. 9, gesehen.

Bananen aus El Salvador. Die Moral und die moralische Kritik können im Prinzip weder von Kasernen noch von Banken, noch von den eigenen vier Wänden ferngehalten werden.

Die Frage ist jetzt aber, ob nicht mit diesem kommunikationstheoretisch geprägten Verständnis von Moral sowohl die Natur als auch die Funktion moralischer Präskriptionen verlorengeht. Die Moral bindet den als frei vorausgesetzten Willen handlungsfähiger Lebewesen, jedenfalls in einem deontologischen Moralverständnis, das ich von der Gegenstandsseite der Moral her phänomenologisch zu stützen versucht habe. Dagegen müssen sich nach dem jetzt Gesagten die interagierenden Subjekte in den angeführten moralischen Formen respektieren, ob sie wollen oder nicht, zumindest wenn sie in einer bestimmten Form miteinander kommunizieren. Aber dieses »müssen« ist nicht das Muß der moralischen Verpflichtung; es sei denn, das Zustandekommen der Kommunikation ist Inhalt eines moralischen Gebots. Gegen diese Annahme spricht, daß die Moral dem Schutz vor moralischen Verletzungen dient und nicht der Ermöglichung von Kommunikation. Der obligatorische und regulative Status der moralischen Prinzipien, die die beiden Grundformen des moralischen Respekts gebieten, scheint sich somit zu verflüchtigen, wenn diese Respektformen konstitutiv für bestimmte, faktisch stattfindende Formen der Kommunikation sind.[11]

Dieses Bedenken hilft, das Verhältnis näher anzugeben, in dem die gleichsam im Dienst der Kommunikation stehende Moral zu der Moral im landläufigen und ganz plausiblen Verständnis, eine Schutzvorkehrung zu sein, steht.[12] Es läßt sich zerstreuen, wenn man die Möglichkeit durchdenkt, daß die skizzierte moralisch gehaltvolle Kommunikationsform auf einer abstrakteren, kriterialen Ebene auch dem Schutz vor moralischen Verletzungen dient.

11 Ein ähnlicher Einwand wird von M. Walzer gegen St. Hampshire und von A. Wellmer gegen K.-O. Apel und J. Habermas erhoben. Vgl. Walzer, Zwei Arten des Universalismus, in: *Babylon. Beiträge zur jüdischen Gegenwart* 7 (1990), S. 19; A. Wellmer, *Ethik und Dialog*, Frankfurt am Main 1986, S. 107.

12 In diesem Punkt haben mir Nachfragen von Emil Angehrn u. a. in seinem Zweitgutachten zu dieser Arbeit geholfen.

Moralische Verletzungen und ihre Wahrnehmung, so hatte ich weiter oben argumentiert, verweisen immer auch auf ein bestimmtes Verständnis der Aspekte, Ausdrucksformen und Bedingungen von Leiden. Dieses Verständnis geht zusammen mit verallgemeinernden Aussagen in Überzeugungen darüber ein, was typische Integritätsbedingungen moralisch verletzbarer Lebewesen sind. Solche typischen Integritätsbedingungen stecken ihrerseits in Moralnormen, die dem Schutz vor moralischen Verletzungen dienen. Um moralische Normen in der Erfüllung ihrer Schutzfunktion beurteilen zu können, müssen u.a. diese Integritätsbedingungen auf Stereotype hin überprüfbar sein. Der nächste gedankliche Zug war dann, zu zeigen, daß diese Überprüfung und ggf. die Revision nur unter der Voraussetzung zweier miteinander verschränkter Grundformen des moralischen Respekts in Gang kommt. Und jetzt haben wir gesehen, daß die in minimaler Eigenregie zustande kommende sinn- und interpretationsvermittelte Interaktion eine Kommunikationsform ist, in der sich die kommunizierenden Subjekte uno actu ihrer gegenseitigen Bezugnahme gemäß den beiden Grundformen des moralischen Respekts behandeln. Das gibt Anlaß zu der Vermutung, daß diese Kommunikationsform ein Medium der moralischen Kritik sein kann. Demnach wäre das Zustandekommen einer solchen Kommunikation und der Schutz vor moralischen Verletzungen nicht etwas ganz so Getrenntes, wie es das angeführte Bedenken unterstellt. Daß diese Kommunikation zustande kommt, wäre doch Gegenstand eines moralischen Sollens. Dieses Sollen ergäbe sich aus der moralischen Gebotenheit der beiden Respektformen *und* dem historisch belehrten Bewußtsein, daß wir uns über die tatsächlichen generellen Integritätsbedingungen moralisch verletzbarer Lebewesen täuschen können, mithin daß die moralischen Schutzvorkehrungen unzulänglich sein können.

Für die Vermutung, daß die moralisch gehaltvolle Kommunikation eine kritische Funktion übernehmen kann, spricht auch, daß sie eine Erklärung des angeführten Phänomens der Ortlosigkeit und der Omnipräsenz der Moral in der sozialen Welt eröffnet. Wer alles und jeden moralisch kritisiert, begeht keinen Kategorienfehler. Er prallt nicht schlicht an den sozialen Beziehungen ab. Das zeigt, daß soziale Beziehungen von Haus aus anfällig für moralische Beurteilungen sind.[13] Diese Anfälligkeit wird unter der Voraussetzung erklärlich, daß sich soziale Beziehungen immer auch über sinn- und interpretationsvermittelte Interaktionen aktualisierend erhalten. Die Moral, die in dieser Kommunikationsform zumindest in nuce steckt, bildet dann einen Beurteilungsmaßstab, der den sozialen Beziehungen nicht äußerlich ist. Sie beginnt, auf diese Beziehungen in dem Maße überzugreifen, in dem diese Beziehungen unter den Beteiligten zur Sprache gebracht werden und nach Maßgabe der Verhältnisse, in denen sie als kommunizierende Subjekte auch stehen, beurteilt werden.

Diese Überlegungen erinnern an die diskursethische Grundidee, den Diskurs oder das argumentgeleitete Gespräch zu einem moralischen Beurteilungsmaßstab für gesellschaftliche Verhältnisse zu machen, und sie sind auch von dieser Idee inspiriert. Aber es darf hier nichts erschlichen werden. Die Kommunikation, von deren moralischen Elementen in diesem Abschnitt die Rede war, ist nicht schon ein Diskurs. Allerdings ist sie eine Form der sozialen Praxis, die, wie wir gesehen haben,

13 Die Ortlosigkeit und Omnipräsenz der Moral in der sozialen Welt ist auch von soziologischer Seite, namentlich von N. Luhmann bemerkt worden: »Nach wie vor kann alles, was die Menschen tun, moralisch beurteilt werden.« – »Die Moral bildet kein Funktionssystem neben anderen.« (Ethik als Reflexionstheorie der Moral, in: N. Luhmann, *Gesellschaftsstruktur und Semantik*, Bd. III, Frankfurt am Main 1989, S. 425, 421.) Luhmann bleibt eine Erklärung dieses Phänomens schuldig. Das hängt damit zusammen, daß er der Moral in modernen Gesellschaften gar keine integrative Funktion mehr zugesteht (vgl. seine Hegel-Preisrede *Paradigm lost: Über die ethische Reflexion der Moral*, Frankfurt am Main 1990, S. 40). Diese Alles-oder-nichts-Strategie hinsichtlich der Funktionsbestimmung von Moral für das Fortbestehen von Gesellschaften führt übrigens zu einer Inkonsistenz bei Luhmann: Einerseits hat die Einbeziehung von Personen z. B. als Konsumenten, Zöglinge, Kläger oder Wähler in gesellschaftliche Funktionssysteme wie der Wirtschaft, dem Erziehungs- und dem Rechtssystem oder der Politik nichts mehr mit Moral zu tun; das zeigt sich auch daran, daß die Moral den Individuen in modernen Gesellschaften nicht mehr ihren Platz (z. B. als Bürger oder als Krieger) anweist. Andererseits bleiben die vermeintlich moralisch neutralisierten Funktionssysteme sensibel für moralische Gesichtspunkte – wer darf was mit welchen Folgen konsumieren, wer darf von wem wie lange erzogen werden, wozu ist wer zu klagen befugt, oder wer darf wen wählen?

strukturell auf eine Argumentation hin angelegt ist. Denn sie ist auf eine reflexive Übereinstimmung der Beteiligten in bezug auf bestimmte interaktionsrelevante Überzeugungen angewiesen. Diese Übereinstimmung resultiert aus intersubjektiv geteilten Gründen, die zumindest auch das Produkt von Argumenten gegen Kritik sein müssen. Es ist diese strukturelle Angelegtheit auf Argumente, die die Kommunikation überhaupt zu einem Kandidaten für das Medium moralischer Kritik macht. Umgekehrt sieht man schon, daß Argumentationen die praktische Funktion haben können, zur Erfüllung der Bedingungen für das Zustandekommen und der Fortsetzung einer kommunikativen sozialen Praxis beizutragen.[14] Handeln und Argumentieren sind hier nicht streng voneinander geschieden, und die Ergebnisse von Argumentationen sind nicht praktisch folgenlos. Der Verzicht auf ein argumentativ zustande gebrachtes oder fortgesetztes Zusammenhandeln kann moralische Verletzungen erzeugen oder zementieren, die ex negativo den moralischen Gehalt des Argumentierens vor Augen führen.

Halten wir erst einmal die weiterführenden Punkte der bisherigen Überlegungen fest! Der moralische Standpunkt wurde charakterisiert durch die Verschränkung des Respekts der in einer kommunikativen Lebensform involvierten Lebewesen als gleichberechtigte Angehörige einer Gemeinschaft und als unvertretbar Einzelne. Diese beiden Grundformen des moralischen Respekts sind als Elemente auch in einer bestimmten Form der Kommunikation enthalten. Zum einen wird damit der Gedanke verständlich, daß der moralische Standpunkt in einer Kommunikation operationalisierbar ist und daß die Kommunikation eine kriteriale Funktion gegenüber moralischen Normen übernehmen kann, die vor moralischen Verletzungen schützen sollen. Zum anderen beginnt sich eine Vorstellung von einer strukturell offenen Gemeinschaft abzuzeichnen, die die in einer kommunikativen Lebensform involvierten Lebewesen bilden können und die als Appellationsinstanz gegenüber einer Binnenmoral fungieren könnte.

14 Diese Funktion wird von A. Leist übersehen, vgl. Diesseits der ›Transzendentalpragmatik‹: Gibt es sprachpragmatische Argumente für Moral?, in: *Zs.f. phil. Forschung* 43 (1989), S. 305 f.

In der beschriebenen, moralisch gehaltvollen Form der Kommunikation beziehen sich die kommunizierenden Subjekte aufeinander so, daß sie sich zugleich bestimmte, auch normative verbindende Gemeinsamkeiten unterstellen und daß sie sich wechselseitig für kritisierbar halten, und zwar unter Einschluß ihrer jeweils subjektiven Perspektive als unvertretbar Einzelne. Der springende Punkt ist, daß sie sich dadurch auch in den präsumtiv geteilten, typisierenden Beschreibungen von Angehörigen der Gemeinschaft, der sie angehören, für kritisierbar halten. Weder beziehen sie sich auf den Gegenüber nur als einen repräsentativen anderen Angehörigen, noch beziehen sie sich auf ihn als ein bloß extramundanes Alter Ego. Die Verschränkung der beiden Respektformen in der Kommunikation führt auf den Begriff von einer *moralischen* Gemeinschaft, deren Mitglieder füreinander qua Angehörige immer auch das Andere ihrer selbst sind, so daß der Einzelne weder in seinem Mitgliedsstatus aufgeht noch bloß ein Fremder bleibt. Dieser Begriff dynamisiert die moralische Gemeinschaft, weil die moralische Gemeinschaft durch eine intern angelegte Revisionsfähigkeit ihrer Zugehörigkeitskriterien charakterisiert ist. Der Begriff von einer solchen strukturell offenen moralischen Gemeinschaft ist ein Komplementärbegriff zum Begriff einer Moral des uneingeschränkten zweifachen Respekts. Die Frage ist jetzt, wie sich eine solche Moral begründen läßt.

# III.
# Zur Begründung moralischer Urteile

Es werden gemeinhin zwei Arten von Warum-Fragen in philosophischen Moraltheorien unterschieden. Die eine Frage ist die große Motivationsfrage: Warum soll ich moralisch sein? Hier wird nach Motiven gefragt, sich den Standpunkt der Moral zu eigen zu machen. Diese Frage wirft beispielsweise Schopenhauer in seiner Kritik der Kantischen Moraltheorie auf, wenn er nach dem Motiv fragt, »weswegen es ihm [dem Menschen, L. W.] einfallen sollte, nach einem Gesetz zu fragen, welches sein Wollen beschränkte und dem er dieses zu unterwerfen hätte (...)«.[1] Die andere Frage sucht nicht nach Motiven, einen Standpunkt einzunehmen, von dem aus man überhaupt zu moralischen Urteilen, mithin zu moralischen Einsichten kommen kann. Sie fragt nach Rechtfertigungsgründen für moralische Urteile: Warum soll man, ich und alle anderen, in der von einem bestimmten moralischen Urteil gebotenen Weise handeln? Ich werde im folgenden nur einen allerersten Schritt zur Beantwortung dieser, nicht jener Frage unternehmen. Deshalb geht es hier um die Begründung moralischer Urteile.

Man könnte dagegen einwenden, daß die Beantwortung der Motivationsfrage unverzichtbarer Bestandteil der Begründung moralischer Urteile ist. Aber dieser Einwand ist nur stichhaltig, wenn man die Begründungsfrage in bezug auf moralische Urteile verdoppelt. Man fragt dann zuerst: »Warum soll man x tun?« und dann anschließend: »Warum soll ich tun, was man tun soll?« Die Gründe für die erste Antwort sind Gründe für eine Überzeugung, eben die Überzeugung, daß x eine moralisch richtige Handlung ist. Die Gründe für die zweite Antwort sind Gründe für einen Willen, nämlich für den Willen, x zu tun; die zweite Frage ist also die große Motivationsfrage.

Aber diese Verdoppelung der Begründungsfrage ist nicht sehr plausibel. Erstens verkennt sie, daß die begründete Zustimmung zu einem moralischen Urteil die Anerkennung von Gründen,

1 Preisschrift über die Grundlage der Moral, in: A. Schopenhauer, *Zürcher Ausgabe. Werke in zehn Bänden*, Bd. 6, Zürich 1977, § 6, S. 182. – Schopenhauers Einwand gegen Kant wird wiederholt von B. Williams, *Ethics and the Limits*, a.a.O., S. 63.

etwas zu tun, und nicht bloß von Gründen, etwas zu glauben, bedeutet.[2] Um das zu bestreiten, müßte man den handlungsleitenden Charakter moralischer Urteile bestreiten. Zweitens hat sie eine problematische Konsequenz. Ihr zufolge ist es nicht nur möglich, sondern auch zulässig, daß die moralischen Gründe für die Anerkennungswürdigkeit eines moralischen Handlungsgebots nicht mit den Gründen für dessen Befolgung zusammenfallen; die Gründe, aus denen man sein Handeln für moralisch richtig hält, müssen nicht – auch nicht dem Anspruch nach – diejenigen Gründe sein, die man in der Antwort auf die Frage angibt, warum man so gehandelt hat. Die Frage ist aber, ob das eine haltbare Konsequenz ist. Wenn es stimmt, daß die Gründe für die Ausführung einer Handlung die Bedeutung dieser Handlung mitbestimmen, dann ist es in der Konsequenz der verdoppelten Begründungsfrage möglich, daß die Beschreibung einer Handlung als Befolgung eines moralischen Gebots gar nicht die Beschreibung der ausgeführten Handlung ist. Der Betreffende handelt nicht so, wie er handelt, weil er die normative Erwartung, ein bestimmtes moralisches Gebot zu befolgen, auf Grund der Anerkennungswürdigkeit dieses Gebots für berechtigt hält. Was man als Einhaltung eines moralischen Gebots beschreibt, ist in Wahrheit eine Handlung, die kein moralisches Gebot mißachtet. Um diese Möglichkeit auszuschließen, müßte man die Differenz zwischen der Erfüllung einer normativen Erwartung und dem absichtlichen Herbeiführen oder Verhindern der Existenz eines Sachverhalts bestreiten.

Ich glaube, die Verdoppelung der Begründungsfrage ist ein Reflex auf das Problem, das Moment der Allgemeingültigkeit moralischer Normen mit dem Moment der Einzelnheit der Aktoren zu vermitteln, die diese Normen befolgen sollen. Im Bestreben, die Allgemeingültigkeit moralischer Urteile zu sichern, denkt man sich den moralischen Standpunkt als einen Standpunkt, von dem aus ich frage, wie man handeln muß, wobei ich mit diesem ›man‹ nur als einer unter vielen begriffen werde. Auf der Ebene des Handelns läßt sich diese Selbstwahrnehmung als einer unter vielen oder von allen nicht mehr aufrechterhalten. Die Frage »Warum soll ich tun, was man aus

2 Vgl. a. Th. Nagel, *The Possibility of Altruism* (1970), Princeton 1978, S. 64.

moralischen Gründen tun soll?« kann man auch so verstehen, daß sich in ihr ein Wissen von dieser Unmöglichkeit ausspricht. Indem sie an die naturale Egozentrik eines unvertretbar einzelnen Aktors erinnert, macht sie aber nur deutlich, daß der moralische Standpunkt nicht als der Standpunkt eines Beobachters begriffen werden kann, der den einzelnen Adressaten eines moralischen Gebots als einen unter vielen wahrnimmt.

Die Konzeptualisierung des moralischen Standpunkts im vorhergehenden Untersuchungsteil (II) versuchte dieser Unmöglichkeit Rechnung zu tragen. In ihr sollte die Überpersönlichkeit oder Unparteilichkeit des moralischen Standpunkts durch eine Verschränkung zweier Respektformen sichergestellt werden, von denen die eine Form dem Umstand Rechnung trägt, daß auch die Subjekte moralischer Verpflichtung unvertretbar Einzelne sind und sich in der moralischen Urteilsbildung nicht in einen Anonymus verwandeln können. Und wie wir im ersten Untersuchungsteil (I) gesehen haben, ist die Bestimmung der Subjekte moralischer Verpflichtungen als unvertretbar Einzelne von der Aufklärung des Zusammenhangs zwischen moralischem Urteilen und Handeln motiviert worden. Die schwache handlungsmotivierende Kraft moralischer Einsichten, keine guten intersubjektiven Gegengründe gegen das gebotene Handeln zu haben, wurde damit erklärt, daß der Einsichtige bei seiner Urteilsbildung das Wissen nicht ignorieren darf, daß er es ist, der sich zum Handeln verpflichtet; die Berücksichtigung dieses Wissens gehört zu seiner Aufrichtigkeit und vielleicht auch zu seiner Rationalität. Das Phänomen eines motivationalen Zusammenhangs zwischen moralischem Urteilen und Handeln muß also nicht ignoriert werden, wenn die große Motivationsfrage aus der Frage nach der Begründung moralischer Urteile herausgehalten wird.[3]

Nun haben die Überlegungen am Ende des letzten Untersuchungsteils (II) schon auf die moderne Ausgangskonstellation vorgegriffen, in der diese Begründungsfrage gestellt wird. Diese

3 Ch. Korsgaard hat die Gleichsetzung der Begründungsfrage mit der ›großen‹ Motivationsfrage in Verbindung gebracht mit einem Mißverständnis darüber, was die Anforderung an praktische Gründe, Motive für eine rationale Person zu sein, impliziert, vgl. Scepticism about Practical Reason, in: *Journal of Philosophy* 83 (1986), S. 5-25 (insbes. S. 11, S. 15).

moderne Konstellation ist ganz wesentlich durch das Zerbrechen der Einheit von *koinonia* und *philía* gekennzeichnet. Die Subjekte moralischer Verpflichtungen und Ansprüche stehen nicht mehr in einer Interaktion, die sich in den Lebenszusammenhang von Mitgliedern einer lokalen Gemeinschaft einfügt, die durch eine gemeinsame Tradition, Kultur, Sitten und ein kollektives Selbstverständnis sowie durch eine geteilte Auffassung vom für sie ethisch Guten charakterisiert ist. Sie sind, so könnte man in einer etwas riskanten Formulierung sagen, Angehörige einer kommunikativen Lebensform *überhaupt*. Als solche bleiben sie in ihren intentionalen Lebensvollzügen angewiesen auf ein responsives, komplementäres Verhalten anderer, mit denen zusammenzuleben für sie nicht zum Inhalt ihres guten Lebens gehört. Das soziale Band im Sinne einer solchen elementaren wechselseitigen Angewiesenheit reißt auch unter modernen Bedingungen nicht. Die in einer kommunikativen Lebensform involvierten Subjekte moralischer Verpflichtungen bleiben angewiesen auf einen Interaktionszusammenhang, der über intersubjektiv geteilte praktische Gründe konstituiert wird.

Vor diesem Hintergrund betrachtet, wird klar, daß moralische Fragen, in denen nach der Begründung moralischer Urteile gefragt wird, auch unter einer modernen Konstellation Fragen in der 1. Person Plural sind. Das steht nicht im Widerstreit mit einem weiteren Zug, der für diese Konstellation typisch ist: daß nämlich der Einzelne in eigenverantwortlicher, kritischer Weise nach moralischen Begründungen verlangt. Es hat nur bestimmte Restriktionen dafür zur Folge, wie solche Begründungen aussehen können. Zugespitzt geht es im folgenden bei der Begründung moralischer Urteile um die Begründung des moralischen Standpunkts, insofern dieser Standpunkt von jedem einen zweifachen Respekt gegenüber jedem anderen verlangt, dem er begegnen, und das heißt, den er verstehen und mißverstehen und verletzen kann. Nun dienen Begründungen moralischer Urteile letztlich der Lösung moralischer Probleme, und die These ist, daß eine solche Moral des zweifachen, universellen Respekts komparativ überlegen ist bei der Lösung moralischer Probleme.

Diese Überlegenheit hat damit zu tun, daß diese Moral eine

elementare Bedingung für die Revision bestimmter genereller und singulärer moralischer Urteile ist. Sie gründet darin, daß die Moral des zweifachen universellen Respekts in einem Diskurs operationalisiert wird. Dieser Diskurs kann sich kritisch gegen die präsumtiv moralisch begründeten Restriktionen richten, die den Subjekten moralischer Verpflichtungen unter Berufung auf essentielle Bedingungen ihres friedlichen Zusammenlebens auferlegt werden.

## 8. Die Begründungsaufgabe

### *a) Die Form moralischer Fragen*

In dem kurzen platonischen Dialog *Kriton* sieht sich der zum Tode verurteilte Sokrates im Gefängnis unversehens mit einer sicheren Fluchtmöglichkeit konfrontiert, die ihm sein Freund Kriton eröffnet. Kriton versucht Sokrates zur Flucht zu bewegen. Sokrates spitzt in seiner Erwiderung die Überlegung, was er tun soll, auf die Frage zu, »ob es gerecht ist, wenn ich von hier ohne Erlaubnis der Athener wegzugehen versuche«[1], und verneint diese Frage: Es ist ungerecht, wenn sich ein Einzelner als eine Privatperson eine Handlungsweise anmaßt, mit der er die gesetzliche Ordnung der Polis zerstört, und zwar eine Ordnung, die jedem der ihr unterworfenen Bürger die Wahl läßt, ihren Gesetzen freiwillig zu gehorchen oder sich ihrem Geltungsbereich durch Auswanderung zu entziehen. Genau das würde Sokrates tun, wenn er die Vollstreckung des Todesurteils gegen ihn verhinderte. Mit seiner Flucht würde er das Gesetz mißachten, »das da anordnet, daß ergangene Gerichtsurteile in Kraft bleiben«.[2] Daß sich aber Sokrates freiwillig und überlegt für den Gesetzesgehorsam entschieden hat, zeigt sein ganzes bewußtes Leben, das er in Athen verbracht hat.

Platons *Kriton* ist in unserem Argumentationszusammenhang zum einen unter dem Aspekt interessant, wie Sokrates fragt, und zum anderen, wie dieser seine Antwort *nicht* begründet. Sokrates bestreitet keineswegs den Einwand Kritons, wonach das in Kraft zu setzende Urteil ungerecht ist. Er unterläuft diesen Einwand auch nicht mit dem Argument, daß es sich um ein zwar singuläres ungerechtes Urteil handelt, das aber doch auf der Grundlage einer anerkennungswürdigen, weil insgesamt gerechten Rechtsordnung zustande gekommen ist. Die Frage, ob die Richter ein gerechtes Urteil gefällt haben, und das heißt zumindest, ob sie die Gesetze richtig ausgelegt haben und zu

1 Kriton 48 b-c, in: Platon, *Apologie des Sokrates, Kriton*, übers. von M. Fuhrmann, Stuttgart 1987.

2 Ebd., 50 b-c.

ihrem Urteil auf faire Weise gekommen sind, stellt sich für Sokrates gar nicht. Eine solche Frage stellen hieße, zwischen den Gesetzen der Polis und den Richtern eines Einzelfalles zu unterscheiden. Für diese Unterscheidung ist in Sokrates' Argumentation kein Platz. Das zeigt sich schon darin, daß er seine Überlegung in die Form eines Monologes der Gesetze kleidet. Die Gesetze treten nicht mit Sokrates oder Kriton in einen Dialog über die Frage ein, ob sie sich von Sokrates' Richtern richtig verstanden wissen dürfen; sie werden umstandslos mit den Richtern identifiziert. Der sachliche Grund für die sprachliche Form, in der Sokrates seine zentrale Überlegung vorträgt, liegt darin, daß sich Sokrates mit einer solchen Frage über den Status eines individuellen Adressaten der Gesetze erheben und sich auf Augenhöhe mit den Gesetzen bewegen würde. Die Individuen würden – modern gesprochen – nicht nur durch die Eigenschaft, Norm- oder Gesetzesadressaten zu sein, sondern auch durch die Eigenschaft, Gesetzgeber zu sein, charakterisiert werden. Wie soll das aber gehen, daß die Individuen zugleich Einzelne und gerechte Gesetzgeber sind? – »Wie kannst du [Sokrates, L. W.] glauben, du stündest mit uns [den Gesetzen, L. W.], was das Recht betrifft, auf gleichem Fuße (...)?«[3]

Auch im *Kriton* findet sich die sokratische Idee der radikalen Rechenschaftsgabe des Einzelnen für sein Tun. Aber sie bleibt beschränkt auf den Sokrates in der Rolle des individuellen Gesetzesadressaten, der ohne Rücksicht auf verbreitete Meinungen fragt, was er tun soll. Sie erstreckt sich nicht auf Sokrates in der Rolle desjenigen, der an der Gesetzgebung und -prüfung teilnimmt, indem er die kanonisierte Interpretation der Gesetze durch seine Richter in Frage stellt und gegebenenfalls bekräftigt. Eine solche Erweiterung würde mindestens zu einer Spannung führen zwischen der Allgemeinheit der Gesetze und der Einzelnheit ihrer Gesetzgeber, ohne daß eine Vorkehrung gegen das Risiko zu sehen wäre, daß die Gültigkeitsmaßstäbe für die Gesetze in den Sog der Individualität der Gesetzesadressaten geraten könnten. Der kantianische Gedanke einer Autonomie, in der die Selbstbestimmung des Einzelnen mit der Allgemeingültigkeit der Gesetze in einer Art kontinuierlicher Gesetzgebung vermittelt wird,

3 Ebd., 50 e.

findet sich in Sokrates' Anwort auf Kritons Fluchtangebot nicht.

Der sokratische Gedankengang im *Kriton* erinnert daran, daß moralische Fragen gleichwohl Fragen intersubjektiven Inhalts bleiben, auch wenn sie sich an den Einzelnen richten, also beispielsweise an Sokrates, der sich fragt, ob man – er und alle anderen – einem Gesetz Gehorsam leisten soll, das als Bestandteil einer Rechtsordnung einen gesellschaftlichen Lebenszusammenhang regelt. Sokrates begreift ja die Frage, was er tun soll, ausdrücklich als eine Gerechtigkeitsfrage und privatisiert sie im Gegenzug zu Kritons anfänglich vorgetragenen Argumenten nicht. Diese Unterscheidung zwischen dem Einzelnen, dem sich eine moralische Frage stellt, und dem Inhalt dieser Frage hat sich uns schon im Zusammenhang mit den Unterschieden zwischen moralischen und ethischen Problemen nahegelegt. Es ist darum zumindest mißverständlich, moralische Fragen als Fragen des Typs »Was soll (oder besser: was muß) ich tun?« aufzufassen. Eher schon trifft die Auffassung zu, daß moralische Fragen die Form haben: »Warum soll ich dieser moralischen Norm folgen?« Denn Moralnormen sind ja *generalisierte* normative Verhaltenserwartungen.

Unter verschärften Bedingungen kann man diese Frage weiter spezifizieren und ihr die Form geben: »Warum soll ich freiwillig meine Handlungsfreiheit gemäß dieser Moralnorm einschränken?« Diese Auffassung wird z. B. von Ernst Tugendhat vertreten: »Ein Individuum hat für die verschiedenen Handlungen und Handlungskomplexe seines Lebens verschiedene Gründe (Motive), und nun wird ihm von der Gesellschaft bzw. von seinen Mitmenschen zugemutet, alle diese Handlungen, was immer ihre Gründe sein mögen, unter einschränkende Bedingungen zu stellen. Es fragt: Warum? (...) (Die) Antwort muß offenbar die Kraft haben, daß sie für das Individuum einen Grund darstellt, diese Einschränkung seines Handeln bzw. darüber hinaus die ganze dadurch bestimmte intersubjektive Praxis freiwillig zu bejahen.«[4]

4 E. Tugendhat, Drei Vorlesungen über Probleme der Ethik, in: ders., *Probleme der Ethik*, a. a. O., S. 84f. – Das jüngste Werk von Tugendhat, *Vorlesungen über Ethik* (im Erscheinen), konnte ich nicht mehr berücksichtigen.

Diese Auffassung von moralischen Fragen ist in den Rahmen einer Argumentation eingefügt, die Tugendhat verschiedenen Revisionen unterzogen hat. Die Revisionen berühren die Konzeptualisierung moralischer Fragen aber nicht in ihrem Kern. Sie erstrecken sich nur auf eine spezifizierende Bedingung, unter der der Einzelne nach den Gründen für seine freie Bejahung bestimmter Moralnormen fragt. Es ist dieser Umstand, daß Tugendhat strikt an der Perspektive der 1. Person Singular in der moralischen Fragestellung festhält, die die besondere Aufmerksamkeit auf seine Argumentation in unserem thematischen Zusammenhang begründet. Daß ich es bin, der sich moralische Fragen stellt, ist ja auch erst einmal ganz einsichtig, wenn man, wie Tugendhat es tut, die sokratische Idee der Rechenschaftsgabe aufklärerisch radikalisiert. Im Zuge dieser »Radikalisierung des Begründungsgedankens«[5] bleibt der Zweifel an der Autorität einer moralischen Tradition und den Instanzen ihrer Auslegung ebensowenig aus wie der Zweifel an der begründenden Kraft nurmehr provinzieller Evidenzen, an der Alternativenlosigkeit rollenförmiger Handlungszusammenhänge und an der Konkurrenzlosigkeit von Weltbildern und Moralauffassungen.

Allerdings liegt es nicht in der Konsequenz der Möglichkeit zu diesem Zweifel, daß der Zweifelnde als ein »disengaged self«[6] verstanden werden muß, das aus der Teilnahme an jedweder sozialen Praxis herausgelöst ist. Tugendhat hatte das ursprünglich angenommen und demgemäß moralische Fragen als praktische Fragen eines vereinzelten Aktors in einer von anderen handlungsmächtigen Individuen bevölkerten Welt gedeutet. In diesen Fragen überlegt der Einzelne, ob die Effekte einer allgemeinen Befolgung bestimmter Moralnormen in seinem Interesse liegen: Warum soll ich freiwillig meine Handlungsfreiheit gemäß dieser Moralnorm einschränken, wenn auch alle anderen es tun? Unter dieser spezifizierenden Bedingung erscheinen moralische Fragen als Klugheitsfragen; es ist klug, sich moralkonform zu verhalten, wenn es auch alle anderen tun. Selbst wenn man diese Behauptung verteidigen könnte, müßte man noch erklären, warum wir gewöhnlich auf die Mißachtung moralischer Normen, die wir für legitim halten, nicht mit Kopf-

5 Tugendhat, *Antike und moderne Ethik*, a.a.O., S. 41.
6 Der Ausdruck ist von Ch. Taylor, *Sources of the Self*, a.a.O., S. 21.

schütteln, sondern mit Entrüstung reagieren. Wie wir im Zusammenhang mit der phänomenologischen Untersuchung moralischer Gefühle gesehen haben, hat das moralische Gefühl der Entrüstung die Überzeugung zum kognitiven Inhalt, daß die Einhaltung einer Moralnorm etwas ist, was man erwarten darf und nicht bloß auf Grund einer zugeschriebenen Zweckrationalität von anderen erwarten kann. Und da dieses Gefühl ein überpersönliches Gefühl in dem Sinn ist, daß das Gefühlssubjekt eine moralisch integrierte Gemeinschaft repräsentiert, ist diese normative Erwartung eine wechselseitige Erwartung verschiedener Angehöriger einer solchen Gemeinschaft. Will man diese Gefühlsreaktion und die mit ihr verbundene Wechselseitigkeit moralischer Erwartungen nicht unbesehen als ein sinnlos gewordenes Relikt aus voraufklärerischen Zeiten abtun, in denen die Moral einen religiösen Charakter besaß, sondern in rekonstruktiver Einstellung ernst nehmen, dann ist mit dem angegebenen Verständnis moralischer Fragen als Klugheitsfragen in der 1. Person Singular nicht weiterzukommen. Das hat auch Tugendhat kritisch gegen sich geltend gemacht.[7]

Nach Tugendhat kommt man einen Schritt weiter, wenn man eine sozialpsychologisch triftige Annahme zuläßt. Auch derjenige, der radikal an der Legitimität moralischer Ansprüche zweifelt, bleibt eine vergesellschaftete Person. Personen müssen sich selber achten können, und das heißt, sie müssen bejahen können, daß sie Ansprüche gegen sich einlösen, mit denen sie sich identifizieren. Darum sind Gefühle wie Reue, Stolz oder Scham personenspezifische Gefühle. Das »Müssen« im vorletzten Satz besagt, daß die Selbstachtung einer Person eine notwendige Bedingung dafür ist, daß die Person von einer affektiven Grundlage, (weiter) zu leben, getragen wird.[8] Die Selbstachtung ist nun ihrerseits abhängig von der Wertschätzung durch andere Personen. Eine Person kann sich nur achten, wenn sie sich von anderen für achtenswert gehalten weiß. Ihr Selbstwertgefühl – so die von Tugendhat als empiri-

7 Vgl. Retraktationen, in: ders., *Probleme der Ethik*, a.a.O., S. 157-159; ders., Zum Begriff und zur Begründung von Moral, in: C. Bellut/U. Müller-Schöll (Hg.), *Mensch und Moderne*. Festschrift H. Fahrenbach, Würzburg 1989, S. 154.

8 Vgl. Tugendhat, *Selbstbewußtsein*, a.a.O., S. 178.

sche Hypothese deklarierte sozialpsychologische Annahme[9] – ist ein intersubjektiv vermitteltes Gefühl.[10]

Tugendhats Personenkonzept braucht uns hier nicht weiter zu beschäftigen, auch wenn es einen mißtrauisch stimmenden Zug aufweist. Zwar analysiert Tugendhat das Person-Sein sprach- und handlungsfähiger Lebewesen mit großer Sorgfalt in der Form einer philosophischen Begriffsanalyse, aber das Vergesellschaftet-Sein von Personen wird nur als eine überdies vergleichsweise riskante empirische Hypothese eingeführt.[11] Überspitzt ausgedrückt: Nur die Subjektivität personaler Selbstverhältnisse, nicht aber die Sozialität intersubjektiver Beziehungen scheint mehr als eine Erfahrungstatsache zu sein. Wie wir gleich sehen werden, ist diese empiristische Herabstufung intersubjektiver Verhältnisse auch ein Grund für das Verständnis moralischer Fragen als praktische Fragen in der 1. Person Singular, die überhaupt mit Gründen beantwortet werden können. Zuvor ist es aber wichtig zu sehen, daß sich die Situation der radikalen Infragestellung moralischer Ansprüche an das eigene Verhalten anders darstellt, wenn man den Fragesteller als eine vergesellschaftete Person denkt.

In dieser Situation bleiben nicht bloß Interessen der Person übrig, z. B. das Interesse an einer vorteilhaften Kooperation mit anderen Personen, zu deren Stabilisierung es anerkannte Moralnormen braucht. Die einzelne Person bedarf auch der Wertschätzung durch andere Personen. Man kann auch dieses Bedürfnis ein Interesse nennen, aber dann ist es eben ein existentielles Interesse, dessen Befriedigung der Person nicht so zur Disposition steht wie die Realisierung ihrer Präferenzen. Damit zeichnet sich die Möglichkeit ab, moralische Fragen als praktische Fragen zu verstehen, in denen nach dem existentiellen Interesse gefragt wird, eine bestimmte Moralnorm einzu-

9 Tugendhat, Über die Notwendigkeit einer Zusammenarbeit zwischen philosophischer und empirischer Forschung bei der Klärung der Bedeutung des moralischen Sollens, in: G. Nunner-Winkler/W. Edelstein (Hg.), *Zur Bestimmung der Moral*, a. a. O., S. 33.

10 Retraktationen, a. a. O., S. 138-140, 163.

11 Tugendhat, Die Hilflosigkeit der Philosophen angesichts der moralischen Schwierigkeiten von heute, in: *Die neue Gesellschaft/Frankfurter Hefte* Nr. 10/1989, S. 934, wieder in: Tugendhat, *Philosophische Aufsätze*, Frankfurt am Main 1992, S. 381.

halten. Diese Möglichkeit findet auf seiten der moralischen Phänomene eine Abstützung. Moralische Normen haben die Eigenschaft, daß ihre Einhaltung bzw. ihre Verletzung mit der Wertschätzung bzw. mit der Verachtung der Person einhergeht, die die Norm befolgt bzw. verletzt.[12] Wer moralisch richtig handelt, wird gut, wer moralisch falsch handelt, wird schlecht genannt. Ich habe (oben S. 112) diese Redeweise mit dem Hinweis darauf zu erklären versucht, daß der von Moralnormen regulierte Interaktionszusammenhang so beschaffen ist, daß die Beteiligten als Individuen engagiert sind. Das Phänomen, aus dem Tugendhat einen bestimmten Schluß zieht, muß also nicht ignoriert werden, wenn man Tugendhats Argumentation nicht folgt. Der Schluß ist, daß die Wertschätzung einer Person als Person schlechthin und nicht in einer rollenspezifischen Hinsicht durch andere auch von ihrem moralischen Handeln abhängig gemacht wird. Es besteht also ein Zusammenhang zwischen der Selbstachtung einer Person und ihrer Wertschätzung durch andere, der auch durch das moralische Handeln der Person vermittelt wird.

Beachtet man diesen Zusammenhang, auf den der Begriff der vergesellschafteten Person führt, dann nehmen moralische Fragen nicht die Form an: »Warum soll ich freiwillig gemäß gerade dieser Moralnorm meine Handlungsfreiheit einschränken, wenn es die anderen auch tun?« Die moralische Frage lautet vielmehr: »Warum soll ich freiwillig meine Handlungsfreiheit gerade gemäß dieser Moralnorm einschränken, wenn ich von anderen geschätzt werden will?«[13]

Eine solche Auffassung moralischer Fragen schließt nicht aus, daß bestimmte moralische Gefühlsreaktionen berechtigte, mithin überhaupt sinnvolle Reaktionen sein können. Aber wie verhält es sich mit der Berücksichtigung des Moments der Reziprozität, also der Eigenschaft von Moralnormen, daß die Normadressaten davon überzeugt sind, deren Einhaltung voneinander verlangen zu dürfen, statt ihre Einhaltung freistellen zu müssen? Tugendhat hat geglaubt, dieses Moment der Wechselseitigkeit moralischer Erwartungen durch die Spezifikation der Bedingung für die Selbstachtung einer autonomen verge-

12 Tugendhat, Retraktationen, a.a.O., S. 153f.

13 Vgl. Retraktationen, a.a.O., S. 154.

sellschafteten Person berücksichtigen zu können. Danach ist die Selbstachtung einer Person mit autonom gebildeten, praktisch wirksamen moralischen Überzeugungen von der Wertschätzung solcher anderer Personen abhängig, die ihrerseits für sie achtenswert sind. Die Einhaltung bestimmter Moralnormen durch verschiedene Personen wäre demnach ein übereinstimmender Grund dafür, daß diese Personen sich, und das heißt jetzt: sich selber und die anderen achten können.

Aber auf diesem Weg gelangt man nicht dazu, die Einhaltung einer Moralnorm als etwas zu denken, was die Normadressaten glauben, voneinander verlangen zu dürfen. So wie Tugendhat moralische Fragen konzipiert, terminiert die Überlegung, die von einer solchen Frage ein- und angeleitet wird, in der Aussage: »Ich will diese Moralnorm einhalten auf Grund eines existentiellen Interesses an einer faktisch intersubjektiv vermittelten Selbstachtung; und dieses Interesse kann ich nur befriedigen, wenn ich diese Norm einhalte.« Die Begründung der Antwort auf eine moralische Frage wird sich dabei auf das Abhängigkeitsverhältnis zwischen der Befriedigung eines existentiellen Interesses an Selbstachtung und der Einhaltung oder Zurückweisung einer bestimmten Moralnorm konzentrieren. Die eigentliche Schwierigkeit liegt jedoch woanders. Meine Begründung dafür, daß ich eine Moralnorm einhalten soll, kann nicht zugleich eine Rechtfertigung dafür sein, daß ich von anderen verlange, daß sie diese Norm einhalten. Dieser Transfer von Gründen funktioniert nicht. Das wird spätestens dann offensichtlich, wenn es sich bei der fraglichen Moralnorm um ein Gebot des universellen wechselseitigen Respekts handelt, in dem sich nach Tugendhat das in jeder Moral enthaltene Gebot des Respekts in seinem eigenen Sinn voll entfaltet.[14] Hier ist dann meine normative Erwartung die Erwartung, daß der andere mich und alle anderen als selbständige Personen mit bestimmten Rechten respektiert. Und diese Erwartung müßte unter Hinweis auf die Bedingungen *meiner* Selbstachtung gerechtfertigt werden, zu der auch die Achtungswürdigkeit des

14 Vgl. Retraktationen, a. a. O., S. 167 und S. 163 f. Weil sich – nach Tugendhat – in der Norm des universellen gegenseitigen Respekts etwas für die Moral Wesentliches entfaltet, stützt sich die Kritik an Tugendhat nicht auf einen vernachlässigbaren Sonderfall.

anderen durch mich gehört. Damit würde der andere aber zu meinen Selbstachtungszwecken instrumentalisiert werden. Das, was begründet werden soll, würde durch die Art seiner Begründung konterkariert werden.

An die Stelle der Begründung wechselseitiger normativer Erwartungen, eine bestimmte Moralnorm einzuhalten, muß deshalb bei Tugendhat die Begründung eines Intentionsssatzes in der 1. Person Singular einerseits und die Begründung eines Imperativsatzes in der 2. Person Singular andererseits treten. Ich begründe eigentlich gar keine normative Erwartung, die ich an Alter ego als eine von mir verschiedene, andere Person richte. Ich begründe beispielsweise nicht die normative Erwartung, daß der andere die Normen des allgemeinen und gleichen Respekts einhält mit dem Argument, daß er als eine erwachsene Person mit ausgeprägtem eigenen Willen und eigenen Lebensprojekten und mit bestimmten Rechten immer schon die Erfüllung dieser Norm durch andere in Anspruch nimmt; daß er also von anderen verlangt, als Mitglied einer moralischen Gemeinschaft behandelt zu werden, so daß er gegenüber anderen nicht begründen kann, warum er von anderen etwas verlangt, was von ihm zu verlangen er anderen nicht zugesteht. Was ich gegenüber dem anderen begründe, ist vielmehr eine Empfehlung oder besser: ein eindringlicher Rat, den ich in der Form eines Imperativsatzes vom Standpunkts seines, ihm mit Gründen unterstellten Selbstverständnisses gebe. Die Allgemeingültigkeit der Antwort auf eine moralische Frage, die der Einzelne gibt, steckt dann nicht mehr in der Legitimität der sozial generalisierten wechselseitigen normativen Erwartungen, sondern in der Konjunktion der Begründetheit eines Absichtssatzes in der 1. Person Singular und der Begründetheit eines Imperativsatzes in der 2. Person Singular. Diese Konjunktion verweist auf ein tiefsitzendes, präsumtiv gleiches Selbstverständnis von Ego und Alter, das jeder jeweils *für sich* hat. Aber diese Gleichheit bildet keine Grundlage für die Rechtfertigung von moralischen Vorwürfen, wie sie durch das skizzierte Argument von einseitig in Anspruch genommenen, bloß konsumierten intersubjektiven Beziehungen zwischen den Mitgliedern einer moralischen Gemeinschaft begründet werden könnten.

Um den bisherigen Gedankengang zusammenzufassen: Eine

praktisch-subjektive Fassung moralischer Fragen, also das strikte Festhalten der Ich-Perspektive, hat zur Folge, daß sich der intersubjektive Gehalt moralischer Fragen unter der Hand auflöst. Mit diesem intersubjektiven Gehalt ist ja gemeint, daß das Handeln, nach dessen moralischer Berechtigung gefragt wird, Element eines überpersönlichen Interaktionszusammenhanges ist, der sich auch durch gemeinsam geteilte Handlungsgründe eines Aktors und eines Ko-Aktors fortsetzt. Gemeinsam geteilte Handlungsgründe sind nicht bloß gleiche Gründe für ein bestimmtes Handeln; sie sind Gründe, die mein Handeln und meine normative Erwartung rechtfertigen, daß ein konkreter Gegenüber in einer Weise komplementär handelt, die in der Bedeutung meines Handelns impliziert ist. Diese Gemeinsamkeit rechtfertigender Handlungsgründe, die mit der Wechselseitigkeit begründbarer normativer Erwartungen verbunden ist, kann nicht in einer Überlegung erreicht werden, die von moralischen Fragen in der 1. Person Singular initiiert wird.

Die fragwürdige Konsequenz einer Auffassung moralischer Fragen wie der von Tugendhat scheint nur dann überspielt werden zu können, wenn man die Rolle von rechtfertigenden Gründen für die Integrität eines sinn- und interpretationsvermittelten, interpersonalen Handlungszusammenhanges vernachlässigt. Mit einer solchen Vernachlässigung gleicht man aber ein moralisch geregeltes Zusammenleben an solche Formen einer geregelten sozialen Praxis an, deren Funktionieren unabhängig von gemeinsam geteilten Gründen ist, die die Beteiligten für ihr regelkonformes Verhalten haben. (Ein Spiel oder eine positivrechtlich geregelte Kooperation sind zumindest im Modell Beispiele für eine solche, von einer Gemeinsamkeit der Eintrittsgründe unabhängigen sozialen Praxis.) Bei Tugendhat geht deshalb auch die praxisermöglichende Leistung gemeinsam geteilter Handlungsgründe auf Sanktionen über. Daß moralische Normen »ein Miteinander überhaupt möglich«[15] machen, verdanken sie dem sozialen Druck, der auf ihrer Einhaltung lastet, d.h. ihrer Eigenschaft, sanktionsbewehrt zu sein.

Hier kehrt der empiristische Zug in der Deutung intersubjektiver Verhältnisse bei Tugendhat wieder. Der intersubjektive

15 Tugendhat, Zum Begriff und zur Begründung von Moral, a.a.O., S. 157.

Gehalt moralischer Fragen liegt nur noch darin, daß das in Frage gestellte Handeln ein Fall generell sanktionsbewehrter Handlungsweisen ist, wobei diese Sanktionen in moralischer Scham oder Selbstverachtung sowie in Geringschätzung bzw. Verachtung durch andere bestehen. Eine *für mich* fragwürdig gewordene, weil als zwanghaft erlebte sanktionsbewehrte Verhaltenserwartung, nicht eine *von uns* durch die Zurückweisung einer normativen Erwartung erfahrene Störung eines Interaktionszusammenhanges, ist der paradigmatische Anlaß für eine moralische Frage. Wie im Fall einer Auffassung von moralischen Fragen als Klugheitsfragen bleibt die moralische Frage die Frage einer einzelnen Person nach ihren Gründen für den virtuellen freiwilligen Eintritt in eine sanktionsgestützte soziale Praxis. Moralisch problematisch ist primär mein Eintritt in eine soziale Praxis, nicht unsere Fortsetzung einer Praxis. Das aber heißt, daß die öffentliche Dimension eines moralisch fragwürdigen Handelns, nämlich die Problematisierung eines Handelns im Licht der zugemuteten Folgen bzw. Implikationen, die es für andere hat, von der persönlichen Dimension überlagert wird. Wenn man die Balance zwischen der öffentlichen und der persönlichen Dimension moralischer Probleme bewahren will, dann kann man moralische Fragen nicht als praktisch-subjektive Fragen eines Einzelnen für seine freiwillige Unterwerfung unter ein System sanktionsbewehrter Moralnormen auffassen. In moralischen Fragen fragen wir uns, nach welchen Normen wir zusammenleben sollen. Und dieses »Wir« kann nicht auf ein distributives »jeder von uns für sich« zurückgeführt werden. Daraus folgt nicht, daß der Einzelne in der Rechtfertigung der Antwort auf diese Frage vertretbar wird. Man muß unterscheiden zwischen solchen praktischen Fragen, deren Beantwortung jeder Einzelne *für sich* rechtfertigen können muß, und moralisch-praktischen Fragen, deren Beantwortung jeder Einzelne auch *vor sich* verantworten können muß.[16]

Der Unterschied ist u. a. ein Unterschied in der Art der rechtfertigenden Gründe. Rechtfertigende praktische Gründe für mich müssen nicht einmal dem Anspruch nach rechtfertigende

16 Hier bin ich einer Diskussion mit Albrecht Wellmer anläßlich eines Manuskripts von mir über dessen Studie *Ethik und Dialog*, a. a. O., verpflichtet.

Gründe für andere als Handelnde sein. Sie müssen diese nur als kompetente Urteilssubjekte überzeugen; sie sind subjektiv-praktische Gründe je für mich. Letztlich zielt hier die praktische Überlegung darauf ab, authentisch im eigenen Handeln zu sein. Demgegenüber zielt das Bestreben, etwas vor sich, d.h. vor seinem Gewissen verantworten zu können, nur erst darauf ab, autonom in seinem Urteil und Handeln zu sein. Man tritt selber für die Güte der Gründe ein. Aber diese Gründe müssen nicht bloß subjektive sein, und im Fall moralischer Urteile und moralisch beurteilbarer Handlungen können sie das auch nicht. Natürlich kann man bestrebt sein, einzig und allein von solchen intersubjektiv-praktischen Gründen in seinem Verhalten geleitet zu sein. Die Authentizität besteht dann in der Autonomie; man sucht sein Heil in der Moralität. Aber das ändert nichts daran, daß der rechtfertigende Grund ein subjektiv-praktischer bleibt, nämlich das Ideal, Kantisch gesprochen, sich seiner Glückseligkeit würdig zu erweisen.[17]

Der Unterschied zwischen subjektiv-praktischen und intersubjektiv-praktischen Gründen fällt auch nicht als Konsequenz einer aufklärerischen Radikalisierung des Begründungsgedankens weg, also des Gedankens, daß der Einzelne in seinem mündigen Prüfen von Urteils- und Handlungsgründen nicht irgendwo unbegründet haltmacht. Die Radikalisierung des Begründungsgedankens enthält wohl die Möglichkeit, daß der Einzelne in seinem moralischen Urteil gegen alle anderen steht. Aber er tut das dann in der Rolle eines Stellvertreters für ein Wir, also als Repräsentant einer moralischen Gemeinschaft, und sei es auch nur einer zukünftigen, erst noch durch moralische Kritik und Revision zu etablierenden Gemeinschaft mit anderen moralischen Regelungen.[18] In der Konsequenz einer Radikali-

17 Darauf hat auch H. Frankfurt hingewiesen – im Titelaufsatz seiner Sammlung *The Importance of What We Care about*, a.a.O., S. 82.

18 Tugendhat hat das gesehen, wenn er davon spricht, daß der im moralischen Urteil von allen anderen abweichende Einzelne »must expect society to accept his views.« (The Role of Identity in the Constitution of Morality, Ms. 1991, S. 8.) Gleichwohl hält er daran fest, daß die Begründungsfrage eine praktisch-subjektive ist, in der jeweils ich danach frage, warum ich ein von mir (und von allen anderen) gefordertes Selbstverständnis haben soll. (Vgl. Zum Begriff und zur Begründung von Moral, a.a.O., S. 158.) Ich glaube, das hängt damit zusammen, daß Tugendhat

sierung des Begründungsgedankens löst sich das Wir nicht auf, dem sich moralische Fragen stellen und das sie mit intersubjektiv gültigen Gründen beantworten muß. Was sich auflöst, ist die kraft einer Tradition oder eines Kanons der Vernunft prästabilisierte Harmonie im moralischen Urteil unter den mündigen Adressaten moralischer Verhaltenserwartungen, denen sich zusammen die moralische Frage nach der Berechtigung der moralischen Normen stellt, die ihr Zusammenleben regeln.

### *b) Die Zumutung eines zweifachen Perspektivenwechsels*

Die Radikalisierung des Begründungsgedankens führt zwar, wie wir gesehen haben, nicht dazu, daß der Unterschied zwischen moralischen Fragen, die sich uns stellen, und subjektiv-praktischen Fragen, die sich mir stellen, eingezogen wird. Aber sie erlaubt nicht mehr die Annahme, daß das Wir, dem sich die moralische Frage nach der Regelung des Zusammenlebens stellt, als eine Gemeinschaft gedacht werden kann, deren Mitglieder nicht bloß zur sinnhaften sozialen Praxis verbindende, sondern überdies auch zu gemeinsamen Idealen und Projekten verbündende Gemeinsamkeiten aufweisen. »Wir« nimmt Bezug auf diejenigen, die als unvertretbar Einzelne in einen über intersubjektiv geteilte Gründe konstituierten Interaktionszusammenhang involviert sind, der sich nicht mehr als die Binnenstruktur eines geschlossenen Kollektivs verstehen läßt.

Was nun begründet werden muß, ist, daß dieser Interaktionszusammenhang von den beiden moralischen Prinzipien der Gerechtigkeit und Solidarität geregelt werden soll, die die beiden Grundformen des moralischen Respekts gebieten. Die Beteiligten verlangen voneinander in einem solcherart geregelten Zusammenleben einen zweifachen Perspektivenwechsel. Es ist die Zumutung dieses doppelten Perspektivenwechsels, den es

nicht ausreichend unterscheidet zwischen dem Zweck und dem Gegenstand moralischer Normierungen. Ein Selbstverständnis kann sehr wohl Gegenstand einer moralischen Normierung sein (wie z. B. im Fall einer Professionsmoral der Ärzte oder Richter). Dadurch daß ein bestimmtes Selbstverständnis geboten ist, soll ein bestimmtes Verhalten gegenüber anderen gewährleistet werden.

zu begründen gilt, wenn die beiden moralischen Prinzipien begründet werden sollen. Diese Zumutung besteht im Kern darin, daß jeder sich in seinem Verhalten zustimmungsfähig halten muß aus der Perspektive anderer. Zum einen wird von mir verlangt, daß ich mich in meinem Verhalten zustimmungsfähig halte gegenüber dem konkreten Anderen, der mir als ein in Raum und Zeit situierter Einzelner mit Namen und Gesicht gegenübersteht und der mir antworten und widersprechen kann. Zum anderen wird von mir verlangt, daß ich mein Verhalten am Einspruch Dritter relativiere, die nicht präsent und gleichwohl betroffen sein können von meinem Verhalten. Erst dadurch, daß ich mich nicht nur auf Augenhöhe begebe mit diesem Gegenüber, sondern mich auch als (irgend)einen unter (irgendwelchen) Anderen herabstufe, anerkenne ich nicht bloß den konkreten Anderen, sondern auch bloß repräsentierte Andere als mit mir gleichberechtigt. Ich vermeide so eine Privilegierung ›meines Anderen‹[19] oder einen bloß situativ gültigen Konsens mit dem konkreten Gegenüber.

Die Zumutung eines doppelten Perspektivenwechsels ergibt sich nun daraus, daß der konkrete Andere nur unvollständig in seiner Verletzlichkeit wahrgenommen werden kann, wenn er als einer unter anderen oder als Dritter, d. h. als ein durch deskriptive Kennzeichnungen bestimmter, eben typischer Anderer wahrgenommen wird. Diesem Umstand trägt der Respekt als unvertretbar Einzelner Rechnung, der die Beachtung auch der subjektiven Perspektive des Anderen verlangt. Dieser Respekt geht selbst dann nicht restlos im Respekt als gleichberechtigter Angehöriger auf, wenn die Gleichberechtigung eben im gleichen Recht auf Schutz der Integrität unvertretbar Einzelner besteht. (Das hatte bereits die Untersuchung des Verhältnisses der beiden Respektformen als Elemente des moralischen Standpunkts ergeben.) Er behält in diesem Fall die kritische Funktion eines Korrektivs, das zu der Überprüfung der typischen Integritätsbedingungen von moralisch verletzbaren Interaktionspartnern überhaupt anhält. Gerade unter der Bedingung einer

19 Diesen Ausdruck und die damit verbundene Unterscheidung zwischen einem konkreten Gegenüber, der mein Anderer ist, und dem Nächsten, der oft der Fernste ist, verdanke ich einem Gespräch mit Klaus Günther.

Radikalisierung des Begründungsgedankens bleiben auch die in den moralischen Schutznormen enthaltenen typischen Integritätsbedingungen nicht mehr länger einer Kritik entzogen. Diese Kritik entzündet sich in der Stellungnahme des nicht bloß repräsentierten, konkreten Anderen. Auf diesen Anderen kann ich nicht nur in deskriptiven Kennzeichnungen, sondern performativ Bezug nehmen. Das tue ich, indem ich mich der zwischen uns strittigen Sache und damit ihm als einem stellungnehmenden Gegenüber zuwende.

Aus der Sicht des individuellen Subjekts moralischer Verpflichtungen stellt sich also die Aufgabe, eine Moral des zweifachen universellen Respekts zu begründen, so dar, daß die Zumutung eines zweifachen Perspektivenwechsels entsprechend der Doppelbestimmung moralisch verletzbarer Wesen gerechtfertigt werden muß. Nun liegt es in den beiden Prinzipien dieser Moral, daß jeder Einzelne diese Zumutung kraft eigener Einsicht akzeptieren kann. Die eigene Einsicht soll jedenfalls auch die eigene Zustimmung motivieren. Zur aufrichtigen Zustimmung gehört es, daß der Betreffende unter Berücksichtigung des Umstandes, daß unvertretbarerweise er es ist, der in der gebotenen Weise handeln soll, beipflichtet. Deshalb gehört es zur Einsicht, daß man weiß, daß es einem im existentiellen Sinn möglich ist, so zu handeln. Die Begründungsaufgabe schließt also die Rechtfertigung des Anspruchs ein, daß der Einzelne dem zugemuteten doppelten Perspektivenwechsel auch im Wissen um seine Einzelnheit zustimmen kann. Von den begründeten Normen einer Moral des zweifachen universellen Respekts kann man sagen, daß sie in dem Sinn gerecht sind, daß sie sowohl den Perspektiven des konkreten Gegenübers und Dritter als auch je meiner subjektiven Perspektive als eines Adressaten dieser Normen gerecht werden.

Dieser etwas formalere Sinn von »gerecht« (im Unterschied zur distributiven Gerechtigkeit) eröffnet übrigens eine Erläuterungsmöglichkeit für die These, daß eine Parallele besteht zwischen dem Wort »gerecht« in bezug auf generelle normative Sätze, die moralische Verpflichtungen ausdrücken, und dem Wort »wahr« in bezug auf assertorische Sätze.[20]

20 Zu dieser extrem begründungsbedürftigen These vgl. a. J. Habermas, *Faktizität und Geltung*, a.a.O., S. 190.

Das Wort »wahr« macht nur etwas explizit, was in der Verwendung von Aussagesätzen zum Aufstellen von Tatsachenbehauptungen implizit schon enthalten ist. Entsprechend, so könnte man jetzt vielleicht sagen, macht das Wort »gerecht« etwas explizit, was in der Verwendungssituation genereller moralischer Sollsätze enthalten ist. Es macht einen Anspruch ausdrücklich, den ich implizit erhebe, wenn ich in propria persona und aufrichtig gegenüber einem anderen geltend mache, daß man – darunter du und ich – in dieser konkreten Handlungssituation eine bestimmte moralische Norm einhalten muß. Wenn ich aufrichtig einer solchen Norm beipflichte, dann glaube ich, daß auch ich in Ansehung meiner unvertretbaren Einzelnheit der Verpflichtung, sich so und so zu verhalten, Folge leisten kann. Ich beanspruche also, daß meine mit dieser Einzelnheit verbundene subjektive Perspektive auf mein Leben wie minimal auch immer berücksichtigt ist. Das beanspruche ich mutatis mutandis auch in bezug auf den konkreten Anderen. Denn ich mache ihm gegenüber eine Norm geltend, die zwischen uns (mir und dir) als ihren Adressaten keinen Unterschied macht. Darüber hinaus erhebe ich den Anspruch, daß Dritte mir darin beipflichten können, daß ich die Einhaltung einer bestimmten Norm verlange. Denn ich tue das zwar in propria persona oder eigenverantwortlich, gleichwohl aber dem Anspruch nach stellvertretend für die Gemeinschaft derer, die auf eine moralische Regelung ihres Zusammenlebens angewiesen sind. Diese in der konkreten Situation nicht verstrickten Dritten müssen zwar als Repräsentanten einer solchen Gemeinschaft mir zustimmen können, aber sie können das nicht unter Absehung des Umstandes, daß auch sie Adressaten der Norm sind. Deshalb muß ihre Zustimmung nicht nur, aber eben auch in Ansehung ihrer eigenen Person erfolgen, wenn sie aufrichtig sein soll. Wer eigenverantwortlich und aufrichtig die Einhaltung einer bestimmten Moralnorm in einer konkreten Situation geltend macht, scheint demnach den Anspruch zu erheben, daß er den Perspektiven sowohl von jeweils mir, dir und ihnen gerecht wird. Und »gerecht« zeigt diesen Anspruch an.

Es liegt nahe, hier eine Verwechslung am Werk zu sehen, über die allenfalls die schwammige Formulierung des vorletzten Satzes hinwegtäuschen kann: Man verwechselt das, was in der

Verwendung ganz bestimmter moralischer Normsätze enthalten ist, mit dem, was in der Verwendung jedweden moralischen Normsatzes impliziert ist. Was man vor Augen hat, sind spezielle Normsätze, eben solche Sätze, die den gleichberechtigten Respekt eines jeden in eine kommunikative Lebensform involvierten Lebewesens als eines unvertretbar Einzelnen und als eines Gleichen unter anderen in spezifischere moralische Verpflichtungen übersetzen. Hier hat die Rede von einer Berücksichtigung bestimmter Perspektiven, die die Stellungnahme jeweils von mir, dir und ihnen zu dem eigenen zugemuteten und zu dem fremden erwarteten Verhalten bestimmen, eine Berechtigung. Daß derjenige, der auf die Einhaltung solcher Verpflichtungen pocht, einen mit dem Wort »gerecht« angezeigten Geltungsanspruch erhebt, ist dann trivial. Nur kann man auf diese Weise keine Parallele zwischen »gerecht« und dem Wahrheitsprädikat belegen. Denn die Bedeutung von »gerecht« wird – wie es scheint – material durch den semantischen Gehalt ganz bestimmter moralischer Normsätze festgelegt. Das Wort »gerecht« soll aber in Analogie zum Wahrheitsprädikat einen Anspruch explizit machen, der in der Verwendungssituation von moralischen Normsätzen jedweden Inhalts enthalten sein soll. Das ginge nur, wenn man den Zusammenhang von »wahr« und Aussagesätzen, die zum Ausdruck von Tatsachenbehauptungen gebraucht werden, anhand von Aussagesätzen eines bestimmten Behauptungsinhalts nicht bloß veranschaulichen, sondern auch definieren könnte. Das kann man aber nicht.

Der Verdacht einer Verwechslung läßt sich jedoch zerstreuen. Man muß nur darauf achten, was für die Verwendungssituation moralischer Sollsätze spezifisch ist, in der der fragliche Gerechtigkeitsanspruch residieren soll. Es ist eine Situation, in der ein Sprecher eigenverantwortlich die Einhaltung einer moralischen Norm geltend macht. Ich als moralisch Fordernder verschanze mich nicht hinter einer tabuisierten, stummen Autorität, die meiner Forderung Legitimität verschafft und der ich nur als ein Organ meine Stimme leihe. Ich stehe in propria persona für die Forderung ein, daß man sich hier und jetzt in der von der Norm verlangten Weise verhalten muß; und das heißt, ich räume die Möglichkeit ein, daß der andere mit Gründen diese Forderung als bloßen Ausdruck meines Willens zurückweist und daß ich ihm (als einem unter anderen und als einem konkreten Gegenüber) rechenschaftspflichtig bin. Das Spezifikum der Situation ist nicht auf der Satzebene in der Verwendung ganz bestimmter Normsätze angesiedelt. Es liegt auf der Ebene der Interaktion zwischen dem Subjekt und dem Adressaten einer moralischen Aufforderung in den komplementären Sprachhandlungen des eigenverantwortlichen, aufrichtigen Aufforderns und der anerkannten Rechenschaftsforderung und Rechenschaftsgabe. Der Gerechtigkeitsanspruch hängt also nicht damit zusammen, daß bestimmte moralische Normen geltend gemacht werden, sondern damit, daß ich es bin, der hier und jetzt die Einhaltung einer bestimmten Moralnorm verlangt. Wenn ich selber die Einhaltung einer solchen Norm geltend mache, dann pflichte ich implizit der Forderung bei, daß man, darunter ich, diese Norm einhalten muß. Und ich mache mich als Advokaten dieser Forderung kenntlich, ohne – präsumtiv – deren Autor zu sein. Deshalb muß ich mich gegenüber Dritten in dieser Forderung für zustimmungsfähig halten. In dieser Zustimmungspflichtigkeit und in meiner Beipflichtung zu einer Norm, die mich und den konkreten Gegenüber zu einem bestimmten Verhalten verpflichtet, steckt aber, wie wir gesehen haben, der Gerechtigkeitsanspruch.

Wie gesagt, dieser Anspruch muß nicht in der Bedeutung des gebrauchten moralischen Normsatzes enthalten sein; er steckt in dem, was ich tue, wenn ich eigenverantwortlich und aufrichtig zur Einhaltung einer moralischen Norm auffordere, die sprachlich von diesem Satz dargestellt wird. Seine Einlösung kann ausgeschlossen sein. Das ist der Fall, wenn das Handeln in dieser Situation nicht zugleich als gerecht im oben angeführten Sinn *und* als ein Exempel derjenigen Handlungsweise beschrieben werden kann, die als Erfüllung der geltend gemachten Moralnorm gilt. Die moralischen Ansprüche, wie sie einerseits in der Bedeutung eines bestimmten moralischen Normsatzes und andererseits in den Implikationen einer spezifischen Verwendungssituation dieser Sätze enthalten sind, kollidieren dann. Man kann diese Kollision darstellen als eine Konfrontation von Normen einer Moral des zweifachen universellen Respekts mit den Normen einer anderen Moral. Aus dieser Darstellungsmöglichkeit folgt allerdings nicht, daß der in einer bestimmten Verwendungssituation moralischer Sollsätze implizite Gerechtigkeitsanspruch über die Normen dieser Respektmoral allererst eingeführt wird. Die Verbindung jenes Anspruchs mit dieser Moral erklärt sich daraus, daß die Interaktion zwischen dem Subjekt und dem Adressaten einer aktuell erhobenen moralischen Forderung eine Kommunikation von der Art ist, die, wie ich ohne Zirkel zu zeigen versucht habe, Elemente dieser Moral enthält.

Es gilt nun, einen ersten Schritt zur Begründung dieser Moral mit ihren beiden Prinzipien des Respekts zu tun. Dabei wird die Art und Weise, in der diese Prinzipien in der moralischen Urteilsbildung operationalisiert werden, eine Rolle spielen. Die vorgestellte Überlegung über eine gewisse Parallele zwischen »gerecht« und »wahr« wird uns verstehen helfen, warum diese Operationalisierung die Form einer bestimmten Kommunikation, des moralisch-praktischen Diskurses nämlich, annimmt.

# 9. Vom Grund der Moral zur kommunikativen Begründung

## *a) Die Restriktionen der kommunikativen Lebensform*

Um einen ersten Schritt zur Begründung der Prinzipien eines zweifachen, universellen Respekts zu machen, gilt es einen Sachverhalt zu beachten, der auch unter der modernen Konstellation divergierender kultureller Zugehörigkeiten und individueller Selbstverständnisse existiert. Die Adressaten dieser Prinzipien, denen ein doppelter Perspektivenwechsel zugemutet wird, hören nicht auf, in einer kommunikativen Lebensform involviert zu sein, die sie anfällig für moralische Verletzungen macht. Ihre soziale Welt zerfällt nicht in eine Pluralität von Sinnprovinzen, die nur noch in einem naturhaften, amoralischen Verhältnis zueinander stehen. Sie stehen weiterhin in einem sinn- und interpretationsvermittelten, von Handlungsnormen regulierten Interaktionszusammenhang, auch wenn sie sich mißverstehen und kritisieren. Und damit bleiben sie angewiesen auf intersubjektiv geteilte Lösungen von moralisch-praktischen Problemen, die aus diesem Handlungszusammenhang erwachsen. Der Punkt ist jetzt einfach der, daß eine Moral mit diesen Prinzipien besser mit diesen Problemen zurechtkommt. Ihre Begründung besteht im Nachweis ihrer komparativen Überlegenheit gegenüber relevanten Alternativen. Relevante epistemische Alternativen sind allgemein solche Geltungsansprüche, deren Einlösbarkeit mit der Begründung desjenigen Geltungsanspruchs zurückweisbar sein muß, zu dem sie Alternativen bilden.[1] Im spezielleren Fall der Moral handelt es sich bei relevanten Alternativen um Moralauffassungen, die reale, nicht fiktive Handlungsalternativen darstellen. Eine partikulare Moral ist eine solche relevante Alternative, ebenso eine konventionelle und eine religiöse Moral.

In einer partikularen Moral können andere durchaus als gleichberechtigte Angehörige und als unvertretbar Einzelne respek-

1 Vgl. F. Dretske, The Pragmatic Dimension of Knowledge, in: *Philosophical Studies* 40 (1981), S. 363-378, insbes. S. 367; Michael Williams, *Unnatural Doubts*, Oxford 1991, S. 186ff., S. 330-336.

tiert werden. Aber diese anderen sind je meine Anderen – Familienangehörige und Freunde oder Mitglieder eines Kollektivs, dem ich mich kraft meiner persönlichen Lebensgeschichte und Herkunft, meiner Wertorientierungen und meines Selbstverständnisses verbunden fühle. Der Perspektivenwechsel, den eine solche Binnenmoral zumutet, erstreckt sich nicht auf alle anderen, denen die Adressaten dieser Moral in einem Interaktionszusammenhang begegnen können. Das mag anders sein in einer religiösen Moral, insbesondere dann, wenn man an die Weltreligionen denkt. Hier kann man durchaus einen Respekt finden, der jedem (Menschen) gilt, und zwar den Respekt eines jeden als gleichberechtigter Angehöriger (z. B. als Mitglied der Familie, die die Kinder Gottes bilden, und in der alle kraft ihrer Gottesebenbildlichkeit die gleiche Würde haben) und den Respekt eines jeden als unvertretbar Einzelner (wie ihn z. B. der barmherzige Samariter bezeugt). Aber die Beschreibungen, unter denen einem jeden der Respekt entgegengebracht wird, sind (als Wort Gottes) der Kritik entzogen. Die Hinsichten des Respekts bleiben material fixiert. Die Unvertretbarkeit des Einzelnen erstreckt sich nicht auch auf das moralische Urteil mit diesen Hinsichten. Darin ähnelt eine religiöse Moral der konventionellen oder traditionalen Moral. Diese unterscheidet sich von jener darin, daß sie den moralisch Verletzbaren nur als Glied der lokalen Gemeinschaft, d. i. in seiner Rollenidentität respektiert. Hier wird der andere nur respektiert als einer unter anderen von uns, nicht auch als ein unvertretbar Einzelner, der sich zu sich nicht so verhält wie die Mitglieder einer Gemeinschaft zusammen ihm gegenüber.

Diese Hinweise auf relevante Alternativen helfen eine vorschnelle Beschränkung der Sorte von Zweifeln oder Gegenargumenten zu verhindern, deren Entkräftung zur Rechtfertigung der fraglichen moralischen Prinzipien gehört. Wer danach fragt, warum wir (darunter auch er) diese Prinzipien akzeptieren sollen, muß mit dieser Frage nicht generell an der Berechtigung von moralischen Erwartungen zweifeln. Er kann auch nur unter Berufung auf eine partikulare, konventionelle oder religiöse Moral an den beiden Prinzipien universellen wechselseitigen Respekts zweifeln. Der radikalere Zweifel ist natürlich der Zweifel eines Skeptikers an der Anerkennungswürdigkeit dieser

Prinzipien, der diese Berufung unterläßt. Der Zweifel nimmt dann die Form einer Frage nach den intersubjektiven Rechtfertigungsgründen für moralische Verhaltenserwartungen überhaupt an, deren Beantwortbarkeit mit jeder moralischen Einsicht verbunden ist. In dieser Frage bleibt vorausgesetzt, daß die Rechtfertigungsgründe strikt intersubjektive Gründe sein müssen, d. h. Gründe, die keine guten Gründe für mich sein können, ohne zugleich gute Gründe für andere zu sein. Diese Voraussetzung gründet darin, daß in moralischen Begründungen nach der Lösung moralisch-praktischer Probleme gesucht wird, die einen über intersubjektiv geteilte Gründe konstituierten und reproduzierten Handlungszusammenhang stören.

Im Lichte dieser grundsätzlichen Voraussetzung und weiterer Bedingungen der modernen Konstellation büßen die angedeuteten Alternativen an Überzeugungskraft ein. Wer einer partikularen Moral anhängt, bleibt gleichwohl mit anderen, die nicht je seine Anderen sind, in Interaktionsbeziehungen verstrickt, die ihn und sie moralisch verletzen können. Die moralischen Normen, die diese Beziehungen regulieren, können keine intersubjektiv verbindlichen Gründe sein, wenn sie einer partikularen Moral entnommen werden. Ähnliches gilt für eine konventionelle Moral, die nicht mit der Eigenverantwortlichkeit ›moderner‹ Individuen rechnet, in der das Bewußtsein von der eigenen unvertretbaren Einzelnheit eine reflektierte Form annimmt. Unter dieser Bedingung funktioniert die »Methode der Autorität«[2] zur Festigung moralischer Überzeugungen nicht mehr. Das gilt auch für eine religiöse Moral, die die intersubjektive Verbindlichkeit moralischer Normen in einer allen irdischen Zugriffen entzogenen göttlichen Autorität verankert. Und die These ist nun, daß das eben nicht für die universalistische Moral des zweifachen Respekts gilt.

Die komparative Überlegenheit dieser Moral liegt darin, daß nur unter ihrer Voraussetzung intersubjektiv geteilte Hand-

2 »Methode der Autorität« nennt Ch. S. Peirce einen Weg, auf dem man zu festen Überzeugungen kommt. Dabei orientiert sich der Einzelne an den Kriterien für vernünftige Überzeugungen, die in der Gemeinschaft, der er angehört, kanonisiert worden sind. Vgl. Peirce, The Fixation of Belief (1877), in: *Writings of Ch. S. Peirce*. Chronological Edition. Bd. 3, Bloomington 1986, S. 250-253.

lungsgründe generiert werden können, die zu dem Anspruch autorisieren, daß eine für alle moralisch verletzbaren Subjekte akzeptable Problemlösung gefunden worden ist. Bevor ich verschiedene Argumente für diese These sammele, sollen einige naheliegende Einwände erörtert werden, die auch zu einer Profilierung der bestrittenen These beitragen.

Der rechtfertigende Hinweis auf die vermeintlich bessere Problemlösungskapazität einer Moral muß den Verdacht eines »Naturalismus der Geltungsrechtfertigung«[3] auf sich ziehen. Man bezieht die Begründung moralischer Verhaltenserwartungen auf die Lösung moralischer Probleme und tut so, als ob diese Probleme schlicht gegeben sind. Dabei übersieht man, daß die Natur dieser Probleme immer von gewissen normativen Gesichtspunkten bestimmt wird. Die Begründung kann dann nur gültig relativ zu diesen festgehaltenen moralischen Gesichtspunkten sein, die ihrerseits keiner Kritik mehr ausgesetzt werden. Was als Lösung moralischer Probleme gilt, kann eben von Moral zu Moral verschieden sein.

Ich glaube, der Einwand schießt über sein Ziel hinaus. Zum einen ist der Bezug auf die problemlösende Funktion von moralischen Begründungen in einem gewissen Sinn harmlos. Dieser Bezug gehört ganz einfach zu der »praktischen Umgebung« des Begründungsbegriffs.[4] Auch die Kritik an bestimmten moralischen Gesichtspunkten, die einer moralischen Problembeschreibung und -lösung zugrunde liegen, muß eine motivierte sein. Ihre fehlende Entkräftung muß irgendwie im sozialen Leben spürbar sein, d.h. eine moralisch imprägnierte soziale Praxis affizieren – am offensichtlichsten natürlich in Form von Gewalt, schwelenden Konflikten und Ressentiments. Begründungen sind immer gerechtfertigte Antworten auf begründete

3 K.-O. Apel, Normative Begründung der ›Kritischen Theorie‹ durch Rekurs auf lebensweltliche Sittlichkeit? Ein transzendentalpragmatischer Versuch mit Habermas gegen Habermas zu denken, in: A. Honneth u.a. (Hg.), *Zwischenbetrachtungen*, a.a.O., S. 52; vgl. a. Apel, Ist Intentionalität fundamentaler als sprachliches Verstehen?, in: Forum f. Philosophie Bad Homburg (Hg.), *Intentionalität und Verstehen*, Frankfurt am Main 1990, S. 48.

4 F. Kambartel, Begründungen und Lebensformen. Zur Kritik des ethischen Pluralismus, in: ders., *Philosophie der humanen Welt*, Frankfurt am Main 1989, S. 49.

Warum-Fragen. Das ist das eine. Zum anderen wurden die Probleme, auf die moralische Begründungen bezogen sind, durch relativ formale Eigenschaften charakterisiert. Diese Eigenschaften gehören zu dem, was derjenige, der nach moralischen Begründungen verlangt und sucht, wissen muß. Er muß wissen, daß er nach rechtfertigenden Gründen für wechselseitig adressierte Verhaltenserwartungen sucht, und zwar nach solchen Gründen, die in dem Sinn intersubjektiver Natur sind, daß wir – ich, du *und* sie – diese Gründe übereinstimmend als gute Gründe akzeptieren können in Ansehung des Faktums, daß wir als unvertretbar Einzelne in einer kommunikativen Lebensform involviert sind, daß wir also auch in einer modernen Welt moralisch verletzbare Lebewesen bleiben.

Dieses Faktum einer »kommunikativen Vergesellschaftung« des Einzelnen (Habermas) ist der Anlaß für die Restriktionen, die uns eine Moral im gemeinsamen Zusammenleben auferlegt. Insoweit dieses Faktum unhintergehbar ist, wir uns also nicht gegen moralische Verletzungen immunisieren können, ist die Moral etwas Unbedingtes. Man könnte hier erneut einen Naturalismus wittern. Aber dieser Naturalismus besteht nur in der Annahme, *daß* dieses Faktum eine Quelle moralischer Restriktionen ist. Offen bleibt, *welche* Restriktionen es sind, die wir anerkennen müssen, wenn ein – friedliches – Zusammenleben überhaupt möglich sein soll. Die Überlegenheit einer Moral des universellen zweifachen Respekts hat damit zu tun, daß sie die Beschränkungen, die uns infolge der Interpretation dieses Faktums auferlegt sind, ihrerseits noch einer Kritik auszusetzen erlaubt. Ihre Begründung besteht in dem Nachweis, daß diese Moral auch noch in der Kritik an diesen Interpretationen in Anspruch genommen werden muß. Das wird auch die Antwort auf den Moral-Skeptiker sein, der nicht bloß an Klugheitsgründen für moralische Verpflichtungen interessiert ist.

### *b) Die Operationalisierung des moralischen Standpunkts im Diskurs*

Um nun das Argument für die behauptete Überlegenheit einer Moral des universellen und gleichmäßigen wechselseitigen doppelten Respekts vorzubereiten, muß man einen Umweg mitgehen. Der Standpunkt dieser Moral wird in einer ausgezeichneten Form der Kommunikation – im moralisch-praktischen Diskurs – operationalisiert. Seine Überzeugungskraft und komparative Überlegenheit bezieht er aus der Art und Weise seiner Operationalisierung, die sensibel hält für den Einspruch gegen präsumtiv gute Gründe, in einer bestimmten, moralisch gebotenen Weise zu handeln. Der Umweg führt also über die Erläuterung, wie der fragliche moralische Standpunkt in der Kommunikationsform des Diskurses operationalisiert wird.

Bei dieser Operationalisierung handelt es sich allerdings nicht um die Modellierung einer Kunstform der moralischen Urteilsbildung nach Maßgabe eines bestimmten moralischen Standpunktes. Warum moralisch-praktische Diskurse zu einer solchen Operationalisierung geeignet sind, wird verständlich, wenn man zweierlei beachtet: zum einen ihren moralischen Gehalt und zum anderen die Anforderungen an eine Operationalisierung des moralischen Standpunkts.

»Operationalisierung des moralischen Standpunkts« ist nur ein anderer Ausdruck für die Durchführungsprozedur des Moralprinzips. Deren Zweck ist es, zu einem moralisch richtigen Urteil darüber zu kommen, was für eine Handlungsweise wir, die wir miteinander zusammenleben müssen, voneinander wechselseitig verlangen dürfen. Dabei ist an diesem Punkt unserer Argumentation das Prinzip für die moralische Legitimität dieser reziproken normativen Verhaltenserwartungen noch vorausgesetzt. Dieses Prinzip besteht darin, daß die allgemein gebotene Handlungsweise oder die moralische Norm N jeden der Zusammenlebenden gleichermaßen schützt in seinem Status eines unvertretbar Einzelnen und eines gleichberechtigten Angehörigen. Das ist das Prinzip oder das, woraufhin problemlösend argumentiert werden muß, wenn die moralische Urteilsbildung von einem moralischen Standpunkt des zweifachen universellen Respekts aus erfolgt. Das Urteil, in dem diejenigen, für die eine bestimmte Handlungsweise die Lösung eines moralischen Problems sein soll, übereinstimmen müssen, ist ein Urteil der Form: »Jeder muß N einhalten, weil N als Bestandteil eines Normensystems den Respekt eines jeden als gleichberechtigten Angehörigen und als unvertretbar Einzelnen wahrt.« Ein solches Urteil wird, wenn es richtig ist, allen Perspektiven gleichermaßen gerecht, die relativ zu dem vorausgesetzten Standpunkt der Moral relevant sind. Die Operationalisierung dieses Standpunkts muß also den Prozeß der Urteilsbildung so steuern, daß er auf ein in diesem Sinn gerechtes Urteil führt.

Die Erfüllung dieser Anforderung steht nun unter einer zusätzlichen Bedingung: Die Subjekte moralischer Verpflichtungen lassen sich das Urteil über die Berechtigung ihrer Verpflichtungen nicht mehr abnehmen. Jedenfalls dann, wenn man von einer »Radikalisierung des Begründungsgedankens« (Tugendhat) ausgeht. Man könnte sagen, daß ihre Eigenschaft, unvertretbar Einzelne zu sein, übergreift auf die Qualifikation des Autors der moralischen Verpflichtungsurteile. Die Subjekte moralischer Verpflichtungen sind nicht bloß unvertretbar in ihrem Handeln und ggf. in dem Urteil über jeweils ihr eigenes Handeln, sondern auch in dem Urteil darüber, zu welchen spezifischeren Verhaltensweisen eine Moral des zweifachen universellen Respekts alle verpflichtet. (Die Radikalisierung des Begründungsgedankens geht natürlich über die Dimension der Anwendung bestimmter Moralprinzipien hinaus, aber das ist hier noch nicht der Punkt.)

Die Kehrseite dieser radikalisierten Eigenverantwortlichkeit ist, daß die Urteile der moralisch Verpflichteten zunächst einmal relativiert werden müssen auf deren bloß individuelles Verständnis davon, was diese Moral verlangt. Zugleich bleiben die Individuen in ihrem eigenverantwortlich gebildeten Urteil auf die Zustimmungsfähigkeit der anderen angewiesen. Daß dieses Urteil allen relevanten moralischen Perspektiven gerecht wird und somit zustimmungswürdig ist, läßt sich deshalb nur noch als das Ergebnis einer Prozedur verstehen, in der jeweils mein Urteil durch die Entkräftung oder durch die Beachtung der Kritik anderer entrelativiert wird. Die gleichmäßige Berücksichtigung der relevanten Perspektiven oder Hinsichten wird auf dem Weg einer wechselseitigen Korrektur dieser Perspektiven erreicht. Diese wechselseitige Korrektur hat zur Voraussetzung, daß alle Subjekte moralischer Verpflichtungen zugleich als unvertretbar in ihrem Urteil respektiert und zur Kritisierbarkeit durch alle anderen angehalten werden. Ihre Unvertretbarkeit und ihre Kritisierbarkeit sind nur zwei Seiten ein- und derselben Medaille, nämlich einer Urteilsbildung, die die Adressaten eines moralischen Verpflichtungsurteils eigenverantwortlich und gleichwohl mit einem intersubjektiv verbindlichen Ergebnis betreiben müssen. An die Operationalisierung des moralischen Standpunkts ist deshalb die Anforderung gestellt, zugleich diese Unvertretbarkeit und diese Kritisierbarkeit zu gewährleisten.

Hier kommt nun der moralisch-praktische Diskurs ins Spiel. Ein moralisch-praktischer Diskurs ist ein von Argumentationsregeln geleitetes Gespräch, das Begründungen generieren soll, die Lösungen für moralisch-praktische Probleme sind. Über diese Zweckbestimmung bleibt der moralisch-praktische Diskurs aufs Handeln, genauer auf ein über gemeinsame Gründe vermitteltes Zusammenhandeln bezogen. Er ist keine allen praktischen Funktionen enthobene, bloß gelehrte Konversation. Nun habe ich mich im zweiten Untersuchungsteil (II) um den Nachweis bemüht, daß ein Zusammenhang besteht zwischen Moral und Kommunikation. Die Kommunikation, die bestimmte moralische Elemente aufweist, wurde dort als eine sinnvermittelte, über die eigenständige argumentative Entkräftung von Kritik unter den Kommunizierenden fortgesetzte Interaktion beschrieben; im Grunde also als kommunikatives Handeln im Sinne von Habermas. In dieser Kommunikation behandeln sich die Beteiligten uno actu ihrer Bezugnahme aufeinander als unvertretbar in ihrem praktischen Urteil und als gleichberechtigt in der gegenseitigen Kritik. Der moralisch-praktische Diskurs ist eine Form dieser Kommunikation und teilt so mit ihr das Merkmal der Verschränkung von Unvertretbarkeit und Kritisierbarkeit der kommunizierenden Subjekte. Dieses Merkmal zusammen mit einer weiteren spezifischen Eigenschaft macht den moralisch-praktischen Diskurs zur Operationalisierung des fraglichen Standpunkts geeignet.

Vorgebrachte Gründe können Gegengründe provozieren, sie sind erst einmal nur meine Gründe. Und moralische Begründungen, d.h. Lösungsversuche für moralisch-praktische Probleme sind augenscheinlich gescheitert, wenn sie die anderen nicht von einer Handlungsweise so zu überzeugen vermögen, daß sie selber diese Gründe zur Rechtfertigung anführen. Das wissen nicht erst diskursfähige Personen, sondern schon die in einem eigenständig fortzusetzenden Lebenszusammenhang involvierten Individuen. Im moralisch-praktischen Diskurs wird das Wissen, daß die von mir für gut gehaltenen moralischen Gründe nicht schon deshalb auch tatsächlich gute Gründe sind und was moralisch-praktische Begründungen leisten können müssen, in Regeln übersetzt. Die Befolgung solcher Diskursregeln soll zur Rechtfertigung von Verpflichtungen führen, deren Einhaltung die Fortsetzung einer sozialen Praxis ermöglicht, die unter dem vorausgesetzten moralischen Standpunkt als moralisch problematisch erfahren wird. Der moralisch-praktische Diskurs ist ein durch Regeln strukturierter, präsumtiv problemlösender Umgang mit Dissens in moralischen Fragen. Er läßt durch seine Regeln die Unvertretbarkeit und die Kritisierbarkeit der Urteilenden verschränkt sein, und zwar so – darauf kommt es jetzt an –, daß diese zu dem Anspruch autorisiert werden, daß sie zu einem allen relevanten Hinsichten gerecht werdenden Verpflichtungsurteil gekommen sind. Der Punkt ist also, daß ein Schritt zulässig wird von diskursspezifischen Regeln der Urteilsbildung zu einem Anspruch bezüglich der Richtigkeit des so gebildeten Urteils.[5] Diesen Punkt gilt es nun zu klären. Dazu muß man sich die sog. Diskursregeln näher ansehen. Zuvor sei aber noch ein naheliegendes, gravierendes Mißverständnis ausgeräumt.

Das Mißverständnis betrifft den Gedanken, daß der Diskurs eine geeignete Durchführungsprozedur für einen bestimmten moralischen Standpunkt ist. Es äußert sich in dem Argwohn, daß dieser Gedanke einer intellektualistischen Verkürzung der

5 Um die Argumentation halbwegs übersichtlich zu halten, verzichte ich an dieser Stelle auf eine Diskussion des sog. Universalisierungsprinzips »U« von Habermas; vgl. Habermas, Diskursethik, a.a.O., S. 75f., 101; ders., *Faktizität*, a.a.O., S. 138ff.

Moral aufsitzt. Dieser Argwohn ist aber unbegründet. Die Idee einer diskursförmigen Operationalisierung des moralischen Standpunkts gründet nicht in einer Reduktion der moralischen Rücksichtnahme auf den Respekt moralisch verletzbarer Lebewesen als Diskursteilnehmer mit bestimmten Rederechten, die die Autonomie ihres Urteils sichern sollen. Man muß zwischen *Dimensionen* des moralischen Respekts und den korrespondierenden moralischen Verletzlichkeiten einerseits und den *Kriterien* für die Feststellung, ob solcher Respekt geübt wird, andererseits unterscheiden.

Der moralisch-praktische Diskurs und seine Regeln sind auf der Seite solcher Kriterien angesiedelt. Das Insgesamt oder das System solcher Diskursregeln läßt sich als Inhalt des Wissens qualifizieren, unter welchen Bedingungen die Urteilenden zu dem Anspruch ermächtigt sind, daß eine bestimmte wechselseitig kategorisch geforderte Handlungsweise moralisch richtig ist. Und »moralisch richtig« heißt hier richtig relativ zu demjenigen moralischen Standpunkt, der die Einhaltung zweier Elementarformen des universellen Respekts gebietet. Der Respekt des moralisch verletzbaren Individuums als unvertretbar in seinem moralischen Urteil und als ein in der Kritik mit allen anderen gleichberechtigter Angehöriger sind Spezifikationen dieser Grundformen des moralischen Respekts. Aber mit ihnen sind die Formen, in denen dieser Respekt geübt wird, nicht erschöpft. Der Diskurs ist nicht das Telos der Moral. Insoweit seine Regeln spezielle Formen des Respekts im Medium der argumentativen Rede gebieten, dienen sie dazu, alle Dimensionen einer universellen Moral des zweifachen Respekts in der moralischen Argumentation zur Geltung zu bringen. Man könnte hier einwenden, daß es zu diesem Zweck mehr braucht als so etwas wie die dürren Regeln des Diskurses – zum Beispiel Einfühlungsgabe, eine von Lebenserfahrung genährte Urteilskraft, vielleicht auch so etwas wie eine u. a. durch die Literatur bewirkte Herzensbildung, worauf Rorty hingewiesen hat.[6] Sol-

6 Vgl. die Kapitel über Nabokov und Orwell in R. Rorty, *Contingency, Irony, and Solidarity*, Cambridge 1989; vgl. a. M. Nussbaum, Finely Aware and Richly Responsible: Moral Attention and the Moral Task of Literature, in: *The Journal of Philosophy* 82 (1985), S. 515-529. Zur Rolle eines Mitfühlens, das nicht auf Mitleid reduziert werden kann, vgl. C.

che Voraussetzungen für die Bildung richtiger moralischer Urteile seien unbestritten. Ohne sie würde die Diskursmaschine leerlaufen und nichts bewegen. Deren Regeln sind aber mehr als Voraussetzungen auf der Eingabeseite des Urteilsprozesses; sie sind Begründungsregeln. Das ist ein Grund für ihre Akzentuierung. Der andere hat damit zu tun, daß moralische Verletzungen in Abhängigkeit von der Interpretation ihres symbolischen Ausdrucks wahrgenommen werden. Der Diskurs eröffnet die Möglichkeit einer Sprachkritik und somit der Korrektur dieser Wahrnehmungen, die in jedes moralische Urteil eingehen. Das ist ein zweiter Grund für die Aufmerksamkeit auf seine Regeln.

Was sind nun die Regeln des moralisch-praktischen Diskurses? Ich kann diese Frage hier nicht wirklich befriedigend beantworten. Auch ist es durchaus eine offene Frage, ob man mit einem System von Diskursregeln das Wissen derjenigen, die moralische Probleme argumentativ bearbeiten, vollständig artikulieren kann.

Insoweit man solche Regeln überhaupt methodisch kontrolliert ermitteln kann, müssen sie allerdings erkennbar mit der Aufgabe in Verbindung stehen, die relevanten moralischen Gesichtspunkte, die den moralischen Standpunkt ausmachen, in der Urteilsbildung zur Geltung zu bringen. Hier müssen einige Hinweise genügen. Diese sollen den Gedankengang so weit illustrieren, daß er als *ein* Element in einer Begründung moralischer Urteile verständlich wird, die den Namen »Begründung« verdient. Es ist also alles ganz tentativ gemeint.

Habermas und Alexy haben eine Reihe solcher Diskursregeln formuliert. Dazu zählen die Regeln der Aufrichtigkeit der Urteilssubjekte oder Argumentierenden (1), die Regel der Zwanglosigkeit von deren Stellungnahmen (2), der Gleichberechtigung (3) und des unbegrenzten Zugangs zur diskursförmigen moralischen Urteilsbildung (4).[7] Negativ formuliert, spricht sich in

Gilligan/G. Wiggins, The Origins of Morality in Early Childhood Relationships, in: C. Gilligan/J. V. Ward/J. McLean Taylor (Hg.), *Mapping the Moral Domain. A Contribution of Women's Thinking to Psychological Theory and Education*, Cambridge, Mass. 1988, S. 111-138.

7 Vgl. J. Habermas, Wahrheitstheorien, in: ders., *Vorstudien*, a.a.O., S. 177f.; Robert Alexy, *Theorie der juristischen Argumentation*, Frankfurt

solchen Diskursregeln das Wissen aus, daß die Zustimmungsfähigkeit eines richtigen Moralurteils etwas ist, was nicht auf dem Wege der Einschüchterung (2'), des fehlenden Willens zur aufrichtigen Rechenschaftsgabe (1'), der dogmatischen Fixierung von höheren, nur provinziell evidenten Wahrheiten durch den Entzug von Kritikmöglichkeiten (3') und des Ausschlusses von zustimmungspflichtigen Betroffenen (4') gesichert werden kann. Positiv formuliert, drückt sich in diesen Regeln und ihren Spezifikationen die Einsicht aus in eine Autorisierungsbeziehung zwischen der Art der Urteilsbildung und der Behauptung, daß das gebildete moralische Urteil richtig ist. (Immer relativ zu dem fraglichen Standpunkt.)

Die Frage ist jetzt, ob der vorletzte Satz nicht einen unzulässigen Argumentschritt ausdrückt. Mit ihm wird ja von den Bedingungen dafür, daß ein moralisches Urteil zustimmungsfähig ist, übergegangen zu Bedingungen für die berechtigte Behauptung, daß ein moralisches Urteil richtig ist. Die Richtigkeit und die Zustimmungsfähigkeit eines Urteils müssen aber auseinandergehalten werden.

Allerdings, und das ist die Antwort auf diese Frage, muß man sie auch wieder zusammenbringen. Ein richtiges Moralurteil ist ein zustimmungsfähiges Urteil, wobei die Gründe für die Zustimmungsfähigkeit nicht beliebig sind. Diejenigen, die das Urteil zu einem bestimmten Verhalten verpflichtet (bzw. berechtigt), können dem zustimmen, daß sie so und so verpflichtet (und berechtigt) sind, und zwar aus genau denjenigen Gründen, die rechtfertigen, daß das Urteil ein richtiges Urteil ist. Die Gründe für die Zustimmungsfähigkeit sind die rechtfertigenden Gründe für die Behauptung der Richtigkeit.

Nun sind wenigstens im Fall moralischer Urteile Rechtfertigungen relativ zu der tatsächlich vorgetragenen oder gegenwärtig denkbaren Kritik, die sie entkräften. Das macht ihre Endlichkeit aus. Sie erklärt, warum zwischen »moralisch richtig« und »gerechtfertigt« (»hat die Kritik überlebt«) und damit auch zwischen moralischer Richtigkeit und Zustimmungsfähigkeit unterschieden werden muß. Diese Unterscheidung ist jedoch nur

am Main 1983, S. 234, 240; J. Habermas, *Moralbewußtsein*, a.a.O., S. 97ff.; ders., *Erläuterungen*, S. 132, 134.

die eine Seite der Medaille. Die andere ist, daß ein richtiges moralisches Urteil ein Urteil ist, das sich von uns als richtig einsehen läßt. Denn es ist nicht sinnvoll zu sagen, was moralisch richtig ist, sei unerkennbar. Die Erkennbarkeit des moralisch Richtigen schließt aber die Möglichkeit von Erkenntniskriterien ein oder vorsichtiger: sie schließt die Möglichkeit von Kriterien ein, die uns erkennen lassen, was wir in einem moralischen Sinn falsch gemacht haben, also nicht hätten tun dürfen, und die uns zu der Behauptung berechtigen, was für ein Verhalten moralisch geboten ist. Die einzigen Kriterien aber, die wir an der Hand haben, um ein Urteil als moralisch richtig einzusehen, sind die rechtfertigenden Gründe, die die aktuell geäußerte oder denkbare Kritik entkräften und so dieses Urteil zustimmungsfähig machen. Einsichten, die eine Erkenntnis des moralisch Richtigen reklamieren, sind Überzeugungen, die mit einer ganz bestimmten Art ihres Erwerbs verbunden sind. Es sind Überzeugungen, für die der Einsichtige Gründe hat, die präsumtiv alle anderen zu diesen Überzeugungen führen, und zwar so, daß diese die erworbene Überzeugung, die eine Einsicht ist, gegen Kritik verteidigen können. Einsichten, die eine Erkenntnis des moralisch Richtigen sind, halten der Kritik aller stand. Dieses Stehvermögen kraft rechtfertigender Gründe macht das Bindeglied zwischen moralischer Richtigkeit und Zustimmungsfähigkeit aus. Die Zustimmungsfähigkeit ist aber schon gewährleistet, wenn ein Urteil der *gegenwärtigen* Kritik standhält. Die Richtigkeit nicht. Aber wir sind wenigstens zu der Behauptung autorisiert, daß dieses moralische Urteil richtig ist, wenn die Zustimmungsfähigkeit das Resultat einer solchen Entkräftung von Kritik ist.

Die Verbindung zu den Diskursregeln ergibt sich daraus, daß ihre Befolgung zu dem Anspruch ermächtigt, daß eine solche Zustimmungsfähigkeit besteht. Denn sie sind Regeln mit dem Zweck, die relevanten moralischen Dimensionen in der Urteilsbildung gleichermaßen zum Zuge kommen zu lassen. Diese Dimensionen oder Perspektiven sind unter dem vorausgesetzten moralischen Standpunkt die elementaren Dimensionen moralischer Verletzbarkeit, denen die Grundformen des moralischen Respekts korrespondieren – also des Respekts eines jeden in einer kommunikativen Lebensform involvierten Lebewesens als unvertretbar in seinem intentionalen Lebensvollzug und als gleichberechtigt in seiner Angewiesenheit auf ein responsives und komplementäres Verhalten anderer, mit denen es diese Lebensform teilt. Das diskursförmig gebildete moralische Urteil kann als das Ergebnis einer Entkräftung bzw. Beherzigung von Kritik in diesen Dimensionen aufgefaßt und damit für zustimmungsfähig behauptet werden.

Die einzelnen Diskursregeln tragen auf unterschiedliche Weise zur Erfüllung des genannten Zweckes bei. Einige Regeln helfen die gleichmäßige Berücksichtigung aller relevanten Perspektiven sichern, indem sie die Dominanz einer Perspektive vermeiden. Zu Diskursregeln dieser Art gehört übrigens auch eine Maxime der interpretativen Nachsicht. Andere Regeln bringen allein oder im Verein mit weiteren Regeln eine bestimmte Perspektive zur Geltung. So ist die Einhaltung der Regel, die die Zwanglosigkeit der Stellungnahme zu moralischen Verhaltenserwartungen verlangt, eine Form, in der die Subjekte der möglichen moralischen Verpflichtung als unvertretbar in der eigenen Urteilsbildung respektiert werden. Zusammen mit der Regel, die die Aufrichtigkeit im Urteilen gebietet, schließt sie die Berücksichtigung der eigenen subjektiven Perspektive ein, die man als ein im konkreten gebotenen Handeln unvertretbar Einzelner immer auch hat. Diese subjektive Perspektive kommt auch in derjenigen Regel zum Zuge, die die Gleichberechtigung in der Äußerung von »Einstellungen, Wünschen und Bedürfnissen« verlangt.[8] Nur ist es hier die Perspektive nicht von Subjekten moralischer Verpflichtungen, sondern von Subjekten (korrespondierender) moralischer Ansprüche, die den möglichen Inhalt dieser Ansprüche liefert. Da diese Einstellungen, Wünsche und Bedürfnisse relevant für das Urteil über die Legitimität solcher Ansprüche und Verpflichtungen sind, ist die Einhaltung dieser Regel eine Form, in der der Betreffende als gleichberechtigt in seiner Angewiesenheit auf ein responsives, ggf. normativ auszuzeichnendes Verhalten anderer behandelt wird. Ein anderer Aspekt der allgemeinen Regel der Gleichberechtigung bei der diskursförmigen Urteilsbildung ist die gleiche Berechtigung zur Problematisierung von Behauptungen. Ihre Einhaltung be-

8 Alexy, *Juristische Argumentation*, a.a.O., S. 240.

deutet, daß sich die Urteilenden auch in dem Sinn als gleichberechtigte Angehörige respektieren, daß sie sich in ihren Stellungnahmen und Äußerungen von Bedürfnissen, Einstellungen und Wünschen gegenseitig kritisierbar halten.

Ein Korollar des Gebots, sich gegenüber anderen kritisierbar zu halten, ist die Pflicht, sich verständlich zu machen. Sie kann kollidieren mit dem Recht, seine Wünsche, Einstellungen und Bedürfnisse zu äußern.[9] Das ist dann der Fall, wenn die verfügbare gemeinsame Sprache der Urteilenden, d.i. die Begründungssprache, unangemessen ist für die Artikulation dieser mentalen Zustände. Ignoriert man einfach diesen Fall, dann werden diejenigen, für die diese Sprache unangemessen ist, benachteiligt. Hier hat das Prinzip der Nachsichtigkeit als eine Regel für die Interpretation der sprachlichen Äußerungen der Urteilenden seinen Platz: ›Korrigiere dein Verständnis der Äußerungen eines anderen, wenn es dich dazu führt, ihm zu viele falsche Überzeugungen zuzuschreiben!‹[10] In der Einhaltung einer solchen Interpretationsregel bekundet sich eine Art hermeneutische Solidarität mit dem Gegenüber. Man bemüht sich darum, auch noch die befremdlichste Reaktion als eine sinnvolle Äußerung oder gar als einen begründeten Einspruch zu verstehen; man tut sie nicht obenhin ab als den unverständlichen Reflex eines Idioten, d.h. eines der gemeinsamen öffentlichen Vernunft beraubten Privatus. Im Prinzip der Nachsichtigkeit sind die beiden Grundformen des moralischen Respekts verschränkt, weil auch noch der vermeintlich unverständliche fremde Einzelne als ein gleichberechtigter Angehöriger behandelt wird. Diese Verschränkung hat einen korrigierenden Effekt auf die Unterstellung von verbindenden Gemeinsamkeiten, die für die Möglichkeit, zu einem allgemein zustimmungsfähigen Urteil zu kommen, unumgänglich sind.

Eine solche Verschränkung der beiden Grundformen des mo-

9 Alexys Grundregeln bezüglich des Sprachgebrauchs (z.B. »Verschiedene Sprecher dürfen den gleichen Ausdruck nicht mit verschiedenen Bedeutungen benutzen«, *Juristische Argumentation*, a.a.O., S. 235) dürften deshalb zu streng sein.

10 Vgl. D. Davidson, Radical Interpretation, in: *Inquiries into Truth and Interpretation*, Oxford 1984, S. 183ff., S. 199, S. 137; ders., On the Very Idea of a Conceptual Scheme, in: ebd., S. 197.

ralischen Respekts steckt auch in der Diskursregel, die verlangt, daß jeder Betroffene an der Urteilsbildung teilnehmen darf. Mit dieser Regel soll erreicht werden, daß das moralische Urteil zustimmungsfähig von seiten aller ist. Auf den ersten Blick leuchtet es nicht ein, daß die Akzeptabilität eines moralischen Urteils für die Betroffenen durch deren Beteiligung am Urteilsprozeß erreicht werden muß; es sei denn, man hat in die Akzeptabilitätsbedingungen die faktische Einwilligung der Betroffenen aufgenommen. Wenn das der Fall wäre, würde sich aber der Charakter des richtigen moralischen Urteils verändern. Es würde nicht mehr länger eine *Einsicht* ausdrücken, die eine Zustimmung aller rational motiviert, sondern einen kollektiven *Beschluß*, der eine faktische Zustimmung aller dokumentiert.

Gleichwohl besteht ein Zusammenhang zwischen dieser Diskursregel und der epistemischen Qualität des moralischen Urteils, als richtig gerechtfertigt zu sein. Um diesen Zusammenhang zu erkennen, müssen wir uns an einen der beiden Gründe für die Unterscheidung zweier Grundformen des moralischen Respekts erinnern. Der eine Grund war ein methodologischer. Mit der Unterscheidung sollte der Tatsache verschiedener, ziemlich disparater Bereiche der Moral Rechnung getragen werden, die sich danach klassifizieren lassen, welche der beiden Respektformen in Führung geht. Der andere Grund war ein epistemologischer, und er ist für unseren gegenwärtigen Argumentationsgang von Belang. Die Unterscheidung und Verschränkung zweier Grundformen des moralischen Respekts, so hatte ich oben argumentiert, wird auch dann nicht hinfällig, wenn man einen sehr individualistischen Begriff vom moralischen Standpunkt zugrunde legt; also einen Standpunkt, der die Gleichberechtigung moralisch verletzbarer Lebewesen verlangt und demzufolge diese Gleichberechtigung in dem moralischen Recht auf Schutz der individuellen Integrität besteht. Das Argument war, daß in jedes von diesem Standpunkt aus gefällte Moralurteil Hintergrundüberzeugungen eingehen hinsichtlich typischer Integritätsbedingungen – z.B. Überzeugungen über Minima eines überhaupt menschenwürdigen Lebens; und daß diese Überzeugungen auf Stereotype hin überprüfbar und revidierbar sein müssen. (Was als Würde des Menschen angesehen wird, könnte sich z. B. als Ehre des Mannes erweisen.) Man muß die angegebene Diskursregel zu dieser Forderung nach Kontrollierbarkeit und Revidierbarkeit in Beziehung setzen, um ihren Bezug zur Zustimmungsfähigkeit eines moralischen Urteils zu erkennen, das eine Einsicht ausdrückt.

Nun werden in der Begründung eines moralischen Urteils – und das heißt: in der Rechtfertigung des Anspruchs, daß es Zustimmung verdient – u. a. solche Gründe vorkommen, die die zur Begründung stehende Norm mit den Integritätsbedingungen moralisch verletzbarer Lebewesen in Verbindung bringen. (Immer vorausgesetzt, die Begründung erfolgt von dem angegebenen moralischen Standpunkt aus.) Die Güte der vorgebrachten Rechtfertigungsgründe wird sich auch an typischen Integritätsbedingungen bemessen, wenn einerseits Gleichberechtigung, andererseits Schutz des Einzelnen sichergestellt werden sollen. Diese typischen Integritätsbedingungen gehören zu den Gütekriterien für die Rechtfertigungsgründe moralischer Urteile. Ihre Überprüfung und ihre Revision oder Bekräftigung ist nicht bloß eine Prüfung von Gründen, sondern auch von Gütekriterien für Gründe. Die Befolgung der Diskursregel, wonach alle Betroffenen am Urteilsprozeß teilnehmen dürfen, ist eine Ermöglichungsbedingung für diese Überprüfung der Gütekriterien für Gründe. Denn sie verlangt, daß sich derjenige, der ein moralisches Urteil fällt und der es zu begründen versucht, nicht nur gegenüber so und so qualifizierten, »repräsentativen anderen«[11] kritisierbar hält, sondern gegenüber allen anderen *sans phrase*. (Der Verdacht ist jetzt natürlich, daß das letztlich nur eine Phrase ist. Er sei für einen Moment zurückgestellt.)

Repräsentative Andere sind kompetente andere Urteilssubjekte, die die in der Argumentation vorgängig geteilten Kriterien für gute Gründe kennen und zu gebrauchen wissen. Es sind ihre Argumente und Einwände, die ich mir *foro interno* vorführe, um zu einem begründeten Urteil zu kommen. Dadurch, daß ich mich gemäß der Diskursregel in meinem Urteil gegenüber allen anderen und nicht bloß gegenüber solchen repräsentativen Anderen kritisierbar halte, halte ich mich auch in bezug auf die Gütekriterien für Gründe, also in einer kognitiven, die Begrün-

11 Vgl. dagegen A. Wellmer, *Ethik und Dialog*, a. a. O., S. 110f.

dung betreffenden Dimension für kritisierbar. Die Diskursregel hat nicht bloß den Sinn einer Partizipationsregel. Eine solche Partizipationsregel würde sicherstellen, daß alle Betroffenen Gehör finden, so daß der Input an Informationen für die Urteilsbildung gesteigert wird und verzerrende Vorstellungen über die Bedürfnisse, Einstellungen und Wünsche anderer vermieden werden. Aber sie würde, wie Tugendhat eingewandt hat, nicht die Begründungsstruktur des moralischen Urteils selbst berühren.[12] Denn die normativen Kriterien für die Verarbeitung der so gewonnenen Informationen blieben davon unberührt. Die Überprüfung von Kriterien für gute Gründe hingegen ist eine dem Begründungsvorgang interne, die Erkenntnis des moralisch Richtigen betreffende Dimension. Weil diese Überprüfung auch über die Befolgung der Diskursregel zustande kommt, ist diese eine Regel *für* moralisch-praktische Begründungen und nicht nur eine Regel zur Ermöglichung *von* solchen Begründungen.

Ich habe versucht, die Diskursregel der unbegrenzten Teilnahme an der moralischen Urteilsbildung auf Grund ihrer Funktion von einer reinen Partizipationsregel abzugrenzen. Diese Abgrenzung wirft auch ein etwas anderes Licht auf die Art und Weise, in der der moralische Standpunkt des zweifachen, *universellen* Respekts operationalisiert wird. Der Anspruch, daß ein relativ zu diesem Standpunkt gerechtfertigtes Urteil den doppelten Respekt aller in einer kommunikativen Lebensform involvierten Subjekte wahrt, soll nicht bloß durch deren Inklusion in die Begründungsprozedur dieses Urteils eingelöst werden. Er soll auch dadurch gerechtfertigt werden, daß die Kriterien für die Akzeptabilität dieses Urteils einer Kritik ausgesetzt werden. In dieser Kritik wird u. a. geprüft, ob nicht in die Akzeptabilitätskriterien Bestimmungen der Integrität dieser moralisch verletzbaren Subjekte eingegangen sind, die auf bestimmte Subjekte zugeschnitten sind, so daß nicht wirklich alle gleichermaßen respektiert werden in ihren Integritätserfordernissen. Es wird also geprüft, ob bei der Rechtfertigung des moralischen Urteils der Respekt in Begriffen einer bestimmten,

12 Langage et Ethique, in: *Critique* 37 (1981), S. 1061, 1068 f.; dt. als ›Sprache und Ethik‹, wieder in: Tugendhat, *Philosophische Aufsätze*, a.a.O., S. 299, S. 307.

partikularen Gemeinschaft spezifiziert wird, so daß letztlich nur wir: ich und du, nicht auch wir: ich und du und sie zustimmen können. Dieser Prüfungsprozeß und der damit ggf. verbundene Korrektureffekt wird, wie gesagt, dadurch ermöglicht, daß das moralische Urteil der Kritik aller und nicht bloß repräsentativer Anderer ausgesetzt wird. Die beanspruchte Akzeptabilität des Moralurteils ist dementsprechend als das Ergebnis einer Entkräftung von wechselseitiger Kritik aller zu denken; man könnte auch sagen, daß für es Zustimmungsfähigkeit von seiten aller beansprucht wird. Dieser universelle Geltungsanspruch hat die Funktion, den zweifachen, universellen moralischen Respekt in der Weise zu operationalisieren, daß der Urteilende sensibel gehalten wird für nicht antizierbare Einwände anderer. Indem ich mein Urteil für zustimmungspflichtig durch alle halte, setze ich mich nicht nur zu ›meinen‹ Anderen, sondern zu allen anderen in ein Verhältnis der Kritik und Verteidigung statt in ein Verhältnis der Indifferenz. Dadurch wird die Möglichkeit eröffnet, daß die tatsächliche Geltungsbasis dieses Urteils, also die ihm zugrunde liegenden Akzeptabilitätskriterien, entrelativiert wird.

Wir stoßen hier auf den geläufigen Gedanken, daß gültige moralische Urteile universelle oder allgemeingültige Urteile sind, und zwar von einer Funktionsbestimmung dieses starken Geltungsanspruchs her. Über seine Funktionsbestimmung wird der Ursprung dieses Geltungsanspruchs in der moralischen Begründungssituation erkennbar. Und das hat, wie wir gleich sehen werden, Vorteile.

Die Begründungssituation ist dadurch charakterisiert, daß unter denjenigen, die in einem Interaktionszusammenhang stehen, eine Übereinstimmung darüber gefunden werden muß, welche moralischen Normen sie zu Recht gegeneinander geltend machen dürfen. Sie sind auf eine Übereinstimmung in einem moralischen Urteil und in dessen Begründung angewiesen, um intersubjektiv geteilte praktische Gründe für eine bestimmte Form der Kontinuierung ihres Interaktionszusammenhangs zu haben. Sie müssen zu einem übereinstimmend gerechtfertigten moralischen Urteil über ihre gegenseitigen Verhaltenserwartungen kommen. Das ist der eine Grundzug der Begründungssituation. Der andere Grundzug hat mit der modernen Konstellation zu tun, wie ich die Ausgangslage für eine Beantwortung der Frage nach der Begründung moralischer Urteile eingangs bezeichnet habe. In dieser Konstellation geraten immer mehr Überzeugungen aus dem Fundus der von uns fraglos geteilten interaktionsrelevanten Überzeugungen in den Sog der Kritik. (Wie weit das gehen kann, wird uns noch beschäftigen.) Ich vermag den Anspruch auf Zustimmungsfähigkeit zu meinen moralischen Urteilen nicht mehr einfach dadurch zu erfüllen, daß ich in der Rolle eines kompetenten, die Gemeinschaft mit ihren Gütekriterien für Urteilsgründe repräsentierenden Urteilssubjektes mein Urteil bilde. Denn die Kriterien für die Gründe, die diesen Anspruch stützen, sind nicht mehr in einem Kanon der Vernunft institutionalisiert, deren Verständnis und Überzeugungskraft die Beteiligten übereinstimmend voraussetzen können, statt ihre Auslegung und Rechtfertigung in Eigenregie zu betreiben. Der kompetent Urteilende kann seinem Urteil nicht mehr das epistemische Prädikat »unzweifelhaft zustimmungsfähig« zuschreiben, wenn er sich zumindest die Auslegung der Kriterien für die Akzeptabilitätsgründe zuschreiben muß. Zugleich bleibt er auf Grund der praktischen Funktion übereinstimmend gerechtfertigter Urteile auf eine Übereinstimmung mit anderen angewiesen. Das macht ja den anderen, den ersten Grundzug der Begründungssituation aus.

Der starke Geltungsanspruch für moralische Urteile eröffnet in dieser Situation, wie angedeutet, eine Aussicht auf Verbesserung des geschwächten epistemischen Status dieser Urteile. Indem ich eine Zustimmung aller und nicht bloß bestimmter anderer in dem Wissen vorwegnehme, daß ich die Kriterien für eine begründete Zustimmung und Ablehnung selber interpretiere, halte ich mich gegenüber jedem anderen für kritisierbar. Der Anspruch, daß alle meinem moralischen Urteil zustimmen können, regelt den Umgang mit diesem konkreten Gegenüber, und zwar so, daß ich mich für dessen Einspruch sensibel halte. Dieser Anspruch ist nicht so folgenlos, wie es den Anschein haben mag. Er verpflichtet nämlich zu dem, was oben als Regel interpretativer Nachsicht und als Skepsisgebot gegenüber den präjudizierenden Effekten der gebrauchten Begründungssprache angeführt wurde. Und er verpflichtet zu der Bemühung, hartnäckig unentscheidbare moralische Fragen in moralisch akzeptabler Art zu suspendieren. Man muß also den Gedanken, daß moralische Urteile Zustimmungsfähigkeit von seiten aller beanspruchen, mit dem Wissen um den schwachen epistemischen Status dieses Anspruchs zusammenbringen, um ihn richtig aufzufassen.[13] Erst in diesem Zusammenhang unterscheidet er sich klar von dem Gedanken, daß moralische Urteile einen Absolutheitsanspruch stellen und beanspruchen, für alle in dem Sinn gültig zu sein, daß die mit ihnen ausgesprochenen Verpflichtungen für alle verbindlich sind. Denn erst in Verbindung mit einem fallibilistischen Bewußtsein des Urteilenden beansprucht dieser nicht bloß, daß sein Urteil *für* alle gültig ist, sondern auch, daß es *gegenüber* allen rechtfertigungsfähig ist.[14] Die Kombination eines starken Anspruchs auf Zustimmungsfähigkeit von seiten aller mit einem schwachen epistemischen Status dieses Anspruchs eröffnet die Möglichkeit für eine Entrelativierung des jeweils eigenen Verständnisses von dem, was für andere akzeptabel ist, mithin die Möglichkeit für eine Entrelativierung der realen Geltungsbasis dieser Urteile.

Dieses Verständnis des Sinns von starken Geltungsansprüchen für moralische Urteile hat den Vorteil, daß die Analogie moralischer Urteile, die eine Einsicht und nicht einen kollektiven Willen ausdrücken, zur Aussagenwahrheit nicht überdehnt wird. Der Anspruch, daß eine in einem assertorischen Satz getroffene Aussage wahr ist, und zwar wahr für alle zu allen Zeiten, läßt sich u. a. erläutern als Konsequenz unseres Begriffs von der Welt als dem Inbegriff solcher existierender Sachverhalte, deren Existenz unabhängig von ihrer Feststellung ist. Es ist die Situation, in der wir Aussagen über die äußere Natur machen und zu begründen versuchen, die diesen Anspruch in-

13 Vgl. J. Habermas, *Diskurs der Moderne*, a.a.O., S. 246/Anm. 74.

14 Diese Erweiterung wird z.B. von Anton Leist nicht beachtet. Leist schlägt eine Art Toleranzprinzip vor, das den Umgang mit hartnäckigen moralischen Meinungsverschiedenheiten regelt. (Etwa: ›Anerkenne, daß andere an ihren abweichenden moralischen Ansichten mit Gründen und nicht bloß auf Grund eines Mangels an moralischem Sinn festhalten!‹) Leist sieht nicht, daß ein solches Prinzip gerade aus einem starken Anspruch auf Zustimmungsfähigkeit moralischer Urteile und nicht aus einer »relativistischen Einstellung zur Moral« folgt, vgl. A. Leist, Diskussionen um Leben und Tod, in: ders. (Hg.), *Um Leben und Tod*, Frankfurt am Main 1990, S. 59.

telligibel macht. Diese Erläuterungsmöglichkeit fehlt, sofern man dem intuitionistischen Gedanken von einer Welt existierender *Wert*verhalte[15] keine haltbaren ontologischen Implikationen mehr zutraut. An ihre Stelle tritt die Erläuterung anhand einer Situation, in der sich uns moralische Probleme stellen, für die wir aus übereinstimmenden Gründen akzeptable Lösungen finden müssen. Dabei ist das Wir in einer ganz bestimmten Weise zu verstehen. Es umfaßt die moralisch verletzbaren und zur moralischen Verletzung ihrerseits fähigen, handlungsmächtigen Subjekte, die in einem Interaktionszusammenhang stehen. Einerseits halten sich diese auf der Grundlage gemeinsamer interaktionsrelevanter Überzeugungen gegenseitig in ihren Handlungsweisen für kritisierbar. Das unterscheidet das Wir der Begründungssituation von einer bloßen Ansammlung von Individuen, die nichts anderes gemeinsam haben als eine äußere, physikalische Welt kausaler Beziehungen, in der sie wechselseitig auf die Erfolgsbedingungen für die Handlungen anderer einwirken können. Andererseits sind sie auch in der Beurteilung der Grundlage für ihre gegenseitige Kritisierbarkeit unvertretbar Einzelne geworden. Das unterscheidet das Wir von einer Gemeinschaft, deren Mitglieder in einem aller Kritik entzogenen Vorverständigtsein verbunden sind, so daß jeder allein als kompetentes Urteilssubjekt, d.h. als ein repräsentatives Mitglied der Gemeinschaft sein Urteil zustimmungsfähig machen kann. Die Subjekte möglicher moralischer Verpflichtungen sind jetzt auch als Urteilssubjekte, die diese Verpflichtungen zu begründen bzw. zu bestreiten versuchen, füreinander Angehörige und unvertretbar Einzelne zugleich. »Wir« ist jetzt der Name für die Gemeinschaft derer, die durch die spannungsvolle Verschränkung dieser beiden Bestimmungen charakterisiert sind. Legt man diese Referenz von »wir« zugrunde, dann sieht man übrigens auch, daß die starke Betonung einer problemlösenden Funktion von moralisch-praktischen Begründungen nicht mit einer Preisgabe eines universalistischen Geltungsanspruchs verbunden sein muß. Die Konstellation, in der wir eine moralisch akzeptable Problemlösung finden müssen, läßt auch diesen An-

15 Der Ausdruck stammt von Max Scheler, vgl. H. Schnädelbach, *Philosophie in Deutschland 1831*-1933, Frankfurt am Main 1983, S. 197ff. (hier S. 199).

spruch verständlicher werden, ohne deplacierte Analogien zur Aussagenwahrheit ziehen zu müssen.

### *c) Die komparative Überlegenheit einer Moral des zweifachen universellen Respekts*

Kehren wir nach diesem Umweg über die Operationalisierung des moralischen Standpunkts eines zweifachen universellen Respekts zur Ausgangsfrage zurück! Die Frage war und ist, wie sich eine solche Moral begründen läßt. Der Ansatz für eine Antwort sollte in dem Nachweis liegen, daß diese Moral im Vergleich zu anderen relevanten Alternativen überlegen ist. Die beanspruchte Überlegenheit kann jetzt etwas spezifiziert werden. Die moralischen Prinzipien dieser Moral gebieten zwei miteinander verbundene Grundformen des Respekts und werden in einer kommunikativen Begründungsprozedur: im Diskurs operationalisiert, dem ein selbstkritischer Zug eingebaut ist. Die Überlegenheit liegt in der Offenheit für Kritik an den angeblich guten Gründen dafür, eine bestimmte Handlungsweise wechselseitig voneinander zu verlangen. Dabei muß diese Kritik nicht nur eine Kritik an vermeintlich typischen, für alle elementaren Integritätsbedingungen sein, die in die Kriterien für gute Gründe einwandern. Sie kann auch eine Kritik an den konkreten Verhaltenserwartungen sein, die zum Schutz dieser zugegeben für alle elementaren Integritätsbedingungen angeblich notwendig sind.

Eine solche Kritik wird geltend machen, daß eine bestimmte Handlungsweise an diese Bedingungen nicht rührt und entgegen dem, was bestimmte Moralnormen sagen, moralisch unproblematisch ist. Beispiele für solche Handlungsweisen oder genereller: für solche Verhaltensweisen sind Formen der persönlichen Lebensführung, von denen beansprucht wird, daß sie legitimerweise privatisiert werden können entgegen beispielsweise dem Kodex einer bestimmten Sexualmoral; oder Formen strategischen Interessehandelns in präsumtiv rechtlich legitim regulierten Beziehungen, in denen man zum eigenen Vorteil auf Buchstabe und Gesetz pocht. In solchen Fällen wird die Privilegierung einer bestimmten Perspektive, aus der das fragliche Verhalten akzeptabel ist, als moralisch unbedenklich behauptet: Die eigene Lebensführung muß allenfalls für unmittelbar Betroffene, wenn nicht gar bloß für einen selber, nicht aber auch für Dritte (›für die Gesellschaft‹) akzeptabel sein, und das eigene interessenkalkulierte Handeln muß nicht aus der Perspektive des möglicherweise übervorteilten, konkreten Gegenüber, sondern nur aus der Perspektive von »sozialtypisierten Mitgliedern« einer Rechtsgemeinschaft akzeptabel sein.[16]

Eine Kritik, die für eine solche Privilegierung bestimmter Perspektiven plädiert, läuft darauf hinaus, bestimmte praktische Fragen von der moralischen Agenda zu nehmen. Sie zielt insofern auf eine Begrenzung der Moral ab. Vom Standpunkt einer Moral des zweifachen Respekts ist diese Grenzziehung jedoch keine bloß von außen auferlegte Begrenzung. Denn die normativen Gesichtspunkte, die eine solche Kritik leiten, sind dieser Moral nicht gänzlich fremd. Unter diesen Gesichtspunkten werden die Subjekte möglicher moralischer Verpflichtungen als Individuen mit bestimmten, vielleicht nur subjektiven Wertorientierungen, mit persönlichen Projekten und mit besonderen, lokalen Bindungen und Beziehungen bzw. als sozialtypische Mitglieder einer Gemeinschaft wahrgenommen und moralisch freigestellt, die einander unter vorgegebenen, oftmals rollenspezifischen Beschreibungen begegnen.

Diese Gesichtspunkte sind auch in einer Moral des zweifachen Respekts enthalten. Ihr zufolge sind ja die Subjekte moralischer Verpflichtungen und moralischer Ansprüche bestimmt als unvertretbar Einzelne mit einer auch subjektiven Perspektive auf ihr Leben und als Angehörige, die in ihrem intentionalen Lebensvollzug auf komplementäre, responsive Verhaltensweisen anderer angewiesen sind, und die sich auf der Grundlage verbindender Gemeinsamkeiten aufeinander auch in deskriptiven Kennzeichnungen beziehen. Der Unterschied ist, daß in der auf Begrenzung der Moral zielenden Kritik jeweils ein Gesichtspunkt vom anderen isoliert und pointiert wird. Diese Gesichtspunkte werden dahingehend favorisiert, daß sie entweder eine Privatisierung bzw. eine Partikularisierung oder eine Delegation praktischer Fragen motivieren. Im einen Fall ist der Ein-

16 Vgl. J. Habermas, *Faktizität und Geltung*, a.a.O., S. 144.

zelne bzw. er und ›seine‹ Anderen alleiniger Richter in eigener Sache; im anderen Fall braucht jeder nur Partei zu sein und delegiert die Entscheidung bestimmter praktischer Fragen an das Rechtssystem bzw. dessen Repräsentanten.

Allerdings soll diese Entmoralisierung praktischer Fragen in einem moralischen Sinn unproblematisch sein. Die Privilegierung einer bestimmten Perspektive, unter der ein bestimmtes Verhalten akzeptabel ist, muß ihrerseits zustimmungsfähig sein von seiten aller moralisch verletzbaren Subjekte, die in einer kommunikativen Lebensform involviert sind. Hier spielt wieder die Verschränkung der zwei Grundformen des Respekts in der Moral des universellen Respekts eine Rolle. Man sieht das besser, wenn man beachtet, daß die Privatisierung, Partikularisierung oder Delegation praktischer Fragen meist über Normen des positiven Rechts institutionalisiert wird. Diese Rechtsnormen konstituieren dann Sphären der Privatheit und verrechtlichter sozialer Beziehungen. Die Frage nach der moralischen Zulässigkeit einer Entmoralisierung praktischer Fragen stellt sich deshalb oft in Form der Frage nach der moralischen Legitimität solcher rechtlichen Institutionalisierungen, wie ja auch die Kritik an dieser Entmoralisierung oft eine moralische Kritik am positiven Recht ist (das z. B. den Deckmantel der Privatheit über Formen der häuslichen Gewalt von Eltern gegen Kinder oder von Männern gegen Frauen breitet). Die Moral des zweifachen, universellen Respekts erlaubt nun eine kritische Kontrolle solcher rechtsförmiger Institutionalisierungen. Denn im Unterschied zu einer Rechtsgemeinschaft mit einem System von Rechtsnormen, das auch noch die Einlaßbedingungen von Kritik selber regelt, konstituiert sie eine strukturell offene Gemeinschaft. Wer dazu gehört und angehört werden muß, wird nicht vorab und von einer vorgegebenen Autorität definiert. Das unterscheidet eine solche moralische Gemeinschaft von einer Rechtsgemeinschaft, die ihre Grenzen selbst definiert, ganz gleich, wie demokratisch diese intern organisiert ist. Und wie wir gesehen haben, hat diese strukturelle Offenheit der moralischen Gemeinschaft ihren Grund in der Verschränkung der zwei universellen Respektformen.

Wie trägt nun genauer das Argument der Offenheit für Kritik zu der Begründung der Moral des zweifachen, verschränkten und universellen Respekts bei? Der Begründungsgang enthält folgende Elemente: Genereller Ausgangspunkt für die Begründung ist das Erfordernis moralischer Normen, die das Zusammenleben von in einer kommunikativen Lebensform involvierten Subjekten regeln, indem sie die moralisch verletzbaren und handlungsmächtigen Subjekte kategorisch wechselseitig auf bestimmte Handlungsweisen und Unterlassungen verpflichten. Es wird vorausgesetzt, daß auf Moral nicht verzichtet werden kann, oder nur verzichtet werden kann um den Preis einer gewaltsamen Konfliktbewältigung.[17] Das ist eine erste Prämisse. Eine zweite Prämisse ist, daß die gesuchten moralischen Normen aus intersubjektiv geteilten Gründen akzeptabel sein müssen. Dieses Erfordernis ergibt sich daraus, daß die moralischen Regelungen ein interaktives Zusammenleben regulieren, das auch vermittelst einer reflexiven Übereinstimmung der Handlungsgründe der Beteiligten konstitutiert und reproduziert wird. Es hat sein Gegenstück in den Phänomenen darin, daß auf Verletzungen moralischer Regelungen, die in dieses Zusammenleben eingebaut sind, mit moralischen Gefühlen der Entrüstung, Kränkung und Schuld reagiert wird, die über ein und dieselben Gründe ihrer Rechtfertigung zu einem Netz affektiver Reaktionen verbunden sind. Schließlich ist eine weitere Voraussetzung der Begründung, daß für diejenigen, deren Zusammenleben moralischer Regelungen bedarf, dieses Zusammenleben nicht notwendig Teil ihres guten Lebens ist; ob sie wollen oder nicht, sie müssen zusammenleben.

Unter diesen Voraussetzungen soll nun ein moralischer Standpunkt gerechtfertigt werden, der durch die Verschränkung zweier Prinzipien des Respekts qualifiziert wird. Diese beiden Prinzipien verpflichten alle moralisch wechselseitig und kategorisch dazu, sich gerecht und solidarisch zu behandeln. Mit »alle« sind die in einer kommunikativen Lebensform involvierten Subjekte gemeint, die moralisch verletzbar und gleichermaßen handlungsmächtig sind. »Jemanden gerecht behandeln« heißt soviel wie »ihn als einen gleichberechtigten Angehörigen unter anderen respektieren«; und »jemanden solidarisch be-

17 Vgl. J. Habermas, *Erläuterungen*, a.a.O., S. 178.

handeln« bedeutet, ihn als einen unvertretbar Einzelnen zu respektieren. »Die Moral des zweifachen universellen Respekts begründen« ist eine elliptische Formulierung dafür, die Verpflichtung aller zur Einnahme dieses Standpunkts zu rechtfertigen, und das heißt die Zumutung zu rechtfertigen, sich in seinem Verhalten sowohl aus der Perspektive eines anderen unter anderen Gleichen als auch aus der Perspektive des konkreten Gegenübers, der ein unvertretbar Einzelner ist, zustimmungsfähig zu halten.

Der zu rechtfertigende Anspruch ist, daß diese Moral in Ansehung des vorausgesetzten Erfordernisses einer Moral anderen relevanten Alternativen überlegen ist. Diese Überlegenheit besteht nicht darin, daß es wahrscheinlicher als bei anderen Moralauffassungen ist, daß die Moral des zweifachen und universellen Respekts von den potentiellen Subjekten moralischer Verpflichtungen akzeptiert werden wird. Die beanspruchte und zu rechtfertigende relative Überlegenheit ist eine epistemische. Darunter ist zu verstehen, daß die normative Erwartung, sich an diese Moral zu halten, nicht vernünftigerweise zurückweisbar ist; es gibt keine guten Gegengründe gegen sie, die diese Zurückweisung stützen. Und das Argument ist nun, daß diese Moral gegenüber relevanten Alternativen epistemisch überlegen (besser begründet) ist, weil sie von Haus aus, d.h. durch ihre Operationalisierung im Diskurs, auf Kritik angelegt ist.

Die Voraussetzung bei diesem Argument ist, daß mögliche gute Gegengründe intersubjektive Gründe für eine andere Moral sind. Damit werden prudentielle Gründe einzelner Amoralisten ausgeklammert. Diese Voraussetzung ergibt sich aus den beiden ersten Prämissen, unter denen die hier ansatzweise versuchte Begründung steht. Sie schwächt zwar den zu begründenden Überlegenheitsanspruch ab, aber sie trivialisiert keineswegs die zu erbringende Begründungsleistung. Das sieht man, wenn man sich solche Fälle wie den vieldiskutierten Fall des rationalen Nazis[18] oder den Fall des fundamentalistischen Anhängers einer

18 Vgl. Hare, *Freiheit und Vernunft*, a.a.O., Kap. 9, S. 177ff.; ders., *Moral Thinking*, a.a.O., S. 170-182; H. Putnam, *Vernunft, Wahrheit*, a.a.O., S. 279-282. Vgl. a. B. Williams, *Ethics*, a.a.O., S. 84f.; D. A. Richards, Prescriptivism, Constructivism, and Rights, in: Seanor/Fotion (Hg.),

traditionalistischen Moral des ungleichen und eingeschränkten Respekts vergegenwärtigt. Auch der rationale Nazi glaubt, gute intersubjektive Gründe für seine rassistische Herrenmoral zu haben, die für ihn auch dann nicht aufhören, gute Gründe zu sein, wenn er selber Opfer dieser Moral ist. Ebenso beansprucht der Fundamentalist, gute Gründe zu haben für eine Moral, deren Geltungsgrund in einer vorgegebenen Autorität (des Wort Gottes, der Schriftgelehrten, der Sitten) liegt und deren Gebote und Verbote einen ungleichen Respekt moralisch verletzbarer Wesen zulassen oder die den Respekt auf den Einzelnen als Mitglied eines Kollektivs beschränken.

Um nun das angedeutete Argument auszuführen, muß man genauer angeben, was von der Offenheit für Kritik impliziert wird. Dieser selbstkritische Zug der Moral des universellen und zweifachen Respekts schließt, so habe ich mit einigen Gründen behauptet, eine dogmatische Fixierung dessen, was gute Gründe für bestimmte moralische Verhaltenserwartungen sind, aus. Der Anhänger dieser Moral wird dazu angehalten, zwischen dem, was ein guter Grund ist, und dem, was er als einen guten Grund ansieht, zu unterscheiden. Sein Anspruch, daß x ein guter Grund dafür ist, daß sich alle (im oben spezifizierten Sinn von »alle«) in der so und so bestimmten Weise verhalten sollen, verbindet sich im Bewußtsein dieser Unterscheidung mit dem Anspruch, daß von allen eingesehen werden kann, daß x ein guter Grund ist: Wenn x ein guter moralisch-praktischer Grund dafür ist, daß alle sich so und so verhalten sollen, dann ist x als ein guter moralisch-praktischer Grund *von allen* einsehbar. Damit ist ausgeschlossen, daß x ein guter moralisch-praktischer Grund ist und daß x nur von mir als ein solcher Grund eingesehen werden kann, nicht aber auch von allen anderen *qua andere*.[19] Die anderen müssen meinem Anspruch, daß x ein guter Grund ist, beipflichten können, ohne daß ihnen als Vor-

*Hare and Critics*, a.a.O., S. 116 f.; R. Rorty, Truth and Freedom. A Reply to Th. McCarthy, in: *Critical Inquiry* 16 (1990), S. 636f.

19 Vgl. für das Folgende a. Th. Nagel, Moral Conflict and Political Legitimacy, in: *Philosophy & Public Affairs* 16 (1987), S. 215-240, insbes. S. 231-237. Auf Nagels eigene Skepsis gegenüber seinen Argumenten in diesem Aufsatz sei hier nur hingewiesen, vgl. Nagel, *Equality*, a.a.O., S. 163, Anm. 49.

aussetzung für ihre Einsichtsfähigkeit eine persönliche Konversion zugemutet wird. Genau das muß aber der sogenannte rationale Nazi voraussetzen. Der rationale Nazi versetzt sich zwar in die Lage eines Opfers der von ihm propagierten Herrenmoral und hält – ex hypothesi – an seiner Moral fest; das soll ja seine Rationalität ausmachen. Aber er betrachtet diese Lage mit seinen Augen, d. h. mit den Augen eines Rassisten und nicht mit den Augen *anderer* möglicher Opfer. Er muß die Übernahme seiner persönlichen rassistischen Überzeugungen durch andere voraussetzen, damit seine Gründe auch für diese als Handelnde gute Gründe werden können. Gute intersubjektiv geteilte praktische Gründe sind aber nicht bloß je meine Gründe, und sie sind nicht deshalb meine Gründe und die Gründe anderer, weil diese anderen in den für die Übereinstimmung relevanten Hinsichten so geworden sind wie ich.

Mit dem im fallibilistischen Bewußtsein erhobenen Anspruch, daß x ein guter moralisch-praktischer Grund ist, ist also die Unterstellung verknüpft, daß andere mit mir einige Überzeugungen teilen. Diese Überzeugungen bilden den Ausgangspunkt dafür, daß wir in der Beurteilung des Anspruchs, daß x ein guter moralisch-praktischer Grund ist, ohne Konvertitentum konvergieren können. Und es wird damit auch unterstellt, daß wir zum Teil aus übereinstimmenden Gründen davon überzeugt sind, daß eine Seite irrt, wenn wir in der Beurteilung dieses Anspruchs gegensätzlicher Meinung sind. Unser Dissens wird nicht einfach damit erklärt, daß der andere sich eben irrt, und zwar letztlich deshalb irrt, weil er nicht die Überzeugungen hat, die ich habe. Vielmehr wird er damit erklärt, daß der andere sich irrt, weil er z. B. die falschen Schlüsse aus wahren Überzeugungen zieht oder angemessene Kriterien fehlerhaft gebraucht, die unsere Überzeugungen und unsere Kriterien sind, so daß er auf der Grundlage seiner eigenen Überzeugungen selbständig zu der Einsicht kommen kann, daß er sich geirrt hat.

In der Erklärung der Nicht-Übereinstimmung darüber, ob x ein guter moralisch-praktischer Grund ist, wird auf eine präsumtiv gemeinsame Basis Bezug genommen, auf ein »common reason in which both parties share, but from which they get different results because they cannot, being limited creatures, be expected to exercise it perfectly«.[20] Die Bezugnahme auf eine gemeinsame Rechtfertigungsbasis zwingt Opponent und Proponent eine bestimmte Einstellung zu dem Faktum ihres Dissenses auf. Dieses Faktum muß von beiden als ein Indiz dafür angesehen werden, daß keine Seite gute Gründe für jeweils ihre Überzeugung hat. Jede Seite muß auf die Entkräftung der Kritik des Gegenübers zielen, wenn sie zu dem Anspruch autorisiert sein will, daß x ein guter moralisch-praktischer Grund ist. Der fundamentalistische Anhänger einer traditionalistischen Moral, die einen ungleichen oder eingeschränkten Respekt zuläßt, kann diese Einstellung nicht einnehmen. Er hält die Normen dieser Moral für Gebote und Verbote einer vorgegebenen Autorität, die lediglich durch ihn spricht, wenn er diese Gebote und Verbote gegenüber anderen geltend macht. Er macht diese Normen nicht eigenverantwortlich geltend, indem er sich zumindest ihre Auslegung persönlich zuschreibt. Deshalb stuft er die Gründe für seinen Geltungsanspruch nicht zu Gründen herab, die zunächst einmal nur er als gute Gründe ansieht und die sich in der Entkräftung von Kritik anderer als gute Gründe erweisen können müssen. – Beide, der rationale Nazi und der Fundamentalist, unterscheiden nicht zwischen guten moralisch-praktischen Gründen dafür, daß alle sich so und so verhalten sollen, und ihrem Glauben, was solche Gründe sind.

Der Punkt ist jetzt, daß demgegenüber die Moral des zweifachen universellen Respekts zu dieser Unterscheidung in der moralischen Urteilsbildung anhält, und zwar so, daß sie den *berechtigten* Anspruch ermöglicht, daß ein Grund ein guter moralisch-praktischer Grund für alle ist.

Nun sind Gründe nicht bloß Dispositionen dafür, etwas zu glauben oder zu tun. Sie sind Antwortversuche auf Fragen von anderen oder von einem selbst, warum etwas geglaubt oder getan werden soll. Gute Gründe sind Antworten auf Warum-Fragen. Sie bekräftigen oder führen zu Überzeugungen in der Weise, daß derjenige, für den sie gute Gründe sind, diese Überzeugungen mit ihrer Hilfe gegen Kritik verteidigen kann, die in Form von solchen Warum-Fragen vorgetragen wird. Deshalb autorisiert die Entkräftung dieser bestimmten, hier und jetzt

20 Th. Nagel, Moral Conflict, a.a.O., S. 234.

vorgetragenen Kritik an einer praktischen oder theoretischen Überzeugung y durch die Angabe eines Grundes x zu dem Anspruch, daß x ein guter Grund ist. Dabei bemißt sich die Entkräftung von Kritik durch gute Gründe an einem Überzeugtsein des Kritikers, das kein bloßes Verstummen, sondern ein Überzeugtsein mit Gründen ist, die er selbst gegenüber Dritten geben kann.

Im Falle der Moral handelt es sich um Überzeugungen darüber, was für welche Verhaltensweisen alle wechselseitig voneinander verlangen dürfen. Die Kritik, auf deren Entkräftung gute moralische Gründe bezogen sind, ist eine Kritik an moralischen Überzeugungen. Sie kann, ganz allgemein betrachtet, in zwei verschiedenen Dimensionen erfolgen. Die eine Dimension ist eine Kritik aus der subjektiv-praktischen Perspektive des Einzelnen, der darum weiß, daß unvertretbarerweise er es ist, der sich so und so verhalten soll, und der sich davon überzeugt haben muß, daß es ihm möglich ist, sich so und so zu verhalten, wenn er aufrichtig bestimmte moralisch-praktische Überzeugungen teilt. Diese Dimension der Kritik hat damit zu tun, daß moralische Überzeugungen praktischer Natur sind. Sie haben letztlich Pflichten zum Gegenstand, die den moralisch Verpflichteten in propria persona binden.

Die andere Dimension der Kritik ist eine Kritik in Ansehung der gemeinsamen Voraussetzungen, die Proponent und Opponent der kritisierten Überzeugung teilen und die die gemeinsame Basis für eine Begründung moralischer Überzeugungen bilden. Zu dieser Basis gehören die Voraussetzungen, daß auf moralische Regelungen nur um den Preis der gewaltsamen Konfliktbewältigung verzichtet werden kann; daß diese Regelungen aus übereinstimmenden Gründen akzeptabel sein müssen und daß der Kreis der moralisch Verpflichteten über die Mitglieder einer lokalen Gemeinschaft mit einem bestimmten evaluativen Selbstverständnis hinausreicht. Hier richtet sich die Kritik auf Überzeugungen, die als Schlußfolgerungen aus diesen Voraussetzungen gezogen werden, bzw. auf die Interpretationen dieser Voraussetzungen, die in den Schlußfolgerungen enthalten sind. Diese Kritik kann sich z. B. darauf richten, was als gewalttätige Konfliktbewältigung von dem Proponenten einer bestimmten moralischen Regelung angesehen wird, mithin welches Verständnis der zu vermeidenden elementaren Verletzbarkeiten er hat, oder darauf, daß diese Regelung nicht nur im Effekt, sondern auch hinsichtlich der sie stützenden Gründe nicht neutral gegenüber dem evaluativen Selbstverständnis bestimmter Kreise der moralisch Verpflichteten ist.[21] In dieser Dimension richtet sich die Kritik gegen perspektivische Verzerrungen der gemeinsamen Basis für die Opponenten und Proponenten bestimmter moralischer Regelungen. Solche Verzerrungen sind nicht nur auf Grund von offensichtlich egoistischen Motiven möglich, sondern auch deshalb, weil man sich auch als um Unparteilichkeit bemühtes Urteilssubjekt die Interpretation dieser Basis selbst zuschreiben muß.

Diese zweite Dimension der Kritik ergibt sich daraus, daß moralische Überzeugungen präsumtiv intersubjektiv geteilte Überzeugungen sind. Meine Überzeugung, daß bestimmte moralische Verpflichtungen zu Recht bestehen, schließt die Überzeugung ein, daß andere die Erfüllung dieser Verpflichtung auch von mir verlangen dürfen. Die Gründe, die diese Kritik entkräften können, müssen Gründe sein, die nicht nur mich, sondern uns als reziprok Verpflichtete überzeugen. Sie schlagen die Brücke zwischen einerseits den gemeinsamen Voraussetzungen, die der Proponent und der Kritiker einer moralischen Überzeugung teilen, und andererseits den zu bildenden gemeinsamen moralischen Überzeugungen.

Beide Dimensionen der Kritik ergänzen sich. Daß gute moralische Gründe kriterial auf die Entkräftung von Kritiken aus beiden Dimensionen bezogen sind, liegt daran, daß (begründete) moralische Überzeugungen intersubjektiv geteilte, praktische Überzeugungen sind. Zum einen müssen sich die Adressaten moralischer Verpflichtungen jeweils selbst von der Legitimität dieser Verpflichtungen überzeugen, und zwar unter Einschluß ihrer subjektiven Perspektive; sie sind unvertretbar im Durchlaufen des Begründungswegs. Zum anderen müssen sie aus übereinstimmenden Gründen von der Berechtigung die-

21 Zur Unterscheidung zwischen einer Neutralität auf der Ebene der Begründung von Handlungsnormen und einer Neutralität auf der Ebene der Folgen, die die Erfüllung dieser Normen für die Fortsetzbarkeit bestimmter (sub)kultureller Lebensweisen hat, vgl. W. Kymlicka, Liberal Individualism and Liberal Neutrality, in: *Ethics* 99 (1989), S. 883-886.

ser Verpflichtungen überzeugt sein. Der Begründungsweg ist zwar ein persönlicher, aber kein privater, sondern ein öffentlicher Weg, der unabhängig davon, wer ihn begeht, zum gleichen Ergebnis führt.

Der Zusammmenhang zwischen der behaupteten epistemischen Überlegenheit einer Moral des zweifachen verschränkten Respekts, also zwischen dem Besser-begründet-Sein ihrer Urteile und der in diese Moral eingebauten Offenheit für Kritik, sollte jetzt deutlicher geworden sein: Diese Moral hält zur Responsivität an gegenüber genau derjenigen Kritik, auf deren Entkräftung gute moralisch-praktische Gründe kriterial bezogen sind. Denn der Respekt vor der Unvertretbarkeit des einzelnen Subjekts moralischer Verpflichtungen in einer Urteilsbildung, die auch dessen eigene, genuin subjektive Perspektive einschließt, ist nur eine Spezifizierung des moralischen Respekts als unvertretbar Einzelner. Und ebenso handelt es sich lediglich um eine Spezifizierung des Respekts anderer als gleichberechtigte Angehörige, wenn man sie als darin gleichberechtigt anerkennt, die gemeinsamen Voraussetzungen dieser Urteilsbildung auszulegen. Durch das Gebot des Respekts in der ersten Hinsicht wird verhindert, daß Konversion oder Selbsttäuschung Voraussetzungen dafür sind, daß ein Grund als guter moralisch-praktischer Grund für alle einsehbar ist. Durch das Gebot des Respekts in der zweiten Hinsicht wird an die Standortgebundenheit auch eines um Unparteilichkeit bemühten Urteilssubjekts erinnert, so daß perspektivische Verzerrungen der gemeinsamen Basis der moralischen Urteilsbildung zumindest thematisierbar werden.

Die Entkräftung von Kritiken in den beiden genannten Dimensionen mit Hilfe eines moralisch-praktischen Grundes x autorisiert zu dem Anspruch, daß x ein guter moralisch-praktischer Grund ist. Die Offenheit für diese Kritik ist eine notwendige Bedingung für die Autorisierung zu diesem Anspruch. Die Moral des zweifachen Respekts gebietet diese Offenheit, indem sie die Beziehung zwischen demjenigen, der beansprucht, daß x ein guter moralisch-praktischer Grund ist, und all denjenigen regelt, für die x ein solcher Grund sein soll. Weil sie diese Offenheit gebietet, hält sie zumindest zu der Unterscheidung an zwischen dem berechtigten Anspruch, gute moralisch-praktische Gründe zu haben, und dem bloßen Glauben, solche Gründe zu haben. Und sie tut das so, daß sie zu der Erfüllung dieses Anspruchs beiträgt. Soweit das Argument für eine komparative Überlegenheit der Moral des zweifachen universellen Respekts.

Es ist jetzt an der Zeit, die im Zuge der Darstellung dieses Arguments eingeklammerten Einwände bzw. naheliegenden Bedenken aufzunehmen. Das Argument scheint im Kern ein begriffsanalytisches Argument zu sein. Danach werden die vermeintlich unterlegenen Alternativen zu dieser Moral der begrifflichen Tatsache nicht gerecht, daß gute Gründe für moralische Überzeugungen Kritik an diesen Überzeugungen entkräften können. Was allerdings als erfolgreiche Zurückweisung von Kritik gilt, wurde nur vage beschrieben anhand der Merkmale von moralischen Überzeugungen, praktische und ihrem Anspruch nach intersubjektive Überzeugungen zu sein. Diese vage Beschreibung, so der Einwand, ist nicht zufällig und auch nicht nur den intellektuellen Schwächen ihres Autors zuzuschreiben: Tatsächlich muß das begriffsanalytische Argument auf normativen Voraussetzungen aufbauen; es sind diese Voraussetzungen, die ihm allererst seine Überzeugungskraft gegen solche mißlichen Alternativen wie eine rassistische Herrenmoral oder eine traditionalistische Moral des eingeschränkten Respekts verleihen. Daß gute Gründe nicht unter der Bedingung des Konvertitentums zu moralischen Überzeugungen führen dürfen, leuchtet in dem Maße ein, in dem ein moralisches Prinzip der Selbstbestimmung vorausgesetzt wird. (Etwa: »Jedes Subjekt moralischer Verpflichtungen muß sich selber überzeugen dürfen, daß alle sich so und so verhalten sollen.«) Daß gute Gründe von allen Subjekten moralischer Verpflichtungen als gute Gründe einsehbar sein müssen und nicht bloß von einigen wenigen (z. B. den Erleuchteten), überzeugt unter der Voraussetzung eines Gleichheitsprinzips. (Etwa: »Jeder muß gleichermaßen mit seiner Kritik angehört werden.«)

In den Begriff von einem guten moralischen Grund, der bei der Begründung der fraglichen Moral eine Rolle spielt, gehen also bestimmte normative Voraussetzungen ein. Aber nicht nur das. Es bleiben auch, so ein weiterer Einwand, bestimmte Voraussetzungen der Kritik entzogen. Die Prinzipien dieser Moral des zweifachen Respekts ermöglichen zwar von sich aus über ihre

Operationalisierung im Diskurs eine Kritik. Aber diese Kritik bleibt eine interne, die bestimmte normative Voraussetzungen nicht antastet. Dazu muß man sich bloß einmal die oben konkreter ausgeführten Formen der Kritik vergegenwärtigen.

Diese Kritik, zu der der praktische Diskurs strukturell ermutigt, richtet sich nicht gegen die beiden Prinzipien der fraglichen Moral des zweifachen Respekts. In ihr werden spezifischere Handlungsnormen, als es diese Prinzipien sind, kritisiert, sei es mit dem Argument, daß sie auf Grund stereotypischer Identitätsvorstellungen nicht alle gleichermaßen vor moralischen Verletzungen schützen; sei es mit dem Argument, daß sie in ihrer Begründung(ssprache) nicht gleichermaßen neutral gegenüber der Lebensform einer partikularen Gruppe sind; sei es mit dem Argument, daß die Einhaltung dieser Normen zum Schutz der Integrität aller in einer kommunikativen Lebensform involvierten Subjekte nicht wirklich nötig ist. Alle diese Argumente setzen die Moral des zweifachen universellen Respekts schon voraus. Die beiden Prinzipien dieser Moral sind das, woraufhin für oder gegen bestimmte normative Verhaltenserwartungen im Diskurs argumentiert werden muß. Sie bilden die Maßstäbe, relativ zu denen es moralisch richtig ist, voneinander die Einhaltung bestimmter Handlungsnormen zu verlangen. Die Anerkennung dieser Maßstäbe läßt sich aber nicht wiederum als Ausdruck einer Einsicht begreifen, die auf dem Wege der Entkräftung von gegenseitiger Kritik (virtuell oder tatsächlich) gebildet wird. Denn was als Entkräftung von Kritik gilt, also wogegen es keine guten Gegengründe mehr gibt, wird ja letztlich von diesen Maßstäben festgelegt. Diese Maßstäbe bleiben der Kritik entzogen. Deshalb vermag der Nachweis, daß die Moral des zweifachen universellen Respekts von sich aus Kritik zuläßt, nicht den Anspruch auf epistemische Überlegenheit dieser Moral gegenüber relevanten Alternativen zu rechtfertigen.

Auch im Falle dieser Moral besteht die gemeinsame Basis, auf der überhaupt eine Begründung beginnen kann, aus bestimmten, wenngleich relativ abstrakten Moralprinzipien, die faktisch von bestimmten Subjekten moralischer Verpflichtungen geteilt werden. Die These, daß diese Moral über ihre Operationalisierung im Diskurs dazu anhält, sich in den moralischen Urteilen gegenüber allen anderen »sans phrase« kritisierbar zu halten, überspielt diese faktische Geltungsbasis bloß rhetorisch. Die anderen, gegenüber denen man sich für kritisierbar hält, sind durchaus spezifizierte Andere, nämlich eben alle diejenigen, die faktisch diese Maßstäbe teilen. Rorty hat, so scheint es, recht, wenn er sagt, daß wir letztlich doch das »Menschengeschlecht einteilen in diejenigen, vor denen man seine Überzeugungen rechtfertigen muß, und die übrigen«.[22] Auch die Begründung einer im Diskurs operationalisierten Moral des zweifachen universellen Respekts muß an einer Stelle zum Abbruch kommen, die es verbietet, daß die Urteile dieser Moral besser begründet sind als die anderer relevanter Alternativen. So scheint es jedenfalls. Damit sind wir bei der Frage nach der Reichweite, die die umrissene Begründung moralischer Urteile hat. Diese Frage soll zum Schluß, aber nicht abschließend behandelt werden.

22 Solidarität oder Objektivität, a.a.O., S. 27.

## 10. Die Reichweite der Begründung

Wen kann diese Begründung überzeugen? Die Antwort, die die Einwände am Ende des vorhergehenden Kapitels nahelegten, war: nur diejenigen, die faktisch die beiden basalen Prinzipien einer Moral des universellen zweifachen Respekts teilen. Mit dieser Antwort verändert sich auch der Gegenstand von Begründung. Was begründet wird, sind eigentlich Antworten auf Fragen der Anwendung dieser Moralprinzipien – Fragen danach, welche moralisch-praktischen Fragen legitimerweise entmoralisiert werden können und welche Moralnormen tatsächlich gemäß den beiden Prinzipien vor moralischen Verletzungen schützen, also als Spezifikationen dieser Prinzipien gelten dürfen. Dazu zählt auch die mißtrauische Frage, ob die spezifischeren Moralnormen wirklich Spezifikationen der Moral des *uneingeschränkten* doppelten Respekts sind. Die Prinzipien dieses Respekts aber sind etwas, was als Gegenstand eines faktischen Konsens der Begründung vorausgesetzt ist und deshalb nicht ihrerseits begründet werden kann.

Es gibt hier wenigstens zwei Reaktionsmöglichkeiten. Man kann sich entweder bemühen, diese skeptische Antwort auf die Frage nach der Reichweite der skizzierten Begründung als nicht zwingend zurückzuweisen. Oder man kann sie akzeptieren und versuchen, sie in ihren Folgen zu entdramatisieren. Wer mit Entdramatisierungsversuchen reagiert, wird darauf hinweisen, daß jede Begründung moralischer Urteile Voraussetzungen macht und daß die fragliche Moral auf ziemlich schwachen Voraussetzungen aufbaut. Denn sie läßt relativ viel Kritik zu und trägt so dem Umstand Rechnung, daß diejenigen, für die sie gelten soll, keine der Kritik entzogenen Autoritäten und Evidenzquellen einfach akzeptieren. Unter der Prämisse, daß moralische Regelungen überhaupt unverzichtbar sind, ist eine solche Moral anderen Alternativen überlegen. Denn im Vergleich zu anderen Moralauffassungen wird sie faktisch eine größere Zustimmung unter den Subjekten moralischer Verpflichtungen finden (was auch ein Effekt des Maßes an zugelassener Kritik ist). Allerdings gründet sich jetzt der Anspruch auf Überlegenheit dieser Moral darauf, daß es in Ansehung der absehbaren Folgen, die die allgemeine Befolgung dieser Moral für alle hätte, keine guten Gegengründe gibt, diese mehrheitlich auch einsichtige Moral zurückzuweisen.

Eine Schwierigkeit neben anderen mit diesem Argument ist nun, zu zeigen, daß die abgewogenen Folgen in einer für alle Betroffenen akzeptablen Weise beschrieben werden können. Eine moralisch neutrale Sprache würde dieser Bedingung allgemeiner Zustimmungsfähigkeit sicher genügen. Aber es ist zweifelhaft, ob sie überhaupt die abzuwägenden Folgen beschreiben kann. Denn diese Folgen sind Wirkungen moralisch regulierter Handlungen und insofern zumindest mit so etwas wie institutionellen Fakten verbunden, die in der Beschreibung der Folgen erfaßt werden müssen.[1] Es liegt deshalb nahe, anzunehmen, daß die verlangte Beschreibung einen moralischen Gesichtspunkt impliziert. Wenn man den Anspruch auf eine relative epistemische Überlegenheit einer Moral nicht preisgeben will, so muß es doch einen gemeinsamen moralischen Gesichtspunkt geben, von dem aus die Folgenbeschreibung erfolgt, bzw. der die Übersetzung verschiedener Beschreibungssprachen auf ihre Akzeptabilität hin zu beurteilen erlaubt. Damit büßt die Entdramatisierungsstrategie an Überzeugungskraft ein. Aber sie ist, wie gesagt, nur eine Möglichkeit, die skizzierte Antwort auf die Frage nach der Reichweite der Begründung moralischer Urteile zu behandeln.

Die andere Möglichkeit ist, zuzugeben, daß jede Begründung Voraussetzungen machen muß, und die Konsequenz zu bestreiten, die in der skeptischen Antwort gezogen wird. Diese Möglichkeit soll zum Schluß so weit erläutert werden, daß die Frage nach der Reichweite der Begründung moralischer Urteile zumindest wieder offen ist. Die Idee dabei ist, daß die Art der Voraussetzungen und die Funktion dieser Voraussetzungen in der umrissenen Begründung für die Moral des zweifachen universellen Respekts einsichtig machen, daß sich diese Moral auch in ihren basalen Prinzipien von sich aus der Bewährung aussetzt.

1 Institutionelle Fakten sind Sachverhalte, deren Existenz die Geltung bestimmter Regeln und sozialer Normen für jemanden einschließt. Daß es Geld, Heiraten, Fußballspiele, Versprechen gibt, sind institutionelle Fakten; vgl. J. Searle, *Speech Acts*, Cambridge 1969, S. 50ff.

Das Bedenken, das zu der skeptischen Antwort geführt hat, war, daß die Rechtfertigung einer relativen Überlegenheit dieser Moral einen bestimmten Begriff von guten moralischen Gründen voraussetzt; und daß dieser Begriff wiederum mit Bezug auf die Grundprinzipien dieser Moral definiert wird. Dieser Zirkelverdacht zerstreut sich, wenn man den vorausgesetzten Begriff von guten moralischen Gründen in Verbindung bringt mit der Verwendungssituation, in der moralisch-praktische Sätze als moralische Gründe gebraucht werden.

Die Verwendungssituation ist eine moralisch problematische Handlungssituation. Sie wurde im ersten Teil unserer Untersuchung als ein überpersönlicher, über wechselseitige moralische Verhaltenserwartungen geregelter Interaktionszusammenhang beschrieben, der einen Ausschnitt aus einer kommunikativen Lebensform bildet, in der moralisch verletzbare Wesen involviert sind. Moralische Gründe dienen der Lösung moralischer Probleme. Gute moralische Gründe sind nun solche Gründe, die diese Funktion erfüllen. Sie tun das, indem sie eine Handlungsweise rechtfertigen, die diesen Interaktionszusammenhang auf moralisch unproblematische Weise, also unter Vermeidung oder durch Heilung moralischer Verletzungen fortzusetzen erlauben. Dabei muß die Rechtfertigung eine Rechtfertigung in den Augen all derer sein, die in diesem Interaktionszusammenhang involviert sind. Dieses Erfordernis erklärt sich daraus, daß der moralisch problematisierbare Interaktionszusammenhang ein sinn- und interpretationsvermittelter Handlungszusammenhang ist und als ein solcher, wie wir im zweiten Untersuchungsteil gesehen haben, auf intersubjektiv geteilte Handlungsgründe angewiesen ist, die die Beteiligten selber geben müssen.

Wir können jetzt sehen, daß die These, moralische Gründe seien von allen (und nicht bloß von einigen oder von einer Autorität) infolge der Entkräftung wechselseitiger Kritik als gute Gründe einsehbar, auf die Funktion dieser Gründe zurückgeht. Das gilt auch für das zweite, oben behauptete Merkmal guter moralischer Gründe, nämlich von jedem Subjekt moralischer Verpflichtungen unter Einbezug seiner subjektiven Perspektive als eines unvertretbar Einzelnen einsehbar zu sein. Dieses Merkmal korrespondiert in der Verwendungssituation dem Umstand, daß der über intersubjektiv geteilte Gründe reproduzierte Handlungszusammenhang zwar ein überpersönlicher, aber kein unpersönlicher (rollenförmiger) Interaktionszusammenhang ist. Die Subjekte moralischer Verpflichtungen sind in propria persona engagiert. Wenn sie aufrichtig den an sie gerichteten moralischen Verhaltenserwartungen beipflichten, müssen sie ihre subjektive Perspektive als unvertretbar Einzelne in die Urteilsbildung einbezogen haben. Es ist also die Funktion moralischer Gründe, zu problemlösenden praktischen Begründungen zu führen, von der der moralische Gehalt im vorausgesetzten Begriff des guten moralischen Grundes herrührt. Die Moral des zweifachen universellen Respekts ist nicht einfach der Begründung moralischer Urteile vorausgesetzt. Was in der Skepsis gegenüber der Reichweite einer Begründung für diese Moral als bloß willkürliche Setzung behandelt wird, läßt sich als eine Implikation der Funktion moralisch-praktischer Begründungen überhaupt einsichtig machen.

Natürlich kann man hier geltend machen, daß auch diese Gegenwehr gegen die Skepsis eine bestimmte Beschreibung der Verwendungssituation von Sätzen als moralische Gründe in Anspruch nimmt, die in die Bestimmung der Funktion von moralisch-praktischen Begründungen eingeht. Aber das ist an sich noch kein Einwand. Es erinnert nur daran, daß der Begriff des guten moralischen Grundes in ein ganzes Netz von Begriffen eingespannt ist. Zu diesen Begriffen gehören u. a. ein bestimmter Begriff von moralischen Problemen und komplementär dazu von moralischen Verletzungen, ein Begriff der kommunikativen Lebensform und ein Begriff von einer auf Gründe angewiesenen sinn- und interpretationsvermittelten Interaktion oder Kommunikation. Wenn man einen einzigen Begriff (hier den des guten moralischen Grundes) angreift, muß man einen ganzen Begriffszusammenhang kritisieren. Damit erhöht sich die Beweislast des Opponenten. Er muß sich um eine alternative Konzeptualisierung der Phänomene und Sachverhalte bemühen, die uns – jedenfalls auch – zu unserem ganzen begrifflichen Apparat geführt haben. Dagegen wiegt ein anderer Einwand schwerer, der den Hinweis auf die Funktion von moralisch-praktischen Begründungen aufgreift.

Daß man als Opponent und Proponent einer moralischen Begründung ein bestimmtes, relativ formales Verständnis von guten moralischen Gründen teilen muß, läßt sich vielleicht durch das vorgetragene Argument, das auf die Funktion von solchen Gründen hinweist, einsichtig machen. Aber diese Zone eines durch Einsicht zustande kommenden Einverständnisses darüber, was ein guter Grund in moralischen Fragen ist, bleibt zu schmal, um die Annahme einer letztlich nur faktisch geteilten partikularen Basis von bestimmten Moralprinzipien überflüssig zu machen. Denn dieses formale Verständnis von guten moralischen Gründen schöpft unsere Erfahrungen mit Begründungen nicht aus. Es wird vielmehr gestützt und angereichert von unserer Kenntnis beispielhaft guter Gründe, d.i. von solchen Gründen, die in unseren Augen zu gelungenen Problemlösungen geführt haben.[2] Erst ein materiales Verständnis von guten Gründen leitet uns in unserer problemlösenden Begründungspraxis hinreichend an. Ein solches Verständnis haben wir aber nur mit denjenigen gemeinsam, die kontingenterweise mit uns bestimmte Erfahrungen mit Begründungen teilen. Dieses Verständnis ist in den moralischen Prinzipien enthalten, anhand derer moralisch-praktische Begründungen als gelungene Problemlösungen beurteilt werden. Deshalb ist auch diese Beurteilung immer nur relativ zu einer lokalen Basis von Überzeugungen, die als faktisch geteilte vorausgesetzt werden müssen.

Dieser Einwand gründet auf einer Annahme, aus der eine bestimmte Konsequenz gezogen wird. – Die Kritik an dieser Schlußfolgerung macht verständlicher, in welchem Sinn man sagen kann, daß sich die Moral des universellen, zweifachen Respekts in der Entkräftung von Kritik bewähren kann. Die Annahme ist, daß es keine von moralischen Überzeugungen unabhängigen moralischen Tatsachen gibt, die diese Überzeugungen wahr oder falsch machen bzw. moralische Prinzipien als legitim oder illegitim ausweisen. Aber die Konsequenz, daß wir

2 Ein ähnliches Argument, bezogen auf die Art von Gemeinsamkeiten zwischen (Forschungs-)Traditionen, findet sich bei MacIntyre, vgl. *Three Rival Versions of Moral Enquiry*, Notre Dame 1990, S. 117; ders., *Whose Justice?*, a.a.O., S. 348. – Bemerkt sei allerdings, daß MacIntyre daraus keine relativistischen Konsequenzen ziehen möchte, vgl. ebd., S. 366. – Zu Bedenken gegen die Tragfähigkeit eines formalen Verständnisses von guten Gründen vgl. a. B. Peters, *Recht, Rationalität und Gesellschaft*, a.a.O., Kap. VII.

unsere Erfahrungen mit moralischen Problemen und den darauf bezogenen Begründungen nur an *je unsere* tiefsten Überzeugungen assimilierend verarbeiten, die ihrerseits gegen jedwede Bewährung immun bleiben, ist nicht zwingend. Denn die Alternative zwischen einem Reich moralischer Tatsachen oder unserem lokalen Überzeugungssystem als Kandidaten für eine Bewährungsinstanz moralischer Überzeugungen ist keine vollständige Alternative. Das wird deutlicher, wenn man auf die Situation achtet, in der wir die Sätze, die unsere moralischen Überzeugungen ausdrücken, zum Ausdruck moralischer Aufforderungen und zur Rechtfertigung dieser Aufforderung gegenüber anderen verwenden.

Man beschreibt diese Konstellation unzutreffend, wenn man sie als die Situation schildert, in der wir: ich und du (nicht auch sie) durch eine von anderen bevölkerte Welt wie durch ein Gestrüpp durchkommen müssen.[3] Sie ist vielmehr die Situation, in der wir: ich und du *und* sie in unserem unvermeidlichen Zusammenleben miteinander zurechtkommen müssen. Der Unterschied liegt in den jeweiligen Maßstäben für das Durchkommen und das Miteinander-Zurechtkommen. »Durchkommen« und »Miteinander-Zurechtkommen« bezeichnen Formen, in denen sich praktische Überzeugungen bewähren. Praktische Überzeugungen bewähren sich anhand von handlungsvermittelten Erfahrungen. Nun sind Erfahrungen stets konzeptuell verarbeitet; sie sind – kantianisch gesprochen – begriffene Anschauungen. Sie verweisen auf tieferliegende (Hintergrund-)Überzeugungen. Daß sich unsere praktischen Überzeugungen bewähren, heißt genauer, daß sie ein Handeln motivieren, mit dem wir Erfahrungen machen, die es uns erlauben zu sagen, daß diese Überzeugungen mit anderen, tiefer liegenden Überzeugungen zusammenpassen. Diese tiefer liegenden oder zentraleren Überzeugungen liefern die rechtfertigenden Gründe fürs Handeln. Sie bilden die Bewährungsinstanzen oder Maßstäbe für das Durchkommen und das Miteinander-Zurechtkommen. Der

3 Rorty spricht davon, »to cope with the (...) universe«, bzw. davon, »mit dem (...) Universum fertig zu werden«, vgl. *Philosophy and the Mirror of Nature*, Princeton 1979, S. 286; dt. *Der Spiegel der Natur*, Frankfurt am Main 1981, S. 314. – Für das Folgende haben mir Nachfragen von Thomas Schäfer besonders geholfen.

Punkt ist jetzt der, daß im Fall eines moralisch beurteilbaren Miteinander-Zurechtkommens die maßstabsbildenden Überzeugungen intersubjektiv geteilte Rechtfertigungsgründe für ein komplementäres Zusammenhandeln sein müssen. Im Unterschied zum Durchkommen ist der moralische Maßstab für das Miteinander-Zurechtkommen zumindest dem Anspruch nach notwendigerweise ein intersubjektiv geteilter. Diese Anforderung verbietet es zu sagen, was für mich oder für uns als der einen Seite als Miteinander-Zurechtkommen gilt, muß nicht einmal dem Anspruch nach auch für die andere Seite (für sie) gelten. (Und vice versa.) Deshalb ist ja die Erfahrung, daß der Maßstab der einen Seite für ein solches Zurechtkommen von der anderen Seite faktisch nicht geteilt wird, Bestandteil der moralischen Erfahrung, daß wir miteinander nicht zurechtkommen. Eine Bewährungsinstanz für praktische Überzeugungen oder ein Maßstab für dieses Zurechtkommen ist eine lokale Instanz, wenn sie nur für uns, nicht auch für sie als Bewährungsinstanz zu gelten hat. In diesem Sinn kann im Fall der Moral der Maßstab für das Miteinander-Zurechtkommen kein lokaler Maßstab sein. Wenn wir die Annahme eines Reichs moralischer Tatsachen verwerfen und sagen, daß Bewährungen moralischer Überzeugungen immer Bewährungen *für uns* sind, dann darf sich »wir« nicht bloß auf die Gesamtheit derer beziehen, die einen lokalen Maßstab für Bewährung teilen. Die Bewährung moralischer Überzeugungen kann nicht bloß als ein erfolgreiches, erfahrungsvermitteltes Zusammenweben dieser Überzeugungen mit zentraleren Überzeugungen verstanden werden, die nur wir (als eine solche Gesamtheit) haben.

Natürlich folgt daraus, daß der Maßstab für unser Miteinander-Zurechtkommen über-lokal sein muß, nicht schon, daß es einen solchen Maßstab geben kann. Dies ist eine Schwierigkeit, die ich hier nicht wirklich ausräumen kann. Nehmen wir an, diese Schwierigkeit sei gelöst! Dann bleibt immer noch die Frage offen, wie man sinnvollerweise sagen kann, daß die maßstabsbildenden Überzeugungen ihrerseits einer Bewährung ausgesetzt werden. Man könnte allenfalls sagen, daß sie etwas sind, was faktisch von all denjenigen geteilt wird, die nicht bloß durch die Welt kommen wollen, auf welche Art und Weise auch immer. Aber dieser Konsens wäre keiner, den eine Einsicht stabilisieren würde, die sich auch in Ansehung einer Bewährung dieser maßstabsbildenden Grundüberzeugungen gebildet hätte. Das faktische Teilen dieser Überzeugungen trüge dann Züge einer glücklichen, kontingenten Konstellation von Motiven, Traditionen, Gewohnheiten und fehlenden Anlässen, diese Überzeugungen in Frage zu stellen.[4]

Hier muß man sich nun vergegenwärtigen, worin diese Grundüberzeugungen bestehen. Im Rahmen eines Begründungsversuchs der Moral des zweifachen universellen Respekts bestehen sie in zwei Überzeugungen: Erstens, daß sich unser Miteinander-Zurechtkommen in einem zwar nicht konfliktlosen, aber gewaltfreien Zusammenleben zeigt; und zweitens, daß die Regelungen, die zu einem solchen gewaltfreien Zusammenleben gehören, moralische Normen sind, die von allen übereinstimmend als unverzichtbar für ein solches Zusammenleben anerkannt werden, und zwar ohne die Zumutung einer Konversion und als Resultat einer Entkräftung von Kritik im Diskurs. Das ist nur eine andere Formulierung für die Moral des zweifachen universellen Respekts *unter der Voraussetzung*, daß diejenigen, die gewaltfrei zusammenleben sollen, solche sind, die miteinander zusammenleben müssen (nicht wollen) und die ihr Zusammenleben eigenverantwortlich reproduzieren müssen. Die Überzeugungen, die für das Zurechtkommen den Maßstab bilden, haben also die beiden Grundsätze dieser Moral zum Inhalt. Das Teilen dieses Maßstabes ist nun durchaus mit einer Einsicht in seine Legitimität verbunden, die sich als Erfahrung seiner Bewährung bildet.

Denn zumindest das Verständnis dieser Grundsätze und Gründe, wie es sich auf der Ebene der Sätze ausdrückt, läßt sich auf der Ebene des Argumentierens oder Begründungshandelns, auf der diese Sätze gebraucht werden, reformulieren. Diese Revisionsmöglichkeit ist keine bloß zufällige Gelegenheit. Sie ist von den Prinzipien einer Moral des zweifachen universellen Respekts vorgesehen. Auf eine Form dieser von den Prinzipien

4 Ähnlich dem, was Rawls einen Modus vivendi im Unterschied zu einem sich überlappenden Konsens nennt, vgl. Rawls, Der Gedanke eines übergreifenden Konsenses, in: ders., *Die Idee des politischen Liberalismus*, Frankfurt am Main 1992, S. 309f.; vgl. a. ders., *Political Liberalism*, New York 1993, S. 147ff.

selbst gesteuerten Revision der Sätze, in denen sie formuliert werden, sind wir schon im zweiten Teil unserer Untersuchung gestoßen (S. 203 ff.). Dort habe ich die Korrektur von stereotypen Integritätsbedingungen für moralisch verletzbare Lebewesen als das Zusammenspiel der beiden Grundformen des moralischen Respekts dargestellt. Diese Korrektur vollzieht sich in einer Kritik an den generischen Beschreibungen der Objekte moralischer Verpflichtungen, die in den Normsätzen enthalten sind. Eine andere Dimension der Revision ist die Korrektur der typisierenden Beschreibungen der Subjekte moralischer Verpflichtungen in den Normsätzen. Diese Korrektur wird von Erfahrungen des moralischen Rigorismus und der moralischen Überforderung angestoßen, die erst unter der Voraussetzung eines Respekts als unvertretbar Einzelner zu einem relevanten Revisionsanlaß wird.

Die Idee ist also, daß die Moral des universellen zweifachen Respekts ihre basalen Prinzipien, soweit diese in Form von (Aufforderungs-)Sätzen dargestellt werden, noch einmal einer Bewährung in einem diskursförmigen Streit der Interpretationen aussetzt, den sie selbst durch ihre Prinzipien auf der pragmatischen Ebene der Verwendung dieser Sätze ermöglicht. Wenn man eine solche Moral praktische Vernunft nennt, könnte man mit Rawls hier von einer prozeduralen Repräsentation der moralisch-praktischen Vernunft sprechen.[5] Die so verstandene moralisch-praktische Vernunft wird nicht bloß dargestellt von Sätzen, mit denen wir rechtfertigende Gründe geben, sondern auch noch einmal von einem Prozeß der diskursförmigen Auseinandersetzung darüber, wie gut diese Sätze ihre Funktion erfüllen, moralisch-praktische Gründe zu sein. Das für alle Subjekte moralischer Verpflichtungen akzeptable, minimale Verständnis von solchen Gründen, wie es im Diskurs zur Geltung gebracht werden soll, wirkt als eine Art Korrektiv. Das materiale, erfahrungsabhängige Verständnis von guten moralischen Gründen muß keineswegs geleugnet werden; aber soweit es sich

5 Vgl. J. Rawls, *Political Liberalism*, a.a.O., S. 102. – Wellmers Unterscheidung zwischen einer Ethik des Dialogs, in der ein Moralprinzip dialogförmig angewendet wird, und einer dialogischen Ethik, »in der ein Dialogprinzip *an die Stelle* des Moralprinzips tritt«, wäre dann zu stark, vgl. *Ethik und Dialog*, a.a.O., S. 48.

in solchen Sätzen artikuliert, kann es auch kritisiert werden. Wenn sich diese Idee einer prozeduralen Repräsentation der moralisch-praktischen Vernunft halten ließe, hätte Rorty nur zur Hälfte recht. Es ist schon so, daß wir Einteilungskriterien verwenden, die die Klasse der relevanten Opponenten unserer Überzeugungen definieren. Aber auch diese Kriterien können noch einem Streit der Interpretation ausgesetzt sein, den wir nicht als Problem der Auslegung jeweils bloß unserer lokalen Maßstäbe verstehen dürfen.

Allerdings muß ein Punkt zugestanden werden: Die Kritik, in deren Entkräftung sich die Grundsätze dieser Moral sinnvollerweise bewähren können und sich so gegenwärtig als vernünftigerweise nicht zurückweisbar erweisen können, bleibt auf eine Kritik an einem bestimmten *satzförmig* ausgedrückten Verständnis dieser Grundsätze beschränkt. Insofern wird man sagen müssen, daß diese Grundsätze, die alle moralisch verletzbaren und handlungsmächtigen Lebewesen wechselseitig auf einen gerechten und solidarischen Umgang miteinander kategorisch verpflichten, weder konstruiert noch entdeckt, sondern interpretiert werden. Es scheint so, daß diese Grundformen des moralischen Respekts als von allen Subjekten moralischer Verpflichtungen geteilte Grundsätze vorausgesetzt werden müssen, damit ein Höchstmaß an Einsicht in die Legitimität dieser Verpflichtungen durch Entkräftung von Kritik geschaffen wird. Man könnte hier von einer epistemisch fruchtbaren Spannung von Dissens und präsupponiertem Konsens in moralischen Fragen sprechen – oder gar von einer Dialektik der moralisch-praktischen Vernunft. Aber »Dialektik« ist der Name für ein anderes Thema und auch so ein großes Wort, das einen langen Schatten wirft, in dem zu vieles im Dunkeln bleibt.

# Literaturverzeichnis

Ackerman, Bruce, Social Justice in the Liberal State, New Haven 1980.

– Why Dialogue?, in: The Journal of Philosophy 86 (1989), S. 5-22.

Ackrill, John L., Aristotle on Eudaimonia (1974), wieder in: A. O. Rorty (Hg.), Essays on Aristotle's Ethics, Berkeley 1980.

– Aristotle on Action, in: ebd.

Alexy, Robert, Theorie der juristischen Argumentation. Die Theorie des rationalen Diskurses als Theorie der juristischen Begründung, Frankfurt am Main 1983.

– Nachwort (1991): Antwort auf einige Kritiker, in: ders., Theorie der juristischen Argumentation, Neuauflage Frankfurt am Main 1991.

– Theorie der Grundrechte, Frankfurt am Main 1986.

– Probleme der Diskurstheorie, in: Zeitschrift für philosophische Forschung 43 (1989), S. 81-93.

Allen, Richard E., Law and Justice in Plato's Crito, in: Journal of Philosophy 69 (1972), S. 557-567.

Alston, William P., Moral Attitudes and Moral Judgements, in: Noûs 2 (1968), S. 1-23.

– Emotion and Feeling, in: Encyclopedia of Philosophy, Band 2, ed. P. Edwards, New York/London 1967, S. 479-486.

Anscombe, Elizabeth, Modern Moral Philosophy (1958), wieder in: dies., Ethics, Religion and Politics. Phil. Papers III, Oxford 1981.

– Intention, 2. Aufl. Oxford 1963.

– Under a Description (1979), wieder in: dies., Metaphysics and the Philosophy of Mind. Phil. Papers II, Oxford 1981.

Apel, Karl-Otto, Das Apriori der Kommunikationsgemeinschaft und die Grundlagen der Ethik, in: ders., Transformation der Philosophie, Band 2, Frankfurt am Main 1973.

– Der Denkweg von Ch. S. Peirce. Eine Einführung in den amerikanischen Pragmatismus, Frankfurt am Main 1975.

– Das Problem der philosophischen Letztbegründung im Lichte einer transzendentalen Sprachpragmatik: Versuch einer Metakritik des ›Kritischen Rationalismus‹, in: B. Kanitschneider (Hg.), Sprache und Erkenntnis. Festschrift G. Frey, Innsbruck 1976.

– Sprechakttheorie und transzendentale Sprachpragmatik zur Frage ethischer Normen, in: ders. (Hg.), Sprachpragmatik und Philosophie, Frankfurt am Main 1976.

– Artikel »Begründung« in: H. Seiffert (Hg.), Handlexikon der Wissenschaftstheorie, München 1982.
– Grenzen der Diskursethik? Versuch einer Zwischenbilanz, in: Zeitschrift für philosophische Forschung 40 (1986), S. 3-31.
– Fallibilismus, Konsenstheorie der Wahrheit und Letztbegründung, in: Forum für Philosophie Bad Homburg (Hg.), Philosophie und Begründung, Frankfurt am Main 1987.
– Diskurs und Verantwortung, Frankfurt 1988.
Apel, Karl-Otto/Matthias Kettner (Hg.), Zur Anwendung der Diskursethik in Politik, Recht und Wissenschaft, Frankfurt am Main 1992.
Aristoteles, Über die Seele, übers. von W. Theiler, in: Aristoteles. Werke in dt. Übersetzung, Band 13, hg. von H. Flashar, 7., gegenüber der 3. Aufl. unv. Auflage, Berlin 1986.
– De Anima, Books II and III, tr. D. W. Hamlyn, Oxford 1978.
– Nikomachische Ethik, übers. und komm. von F. Dirlmeier, in: Aristoteles. Werke in dt. Übersetzung, Band 6, hg. von H. Flashar, 8., gegenüber der 6. Aufl. unv. Auflage, Berlin 1983.
– Topica, griech.-engl. Ausg., übers. u. hg. von E. S. Forster, Cambridge, Mass. 1960.
– Kategorien, übers. u. erl. von K. Oehler, in: Aristoteles. Werke in dt. Übersetzung, Band 1/1, hg. von H. Flashar, 2. Aufl. Berlin 1986.
– Rhetorik, übers. von F. G. Sieveke, 2. Aufl. München 1987.
– Aristotle's ›Categories‹ and ›De Interpretatione‹, tr. J. L. Ackrill, 8. Aufl. Oxford 1985.
Austin, John L., Gesammelte philosophische Aufsätze, Stuttgart 1986.
Baier, Anette, The Need for More Than Justice, in: Canadian Journal of Philosophy, Suppl. Vol. 13 (1986), S. 41-56.
Baier, Kurt, Der Standpunkt der Moral, Düsseldorf 1974.
Baker, Gordon P./Peter M. S. Hacker, Wittgenstein: Rules, Grammars and Necessity, Oxford 1985.
Beck, Lewis W., Agent, Actor, Spectator and Critic, in: The Monist 49 (1964), S. 167-181.
Benhabib, Seyla, The Generalized and the Concrete Other. The Kohlberg-Gilligan Controversy in Moral Theory, in: E. F. Kittay/D. Meyers (Hg.), Women and Moral Theory, Totowa 1987.
– Liberal Dialogue Versus a Critical Theory of Discursive Legitimation, in: N. Rosenblum (Hg.), Liberalism and the Moral Life, Cambridge, Mass. 1989.
– Situating the Self. Gender, Community and Postmodernism in Contemporary Ethics, Cambridge 1992.
Bentham, Jeremy, An Introduction to the Principles of Morals and

Legislation, in: The Works of J. Bentham, Band I, ed. J. Bowring, New York 1962.
Benvéniste, Émile, Problèmes de la linguistique générale, Vol. I, Paris 1966 (darin ch. XVIII, XX, XXI).
Berlin, Isaiah, Two Concepts of Liberty, in: ders., Four Essays on Liberty, Oxford 1984.
– John Stuart Mill and the Ends of Life, in: ebd.
Bittner, Rüdiger, Moralisches Gebot oder Autonomie, Freiburg/München 1983.
– Is it Reasonable to Regret Things We Did?, in: Journal of Philosophy 89 (1992), S. 262-273.
Brandt, Reinhard, Freiheit, Gleichheit, Selbständigkeit bei Kant, in: Die Ideen von 1789 in der deutschen Rezeption, hg. vom Forum für Philosophie Bad Homburg, Frankfurt am Main 1989.
Brink, David, Utilitarian Morality and the Personal Point of View, in: Journal of Philosophy 83 (1986), S. 417-438.
– Moral Realism and the Foundation of Ethics, Cambridge 1989, S. 262 ff., S. 273 ff.
Brumlik, Micha, Gemeinsinn und Urteilskraft, Diss. Frankfurt 1977.
– Advokatorische Ethik. Zur Legitimation pädagogischer Eingriffe, Bielefeld 1992.
Bubner, Rüdiger, Das Gute in der Aristotelischen Metaphysik, in: ders., Antike Themen und ihre moderne Verwandlung, Frankfurt am Main 1992.
Cohen, M. (Hg.), R. Dworkin and Contemporary Jurisprudence, London 1983.
Daniels, Norman (Hg.), Reading Rawls. Critical Studies on Rawls' ›A Theory of Justice‹, Oxford 1983.
– On some Methods of Ethics and Linguistic, in: Philosophical Studies 37 (1980), S. 21-36.
– Reflective Equilibrium and Archimedean Points, in: Canadian Journal of Philosophy 10 (1980), S. 83-103.
Davidson, Donald, Inquiries into Truth and Interpretation, Oxford 1984; dt. ›Wahrheit und Interpretation‹, Frankfurt am Main 1986.
– The Social Aspect of Language, Ms. 1991.
Dijksterhuis, E. J., Die Mechanisierung des Weltbildes, Berlin 1956.
Dillon, Robin S., Respect and Care: Toward Moral Integration, in: Canadian Journal of Philosophy 22 (1992), S. 105-132.
Dilthey, Wilhelm, Der Aufbau der geschichtlichen Welt in den Geisteswissenschaften, Frankfurt am Main 1981.
Dretske, Fred, The Pragmatic Dimension of Knowledge, in: Philosophical Studies 40 (1981), S. 363-378.
Dummett, Michael, Truth and Other Enigmas, London 1978.

– Ursprünge der analytischen Philosophie, Frankfurt am Main 1988.
Dworkin, Gerald, The Theory and Practice of Autonomy, Cambridge 1988.
Dworkin, Ronald, Bürgerrechte ernstgenommen, Frankfurt am Main 1984.
– A Matter of Principle, Oxford 1986.
– Law's Empire, London 1986.
– Liberal Community, in: California Law Review 77 (1989), S. 479-504.
– Foundations of Liberal Equality, MS 1990.
Edelstein, Wolfgang/Gertrud Nunner-Winkler (Hg.), Zur Bestimmung der Moral. Philosophische und sozialwissenschaftliche Beiträge zur Moralforschung, Frankfurt am Main 1986.
Evans, Gareth, The Varieties of Reference, Oxford 1982.
Feinberg, Joel, Rights, Justice, and the Bounds of Liberty. Essays in Social Philosophy, Princeton 1980.
Fink-Eitel, Hinrich, Affekte. Versuch einer philosophischen Bestandsaufnahme, in: Zs. f. phil. Forschung 40 (1986), S. 520-542.
Firth, Roderick, Ethical Absolutism and the Ideal Observer, in: Philosophy and Phenomenological Research 12 (1952), S. 317-345.
Foot, Philippa, Virtues and Vices, Oxford 1978.
– Utilitarianism and the Virtues, in: S. Scheffler (Hg.), Consequentialism and its Critics, a. a. O.
Frank, Manfred, Die Unhintergehbarkeit von Individualität, Frankfurt am Main 1986.
Frankena, William K., The Naturalistic Fallacy, in: Mind 48 (1939), S. 465-477.
– Obligation and Motivation in Recent Moral Philosophy, in: A. J. Melden (Hg.), Essays in Moral Philosophy, Seattle/London 1958.
– Analytische Ethik, München 1972.
Frankfurt, Harry, The Importance of What We Care About. Philosophical Essays, Cambridge 1988.
Fricke, Christel, Kants Theorie des reinen Geschmacksurteils, Berlin 1990.
Fulda, Hans-Friedrich, Überlegungen zu einer Theorie des kommunikativen Handelns, Ms. o. J.
Gadamer, Hans-Georg, Hermeneutik als praktische Philosophie, in: M. Riedel (Hg.), Rehabilitierung der praktischen Philosophie, Band I, Freiburg 1972.
– Wahrheit und Methode, Nachdruck d. 3. erw. Auflage, Tübingen 1975.
– Die Idee des Guten zwischen Plato und Aristoteles, Heidelberg 1978.

– Platos dialektische Ethik, Neudruck der Auflage von 1931, Hamburg 1983.
– Praktisches Wissen (1930), wieder in: ders., Gesammelte Werke, Band 5: Griechische Philosophie I, Tübingen 1985.
– Über die Möglichkeiten einer philosophischen Ethik (1963), wieder in: ders., Gesammelte Werke, Band 4: Neuere Philosophie II, Tübingen 1987.
Gallie, William B., Essentially Contested Concepts, in: Proceedings of the Aristotelian Society 46 (1955-1956), S. 167-198.
Geach, Peter, Good and Evil, in: Analysis 17 (1956), S. 33-42.
– Assertion (1965), wieder in: ders., Logic Matters, Oxford 1972.
Gert, Bernard, The Moral Rules. A New Rational Foundation for Morality, New York 1973; dt. ›Die moralischen Regeln. Eine neue rationale Begründung der Moral‹, Frankfurt am Main 1983.
– Morality. A New Justification of the Moral Rules, New York/Oxford 1988 (= Neuausgabe von ›The Moral Rules‹).
Gilligan, Carol, Die andere Stimme. Lebenskonflikte und Moral der Frau, München 1984.
– Moral Orientation and Moral Development, in: E. F. Kittay/D. T. Meyers (Hg.), Women and Moral Theory, Totowa 1987, S. 19-33.
Gilligan, C./G. Wiggins, The Origins of Morality in Early Childhood Relationships, in: C. Gilligan/J. V. Ward/J. McLean Taylor (Hg.), Mapping the Moral Domain. A Contribution of Women's Thinking to Psychological Theory and Education, Cambridge, Mass. 1988, S. 111-138; dt. in: H. Nagl-Docekal/H. Pauer-Studer (Hg.), ›Jenseits der Geschlechtermoral‹, Frankfurt am Main, im Erscheinen.
Golden, James L., The Universal Audience Revisited, in: J. L. Golden/J. J. Pilotta (Hg.), Practical Reasoning in Human Affairs, Dordrecht 1986.
Goldman, Alan H., Moral Knowledge, London/New York 1988.
Goldman, Alvin I., Epistemology and the Theory of Problem Solving, in: Synthese 55 (1983), S. 21-48.
Goodin, Richard E., Protecting the Vulnerable. A Reanalysis of Our Social Responsibilities, Chicago/London 1985.
Goodman, Nelson, Languages of Art, 2. Auflage, Indianapolis 1976.
– Weisen der Welterzeugung, Frankfurt am Main 1984.
Gouldner, Alvin, Reziprozität und Autonomie, Frankfurt am Main 1984.
Grandy, Richard, Reference, Meaning, and Belief, in: Journal of Philosophy 70 (1973), S. 439-452.
Günther, Klaus, Der Sinn für Angemessenheit, Frankfurt am Main 1988.

– Ein normativer Begriff der Kohärenz, in: Rechtstheorie 20, 1984.
Habermas, Jürgen, Technik und Wissenschaft als Ideologie, Frankfurt am Main 1968.
– Erkenntnis und Interesse, Frankfurt am Main 1968, Neuausgabe 1973.
– Zur Logik der Sozialwissenschaften, Frankfurt am Main 1970, erw. Aufl. 1982.
– Zur Rekonstruktion des Historischen Materialismus, Frankfurt am Main 1976.
– Theorie des kommunikativen Handelns, 2 Bände, Frankfurt am Main 1981.
– Moralbewußtsein und kommunikatives Handeln, Frankfurt am Main 1985.
– Reply to Skjei, in: Inquiry 28 (1985), S. 105-113.
– Vorstudien und Ergänzungen zur Theorie des kommunikativen Handelns, Frankfurt am Main 1984.
– Der philosophische Diskurs der Moderne, Frankfurt am Main 1985.
– Nachmetaphysisches Denken, Frankfurt am Main 1988.
– Texte und Kontexte, Frankfurt am Main 1991.
– Erläuterungen zur Diskursethik, Frankfurt am Main 1991.
– Faktizität und Geltung. Beiträge zur Diskurstheorie des Rechts und des demokratischen Rechtsstaates, Frankfurt am Main 1992.
Hampshire, Stuart, Thought and Action, New York 1960.
– (Hg.), Private and Public Morality, Cambridge 1978.
– Morality and Conflict, Cambridge, Mass. 1984.
Hardie, W. F. R., Aristotle's Ethical Theory, 2. Aufl. Oxford 1980.
Hare, Richard M., Descriptivism (1963), wieder in: ders., Essays in Moral Concepts, London 1972.
– The Language of Morals, Oxford 1952; dt. ›Die Sprache der Moral‹, Frankfurt am Main 1983.
– Freedom and Reason, Oxford 1962; dt. ›Freiheit und Vernunft‹, Frankfurt am Main 1983.
– Moral Thinking. Its Levels, Method and Point. Oxford 1981; dt. ›Moralisches Denken‹, Frankfurt am Main 1992.
– Ontology in Ethics, in: T. Honderich (Hg.), Morality and Objectivity, a. a. O.
– Utilitarianism and Ethical Theory, in: A. Sen/B. Williams (Hg.), Utilitarism and Beyond, Cambridge 1982.
– Essays in Ethical Theory, Oxford 1989.
– Könnte Kant ein Utilitarist gewesen sein?, Ms. 1988.
Harman, Gilbert, Change in View. Principles of Reasoning, Cambridge, Mass. 1986.

– »Is there a Single True Morality?«, in: M. Krausz (Hg.), Relativism. Interpretation and Confrontation, Notre Dame 1989.

Hart, Herbert L. A., Der Begriff des Rechts, Frankfurt 1973.

– Are there any Natural Rights? (1955), wieder in: J. Waldron (Hg.), Theories of Rights, a.a.O.

– Essays in Jurisprudence and Philosophy, Oxford 1983.

Heal, Jane, Common Knowledge, in: Philosophical Quarterly 111 (1978), S. 116-131.

Hegel, Georg Wilhelm Friedrich, Grundlinien der Philosophie des Rechts (1821), hg v. J. Hoffmeister, unv. Nachdruck der vierten Auflage von 1955, Hamburg 1967.

– Phänomenologie des Geistes, in: Hegel, Werke in zwanzig Bänden, hg. von E. Moldenhauer und K. M. Michel, Band 3, Frankfurt am Main 1970.

– Wissenschaft der Logik, herausgegeben v. G. Lasson, 2. Teil, Hamburg 1975.

– Enzyklopädie der philosophischen Wissenschaften im Grundrisse (1830). Erster Teil. Die Wissenschaft der Logik. Mit den mündlichen Zusätzen, in: Werke in zwanzig Bänden, a.a.O., Band 8.

– Enzyklopädie der philosophischen Wissenschaften im Grundrisse (1830). Dritter Teil. Die Philosophie des Geistes. Mit den mündlichen Zusätzen, in: Werke in zwanzig Bänden, a.a.O., Band 10.

– Über die wissenschaftlichen Behandlungsarten des Naturrechts, seine Stelle in der praktischen Philosophie, und sein Verhältnis zu den positiven Rechtswissenschaften, in: Hegel, Jenaer Kritische Schriften (II), neu herausgegeben von H. Brockard und H. Buchner, Hamburg 1983.

Henrich, Dieter, Der Begriff der sittlichen Einsicht und Kants Lehre vom Faktum der Vernunft (1960), wieder in: G. Prauss (Hg.), Kant, Köln 1973.

– Hutcheson und Kant, in: Kant-Studien 49 (1957/58), S. 49-69.

– Selbstverhältnisse. Gedanken und Auslegungen zu den Grundlagen der klassischen deutschen Philosophie, Stuttgart 1982.

– Über Kants früheste Ethik. Versuch einer Rekonstruktion, in: Kant-Studien 54 (1963), S. 404-431.

– Die Deduktion des Sittengesetzes. Über die Gründe der Dunkelheit des letzten Abschnittes von Kants ›Grundlegung zur Metaphysik der Sitten‹, in: Denken im Schatten des Nihilismus. Festschrift für W. Weischedel, Darmstadt 1975.

– Kontexte der Autonomie. Über einige Voraussetzungen der Verstehbarkeit von Rechten des Menschen, in: ders., Ethik zum nuklearen Frieden, Frankfurt am Main 1990.

Herman, Barbara, Mutual Aid and Respect for Persons, in: Ethics 94 (1984), S. 577-602.

Höffe, Otfried, Politische Gerechtigkeit, Frankfurt am Main 1987.

– Kategorische Rechtsprinzipien, Frankfurt am Main 1990.

– Transzendentale Interessen: Zur Anthropologie der Menschenrechte, in: W. Kerber (Hg.), Menschenrechte und kulturelle Identität, München 1991.

– (Hg.), Grundlegung zur Metaphysik der Sitten. Ein kooperativer Kommentar, Frankfurt am Main 1989.

Honderich, Ted (Hg.), Morality and Objectivity, London 1985.

Honneth, Axel, Kampf um Anerkennung. Zur moralischen Grammatik sozialer Konflikte, Frankfurt am Main 1992.

– Integrität und Mißachtung. Grundmotive einer Moral der Anerkennung, in: Merkur 501 (1990), S. 1043-1054.

Honneth, Axel/Hans Joas (Hg.), Kommunikatives Handeln. Beiträge zu Jürgen Habermas' ›Theorie des kommunikativen Handelns‹, Frankfurt am Main 1986.

Honneth, A. et al. (Hg.), Zwischenbetrachtungen: Im Prozeß der Aufklärung, Frankfurt am Main 1989.

Humboldt, Wilhelm von, Ideen zu einem Versuch, die Grenzen der Wirksamkeit des Staates zu bestimmen, Stuttgart 1987.

Hume, David, Enquiries Concerning the Human Understanding and Concerning the Principles of Morals, ed. L. A. Selby-Bigge, third edition with text revised and notes by P. H. Nidditch, Oxford 1975.

Husserl, Edmund, Logische Untersuchungen, Band I, 5. Auflage Tübingen 1968.

Hutcheson, Francis, An Essay on the Nature and Conduct of the Passions and Affections, with Illustrations upon the Moral Sense, in: Collected Works of Francis Hutcheson, Facsimile Editions prepared by B. Fabian, Vol. II, reprographischer Nachdruck der Ausgabe London 1728, Hildesheim 1971; dt. Teilübersetzung unter dem Titel ›Erläuterungen zum moralischen Sinn‹, übers. u. hg. v. J. Buhl, Stuttgart 1984.

Jellinek, Georg, System der subjektiven öffentlichen Rechte, 2. Neudruck der 2. Auflage von 1919, Aalen 1979.

Joas, Hans, Praktische Intersubjektivität. Die Entwicklung des Werkes von G. H. Mead, 2. Aufl. Frankfurt am Main 1989.

Kahn, Charles, Sensation and Consciousness in Aristotle's Psychology, in: Jonathan Barnes/M. Schofield/R. Sorabji (Hg.), Articles on Aristotle. Vol. 4: Psychology and Aesthetics, London 1979.

Kambartel, Friedrich, Philosophie der humanen Welt. Abhandlungen, Frankfurt am Main 1989.

Kant, Immanuel, Kritik der reinen Vernunft, in: Werkausgabe in zwölf Bänden, Band 3/4 hg. v. W. Weischedel, Frankfurt/M. 1968.
– Grundlegung zur Metaphysik der Sitten, in: Werkausgabe in zwölf Bänden, a.a.O., Band 7.
– Kritik der praktischen Vernunft, in: Werkausgabe in zwölf Bänden, a.a.O., Band 7.
– Metaphysik der Sitten, hg. v. K. Vorländer, Hamburg 1966.
– Über den Gemeinspruch: Das mag in der Theorie richtig sein, taugt aber nicht für die Praxis, in: Werkausgabe in zwölf Bänden, a.a.O., Band 11.
– Kritik der Urteilskraft, hg. v. K. Vorländer, Hamburg 1974 (= unv. Nachdruck d. 6. Aufl. v. 1924).
– Vorlesungsnachschrift ›Moral Mrongovius‹ in: Kant, Akademie-Ausgabe, Band XXVII, 4. Abteilung, Vorlesungen. Vierter Band. Zweite Hälfte. Zweiter Teil, Berlin 1979.
Kapp, Ernst, Der Ursprung der Logik bei den Griechen, Göttingen 1965.
Kenny, Anthony, Action, Emotion and Will, London 1963.
Kierkegaard, Sören, Entweder – Oder, hg. von W. Diem/W. Rest, München 1975.
– Die Krankheit zum Tode, in: Kierkegaard. Werkausgabe Band I, hg. von E. Hirsch/H. Gerdes, Düsseldorf/Köln 1971.
Köhl, Harald, Kants Gesinnungsethik, Berlin 1990.
Kohlberg, Lawrence, Essays on Moral Development. Vol. I: The Philosophy of Moral Development, San Francisco 1981.
Kohlberg, L./D. R. Boyd/Ch. Levine, Die Wiederkehr der sechsten Stufe: Gerechtigkeit, Wohlwollen und der Standpunkt der Moral, in: Edelstein/Nunner-Winkler (Hg.), Zur Bestimmung der Moral, a.a.O.
König, Josef, Der Begriff der Intuition, Halle/S. 1926.
Korsgaard, Christine, Scepticism about Practical Reason, in: Journal of Philosophy 83 (1986), S. 5-25.
– The Reason We Can Share. An Attack on the Distinction between Agent-Relative and Agent-Neutral Values, Ms. 1992. (Erscheint in: Ellen F. Paul/Jeffrey Paul/Fred D. Miller (Hg.), Altruism, Cambridge 1993.)
Krämer, Hans, Integrative Ethik, Frankfurt am Main 1992.
Kripke, Saul, Wittgenstein on Rules and Private Language. An Elementary Exposition, Cambridge, Mass. 1982; dt. ›Wittgenstein über Regeln und Privatsprache. Eine elementare Darstellung‹, Frankfurt am Main 1987.
Kuhlmann, Wolfgang (Hg.), Moralität und Sittlichkeit, Frankfurt am Main 1986.

– Reflexive Letztbegründung. Untersuchungen zur Transzendentalpragmatik, Freiburg/München 1985.
Künne, Wolfgang, Abstrakte Gegenstände, Frankfurt am Main 1983.
– Prinzipien der wohlwollenden Interpretation, in: Intentionalität und Verstehen, hg. vom Forum für Philosophie Bad Homburg, Frankfurt am Main 1990.
Kusser, Anna, Dimensionen der Kritik von Wünschen, Frankfurt am Main 1989.
Kymlicka, Will, Liberalism, Community, and Culture, Oxford 1989.
– Liberal Individualism and Liberal Neutrality, in: Ethics 99 (1989), S. 883-905.
Larmore, Charles, Patterns of Moral Complexity, Cambridge 1987.
Leist, Anton, Diesseits der ›Transzendentalpragmatik‹: Gibt es sprachpragmatische Argumente für Moral?, in: Zs.f. phil. Forschung 43 (1989), S. 301-317.
– Wege der Moralbegründung, Habil.-Schrift 1989.
– (Hg.), Um Leben und Tod, Frankfurt am Main 1990.
– Mitleid und universelle Ethik, in: ders. (Hg.), Reader zum Studienbereich Philosophie, Wiesbaden 1992, S. 67-93.
Lewis, David, Konventionen. Eine sprachphilosophische Abhandlung, Berlin/New York 1975.
Lovibond, Sabina, Realism and Imagination in Ethics, Oxford 1983.
Luhmann, Niklas, Individuum, Individualität, Individualismus, in: ders., Gesellschaftsstruktur und Semantik, Band III, Frankfurt am Main 1989.
– Ethik als Reflexionstheorie der Moral, in: ebd.
– Paradigm lost: Über die ethische Reflexion der Moral, Frankfurt am Main 1990.
– (Hg.), Soziale Differenzierung, Opladen 1985.
Lütterfelds, Wilhelm, Die monologische Struktur des Kategorischen Imperativs und Fichtes Korrektur der Diskursethik, in: Zs.f. phil. Forschung 40 (1986), S. 90-103.
MacIntyre, Alisdair, After Virtue. A Study in Moral Theory, Notre Dame 1981.
– Moral Rationality, Tradition, and Aristotle: A Reply, in: Inquiry 26 (1984), S. 447-466.
– Whose Justice? Which Rationality?, Notre Dame 1988.
– Three Rival Versions of Moral Enquiry. Encyclopaedia, Genealogy, and Tradition, Notre Dame 1990.
MacIntyre, A./S. Hauerwas (Hg.), Revisions: Changing Perspectives in Moral Philosophy, Notre Dame 1983.
Mackie, John L., Ethik. Auf der Suche nach dem Richtigen und dem Falschen, Stuttgart 1981.

– Persons and Values. Selected Papers II, Oxford 1985.
McCarthy, Thomas, Ideals and Illusions. On Reconstruction and Deconstruction in Contemporary Critical Theory, Cambridge, Mass. 1991.
McDowell, John, Are Moral Requirements Hypothetical Imperatives?, in: Proceedings of the Aristotelian Society, Suppl. Vol. 52 (1978), S. 13-29.
– Virtue and Reason, in: The Monist 62 (1979), S. 331-350.
– Non-Cognitivism and Rule-Following, in: S. Holtzmann/M. C. Leich (Hg.), Wittgenstein: To Follow a Rule, London 1981.
Mead, George Herbert, Philosophy of the Present, ed. A. A. Murphy, Chicago 1980 (Phoenix Edition).
– Mind, Self, and Society from the Standpoint of a Social Behaviorist, ed. Ch. W. Morris, Chicago 1934; dt. ›Geist, Identität und Gesellschaft. Aus der Sicht des Sozialbehaviorismus‹, Frankfurt am Main 1968.
– The Philosophy of the Act, ed. Ch. W. Morris, 7. Auflage, Chicago 1972.
Mill, John St., Utilitarianism, in: J. St. Mill. ›Utilitarianism‹, ›On Liberty‹ and ›Considerations on Representative Government‹, ed. H. B. Acton, (Everyman's Library) London 1972.
Murdoch, Iris, The Sovereignty of Good, London 1970.
Nagel, Thomas, The Possibility of Altruism (1970), Princeton 1980.
– The View from Nowhere, Oxford 1986; dt. ›Der Blick von Nirgendwo‹, Frankfurt am Main 1992.
– Mortal Questions, Oxford 1979.
– Die Grenzen der Objektivität. Drei Vorlesungen, Stuttgart 1991.
– Book Review: Ethics and the Limits of Philosophy, Bernard Williams, Cambridge, Mass. 1985, in: The Journal of Philosophy 83 (1986), S. 351-360.
– Moral Conflict and Political Legitimacy, in: Philosophy & Public Affairs 16 (1987), S. 215-240.
– Equality and Partiality, Oxford 1991.
Nell (O'Neill), Onora, Acting on Principle. An Essay on Kantian Ethics, New York 1975.
Niquet, Marcel, Transzendentale Argumente. Kant, Strawson und die sinnkritische Aporetik der Detranszendentalisierung, Frankfurt am Main 1991.
Nozick, Robert, Anarchy, State, and Utopia, Oxford 1974.
– Philosophical Explanations, Oxford 1981.
Nussbaum, Martha, Finely Aware and Richly Responsible: Moral Attention and the Moral Task of Literature, in: The Journal of Philosophy 82 (1985), S. 515-529.

– Human Functioning and Social Justice. In Defense of Aristotelian Essentialism, in: Political Theory 20 (1992), S. 202-246.
O'Neill, Onora, Constructions of Reason. Explorations of Kant's Practical Philosophy, Cambridge 1989.
– Vindicating Reason, in: Paul Guyer (Hg.), The Cambridge Companion to Kant, Cambridge 1992.
Patzig, Günther, Kritische Bemerkungen zu Husserls Thesen über das Verhältnis von Wahrheit und Evidenz, in: Neue Hefte f. Philosophie 1 (1979), S. 12-32.
– Tatsachen, Normen, Sätze, Stuttgart 1980.
– »Principium diiudicationis« und »Principium executionis«: Über transzendentalpragmatische Begründungssätze für Verhaltensnormen, in: G. Prauss (Hg.), Handlungstheorie und Transzendentalphilosophie, Frankfurt am Main 1986.
Peirce, Charles Sanders, The Fixation of Belief (1877), in: Writings of Ch. S. Peirce. Chronological Edition, Vol. 3, Bloomington 1986.
– Semiotische Schriften I, Frankfurt am Main 1986.
Perry, John, The Problem of the Essential Indexical, in: Noûs 13 (1979), S. 3-21.
Peters, Bernhard, Rationalität, Recht und Gesellschaft, Frankfurt am Main 1991.
– Zur Integration moderner Gesellschaften, Frankfurt am Main 1993.
Peters, R. S., The Concept of Motivation, London 1958.
Piaget, Jean, Les Relations entre la Morale et le Droit (1944), unv. Neuaufl. in: ders., Études Sociologiques, 3. Auflage, Genf 1977.
Picardi, Eva/Joachim Schulte (Hg.), Die Wahrheit der Interpretation. Beiträge zur Philosophie Donald Davidsons, Frankfurt am Main 1990.
Platon, Menon, in: Platon. Sämtliche Werke, Band 2, übers. v. F. Schleiermacher, Reinbek 1957.
– Kriton, in: Platon. Apologie des Sokrates, Kriton, übers. v. M. Fuhrmann, Stuttgart 1987.
Platts, Mark, Ways of Meaning, London 1979.
– Moral Reality and the End of Desire, in: ders. (Hg.), Reference, Truth and Reality, London 1980.
Potter, Nelson/Mark Timmons (Hg.), Morality and Universality, Dordrecht 1985.
Putnam, Hilary, Meaning and the Moral Sciences, London 1979.
– Vernunft, Wahrheit und Geschichte, Frankfurt 1982.
– Realism and Reason. Philosophical Papers, Vol. 3, Cambridge 1983.

– The Many Faces of Realism, La Salle, Ill. 1987.
– Representation and Reality, Cambridge, Mass. 1988; dt. ›Repräsentation und Realität‹, Frankfurt am Main 1991.
– Realism with a Human Face, Cambridge, Mass. 1990.
Putnam, Ruth Anna, Reciprocity and Virtue Ethics, in: Ethics 98 (1988), S. 379-389.
Rawls, John, A Theory of Justice, Cambridge, Mass. 1972; dt. ›Eine Theorie der Gerechtigkeit‹, Frankfurt am Main 1975.
– The Basic Structure as Subject, in: Values and Morals, ed. by A. I. Goldman/J. Kim, Dordrecht 1978.
– Kantian Constructivism in Moral Theory, in: The Journal of Philosophy 77 (1980), S. 515-572.
– Social Unity and Primary Goods, in: A. K. Sen/B. Williams (Hg.), Beyond Utilitarianism, Cambridge 1982.
– The Basic Liberties and Their Priority, in: The Tanner Lectures on Human Values III, ed. S. McMurrin, Salt Lake City 1982.
– Justice and Fairness. Political not Metaphysical, in: Philosophy & Public Affairs 14 (1985), S. 223-251.
– The Priority of the Right and Ideas of the Good, in: Philosophy & Public Affairs 17 (1988), S. 251-276.
– Themes in Kant's Moral Philosophy, in: E. Förster (Hg.), Kant's Deductions, Stanford 1989.
– Die Idee des politischen Liberalismus. Aufsätze 1978-1989, Frankfurt am Main 1992.
– Political Liberalism, New York 1993.
Raz, Joseph, The Morality of Freedom, Oxford/New York 1988.
– Facing Diversity: The Case of Epistemic Abstinence, in: Philosophy & Public Affairs 19 (1990), S. 3-46.
Rehg, Bill, Discourse and the Moral Point of View: Deriving a Dialogical Principle of Universalization, in: Inquiry 34 (1991), S. 27-48.
Rentsch, Thomas, Die Konstitution der Moralität. Transzendentale Anthropologie und praktische Philosophie, Frankfurt am Main 1990.
Rescher, Nicholas, Ethical Idealism. An Inquiry into the Nature and Function of Ideals, Berkeley 1987.
Rorty, Amélie Oksenberg, Mind in Action. Essays in the Philosophy of Mind, Boston 1988.
– (Hg.), Essays on Aristotle's Ethics, Berkeley 1980.
Rorty, Richard, Solidarität oder Objektivität? Drei philosophische Essays, Stuttgart 1988.
– Contingency, Irony and Solidarity, Cambridge 1989; dt. ›Kontingenz, Ironie und Solidarität‹, Frankfurt am Main 1989.

– Pragmatismus, Davidson und der Wahrheitsbegriff, in: E. Picardi/J. Schulte (Hg.), Die Wahrheit der Interpretation. Beiträge zur Philosophie Donald Davidsons, Frankfurt am Main 1990.
– The Mirror of Nature, Princeton 1979; dt. ›Der Spiegel der Natur. Eine Kritik der Philosophie‹, Frankfurt am Main 1981.
– Objectivity, Relativism, and Truth. Philosophical Papers I, Cambridge 1991.
Rousseau, Jean-Jacques, Du Contrat Social ou Principes du Droit Politique, in: ders., Œuvres Complètes, Vol. III, éd. B. Gagnebin/M. Raymond, Paris 1964.
– Discours sur L'Origine et les Fondements de l'Inégalité parmi les Hommes, in: ebd.
Sahlins, Marshall, Kultur und praktische Vernunft, Frankfurt am Main 1981.
Sandel, Michael, Liberalism and the Limits of Justice, Cambridge, Mass. 1982.
Scanlon, Thomas, Rights, Goals and Fairness, in: St. Hampshire (Hg.), Private and Public Morality, a.a.O.
– Contractualism und Utilitarianism (1981), wieder in: J. Rajchman/C. West (Hg.), Post Analytical Philosophy, New York 1985.
Scheffer, John D., Sensus Communis: Vico, Rhetoric, and the Limits of Relativism, Durham 1990.
Scheffler, Samuel, The Rejection of Consequentialism: A Philosophical Investigation of the Considerations Underlying Rival Moral Conceptions, Oxford 1982.
– Morality Through Thick and Thin. A Critical Notice of ›Ethics and the Limits of Philosophy‹, in: The Philosophical Review 96 (1987), S. 411-434.
– Human Morality, Oxford 1992.
– (Hg.), Consequentialism and Its Critics, Oxford 1988.
Schnädelbach, Herbert, Vernunft und Geschichte. Vorträge und Abhandlungen, Frankfurt 1987.
– Philosophie in Deutschland 1831-1933, Frankfurt am Main 1983.
Schneewind, Jerome B., Moral Problems and Moral Philosophy in the Victorian Period, in: S. P. Rosenbaum (Hg.), English Literature and British Philosophy, Chicago 1971, S. 185-207.
Scholz, Heinrich, Die Axiomatik der Alten (1930), wieder in: ders., Mathesis universalis. Abhandlungen zur Philosophie als strenger Wissenschaft, 2. Auflage, Basel/Stuttgart 1969.
Schopenhauer, Arthur, Preisschrift über die Grundlage der Moral, in: A. Schopenhauer. Zürcher Ausgabe, Werke in zehn Bänden, Band 6, Zürich 1977.
Schrader, Wolfgang, Ethik und Anthropologie in der englischen Auf-

klärung. Der Wandel der moral-sense-Theorie von Shaftesbury bis Hume, Hamburg 1984.
Schulz, Walter, Grundprobleme der Ethik, Pfullingen 1989.
– Philosophie in der veränderten Welt, 2. Auflage, Pfullingen 1974.
Schwab, Martin, Redehandeln, Königstein/Ts. 1980.
Schwemmer, Oswald, Ethische Untersuchungen. Rückfragen zu einigen Grundbegriffen, Frankfurt am Main 1986.
– Die Philosophie und die Wissenschaften. Zur Kritik einer Abgrenzung, Frankfurt am Main 1990.
Seanor, Douglas/N. Fotion (Hg.), Hare and Critics. Essays on ›Moral Thinking‹, Oxford 1988.
Searle, John R., Intentionality. An Essay in the Philosophy of Mind, Cambridge 1984; dt. ›Intentionalität. Eine Abhandlung zur Philosophie des Geistes‹, Frankfurt am Main 1987.
– Speech Acts, Cambridge 1969; dt. ›Sprechakte‹, Frankfurt/M. 1971.
Seel, Martin, Eine Ästhetik der Natur, Frankfurt am Main 1991.
Sellars, Wilfried, Objectivity, Intersubjectivity and the Moral Point of View, in: ders., Science and Metaphysics. Variations on Kantian Themes, London 1968.
Selznick, Philip, The Moral Commonwealth. Social Theory and the Promise of Community, Berkeley/Los Angeles/Oxford 1992.
Shklar, Judith, Über Ungerechtigkeit, Berlin 1992.
Silber, John R., Procedural Formalism in Kant's Ethics, in: The Review of Metaphysics 28 (1974), S. 197-236.
Singer, Marcus G., Verallgemeinerung in der Ethik. Zur Logik moralischen Argumentierens, Frankfurt am Main 1975.
Singer, Peter, Praktische Ethik, Stuttgart 1984.
Skjei, Erling, A Comment on Performative, Subject, and Proposition in Habermas's Theory of Communication, in: Inquiry 28 (1985), S. 87-122.
Smith, Adam, Theorie der ethischen Gefühle, übers. u. hg. v. W. Eckstein, 2. Auflage, Hamburg 1977.
Spaemann, Robert, Glück und Wohlwollen. Versuch über Ethik, Stuttgart 1989.
Sprute, Jürgen, Der Begriff des Moral Sense bei Shaftesbury und Hutcheson, in: Kant-Studien 71 (1980), S. 221-237.
Stallmach, Josef, Dynamis und Energeia, Meisenheim 1959.
Stanitzek, Georg, Blödigkeit. Beschreibungen des Individuums im 18. Jahrhundert, Tübingen 1989.
Steinvorth, Ulrich, Klassische und moderne Ethik. Grundlinien einer materialen Moraltheorie, Reinbek 1990.
Stevenson, Charles L., The Emotive Meaning of Ethical Terms, in: Mind 46 (1937), S. 14-31.

Strawson, Peter, Individuals, London 1959.
– Logico-Linguistic Papers, London 1971.
– Freedom and Resentment and Other Essays, London 1974.
– Skepticism and Naturalism, New York 1985.
Taylor, Charles, Action as Expression, in: C. Diamond/J. Teichman (Hg.), Intention and Intentionality, Brighton 1979.
– Human Agency and Language. Philosophical Papers 1, Cambridge 1985.
– Philosophy and the Human Science. Philosophical Papers 2, Cambridge 1985.
– Responsibility for the Self (1976), unv. Neuauflage in: G. Watson (Hg.), Free Will, Oxford 1982.
– The Person, in: M. Carrithers u. a. (Hg.), The Category of the Person, Cambridge 1985.
– Die Motive einer Verfahrensethik, in: W. Kuhlmann (Hg.), Moralität und Sittlichkeit, Frankfurt am Main 1986.
– Sources of the Self: The Making of the Modern Identity, Cambridge, Mass. 1989.
– Cross-Purposes: The Liberal-Communitarian Debate, in: N. Rosenblum (Hg.), Liberalism and the Moral Life, Cambridge, Mass. 1989.
Taylor, Gabriele, Pride, Shame and Guilt, Oxford 1985.
Taylor, Paul, Normative Discourse, Englewood Cliffs 1961.
Theunissen, Michael, Kierkegaard's Negativistic Method, in: J. H. Smith (Hg.), Kierkegaard's Truth: The Disclosure of the Self (= Psychiatry and the Humanities, Vol. 5), New Haven/London 1981, S. 400ff.
– Die verdrängte Intersubjektivität in Hegels Philosophie des Rechts, in: D. Henrich/R. P. Horstmann (Hg.), Hegels Philosophie des Rechts. Die Theorie der Rechtsformen und ihre Logik, Stuttgart 1982.
Timmons, Mark, Foundationalism and the Structure of Ethical Justification, in: Ethics 97 (1987), S. 595-609.
Toulmin, Stephen, The Place of Reason in Ethics, 8. Auflage, Cambridge 1970.
– Der Gebrauch von Argumenten, Kronberg/Ts. 1975.
Toulmin, S./R. Rieke/A. Janik, An Introduction into Reasoning, New York und London 1979.
Tugendhat, Ernst, Der Wahrheitsbegriff bei Husserl und Heidegger, 3. Auflage, Berlin 1983.
– Vorlesungen zur Einführung in die sprachanalytische Philosophie, Frankfurt am Main 1976.
– Selbstbewußtsein und Selbstbestimmung, Frankfurt am Main 1979.

– Langage et Ethique, in: Critique 37 (1981), S. 1038-1075.
– Probleme der Ethik, Stuttgart 1984.
– Description as the Method of Philosophy: A Reply to Mr. Pettit, in: W. Mays/S. C. Brown (Hg.), Linguistic Analysis and Phenomenology, London/Basingstoke 1972.
– Habermas on Communicative Action, in: G. Seebaß/R. Tuomela (Hg.), Social Action, Dordrecht 1986.
– Über die Notwendigkeit einer Zusammenarbeit zwischen philosophischer und empirischer Forschung bei der Klärung der Bedeutung des moralischen Sollens, in: W. Edelstein/G. Nunner-Winkler (Hg.), Zur Bestimmung der Moral, Frankfurt am Main 1986.
– A New Conception of Moral Philosophy, Ms. 1987.
– Zum Begriff und zur Begründung von Moral, in: C. Bellert/U. Müller-Schöll (Hg.), Mensch und Moderne, Würzburg 1989.
– Die Hilflosigkeit der Philosophen, in: Die Neue Gesellschaft/Frankfurter Hefte Nr. 10 /1989, S. 927-935.
– The Role of Identity in the Constitution of Morality, Ms. 1991; dt. in: W. Edelstein u. a. (Hg.), Moral und Person, Frankfurt 1993.
– Philosophische Aufsätze, Frankfurt am Main 1992.
Ullmann-Margalit, Edna, The Emergence of Norms, Oxford 1977.
Urmson, John O., Einstufen, in: G. Grewendorf/G. Meggle (Hg.), Seminar: Sprache und Ethik. Zur Entwicklung der Metaethik, Frankfurt am Main 1974.
Vlastos, Gregory, Justice and Equality, in: J. Waldron (Hg.), Theories of Rights, a. a. O.
Waldron, Jeremy (Hg.), Theories of Rights, Oxford 1984.
Wallace, G./A. D. M. Walker (Hg.), The Definition of Morality, London 1972.
Walton, Douglas, Informal Logic. A Handbook for Critical Argumentation, Cambridge 1989.
Walzer, Michael, Spheres of Justice. A Defense of Pluralism and Equality, 2. Auflage, Oxford 1985.
– Interpretation and Social Criticism, in: The Tanner Lectures on Human Values VIII (1988), ed. S. McMurrin, Salt Lake City 1988.
Weizsäcker, Carl Friedrich von, Modelle des Gesunden und Kranken, Guten und Bösen, Wahren und Falschen, in: ders., Die Einheit der Natur (1971), München 1974.
Wellmer, Albrecht, Ethik und Dialog. Elemente des moralischen Urteils bei Kant und in der Diskursethik, Frankfurt am Main 1986.
– Langage et intersubjectivité, in: Critique 493/494 (1988), S. 549-562.
– Intersubjectivity and Reason, in: L. Hertzberg/J. Pieturinen (Hg.), Perspectives on Human Conduct, Leiden 1988.

– Models of Freedom in the Modern World, in: The Philosophical Forum 21 (1989/90), S. 227-252.
– Konsens als Telos der sprachlichen Kommunikation?, in: H.-J. Giegel (Hg.), Kommunikation und Konsens in modernen Gesellschaften, Frankfurt am Main 1992.
Wertheimer, Alan, Coercion, Princeton 1987.
White, Alan R., The Language of Motives, in: Mind 67 (1958), S. 258-263.
– Modal Thinking, Oxford 1975.
Wiggins, David, Needs, Values, Truth, Oxford 1987.
Wildt, Andreas, Autonomie und Anerkennung. Hegels Moralitätskritik im Lichte seiner Fichte-Rezeption, Stuttgart 1982.
– Moralisches Sollen und seelisches Sein. Ein Programm zur empirisch-psychologischen Moralbegründung, in: E. Angehrn u. a. (Hg.), Dialektischer Negativismus. M. Theunissen zum 60. Geburtstag, Frankfurt am Main 1992.
Williams, Bernard, Probleme des Selbst. Philosophische Aufsätze 1956-1972, Stuttgart 1978.
– Moral Luck. Philosophical Papers 1973-1980, Cambridge 1985.
– Ethics and the Limits of Philosophy, London 1985.
Williams, Michael, Unnatural Doubts, Oxford 1991.
Wimmer, Reinhard, Universalisierung in der Ethik. Analyse, Kritik und Rekonstruktion ethischer Rationalitätsansprüche, Frankfurt am Main 1980.
Winch, Peter, The Universalizability of Moral Judgments (1965), in: ders., Ethics and Action, Oxford 1972.
Wingert, Lutz, Haben wir moralische Verpflichtungen gegenüber früheren Generationen? Moralischer Universalismus und erinnernde Solidarität, in: Babylon. Beiträge zur jüdischen Gegenwart 9 (1991), S. 78-94.
– Der Grund der Differenz: Subjektivität als Moment von Intersubjektivität. Einige Bemerkungen zu M. Frank, in: M. Brumlik/H. Brunkhorst (Hg.), Gemeinschaft und Gerechtigkeit, Frankfurt am Main 1993.
Wittgenstein, Ludwig, Philosophische Untersuchungen, Frankfurt am Main 1967.
– Über Gewißheit, hg. von G. E. M. Anscombe/G. H. von Wright, Frankfurt am Main 1984.
– Philosophische Grammatik, in: Wittgenstein. Schriften, Bd. 4, Frankfurt am Main 1969.
Wolf, Ursula, Möglichkeit und Notwendigkeit bei Aristoteles und heute, München 1979.
– Das Problem des moralischen Sollens, Berlin 1984.

– Brauchen wir eine ökologische Ethik?, in: Prokla 69 (1987), S. 148-173.
– Haben wir moralische Verpflichtungen gegen Tiere?, in: Zeitschrift f. phil. Forschung 42 (1988), S. 223-246.
– Was es heißt, sein Leben zu leben, in: Philosophische Rundschau 3/4 (1986), S. 223-246.
– Das Tier in der Moral, Frankfurt am Main 1990.
Wolff, Michael, Der Begriff des Widerspruchs. Eine Studie zur Dialektik Kants und Hegels, Königstein/Ts. 1981.
Wright, Georg Henrik von, The Varieties of Goodness, London 1963.
– Norm and Action, London 1963.

# Personenregister

# Sachregister